2021年
上海市体育决策咨询研究成果报告

上海市体育局 编

2021 NIAN SHANGHAISHI
TIYU JUECE ZIXUN YANJIU CHENGGUO BAOGAO

上海大学出版社
·上海·

图书在版编目(CIP)数据

2021年上海市体育决策咨询研究成果报告 / 上海市体育局编. —上海：上海大学出版社，2022.7
ISBN 978-7-5671-4488-0

Ⅰ.①2… Ⅱ.①上… Ⅲ.①体育事业—研究报告—上海—2021 Ⅳ.①G812.751

中国版本图书馆CIP数据核字(2022)第104689号

责任编辑　傅玉芳
封面设计　柯国富
技术编辑　金　鑫　钱宇坤

2021年上海市体育决策咨询研究成果报告

上海市体育局　编

上海大学出版社出版发行
(上海市上大路99号　邮政编码200444)
(http://www.shupress.cn　发行热线 021-66135112)
出版人　戴骏豪

*

南京展望文化发展有限公司排版
上海颛辉印刷厂有限公司印刷　各地新华书店经销
开本 787mm×960mm　1/16　印张 23.25　字数 393千
2022年7月第1版　2022年7月第1次印刷
ISBN 978-7-5671-4488-0/G·3446　定价　78.00元

版权所有　侵权必究
如发现本书有印装质量问题请与印刷厂质量科联系
联系电话：021-57602918

编委会名单

主　编　徐　彬

副主编　许　琦

编　委　(以姓氏笔画排序)
　　　　王才兴　刘学华　余诗平
　　　　宋　娟　俞　剑　郭　蓓

编　辑　路　宁

加快全球著名体育城市建设步伐

（代序）

上海市体育局党组书记、局长　徐　彬

习近平总书记高度重视体育事业发展，强调体育是提高人民健康水平的重要途径，是满足人民群众对美好生活向往、促进人的全面发展的重要手段，是促进经济社会发展的重要动力，是展示国家文化软实力的重要平台。上海市委、市政府将体育作为城市软实力和健康上海建设的重要内容，先后出台了《上海全球著名体育城市建设纲要》《上海市体育发展"十四五"规划》等一系列政策文件，明确全球著名体育城市建设的路径、举措。近五年来，上海体育发展取得显著成效。

一是全民健身热情持续高涨。 市民身边的体育设施逐渐增多，结合"一江一河"、公园绿地等空间，累计建成各类市民健身步道（绿道）1 669条，成为历年来最受市民欢迎的市政府实事项目之一；全市经常性参加体育锻炼的人数比例达到45.7%。

二是竞技体育成绩取得突破。 2021年奥（残）运会和全（残）运会历史上首次同年举行，上海体育健儿创造了新的辉煌；冬季项目同步发展，在第十四届全国冬季运动会上实现金牌"零"的突破。

三是体育融合发展不断深化。 体教融合纵深推进，中小学生体质健康合格率达到97.2%；体绿融合更加紧密，更多市民在绿色中享受到了运动的乐趣；体医养融合加速推广，科学健身指导惠及城乡居民。

四是体育产业成为新的增长点。 2016—2021年，全市体育产业总规模从1 046亿元增长至1 700亿元，年均增长率保持两位数以上；徐汇、杨浦两区入选国家体育消费试点城市。

五是依法治体进程明显加快， 先后完成修订《上海市体育设施管理办法》

《上海市体育赛事管理办法》两部政府规章。

当前,百年变局和世纪疫情交织,上海体育发展也面临前所未有的挑战,市民对科学健身的期盼更加殷切,对市场监管的呼声更加强烈,对体育空间的追求更加迫切,上海体育发展中还存在一些不足:

一是体育设施建设管理现状与广大市民的期盼尚有差距。从存量上看,体育设施总量还不足、分布还不均、运营管理水平仍有待提升,热门运动项目的场地设施供不应求,部分公共体育场馆服务质量不高。从增量上看,有些体育设施建设的制度设计实施效果还不理想,社会力量利用废旧厂房、屋顶、高架桥下等空间建设体育设施还存在合法性不足难题。

二是体育教师和后备人才队伍建设与青少年体育发展的需求不相适应。随着"双减"、体教融合等政策的深入推进,各类体育专业人才的需求与日俱增,学校体育教师缺口更加明显。由于受入学政策影响,本市体育后备人才幼升小、小升初跨学区选材和升学的政策全部取消,现有成型的后备人才梯队衔接不畅,体育后备人才培养面临较大困难。

三是体育产业尤其是竞赛表演和健身休闲业的增长与上海的地位形象还不匹配。受疫情影响,重大国际性赛事纷纷延期或取消,其他商业性、群众性体育赛事活动的数量和规模也受到严格限制。2016—2019年,上海体育产业总规模年均增长18.2%,但2020年同比下降了8.9%,2021年仍未恢复到2019年的水平。

四是现有的体育市场监管方式难以满足"依法治体"的要求。受疫情和监管等多重因素影响,依靠现金流支撑的传统健身企业面临重大发展困境,青少年体育培训机构也面临重新调整,纠纷与投诉可能进一步增长。体育市场管理方式以政府行政指导和行业自律相结合为主,消费者纠纷调解满意度偏低。

面对疫情后市民群众对于健康的更大需求及市场面临的挑战,上海体育工作将坚持以习近平新时代中国特色社会主义思想为指导,全面落实党中央、国务院关于建设体育强国的战略部署,自觉践行"人民城市人民建,人民城市为人民"的重要理念,把握体育在上海推动高质量发展中新的增长点和创造高品质生活中重要风向标的定位,大力推动全民健身与全民健康深度融合,不断提高人民健康水平。

一是推进"四化"建设,构建更高水平的全民健身公共服务体系。推动全民健身公共服务均等化、标准化、融合化、数字化建设。扩大全民健身场地设施增量,针对市民需求补齐身边健身设施短板。加大公共体育场馆开放管理力度，推进"15分钟社区体育生活圈"高质量全覆盖。

二是深化体教融合，促进青少年全面健康成长。树立健康第一的教育理念，助力青少年掌握2~3项体育运动技能，培养青少年终身运动的意识和习惯。深入推进学校体育"一条龙"建设，加快构建普通学校办训、传统体校办训、社会力量办训三种模式协同的体育后备人才培养体系。

三是深挖产业价值，加快建设国际体育赛事之都。大力培育"上马""上艇"等本土自主品牌赛事。根据疫情防控态势，积极促成国际国内重大赛事回归，加大新城赛事资源导入。进一步培育赛事链条上下游产业主体，壮大体育市场，激活市民体育消费动力。

四是加强交流合作，着力打造城市软实力"金名片"。广泛开展体育文化宣传，讲好上海体育故事，进一步增强上海体育在全球范围内的叙事能力。加强区域体育协作，推动落实长三角一体化国家战略，联合举办体育赛事等活动。

五是优化体育治理，健全上海地方体育法治体系。以国家《体育法》修改为契机，加快推进上海体育整体性地方立法调研工作。优化体育市场管理模式，加强高危体育项目监管，强化赛事安全管理，引导体育健身行业合规健康发展。

迈进新征程，上海体育将主动融入"两个一百年"奋斗目标大格局，融入建设具有世界影响力的社会主义现代化大都市进程，继续争做全国改革开放排头兵和创新发展先行者，持续深化体育改革、更新体育理念，优化体育基本公共服务体系，打造更具吸引力的群众体育；探索竞技体育高质量发展路径，打造更具竞争力的竞技体育；激发产业发展动力，打造更具影响力的体育产业，不断满足市民对美好生活的向往，推动上海建设成为全球著名体育城市，为全面建成社会主义现代化体育强国作出更大的贡献。

目 录
Contents

（标★者为优秀课题）

第1篇 群众体育

★体医养融合发展的路径研究结题报告……… 杜　青　周　璇　李　欣　3
　　　　　　　　　　　　　　　　　　　　　郭海滨　王立霞　谷双昱

上海城市空闲区域和地下空间建设嵌入式
　体育设施研究……………………………… 尹志华　侯士瑞　徐丽萍　24
　　　　　　　　　　　　　　　　　　　　　孙铭珠　王　佳　刘皓晖

智慧体育场馆供需治理的路径研究………… 李　凌　张　勇　翁　银　52
　　　　　　　　　　　　　　　　　　　　　王恒利　周文静　贾文帅

上海电子竞技运动的体育内涵与发展研究………………………… 秦迎林　68

第2篇 竞技体育（青少年体育）

★体教融合视角下上海竞技体育后备人才培养现状及发展研究
　——以徐汇区为例………………………… 王继威　戚双洪　程　果　85

★运动纠纷快速调解机制建立的路径研究…… 向会英　吴　炜　范铭超　102
　　　　　　　　　　　　　　　　　　　　　孙彩虹　朱　川　李非易

比较法视野下体育纠纷快速调解机制构建路径
　研究…………………………………………………… 孙思琪　金怡雯　118

体教融合背景下上海市击剑后备人才培养现实审视及
　推进路径研究……………… 马　楠　赵荣善　秦　曼　李兴林　陆建明　132

新时期上海推进体教融合加快发展的政策路径研究………………… 倪京帅　153

上海市职业足球俱乐部股权结构改革
　　研究……………………刘　兵　王江宇　卢高峰　郭　秀　庄玉洁　171

●●● 第3篇　体育产业

★"双循环"新发展格局战略背景下上海市体育产业数字化转型的机遇、
　　挑战与对策…………卢天凤　张　鑫　冯琳琳　楚潇君　韩嘉懿　197
促进上海体育产业发展立法
　　研究………………………………谭小勇　成　瑜　张程龙　周建军　216
体育资源商品化交易研究………………………晏　慧　周　珊　汪嘉琦　232
　　　　　　　　　　　　　　　　　　　　　　黄笑炎　刘　畅

●●● 第4篇　体育治理

★上海体育标准化建设实施路径研究…………林章林　刘元梦　张思帆　249
新冠肺炎疫情对上海体育产业发展的影响及
　　对策研究…………………梁　鑫　马梁云超　宋燕飞　吴春香　291
　　　　　　　　　　　　　　赵世坤　卫诗语　崔晓瑞
新冠肺炎疫情对体育发展的影响及其
　　应对………………………顾琼娜　杜伟民　杨晓婷　胡竹君　307
　　　　　　　　　　　　　　张玥琳　高　漱　董文琦
体育培训市场监管模式研究………………马成国　吕晓皓　郑欣怡　321
　　　　　　　　　　　　　　　　　　　曹可强　范本浩
持续深化"放管服"改革：构建体育经营活动管理的
　　"上海模式"……………高　瑜　徐龙顺　丁鹏翔　蒋硕亮　宋娜娜　343

第1篇 群众体育

体医养融合发展的路径研究结题报告

杜　青　周　璇　李　欣
郭海滨　王立霞　谷双昱[*]

一、研究背景

随着《"健康中国2030"规划纲要》的推出,健康成为大众的普遍需求,从疾病治疗到以健康促进为核心,体医养融合的健康理念深入人心。2020年我国人口普查显示,60岁及以上的老年人口高达2.64亿人,约占总人口的18.7%,较上次人口普查增加5.44%,老年人口比重逐年上升,人口高龄化、老龄化日益成为社会发展趋势。2021年5月12日国家统计局发布的《第七次全国人口普查公报解读》预测中国将迎来一个更快速的人口老龄化期。老年人常常继发多种慢性非传染性疾病,部分或全部丧失独立生活能力,且疾病病程长、治愈率低,多需要长期的体育锻炼、医疗管理和养老服务,促进全生命周期的健康。过快的老龄化进程,既对社会经济发展造成压力,也给医疗资源配置带来严峻挑战。随着老年人口比重的增加,对养老质量的提升不仅只关注生理层面健康,对心理和社会适应层面的健康需求也日益增长,向我国体育系统、卫生健康系统、养老服务体系提出新的要求和挑战,要积极引导老年市民选择爱健身、科学健身的健康生活方式。对此,政府也相继发布体医融合和医

---

[*] 本文作者简介：杜青,上海交通大学医学院附属新华医院康复医学科主任、主任医师、博士,康复医学;周璇,上海交通大学医学院附属新华医院康复医学科副主任医师、硕士,康复医学;李欣,上海交通大学医学院附属新华医院康复医学科主管技师,博士在读,康复治疗技术;郭海滨,上海交通大学医学院附属新华医院康复医学科硕士研究生,硕士在读,康复医学;王立霞,上海交通大学医学院附属新华医院康复医学科硕士研究生,硕士在读,康复治疗技术;谷双昱,上海交通大学医学院附属新华医院康复医学科硕士研究生,硕士在读,康复治疗技术。

养结合等政策以期更好满足老年人健康养老服务需求。2017年发布的《"十三五"国家老龄事业发展和养老体系建设规划》,旨在促进医养结合,增强老年人健康促进意识,加强疾病预防,推进老年医疗和康复护理工作,进一步推动老年体育健身纳入健全健康支持体系,这对体育、医疗和养老的大融合提出了新的要求;党的十九届四中全会也明确提出要加快建设与居家社区机构相协调、医养康养相结合的养老服务体系。现有的体医结合模式未能联合养老机构,缺少针对不同慢病和老年人亚健康体质科学体育运动健康干预的专业建议和方法,不能满足老年人日益增长的健康需求。针对我国人口老龄化现状,迫切需要出台符合现阶段国情的老年人体医养紧密型融合的组织架构体系和可复制实施的方案,构建体医养融合的健康干预模式。

(一)体医、医养、体医养三种融合模式发展现状

1. 体医融合模式发展现状

运动是良医,随着大众健康意识的增强,体育健身逐渐进入人们的生活。健康、科学、有效的健身离不开运动的指导和医学的监控,体医结合应势而生。"体医融合"即将体育与医疗相结合,将体育健身理念与医疗保健、疾病预防、康复治疗相融合,同时也将精准的医学知识融入体育运动促进、运动指导、体育教育中。《"健康中国2030"规划纲要》提出广泛开展全民健身运动,加强体医融合和非医疗健康干预,促进重点人群体育活动等方式提高全民身体素质。傅兰英等(2011)依托医学院进行体育教学改革研究认为,医体结合教学模式的改变,不仅能提高学校整体教学质量,还能培养大量懂医又懂体的复合型人才。宣海德(2007)的研究发现,社区体育运动指导科学化水平低、社区居民以体育促健康的目标较难实现、国民体质监测网络建设落后、居民"亚健康"难以得到及时有效的监控。赵仙丽等(2011)围绕体医结合体育公共服务模式进行了构架,主要以开展体医结合居民的体质监测、健身指导服务、健身宣传三方面作为切入点,将健康教育、医疗服务与全民健身相结合,以期顺利地在城市社区推进。可见体医融合已由策略规划逐渐过渡到实践阶段,但国内体医融合的研究领域尚局限于概念和作用以及对新医改抑制医疗费用的快速增长等简单建议,没有考虑地域差异和全生命周期体医融合方案,对体医融合平台建设、全民健身方式特别是老年人与医疗机构在健康产业方面的融合研究和成功实践的经验较少,社区体育公共服务人员管理、硬件和场地缺乏统一规范;体育和医疗卫生两大体系各自开展工作,互动配合效率低,没有促进两大体系

融合的专职管理部门和有效的政策,体医分离以及懂医又懂体的复合型人才不仅缺乏而且科学实践能力薄弱。日本是率先开展体医融合并取得良好效果的发达国家,有福利型、医疗整合型、商业型三种模式,根据地理、人口、交通等因素建立了三级医疗体系,以家庭养老为中心,辅以社会支持和福利保障,在社区中开设自主健康医疗服务小站,配备常规医疗救护设施和体育锻炼设备,将体医融合嵌入各级医疗体系中。

2. 医养融合模式发展现状

医养融合即将医疗与养老资源有机结合起来,加入对老年人的生活照料、医疗及康复内容。相比传统的养老模式,医养结合满足了老年人对健康的医学获得。我国医养结合老年人健康养老模式主要有三种类型:以养老机构为主的"养中设医"型(养老机构开设医疗部)、以医疗机构为主的"医中设养"型(医疗机构开设老年科)和"医养合作"型(双方机构协同合作)。然而该模式仍存在着诸多问题和困境,比如医疗配置不合理、专业人才匮乏、政策及医疗保障制度急需完善并缺乏统一完善的养老机构服务评价及监督体系等。目前国内对发展现状、医养融合政策、存在的问题研究较多,而对于推进医养融合的策略性研究较少。国外一些发达国家早在20世纪就逐步开始老年人照护与健康服务一体化的全面布局,较典型的有美国老年人全面照护服务计划(program of all-inclusive care for the elderly,PACE)、日本介护保险制度、英国整合照料模式和荷兰护理医师计划等。美国的PACE计划是针对体弱患病的老年人开展综合社区护理模式,提供包括疾病诊治、住院医疗、康复护理等服务。日本颁布了《护理保险法》等一系列法律法规,以满足老年人日益增长的医疗服务需求,从法律政策的层面界定了医养结合养老服务体系,以完善的法律制度为前提,形成了完善的福祉事业。英国出台了《国民健康服务法》《全民健康与社区照顾法案》等法律,以此来支持医养融合新型养老服务模式发展,推出的整合照料融合了基础、特殊、持续护理等服务形式,从结构上合理整合了医疗和养老体系,形成可实施的医养融合一体化典范模式,促进医疗与养老服务机构基于法律支持层面的协同合作,提供急救、照护、社会支持、居家护理、食宿交通等服务。各国从政府层面规划养老事业发展,提倡社会资源整合,已成为较成熟有效的养老模式。

3. 体医养融合模式发展现状

体医养融合模式是在体医结合和医养结合养老模式的基础上,围绕老年人的身心健康,结合体育健身、医疗卫生和养老服务的各自健康照护特点,进行老年生命周期体育运动贯穿长者健康管理的一种新型养老服务模式。与体医和医养结合养老模式相比,体医养融合养老模式研究起步晚,相关研究集中于理论依据、模式内涵、基本思路和构建方式,缺少实证分析以及与其他健康养老模式的对比分析。目前国内已有学者就体医养模式的路径构建进行探讨,戴志鹏等(2018)提出"体育锻炼+中医+居家社区养老"干预老年健康"治未病"和"康复体育+西医+机构养老"干预老年健康"治已病"两种模式,王会儒等(2016)提出以传统养生体育为载体,构建"传统养生体育+医疗+养老"健康促进模式,王立军等(2021)认为提升和加强社区服务体系、构建老人健康促进支持政策、培养养老服务复合型专业人才、夯实社区养老服务体系共同体意识等举措是当今实现社区养老服务体系体医养融合的主要途径。体医结合和医养结合在传统理念、政策制度及人才培养等各方面都存在差异,现有模式注重疾病的治疗,医疗机构多占主导地位,其他机构要借助于医疗机构的资源才能获得较大的发展空间,体育运动多是空白。如何充分发挥体育机构、健身场所、养老机构的功能,满足老年人健康科学的养老需求,构建体医养融合以体育运动为核心的长者健康养护体系是目前亟待解决的问题。

(二)体医养融合模式的理论依据

1. 运动是良医

2007年,运动是良医(exercise is medicine, EIM)由美国医学和运动医学学会联合向全球发起,运动促进健康作为创新型理念备受全球推崇。EIM建议65岁以上的老年人每周至少三天进行一定量的运动以提高平衡能力预防跌倒,若因自身健康状况运动受限,应尽可能在能力和条件允许的情况下积极进行体育活动,强调运动在预防老年慢性病的发生,延缓衰老等方面的重要意义。随着国家离退休制度的不断完善,每年有大批老年人走下工作岗位,如何使他们保持对生活的热爱,健康安享晚年,参加体育活动是最有效的方法之一。以EIM理论为基础,构建"体育健身+医疗保健+养老护理"体医养紧密型融合模式,是实现新时代科学健康养老的必经之路。

2.《"健康中国2030"规划纲要》与体医养模式构建

《"健康中国2030"规划纲要》首次在国家层面提出全民健康战略,明确指出提高全民身体素质,广泛开展全民健身运动,并加强体医融合和非医疗健康干预。为响应"健康中国2030",国家体育总局基于中国居民运动健身大数据发布了《全民健身指南》,为老年人科学健身、安全健身、个性化健身提供理论支撑,在慢性病预防管理中发挥了重要作用,同时也推动体医结合模式发展。

《"健康中国2030"规划纲要》明确指出支持养老机构开展医疗服务,加速推进传统医药与养老产业融合发展,为老年人提供治疗护理、生活管护全方面、一站式、一体化的养老服务,促进慢病管理和预防与养老工作协同发展。推动居家老人长期看护服务发展,全面建立养老补贴制度与多层次长期护理保障制度。《"健康中国2030"规划纲要》也从产业发展角度出发,鼓励社会资源整合,创新发展医养结合产业,从技术、产品、管理等多视角分析市场,促进体医养融合契机,拓宽产业覆盖,加强老年人常见病、非传染性慢性病的预防与监测,强化健康管理。在"大健康"理念兴起背景下,将体育运动、医学诊疗、养老照护相结合是社会经济发展的趋势。

3. 关于加快发展养老服务业的若干意见

2013年国务院发布《关于加快发展养老服务业的若干意见》,提出推动医养融合发展。要求相关部门支持有资源配置条件的养老机构设置医疗部,将医疗卫生资源融入民众家庭、社区和养老机构。构建医疗—养老机构合作模式需要各级医疗机构大力支持养老服务,有资源配置条件的二级以上综合医院针对老年人慢病特点,开设老年病专科门诊,增加病床数,做好院内宣教、慢病防治和康复、护理等工作。各级医疗机构要为老人设立专门的健康档案,确立家庭与社区医院的服务关系,开展健康咨询、上门就诊等服务,推广远程医疗服务在养老机构中的设立。这是第一项针对医养结合做出全面部署的政策文件,重点强调了医养结合的重要性,明确了发展目标与五项重点任务,具有重要指导意义,极大地推动医疗和养老资源融合发展。2015年11月国务院转发国家卫计委等九部委的《关于推进医疗卫生与养老服务相结合指导意见》,进一步推进医养融合全社会发展。

(三)体医养融合实施路径研究

1. 政府牵头规划,搭建融合平台

体医养融合呈多元化发展,涉及不同的主体和产业范畴,所属不同部门,如体育局、卫健委、民政部、社区及养护机构等,这些部门之间的协作需要政府的积极引导,体医养融合的正向发展离不开政府的政策、经济支持和人力,只有在政府的积极支持下,各部门明确职能有效参与,才能最大能级地促进体医养融合发展平台建设。

2. 体医养共融,打造健康养老模式

明确体、医、养三者各自职能,以养为核心,体和医为两翼,三者紧密型融合。养注重为老年人提供温馨科学的养老服务和宜居环境,体则需要在老年人群中提倡科学的运动锻炼以防治未病,促进健康生活方式;对存在慢性疾病或生活难以自理的老人,及时提供医疗护理和健康保健。可以在医养结合机构增加体育运动设施、健身指导站,培训社区健康员、社区卫生中心全科医生制定运动处方能力,线上、线下开展体育运动指导小站,依据不同老年病特征提供个性化科学运动指导等,告知运动注意事项。

3. **培养复合人才,加强团队建设**

体医养融合发展需要培养懂得"养"、熟悉"体"、掌握"医"的专业复合人才,这是三者融合发展的基础和重要保障。体医养融合专业复合人才除了具有单学科领域知识,还需要掌握自身专业领域之外其他学科交叉拓展的知识,在各自单位制定和践行完善的、个性化的体医养融合养老方案,促进体育工作者、医务人员、社会工作者、护理等人员间有效沟通,形成高水平的专业团队。重视结合人才职业进行岗位培训与继续教育,设立培训基地、学习班等,有针对性地培训相关人才。加强不同领域间的学术交流,注重学科拓展与交叉研究,加强运动干预健康的临床研究。成明祥(2006)就医学院如何培养复合型人才提出明确培养目标,建议找准结合点突破已有教学模式;袁琼嘉等(2009)整合体育学院现有优势,形成体育学院的复合型人才教学模式。

4. **借助现有平台技术,完善科学制度**

充分利用目前已建设好的"健康小屋""健康智慧驿站""体育小镇"等场所,使用简单易行的设备和通俗易懂的健身方案,先进行健康体检和给予运动处方,通过智能手环监测、记录基础身体健康指数和运动轨迹,结合医疗就诊记录在大数据平台上统计分析得到个性化的健康体检报告,制定适宜的体医养结合的养老处方。也可以从养老产业入手,结合体育健身指导服务和医疗健康产业,找准融合点完善路径,大力推行社区医生、家庭医生健康模式,完善绩效奖惩制度,激发相关工作人员热情,保障科学养老制度的实施,可针对某一社区登记在册的患有慢性疾病的老年群体进行科学养老服务,提供相应的融合方案,实施一段时间后考察该社区老年人的就医情况。

5. **正确思想引导,转变传统观念**

引导老年人摒弃养儿防老的旧观念,形成独立养老的新观念,主动向社会寻求养老服务,提升自身健康水平和生活质量。借助科普的途径,宣传体医养融合的新养老模式,让更多的老年人了解并接受体医养融合模式,接受科学易懂的健康以及日常保健知识,接受治未病、运动是良医等新的健康理念,走出家门,走进社区大家庭,与更多的老人一起开启有健身指导、有医疗服务、有照料关怀的体医养养老机构,让社区组织社会融入性活动以丰富老年人的社交生活。

随着人口老龄化程度加剧,多层次的科学养老需求日益增长。目前我国的老年人健康干预模式尚不成熟,重治病轻防病,缺乏体医养共享平台与专业人才。借鉴发达国家养老模式,老年人健康促进、科学养老与体育、医疗、养护密不可分。在面对老龄化挑战时,通过科学的体育锻炼,提升老年人健康状况,避免过度医疗依赖,减轻医疗负担。体医养紧密型融合养老模式是对已有的体医融合与医养融合两种模式的发展和优化,符合我国当前国情以及老年人的健康养老需求,进一步推进这一模式的建立,对民众健康和幸福指数提升意义重要。

二、问题和现状分析

(一)体育机构、医疗机构、养老机构工作人员调研情况

本研究调研了上海市体育机构、医疗机构、养老机构工作人员120人,其中体育机构33人、医疗机构31人、养老机构56人。所有被调研的体育机构、医疗机构、养老机构工作人员具体年龄、性别、职称、从业时长、是否开展"体医养"工作、每年服务老年人人数情况见表1。在体育机构、医疗机构服务老年人的工作人员主要是青壮年人,而在养老机构服务老年人的工作人员更多的是中老年人;除了体育机构男性工作人员较多,另两大机构均以女性工作人员为主。所调研的体育机构、医疗机构开展"体医养"相关项目均为80%以上,而养老机构仅达71%。体育机构每年服务的老年人人数相对较少,55%一年仅服务100名以内的老年人,而医疗机构与养老机构较多,每年服务100～500人,分别占61%和84%。

在体育机构、医疗机构、养老机构这三大机构中,服务最多的是慢病管理中的老年人,其次分别是家人难以照料的老年人、亚健康状态老年人、残疾老年人、失独老年人等(图1)。其中除去慢病管理老年人(体、医、养各自占该机构的94%、97%、82%),体育机构服务最多的是亚健康老年人,占82%;养老机构主要是家人难以照料的老年人,占70%;医疗机构除去失独老人外,占12%,其他类型所占比例为36%～48%。

表 1　体育机构、医疗机构、养老机构工作人员信息分布表

机　　构		体育机构工作人员	医疗机构工作人员	养老机构工作人员
人数(比例)		33(27.50%)	31(25.83%)	56(46.67%)
年龄	18～25 岁	9(27.27%)	10(32.26%)	7(12.50%)
	26～30 岁	7(21.21%)	5(16.13%)	4(7.14%)
	31～40 岁	7(21.21%)	4(12.90%)	6(10.71%)
	41～50 岁	4(12.12%)	4(12.90%)	4(7.14%)
	51～60 岁	5(15.15%)	6(19.35%)	27(48.21%)
	60 岁以上	1(3.03%)	2(6.45%)	8(14.29%)
性别	男	18(54.55%)	10(32.26%)	16(28.57%)
	女	15(45.45%)	21(67.74%)	40(71.43%)
职称	初级	12(36.36%)	13(41.94%)	30(53.57%)
	中级	4(12.12%)	10(32.26%)	15(26.79%)
	高级	4(12.12%)	1(3.23%)	1(1.79%)
	无	13(39.39%)	7(22.58%)	10(17.86%)
养老服务时长(年)		5.61±7.37	4.84±6.51	3.95±5.74
开展"体医养"工作	是	27(81.81%)	26(83.87%)	40(71.43%)
	否	6(18.18%)	5(16.13%)	16(28.57%)
每年服务老年人人数	100 人以内	18(54.55%)	4(12.90%)	1(1.79%)
	100～500 人	5(15.15%)	19(61.29%)	47(83.93%)
	500～1 000 人	3(9.09%)	2(6.45%)	6(10.71%)
	1 000 人以上	7(21.21%)	6(19.35%)	2(3.57%)

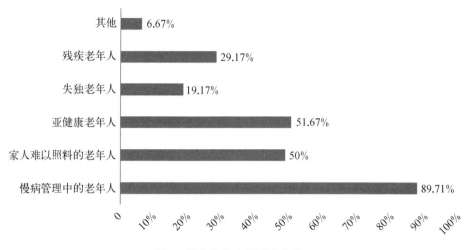

图 1　服务老年人类型分布情况

所调研的体育机构绝大多数都会为老年人提供相应的运动场所以及适合老年人使用的运动器械。最受体育机构喜爱的弘扬"运动是良医"这一理念的方式依次是开设讲座、微信公众号推送等网络形式、宣传册和宣传栏等书面形式、组织集体体育运动、其他(包括体质监测服务、社区老年运动健康促进服务)(图2)。

所调研的医疗机构允许的住院时长平均为58天,其中90%以上的医疗机构会为老年患者提供康复运动处方,超过80%的医疗机构会提供一些运动场所供住院老人进行体育运动(图3)。

所调研的养老机构中,近95%的养老机构会定期为老年人进行健康体检,所有养老机构都长期配备有全科医生保障老年人的日常疾病诊疗;近95%的养老机构设置了体育运动场所,提供相应的设施以供使用;同时有80%的养老机构长期配有专员,为老年人提供运动方案(图4)。

所调研的三大机构中有近97%的人员认为有必要建立体医养融合养老制度,同时有超过70%的工作人员在日常生活中会经常对服务对象或周围人群传播相关理念。据工作人员反馈,有近95%的服务对象认可这种融合新理念。对于体医养融合工作现状,超过63%的工作人员表示满意,其中36.13%的工作人员表示很满意,有近32%的工作人员表示不满意或很不满意(图5)。

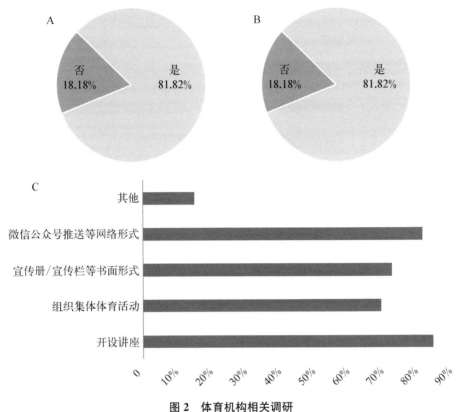

图 2　体育机构相关调研

A. 体育机构是否置办相关器械/提供运动场所；B. 体育机构是否提供"运动处方"/定期进行体质测试；C. 向老年人宣教"运动是良医"理念方式

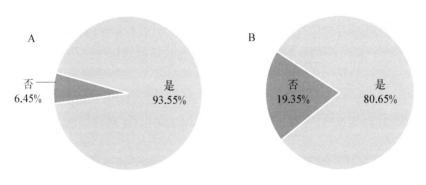

图 3　医疗机构相关调研

A. 医疗机构是否提供康复训练/运动处方；B. 医疗机构是否提供一些运动场所/设施

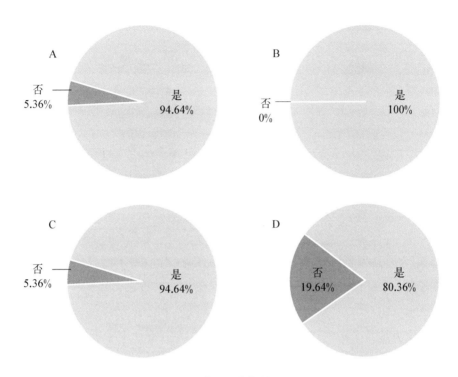

图 4 养老机构相关调研

A. 养老机构是否定期为老年人进行健康体检；B. 养老机构是否长期有全科/专科医生值班；C. 养老机构是否提供运动场所/运动设备；D. 养老机构是否长期有专员提供运动方案

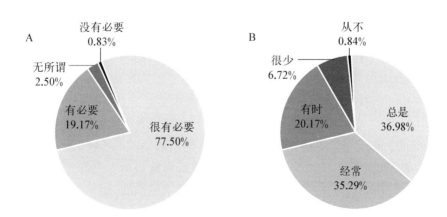

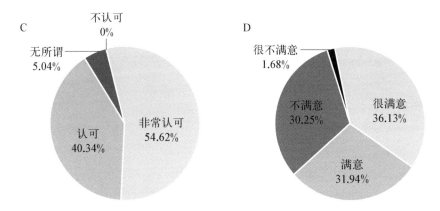

图 5 三大机构工作人员对体医养融合的态度

A. 开展"体医养"融合是否必要；B. 传播"体医养"融合新理念的频率；C. 服务老年对象对"体医养"的接受程度；D. 对"体医养"融合现状的满意度

目前三大机构中对于体医养融合，哪一机构作主导存在争议，10%的被调查者认为是体育机构、超过25%的被调查者认为是医疗机构、超过35%的被调查者认为是养老机构，近30%的被调查者认为三者处于平等地位。对于目前存在的问题，排名第一的是"相关配套标准和政策有待完善"，其次分别为"复合型人才缺乏""场地、设备、技术短缺""三方机构单轨行动，合作不佳""民众普及度不高"（图6）。有较多的被调研对象建议政府出台相关政策，加强资金链，完善三大机构的合作模式，培养新型专业人才，同时扩大宣传让广大群众了解和积极参与这一新模式。

（二）居家老年人、住院老年人、养老机构老年人调研

本研究调研了上海市居家、住院、养老机构老年人411人，其中居家178人、住院87人、养老机构146人。居家老年人平均年龄66岁，以女性为主（占66%），而住院老年人平均年龄73岁，养老机构老年人平均年龄78岁，男女比例接近1∶1。从体质指数（BMI）来看，居家老年人平均较其他两类老年人稍高，但三者均在正常高值附近，均有超重风险，但居家老人相对更健康，患有慢性病如"三高"、可能危及生命的疾病如"冠心病"、肢体不利等疾病情况较住院老年人和养老机构老年人少，而骨关节疾病发病率较另两者更高。相比较，住院老年人肢体不利的发生率最高，而养老院老年人慢性病、患危急疾病概率最高（表2）。

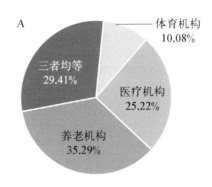

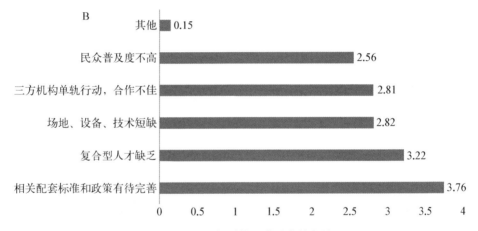

图 6 三大机构对体医养融合的争议

A. 三大机构中何者占主导位置；B. 体医养融合目前存在问题排序

表 2 三类老年人基本情况表

养老方式		居 家	住 院	养老院
人数(比例)		178(43.31%)	87(18.98%)	146(35.52%)
性别	男	60(33.71%)	42(48.28%)	72(49.32%)
	女	118(66.29%)	45(51.72%)	74(50.68%)
年龄		65.95±10.60	72.57±10.85	78.15±11.01
身高(cm)		162.77±10.80	164.69±8.00	164.94±7.48

续　表

养老方式		居　家	住　院	养老院
体重(kg)		63.81±12.88	65.40±17.68	65.09±8.99
BMI(kg/cm^2)		24.59±10.84	24.05±6.29	23.92±2.92
是否患慢性病（如：高血压）	是	80(44.94%)	64(73.56%)	117(80.14%)
	否	98(55.06%)	23(26.44%)	29(19.86%)
是否患骨关节疾病（如：颈肩腰腿痛）	是	112(62.92%)	52(59.77%)	79(54.11%)
	否	66(37.08%)	35(40.23%)	67(45.89%)
是否患很可能危及生命的疾病（如：冠心病）	是	27(15.17%)	27(31.03%)	54(36.99%)
	否	151(84.93%)	60(68.97%)	92(63.01%)
是否存在肢体不利	是	50(28.09%)	58(66.67%)	78(53.42%)
	否	128(71.91%)	29(33.33%)	68(46.58%)

住院老年人住院时间为1周至1月的占42.04%，住院时间不超过1周的占38.64%，住院时间超过1个月的较少，仅占19.32%。一年内住院频次为1~3次的占85.23%，4~7次的占9.09%，超过7次的占5.68%，住院的原因主要有冠心病、脑卒中、帕金森等常见老年性疾病。住院期间，64.77%的老年人表示医生会安排一些康复和运动训练。他们对体育运动也有一定的偏好，超过半数的住院老年人更希望进行慢走等训练，而床旁运动训练以及训练室康复训练则对住院患者的疾病情况有一定要求，各占约20%（图7）。居家老年人独居者较少，约占12.92%，他们多与伴侣同住，其次是子女，另外也有家庭配有保姆。居家以及养老院的老年人就医频次一年0~3次的约占83%，就医主要原因是已患

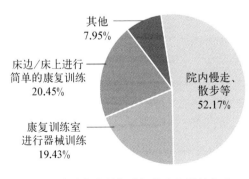

图7　住院老人希望进行的康复训练内容

疾病的定期随访、常规体检以及发热咳嗽等轻微疾病。

在日常生活中，绝大多数居家、住院、养老机构老年人会进行一定的体育锻炼，但仍有15.7%的老年人从不进行体育活动。在参加体育锻炼的人群中，快走、慢跑这类个人运动最受大众喜爱，接近半数，其次是其他项目，如羽毛球、散步等。极少数人选择在专人指导下进行体育锻炼，仅占1.69%。而锻炼强度大都选择适中强度、弱强度，占93.24%；极少数的老年人选择进行高强度体育锻炼。在调查的所有居家、住院、养老机构老年人中，54.35%的老年人认可体医养融合养老理念，但是39.85%的老年人表示从未听说过该理念，仅有近6%的老年人不认可该理念(图8)。

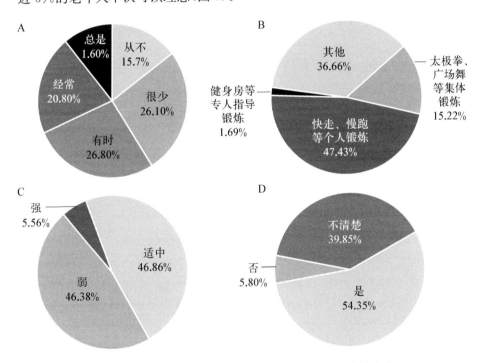

图8　三类老年人日常体育锻炼情况及对体医养融合的态度
A. 锻炼频率；B. 喜欢的体育项目；C. 锻炼强度；D. 是否认可"体医养"融合

对于目前开展体医养融合养老，被调研人群表示存在一定的困难，主要表现在经济条件、场地、组织人员以及自身健康的限制(图9)。另外，也有人对体医养政策推行提出如下建议：一是政府加大支持，二是经济补偿，三是场地扩大，四是提供康复治疗。

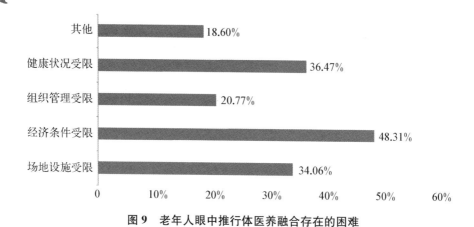

图9 老年人眼中推行体医养融合存在的困难

(三)体医养融合专家访谈

本研究对11名体育、医疗、养老领域的专家就上海市体医养融合发展路径进行了访谈。专家一致认为,体医养融合开展首要任务是转变理念,要将以疾病为中心转变为以健康为中心;体医养融合应以养老机构为主,立足目前上海市现有的养老形态分类,在此基础上有机结合体育机构和医疗机构;体医养融合的发展还需要政府支持,有经费投入,出台体医养融合相关专项政策,联通体育机构、医疗机构和养老机构三方,以多种形式、符合老年人生理和健康状况的体育锻炼促进健康、以医疗服务管好和防好老年人易患疾病、以养老照护提升老年人生活质量和幸福感;体医养融合需要设立多个层面的示范点,增加大众对体医养融合的认可和支持,并以点带面进一步推广应用;体医养融合发展路径的建立有利于改善上海市老年人生活质量,降低老年人慢性病死亡率,减轻疾病带来的家庭经济负担,有望降低国家医保支出,缓解目前医保资金短缺问题,综合型管理人才和技术人才的培养,专家团队的建立也至关重要。

三、对策建议

(一)体医养融合发展路径

1. 居家养老老年人的体医养融合模式

针对居家养老老年人,建立"体育锻炼+健康管理+居家照护"体医养融合模式。该体医养融合模式由体育机构作为核心、医疗机构和养老机构作为两翼配合实施,以体育锻炼为主、健康管理和居家照护为辅,促进老年人疾病预防和科学的健康管理。体育机构工作人员在各社区活动中心健身区域负责为社区老人提供体质检测,制定多种形式、个体化的体育锻炼运动处方,配合太极、八段锦、慢跑、快走、牵伸运动和器械锻炼等运动进行指导和促进运动安全实施;医务人员或健康管理员在智慧健康驿站、健康小屋、社区卫生中心为居家老人提供健康体检和慢病管理的医疗服务,告知运动注意事项和何种体育运动可以实施;养老机构为老人提供照护服务兼顾运动促进。体育、医疗、养老机构三方工作人员密切配合,共同有效提升上海老年人的生活质量和健康素养。

上海崇明东滩自行车小镇、西沙康旅小镇可作为示范点,构建体育生活化的运动社区,开展"体育锻炼+健康管理+居家照护"体医养融合试点模式建设。上海东滩自行车小镇是上海目前唯一的体育小镇阵地,西沙康旅小镇也是上海目前唯一的市政府认可的康养型小镇,已计划为居家养老老年人设置集健康体检、体育锻炼、慢病管理、运动康复、运动康养、居家照护等功能的一站式体医养融合示范点。体育锻炼将拳功操舞作为重点发展的运动项目,利用已汇聚的体育资源,如木兰拳培训基地、邹市明拳击训练中心、崇明岛上的太极高手、运动处方师等,为老年人提供科学运动健康锻炼项目。同时充分利用上海市卫健委智慧健康驿站项目、长护险项目,推进老年人体医养紧密型融合养老工作。

2. 住院机构老年人的体医养融合模式

针对住院机构老年人,建立"医疗管理+身体活动+住院照护"体医养融合模式。该体医养融合模式由医疗机构牵头、养老机构和体育机构配合实施,以医疗管理为主、住院照护和身体活动为辅。医疗机构增设"老年友善医院"、老年科、老年病床和加强老年疾病健康宣教、健康促进,医务人员为住院老年人提供疾病诊疗、康复等医疗服务,体育机构工作人远程提供身体活动指导和体育运动建议(如步行、上下楼梯等)、围绕慢病治疗和术后康复等方面为老年人制定和提供运动处方的治疗,开展因人而异的运动锻炼,加快疾病的医治和康复;养老机构为住院老年人提供温馨的住院照护。医疗机构、体育机构、养老机构三方工作人员定期交流,共同制定医疗管理、身体活动、住院照护方案,确保住院老年人体医养融合安全有效的实施。

3. 养老机构老年人的体医养融合模式

针对养老机构老年人,建立"机构照护+体育锻炼+健康管理"体医养融合模式。该体医养融合模式由养老机构牵头、体育机构和医疗机构配合实施,以机构照护为主、体育锻炼和健康管理为辅。养老机构工作人员为老年人提供全面的机构照护服务,同时在养老机构内设立体育锻炼场地和硬件配备、医学诊疗室;由接受过体育机构培训的复合型人员负责为老年人提供适当的体育锻炼服务,如慢跑、球类运动、太极拳、五禽戏等,不仅引导养老机构老年人练太极拳,同时增进养老机构老年人之间的沟通和社交;由医疗机构工作人员负责为老年人提供体检、慢病管理的医疗服务,进行防治慢病科普教学。养老机构、体育机构、医疗机构三方工作人员加强交流,进行必要的教学培训,为养老机构老年人提供优质的体医养融合服务。

(二)体医养融合发展建议

1. 政府主导,打破体、医、养三方壁垒

体医养融合涉及不同的主体、产业范畴、行政管理部门,如体育局、卫健委、医疗机构、民政部、社会各级养老中心、养老院、护理院等,体育、医疗、养老机构之间的紧密协作和体医养融合模式的建立需要政府主导,打破体育机构、医疗机构和养老机构三方之间的壁垒,明确三方职能、职责,并由体育机构、医疗机构、养老机构共同落实,开展科学、有效、紧密的合作,促进体育健身理念助推老龄化城市居民全生命周期健康。

2. 基于养老形式,建立体医养融合模式

目前上海市老年人基本处于居家养老、长期住院、养老机构养老三种养老形式。体医养融合模式的建立,也需要考虑这三种不同养老形式的特点。对于居家老年人,应以"体"为主,"医""养"为辅,建立"体育锻炼+健康管理+居家照护"体医养融合模式。对于住院老年人,应以"医"为主,"体""养"为辅,建立"医疗管理+身体活动+住院照护"体医养融合模式。对于养老机构老年人,应以"养"为主,"体""医"为辅,建立"机构照护+体育锻炼+健康管理"体医养融合模式。同时,建立适合健康老年人、有慢病老年人、不同年龄跨度老年人的多种运动、多种疾病的运动处方,加强各机构的培训和推广应用。

3. 善用现有资源,精准健康管理

优化上海市体育、医疗、养老资源配置,开展体医养融合工作。充分利用现有的"社区健身点""自行车小镇""西沙康旅小镇""健康小屋""智慧健康驿站""长护险"等资源,构建体育生活化的运动社区、一站式体医养融合示范老年科或养老院,用于老年人体医养融合服务。借助健康手环等智能设备实时监测,整合医疗记录,使用大数据平台,实现老年人精准健康管理。

4. 培养复合型人才,加强体医养融合团队建设

目前老年人体医养融合工作中的一大突出问题是体医养融合复合型人才的匮乏。体医养融合工作的发展离不开懂得"体"、了解"医"、熟悉"养"的专业复合型人才。重点开展社会体育指导员培训,培养精通老年人体育锻炼健身的骨干人群。专业复合型人才的培养是我市开展体医养融合工作的前提和基础。体育机构、医疗机构和养老机构需重视和支持体医养融合人才的培养。

5. 科普促进,提升我市民众健康养老理念

针对目前老年人、体育机构、医疗机构、养老机构工作人员体医养融合理念的缺乏,需通过多种科普途径传播新养老模式,让更多的人了解并接受,营造老年人都积极参加锻炼的氛围,让体育锻炼成为养老生活的重要内容,提升全社会的健康理念。

随着我国人口老龄化的加剧,老年人群健康需求不断增长,上海市老年人体医养融合发展路径亟须建立。上海市目前体育、医疗、养老系统资源配置较好,但三方系统之间仍存在壁垒。在体医结合、医养结合发展的基础上,针对上海市老年人养老的不同方式,结合《"健康中国2030"规划纲要》,完善符合国情的老年人体医养紧密型融合发展路径,持续优化养老资源配置,打破现有壁垒,建立可复制、可推行体育锻炼为核心的防病策略,医疗、养老为两翼的健康养老融合模式,将全面提升上海市老年人群健康服务养老质量,构建以健康为本,中国特色的体医养紧密型融合的健康养老模式。

参考文献

[1] 第七次全国人口普查公报[EB/OL]. http://www.gov.cn/guoqing/2021-05/13/content_5606149.htm.

[2] 江翠芬. 老年慢性病患者住院心理特征及护理[J]. 广西中医学院学报,2004(3).

[3] 刘芳芳. 我国人口老龄化现状及医养结合模式研究[J]. 中国老年保健医学,2020(6).

[4] 李妍,翟春城,周雪,等. 健康老龄化视阈下我国卫生服务体系面临的挑战与机遇[J]. 中国医院管理,2017(12).

[5] 国务院关于印发"十三五"国家老龄事业发展和养老体系建设规划的通知[EB/OL]. http://www.gov.cn/zhengce/content/2017-03/06/content_5173930.htm.

[6] 赵妍妍,童立涛.我国"体医结合+医养结合"的健康支持体系发展对策[J].大众科技,2018(4).

[7] 中共中央国务院印发《"健康中国2030"规划纲要》[EB/OL]. http://www.gov.cn/zhengce/2016-10/25/content_5124174.htm.

[8] 傅兰英,杨晓林,凌文杰,等."医体结合"复合型人才培养模式的可行性研究[J].北京体育大学学报,2011(1).

[9] 宣海德.我国城市社区体育中"体医结合"问题的研究[J].军事体育进修学院学报,2007(1).

[10] 赵仙丽,李之俊,吴志坤.构建城市社区"体医结合"体育公共服务的创新模式[J].体育科研,2011(4).

[11] 华冰,陈永军,彭春政.老年健康干预的"体医养结合"模式构建[J].当代体育科技,2020(2).

[12] 张莹.日本医疗机构双向转诊补偿制度的经验与启示[J].中国卫生经济,2013(4).

[13] 李文静,王磊,康凤英.我国医养结合发展的现状分析及对策[J].中国卫生产业,2019(23).

[14] 吴侃,钱佳慧,罗会强,等.我国"医养结合"养老模式构建现状及存在问题探讨[J].现代预防医学,2016(10).

[15] 邴程程,陈卫民.借鉴国际经验 完善老年照护服务[J].未来与发展,2017(6).

[16] Pacala J T, Kane R L, Atherly A J, et al. Using structured implicit review to assess quality of care in the Program of All-Inclusive Care for the Elderly (PACE)[J]. Journal of the American Geriatrics Society, 2000(8).

[17] 黄淑娴,杨芷玥,黄翰,等.美国社区居家养老典型模式对我国医养结合养老服务发展的启示[J].劳动保障世界,2017(17).

[18] 李敏.我国三种健康养老融合模式研究综述[J].商业文化,2021(1).

[19] 戴志鹏,马卫平."体育+医疗+养老"干预老年健康的路径构建[J].老龄科学研究,2018(9).

[20] 王会儒,姚忆."传统体育养生+医疗+养老"的老年健康干预模式构建[C].2016年传统体育养生与老年社会论坛论文汇编,2016.

[21] 王立军,相金星,夏成前.新时代"体医养融合"社区养老服务体系创新路径研究[J].继续教育研究,2021(10).

[22] 王正珍,冯炜权,任弘,等. Exercise is Medicine——健身新理念[J].北京体育大学学报,2010(11).

[23] 王刚军,李晓红,王伯超.新时代社区体医融合养老模式的构建[J].医学争鸣,

2019(6).

[24] 国务院关于加快发展养老服务业的若干意见[EB/OL]. http://www.gov.cn/zhengce/content/2013-09/13/content_7213.htm.

[25] 关于推进医疗卫生与养老服务相结合的指导意见[EB/OL]. http://www.gov.cn/zhengce/content/2015-11/20/content_10328.htm.

[26] 马倩,赵德云,郭雷祥.健康中国视阈下"体育·医疗·养老"融合路径构想[J].吉林体育学院学报,2020(5).

[27] 刘小龙.健康老龄化背景下"医养结合"养老服务模式研究[J].东方企业文化,2015(21).

[28] 蓝敏萍.新时代广西体医养大健康产业融合发展的路径设计[J].改革与战略,2019(10).

[29] 成明祥.体医结合:医学院校体育教学改革的发展模式[J].体育文化导刊,2006(2).

[30] 袁琼嘉,侯乐荣,李雪.高等体育院校"体医渗透"实验教学模式的研究与实践[J].北京体育大学学报,2009(3).

[31] 杨毅然.中国体育特色小镇建设的实践探索研究[D].武汉:武汉体育学院,2018.

[32] 杨赟.传统孝道视域下的中国当代家庭养老困境探析[D].重庆:西南大学,2015.

上海城市空闲区域和地下空间建设嵌入式体育设施研究

尹志华　侯士瑞　徐丽萍　孙铭珠　王　佳　刘皓晖[*]

一、研究背景

近年来,随着国家对全民健康问题的高度重视,群众在国家的号召下积极参与体育运动,呈现出一股全民健身的热潮,但与之相对应的体育场地设施缺失的问题也暴露出来了。根据2020年国家体育总局公布的《2019年全国体育场地统计调查数据》可知,目前我国人均体育运动场地面积为2.08平方米,距离《体育强国建设纲要》中人均2.5平方米的目标仍有较大差距。因此,国务院办公厅在2020年印发的《关于加强全民健身场地设施建设发展群众体育的意见》中提出,要挖掘存量建设用地潜力,盘活城市空闲土地,用好城市公益性建设用地,倡导复合用地。由此可见,未来体育设施的建设方向将由大型专业的体育场馆转为多元化、社区化的城市底层体育场地设施。这些体育设施未来会成为城市居民锻炼生活的"主阵地",为提升城市软实力、增强全民身体素质和健康水平"添砖加瓦"。

上海作为国际经济、金融、贸易、航运、科技创新和文化等一体的国际大都市,随着城市化进程的不断加快,人口总量持续增长,空间资源严重匮乏,人们只能与拥挤、闭塞为伍,焦虑和压力不断增大,群众健身场地设施缺乏的问题

---

[*] 本文作者简介:尹志华,华东师范大学体育与健康学院,副教授,博士,研究方向:体育人文社会学;侯士瑞,英国爱丁堡大学莫雷教育学院,硕士,研究方向:体育产业管理;徐丽萍,华东师范大学体育与健康学院,在读硕士,研究方向:体育产业管理;孙铭珠,上海工程技术大学体育教学部,讲师,硕士,研究方向:体育产业管理;王佳,上海工程技术大学体育教学部,讲师,硕士,研究方向:体育产业管理;刘皓晖,华东师范大学体育与健康学院,在读硕士,研究方向:体育人文社会学。

逐渐凸显。基于此,在积极响应国家文件号召的情况下,上海市政府办公厅于2021年2月印发了《关于本市推进全民健身工程加强体育场地设施建设的意见》,提出要"加强土地集约利用,因地制宜、见缝插针,在外环绿带、郊野公园、休闲绿地、'一江一河'沿岸等空间和路桥附属、建筑屋顶、地下、边角地等区域建设一批嵌入式体育健身设施"的总体目标。所谓嵌入式体育设施,即因地制宜、就地而建,距离城市居民生活更近,城市居民使用更便利的一种非标准、非规则、功能复合的体育健身设施。实际上,上海作为超大型城市,急需利用闲置的城市空间区域来建设体育设施,在满足人们健康生活方式需求的同时,应对城市空间缺乏的问题,积极探索高密度超大城市发展路径,推动上海城市居民健康的可持续发展。

上海通过在城市空闲区域和地下空间建设嵌入式体育设施,有助于立足上海实际,主动服务国务院关于"体育消费行动计划"、体育强国和健康中国建设以及上海2035卓越全球城市建设等重大战略,聚焦现实问题,积极探索超大城市发展的转型途径,为国务院精神在上海落实提供参考;通过上海建设嵌入式体育设施的尝试,从而推动创新性体育设施在全国各地的建设,在摸清底数短板的基础上,参照上海的经验制定行动计划,大力推进各类创新性体育设施的建设,缓解城市体育设施供应不足与居民体育需求增长之间的矛盾,为国民健康持续发展提供保障;在面对上海人口持续增长、土地资源日趋紧张的困境下,通过利用城市空闲区域和地下空间提高空间资源利用效率,有利于积极应对体育设施和人均活动面积不足的问题,为拓展上海市体育设施建设与扩展提供咨询意见和建议。

二、问题与现状分析

当前,快速城市化与人口高密度化并行,城市体育设施供应不足与居民体育需求增长之间的矛盾是普遍存在的。不仅上海市在政府事实工作中提出了体育设施建设工程和"15分钟社区体育生活圈",而且国内外也针对此问题开展了相关研究。比如,王兰等(2019)指出,上海市中心城区社区健身设施服务覆盖面积和人均地均设施面积低于外围地区,北部地区优于南部地区,浦东地区整体优于浦西地区;赵富勋(2017)则指出,我国城镇居民小区的健身设施建设出现了一系列问题,如健身设施数量少、种类单一、现有的健身设施得不到统一管理和规划、不同小区的健身设施发展不平衡等;蒋方等(2018)研究指出,科学合理地利用和开发建筑屋顶空间是有效解决室外体育活动场地不足问题的主要途径之一,如浙江天台第二小学屋顶跑道、北京史家小学屋顶足球场等;陈阳(2011)指出哈尔滨市逐步完善基础设施功能、解决严重阻碍城市可持续发展的城市问题,推进地下空间开发利用,将在中心区现有的体育场地(如道外八区体育场、南岗冰上基地、冰球馆等)建设地下体育设施;王琦莉等(2020)借鉴法国提出的"垂直空间"概念,了解垂直空间概念建设社区公共体育设施,开发商对于垂直空间建设,可以缓解停车问题、绿化问题与体育设施不足之间的矛盾,在顶楼加建垂直体育设施可以增加居民对体育设施的人均可使用率;李茂等(2020)提出在人口密集和发展较早、规划较难的地区,可利用废旧厂房改建成室内运动场馆,满足人们亟须室内运动场馆的需求,在社区中心修建体育设施,这样既节约了用地,也便于管理设施和了解居民需求。

在国外经验方面,王璇等(2000)指出,大阪中央体育馆是一座通过开发利用公园地下空间建成的地下三层万人体育馆,也是目前全日本最大的地下体育馆。隔超(2018)的研究指出,屋顶、地下、外立墙面开发是日本解决土地供应紧张、改善居民生活、提供优质健身服务、促进体育消费的重要举措。例如,大阪的森之宫 QsMall 在屋顶建造了 300 米的跑道,成为全球第一个可以跑步的购物中心;代代木体育馆利用地下空间开发公共辅助设施和比赛练习场地,实现了多功能的竞技体育场馆;昭岛户外主题购物中心则利用商场外立面墙,开发建设攀岩运动项目。德国学者也曾提出过"城市空间体育化(sportization)"或者"绿色用地运动空间化"的经典命题,即体育场地设施并非独立建设,而是基于城市自身的空间用地(河流、步道等)或绿色用地(森林、公园等),将传统意义上的体育空间与城市空间融为一体,以满足普通民众各种非正式的户外体育运动需求。

上海作为我国超大型城市的典型代表,在专业体育场馆、场地、设施改建、建设与运营方面已处于国内领先水平,但由于土地空间的限制,在满足普通群众体育设施供给方面还存在很大差距,因而迫切需要将大量空闲区域利用起来建设嵌入式体育设施。通过查阅文献资料发现,目前在城市空闲区域建设体育设施已有先例并且有国外经验参考,但是缺少高效的、合理的利用解决途径。基于此,本研究通过对上海城市空闲区域和地下空间建设嵌入式体育设施的现状需求、障碍和路径进行探索,希望上海未来城市体育设施建设在向居民的生活靠拢的同时,更要在城市的角角落落"遍地开花",充分运用城市建设过程中产生的空闲区域和地下空间来完善体育设施的供给,扩大体育健身设施的覆盖服务网络,积极探索高密度超大城市发展路径,推动上海城市健康可持续发展。

三、研究对象与结果分析

本研究对上海推进空闲区域和地下空间建设嵌入式体育设施相关问题,设计了《上海市城市空闲区域和地下空间建设嵌入式体育设施调查问卷》,调研了来自上海市不同行政区的共1086名市民,具体职业包括学生、事业单位职工、公务员、企业职工、自由职业和退休职工。

问卷第一部分为基本信息,包括年龄、性别、民族、学历、职业和所在行政区;第二部分为调查上海市城市空闲区域和地下空间的现状与建设需求,对于现状包括城市空闲区域和地下空间的存在情况、利用情况和是否配有有关体育设施、锻炼会出现的问题、必要性和急迫性,需求包括国家战略需求、城市建设规划需求和人力资源需求;第三部分为嵌入式体育设施建设的条件,包括推进建设城市空闲区域和地下空间建设嵌入式体育设施的优势、劣势、机会、威胁;第四部分为嵌入式体育设施建设的职能部门保障与管理,包括推进建设需哪些政府职能部门协作、嵌入式体育设施将如何收费、开放使用,第五部分为推进嵌入式体育设施建设的建议,包括政策法规层面、行政领导层面、业务主管层面和居民层面。

表1 本研究调查对象基本信息表(N=1086)

题 目	类 别	频数/(人)	百分比(%)
年龄	小于18岁(未成年)	200	18.42
	18~45岁(青年)	692	63.72
	46~69岁(中年)	170	15.65
	大于69岁(老年)	24	2.21
性别	男	308	28.36
	女	778	71.64

续　表

题　目	类　别	频数/(人)	百分比(%)
民族	汉族	1 069	98.43
	少数民族	17	1.57
学历	初中及以下	33	3.04
	高中(含中专,职校,中技等)	169	15.56
	专科(高职,高专,高技)	180	16.57
	本科	683	62.89
	研究生	21	1.94
职业	学生	588	54.14
	事业单位职工	151	13.90
	公务员	13	1.20
	企业职工	186	17.13
	自由职业	59	5.43
	退休职工	89	8.20
居住的行政区	嘉定区	51	4.70
	普陀区	40	3.68
	黄浦区	10	0.92
	徐汇区	31	2.85
	闵行区	103	9.48
	浦东新区	218	20.07
	崇明区	17	1.57
	奉贤区	77	7.09

续　表

题　目	类　别	频数/(人)	百分比(%)
居住的行政区	金山区	50	4.60
	松江区	226	20.81
	青浦区	41	3.78
	长宁区	34	3.13
	静安区	25	2.30
	宝山区	59	5.43
	杨浦区	58	5.34
	虹口区	46	4.24

（一）上海城市空闲区域和地下空间建设嵌入式体育设施的现状与需求

1. 上海城市空闲区域和地下空间建设嵌入式体育设施的整体现状

（1）生活居住地附近城市空闲区域和地下空间的存在情况

上海作为大都市，土地资源供给紧张，可开发利用的体育空间资源不足与居民日益增长的健身需求矛盾日益加剧，充分利用城市空闲区域和地下空间建设体育设施是缓解此矛盾的重要途径之一。图1显示，调查对象生活居住地附近存在城市空闲区域和地下空间，"有大量此类区域"占比分别为23.76%和16.94%，"有少量此类区域"占比分别为49.63%和35.36%。分析结果可知，总计有超过半数（大量＋少量，城市空闲区域为73.39%，地下空间为52.30%）的调查对象周围存在城市空闲区域或地下空间，其中城市空闲区域数量远大于地下空间。由此可知，上海利用城市空闲区域和地下空间建设嵌入式体育设施具有较大发展空间。

进一步卡方检验发现，不同行政区的城市空闲区域存在情况有显著性差异（P=0.006），但在地下空间方面无显著差异。由图2可知，上海大部分郊区存在城市空闲区域的比例较市区偏高，如嘉定（80.39%）、闵行（78.65%）、崇

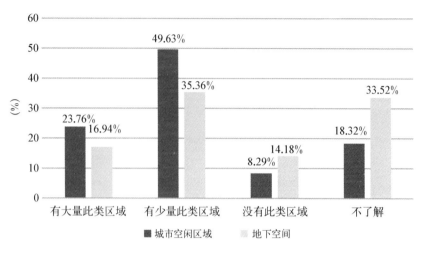

图 1　生活居住地附近城市空闲区域和地下空间的存在情况（N=1 086）

明（76.47%）、奉贤（76.62%）、金山（82.00%）、松江（74.34%）、青浦（78.05%）、宝山（77.96%）。其中，在大量存在城市空闲区域方面，崇明（47.06%）和青浦（43.9%）位居前两名。

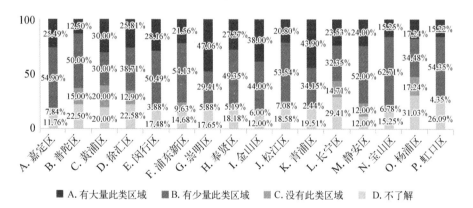

图 2　不同行政区城市空闲区域的存在情况（N=1 086）

（2）城市空闲区域和地下空间的利用情况

由图 3 可知，无论是城市空闲区域还是地下空间，利用情况主要为停放车辆，且地下空间利用情况中停放车辆高达 59.67%。此外，空置未被利用和堆放垃圾杂物也是重要利用方式，而已有正规使用途径的分别为 16.67% 和 10.50%。由此可知，当前上海城市空闲区域和地下空间在体育设施建设方面

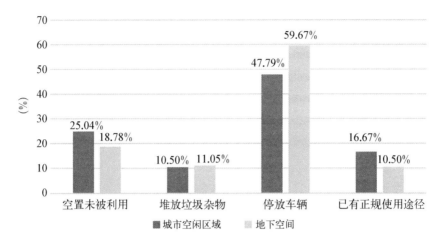

图3 生活居住地附近城市空闲区域和地下空间的利用情况（N=1 086）

缺乏合理利用,存在无序、无管、无用的"三无"情况。

通过进一步卡方检验发现不同行政区中城市空闲区域的利用情况存在显著性差异(P<0.01),而各行政区的地下空间利用情况则无显著性差异。由图4可知,城市空闲区域中空置未被利用占比较高的行政区为黄浦(40.00%)、闵行(33.98%)、崇明(41.18%)、奉贤(36.36%)、金山(28.00%)、松江(28.32%)。在上述占比较高的区域中,除了黄浦区为市区之外,其他均为郊区,这可能与黄浦区历史悠久,为了保护传统文化,很多区域有严格使用要求密切相关。

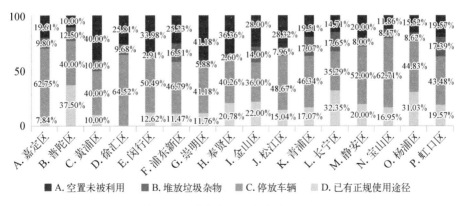

图4 不同行政区中城市空闲区域的利用情况（N=1 086）

(3)城市空闲区域和地下空间相关体育设施情况

由图5、图6、图7可知,首先,对于两类区域中体育设施有无情况,城市空闲区域中体育设施有且设施简陋(35.27%)占比最高,地下空间中体育设施占比最高为没有(43.74%),这可能与市民普遍认同地下空间应作为停车用地和堆放杂物的定位有关。其次,对于其体育设施集散情况,城市空闲区域中占比较高为个别密集(42.16%)和比较分散(42.88%),地下空间占比最高为无体育设施(46.47%)。城市空闲区域中体育设施类型也主要为器械类健身设施(37.55%),地下空间的体育设施类型主要为场地类室外体育设施(28.20%)和场地类室内体育设施(27.63%)。由此可知,上海城市空闲区域和地下空间中的体育设施总体比较缺乏、集散程度较分散、设施类型

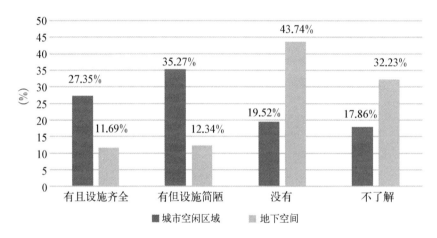

图 5　城市空闲区域和地下空间相关体育设施有无情况(N=1 086)

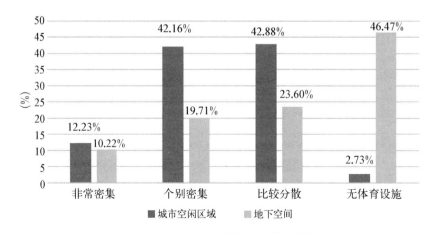

图 6　城市空闲区域和地下空间相关体育设施集散情况(N=1 086)

较单一,场地类型也主要为场地类体育设施和器械类体育设施。这是由于城市空闲区域和地下空间属于政府和有关部门管辖范围,并且对于其区域开发还未到位,也未针对建设体育设施确立具体实施方案,所以这类区域相关体育设施的建设较简陋。此外,场地类体育设施和器械类体育设施具有受益人群广、用途较为广泛、可容纳量大等特点,因而这两种类型在体育设施建设中更加常见。

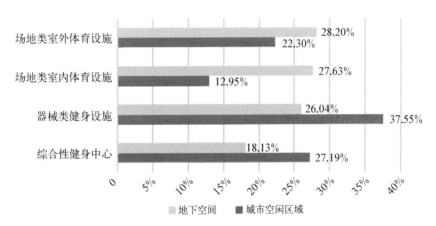

图7 城市空闲区域和地下空间相关体育设施类型情况(N=1 086)

由图8可以看出,有关两类区域相关体育设施满足居民需求的调查中,城市空闲区域占比最高为"基本满足"(34.96%),但是"一般"和"不太能满足"

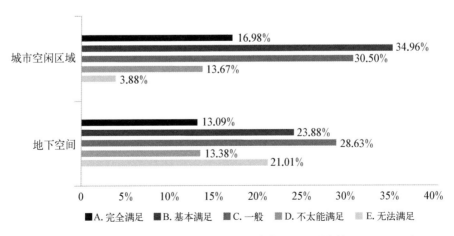

图8 城市空闲区域和地下空间相关体育设施满足居民需求情况(N=1 086)

"无法满足"总占比为(48.05%);地下空间占比最高为"一般"(28.63%),"不太能满足"和"无法满足"总占比(34.39%)。这说明无论是城市空闲区域还是地下空间,其相关体育设施的对居民的需求满足不尽如人意。进一步卡方检验可知,在不同行政区之间,地下空间的体育设施类型($P=0.008$)和满足居民需求情况($P=0.05$)方面均呈显著性差异,但城市空闲区域却不存在显著性差异。

由图9可知,在徐汇、静安、黄浦三个市中心辖区范围内对于地下空间体育设施的建设种类存在极端情况,徐汇和静安在地下空间建设场地类室外体育设施比例都低于10%,黄浦在地下空间建设体育设施类型中则缺少器械类健身设施;相对而言浦东、奉贤、松江、青浦、长宁在利用地下空间建设体育设施时考虑了多样性的问题,四种不同类型的体育设施分配较为均匀;其余各区在利用地下空间建设体育设施时也存在着比例失调的情况。据此可知,在利用地下空间建设体育设施时各区情况不同,建设的具体设施也有所差别。未来在嵌入式建设体育设施过程中,在充分考虑差异的同时,也要将这种差别尽量缩小。

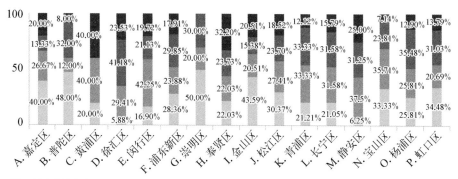

图9 不同行政区地下空间相关体育设施类型情况(N=1 086)

由图10可知,地下空间中体育设施满足居民需求选择"无法满足"占比较高的行政区主要为:嘉定区(36.67%)、崇明区(30%)、金山区(28.21%)、杨浦区(41.94%)、虹口区(27.59%)。结合图9的调查分析结果,不难看出体育设施类型比例失调可能是上海部分行政区无法满足居民需求的主要原因。

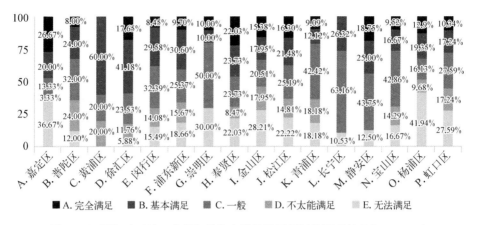

图 10 不同行政区地下空间相关体育设施满足居民的需求情况（N=1 086）

2. 上海城市空闲区域和地下空间建设嵌入式体育设施面临的困境与需求

（1）使用各类体育设施进行体育锻炼时遇到的问题

分析图 11 可知，调查对象在使用各类体育设施进行体育锻炼时遇到的问题占比最高的是"体育设施不够丰富以至于无法满足锻炼需求"（56.17%），这说明在社区中，因为受到场地等环境影响，目前的体育设施供给较为单一，难以满足人们对于体育设施多样化需求。除此之外，"体育设施距离远而不便于使用"也成为城市居民使用体育设施进行体育锻炼时遇到的问题之一（42.27%），这反映了目前在社区层面体育设施资源分配不够均匀，所以在嵌入式体育设施建设时要充分考虑可覆盖广度和集散情况。另外，影响居民使用各类健身设施进行体

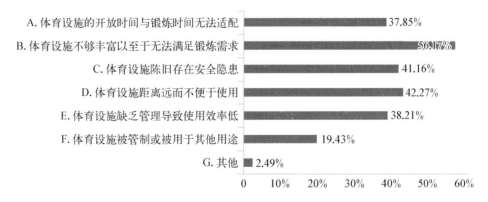

图 11 居民使用各类体育设施进行体育锻炼时遇到的问题（N=1 086）

育锻炼的问题还有"体育设施陈旧存在安全隐患"(41.16%)、"体育设施缺乏管理导致使用率低"(38.21%)和"体育设施的开放时间与锻炼时间无法适配"(37.85%),这三大问题是关于体育设施管理方面的问题,由此提醒我们,不仅需要合理建设嵌入式体育设施,更要完善后续的"软件"服务。

（2）上海城市空闲区域和地下空间建设嵌入式体育设施的必要性

由图12可知,就上海城市空闲区域和地下空间建设嵌入式体育设施的必要性而言,有接近半数的调查对象认为"比较必要"(46.69%),还有36.19%的调查者认为"一般",两者合计占比高达82.88%,这一数据充分说明了目前利用城市空闲区域和地下空间进行嵌入式体育设施建设的必要性。

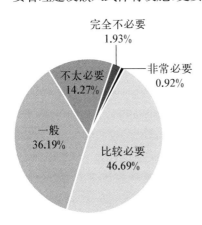

图12 上海城市空闲区域和地下空间建设嵌入式体育设施的必要性(N=1 086)

通过对不同变量的进一步卡方检验发现,不同年龄的调查对象对于上海推进城市空闲区域和地下空间建设嵌入式体育设施的必要性选择结果存在显著性差异($P<0.01$)。由图13可知,46~69岁(61.76%)和大于69岁(50%)的年龄人群认为推进嵌入式体育设施建设"非常必要",这一数据反映中老年阶层对于体育设施的需求更加旺盛,他们在退休后可能形成了较好的运动锻炼习惯,因而需要有更好的体育空间资源配给。

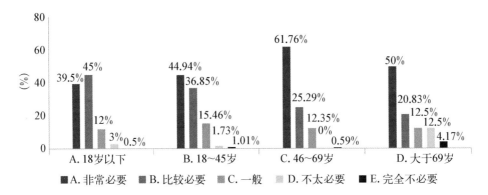

图13 不同年龄人群对推进城市空闲区域和地下空间建设嵌入式体育设施必要性的认知(N=1 086)

（3）上海城市空闲区域和地下空间建设嵌入式体育设施的急迫性

由图14可知，相较于必要性而言，上海城市空闲区域和地下空间建设嵌入式体育设施的急迫程度缓和许多，24.59%的被调查者认为推动这项工作"非常急迫"，但是总体来看也有超过半数（55.62%，"非常急迫"＋"比较急迫"）的调查者认为上海市推进城市空闲区域和地下空间建设嵌入式体育设施是急迫的。

通过对不同变量进行卡方检验发现，不同性别调查者对于上海城市空闲区域和地下空间建设嵌入式体育设施的急迫性选择存在显著性差异（P<0.01）。由图15可知，认为在城市空闲区域和地下空间建设嵌入式体育设施"非常急迫"的男性比女性高出近13个百分点，说明男性更希望利用城市空闲区域和地下空间建设多元、丰富的嵌入式体育设施。

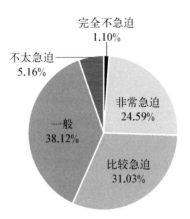

图14 上海城市空闲区域和地下空间建设嵌入式体育设施的急迫性（N=1 086）

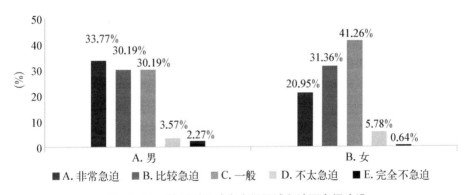

图15 不同性别对于城市空闲区域和地下空间建设嵌入式体育设施急迫性的认知（N=1 086）

（4）上海利用城市空闲区域和地下空间建设嵌入式体育设施的国家战略需求

由前述调查结果可知，上海利用城市空闲区域和地下空间建设嵌入式体育设施存在较强的必要性和急迫性。那么推进此项工作存在哪些国家战略层面的需求呢？根据图16的调查发现，嵌入式体育设施建设能够丰富城市体设施供给,在"全民健身的推进需要充裕的体育设施供应"(77.62%)、"健康中国建设需要确保足够的人均体育活动面积"(73.20%)和"提高国民健康水平需要体育设施的硬件保障"(64.73%)三个方面提供了硬件保障。体育设施作为人们体育锻炼的物质基础,丰富的体育设施也能更好地促进居民进行体育锻炼,73.2%的居民认为"健康中国建设需要确保足够的人均体育活动面积",人均体育面积的提高有利于满足居民日益增长的锻炼需求,也是促进我国成为体育强国的重要基础。由此看出,居民已经深刻认识到建设充足体育设施的重要性,丰富多元的体育设施是实现我国多方面战略的重要基础,所以需要国家加强对体育设施的建设,提高人均体育活动面积,满足居民日益增长的体育锻炼需求。相对而言,城市空闲区域和地下空间建设嵌入式体育设施在"中国体育产业的发展需要拓展体育设施供应市场"(54.79%)方面的认可度要低,这是因为嵌入式体育设施的建设更多是为了满足社区居民锻炼的基本需求。

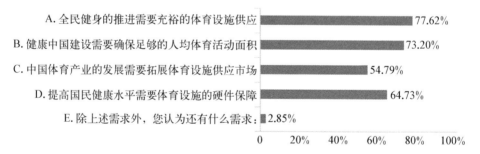

图16 利用城市空闲区域和地下空间建设嵌入式
体育设施的国家战略需求(N=1 086)

(5)上海利用城市空闲区域和地下空间建设嵌入式体育设施的城市建设规划需求

由图17可知,城市建设规划层面需求占比最高的是"需要创造良好的居住环境条件,提高群众幸福指数"(71.55%),这表明随着上海市现代化进程加快,城市人口密度大、城市规划较落后等一系列弊端日益凸显,需通过创造良好的居住环境条件,满足居民基本保障,提高群众的幸福指数,这是上海城市空闲区域和地下空间建设嵌入式体育设施在城市建设规划方面的最大意义。65.84%的受调查对象认为"上海城市空间资源需要提升价值",58.47%的受调查对象认为"需要提高城市空间利用率,提高人均体育活动面积",51.75%

的受调查对象认为"需要符合我国'十分珍惜和合理利用每一寸土地'的城市建设基本国策"。由此可知，居民已经认识到上海当前要不断推动城市化转型升级，推动高品质、高质量的城市空间资源发展，优化城市配套资源和空间布局，带动相关区域建设嵌入式体育设施。此外，52.39%的受调查对象认为"需要调动投资商的积极性，引入大量的投资资金"，可以看出居民认为投资是建设嵌入式体育设施的重要保障。

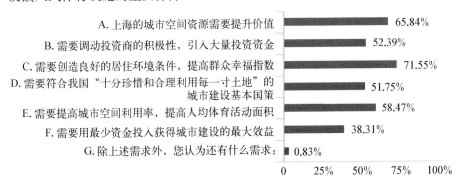

图17　利用城市空闲区域和地下空间建设嵌入式
体育设施的城市建设规划需求（N=1 086）

（6）上海利用城市空闲区域和地下空间建设嵌入式体育设施的人力资源需求

由图18可知，受调查对象认为在利用空闲区域和地下空间建设嵌入式体育设施的人力资源需求中，"大量的亚健康白领人员急需充足的体育健身空间"（71.55%）、"整体人口健康水平的提升需要拓展体育健身空间"（68.32%）和"健康老龄化需要更多体育健身空间供老年人使用"（64.92%）这三项占比

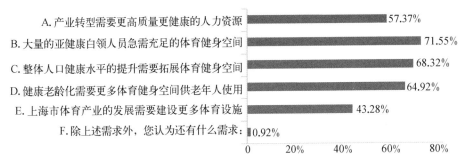

图18　利用城市空闲区域和地下空间建设嵌入式
体育设施的人力资源需求（N=1 086）

较高,且都超过了60%,这说明随着生活水平提升和人口老龄化,当前各阶层年龄段的人们对于健康的追求也越来越高,对建设嵌入式体育设施的需求不断增大。另外,"产业转型需要更高质量更健康的人力资源"和"上海市体育产业的发展需要建设更多体育设施"占比分别为57.37%和43.28%,可知在当今国家产业结构大力转型的环境下,对于高质量和更健康的人力资源的渴求,并且受调查者也深刻认识到体育产业的发展需要加强基础建设,需要充分利用城市空闲区域和地下空间来建设体育设施,扩展体育健身空间,来满足当代人力资源层面的需求。

(二) 上海城市空闲区域和地下空间建设嵌入式体育设施的SWTO分析

1. 推进城市空闲区域和地下空间建设嵌入式体育设施面临的优势

由图19可知,上海在建设嵌入式体育设施的优势方面,"上海有良好的开展全民健身的氛围"(65.65%)和"上海市政府对'15分钟社区体育生活圈'建设工作的高度重视"(64.92%)比例更高。这是因为上海作为国际大都市,人们生活水平较高,体育锻炼的意识也较强,而且上海市也在不断推进全民健身计划,开展"全民健身大联赛"和举办市民运动会等。此外,近年来上海对于15分钟社区体育生活圈的建设卓有成效,居民们也享受到了相应便利,所以居民认为这都是推动在两类区域建设嵌入式体育设施的优势。其他选项中,57.73%的居民认为上海"国际化程度高,有机会接触国外最前沿的体育设施信息",这些前沿信息可为建设嵌入式体育设施提供参考;56.54%的居民认为

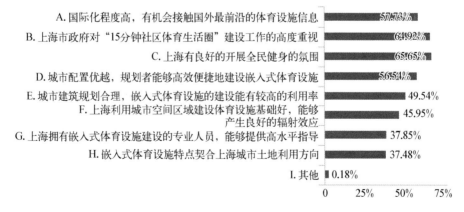

图19 推进城市空闲区域和地下空间建设嵌入式体育设施面临的优势(N=1 086)

"城市配置优越,规划者能够高效便捷地建设嵌入式体育设施";49.54%的居民认为"城市建筑规划合理,嵌入式体育设施建设能有较高的利用率",也是推动该项工作的优势。

2. 推进城市空闲区域和地下空间建设嵌入式体育设施面临的劣势

由图20可知,"缺乏合理利用城市空闲区域和地下空间的机制"(61.60%)、"缺乏体育设施管理制度"(59.67%)、"部分居民缺乏体育锻炼和健康意识"(54.88%)、"上海市政府对嵌入式体育设施建设工作的落实不到位"(50.37%),这四种劣势的被选比例都超过50%。其中,机制缺乏、管理制度缺乏和政府建设工作落实不到位,这三大劣势都与政府部门管理职能有关,而政府对于推动城市空闲区域和地下空间建设嵌入式体育设施有着决定作用,合理制定相应机制和管理制度是推动其发展的重要保障,并且城市空闲区域和地下空间属于城市区域的一部分,政府相关职能部门应该主动进行发展规划。如果政府缺乏完整的制度和落实保障,即使存在各种优势,也无法有效推动城市空闲区域和地下空间建设嵌入式体育设施。对于居民层面,"部分居民缺乏体育锻炼和健康意识"(54.88%)比例也较高,表明居民认识到阻碍建设嵌入式体育设施的因素不仅在于政府,还需要居民在体育锻炼和健康意识方面进行积极配合。

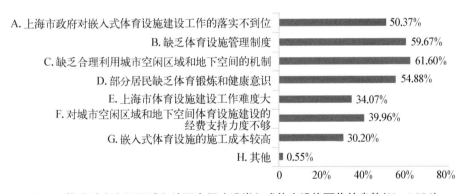

图20 推进城市空闲区域和地下空间建设嵌入式体育设施面临的劣势(N=1 086)

3. 推进城市空闲区域和地下空间建设嵌入式体育设施面临的机会

由图21可知,受调查者认为"《关于加强全民健身场地设施建设发展群众意见》对体育设施的重视"(63.90%)和"国务院《体育强国建设纲要》中对体育设施建设的重视"(62.98%)两者是上海城市空闲区域和地下空间建设嵌入式体育设施的主要机会。由此可见,国家有关体育设施的政策产生了制度优势,这为推动城市空闲区域和地下空间建设嵌入式体育设施提供了重要保障。60.87%的居民认为"上海体育设施建设前景广阔,有力吸引投资商进行投资"也是推动建设嵌入式体育设施的机会。可以看出,居民认识到未来推动建设嵌入式体育设施的机会不仅来自国家支持,而上海作为经济发达地区对社会投资商的吸引力,也为城市空闲区域和地下空间建设嵌入式体育设施带来了很好的发展机遇。

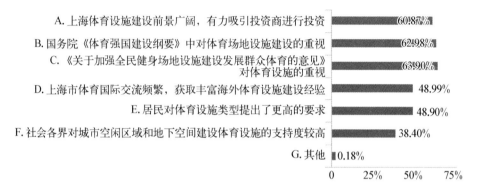

图21 推进城市空闲区域和地下空间建设嵌入式体育设施面临的机会(N=1 086)

4. 推进城市空闲区域和地下空间建设嵌入式体育设施面临的威胁

由图22可知,上海城市空闲区域和地下空间建设嵌入式体育设施的三大威胁主要是:"群众对嵌入式体育设施的应用较为生疏"(68.78%)、"主管业务部门对于嵌入式体育设施建设的推进不力"(62.43%)和"政府部门对于城市空闲区域利用的政策不够完善"(57.18%)。由此可见,推动该项工作存在的威胁多元化,不仅作为建设主体的政府及业务部门会带来威胁,作为使用主

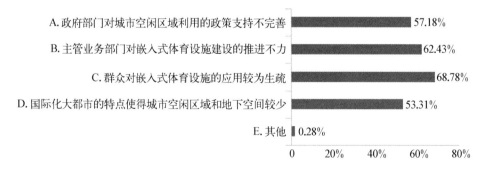

图22 推进城市空闲区域和地下空间建设嵌入式体育设施面临的威胁(N=1 086)

体的群众也会对嵌入式体育设施的推广造成威胁。因此,在建设过程中,应对政府主管业务部门所产生的关键作用高度重视,同时嵌入式体育设施作为一种新型的体育设施资源,在普及度方面也需要大力推广,让城市居民们学会因地制宜地进行身体锻炼。

(三)上海城市空闲区域和地下空间建设嵌入式体育设施中的政府职能分析

在探究上海城市空闲区域和地下空间建设嵌入式体育设施工作开展过程中政府职能部门边界时,可根据不同政府部门的职责将其在建设嵌入式体育设施工作中的具体职能划分为三类,即直接推动建设、政策法规保障、间接资源提供。根据表2可知,在"直接推动建设"职能方面,上海市体育局、上海市住房和城乡建设管理委员会以及上海市规划和自然资源局的被选率分别为74.22%(排名第一)、64.83%(排名第三)和54.6%(排名第四),这意味着以上三个政府部门在该项工作的开展过程中要充分发挥主观能动性,切实推动该项工作。

在"政策法规保障"职能方面,作为直接相关的业务部门要积极参与政策规划。表2结果显示,上海市发展和改革委员会与上海市城市管理行政执法局作为出政策、定法规、执法的政府职能部门,被选率分别是66.57%(排名第二)、46.5%(排名第五),由此可见在该项目的推动过程中需要政策法规部门为其提供保障。除了上述两个类别之外,"间接资源提供"类的政府职能部门中,财务金融类型的政府职能部门有着较高的被选率(上海市财政局为45.21%、上海市地方金融监督管理局为36.37%),说明在该项工作的开展过程中资金问题也受到较多的关注。

表2 上海城市空闲区域和地下空间建设嵌入式体育设施
需要哪些政府职能部门协作(N=1 086)

选　　项	小计	比例(%)
上海市发展和改革委员会——根据国家体育产业及设施发展建设政策,牵头制定上海市相关政策	723	66.57
上海市体育局——研究起草嵌入式体育设施发展规划、相关标准并组织实施;牵头推进嵌入式体育设施的建设工作	806	74.22

续　表

选　项	小计	比例(%)
上海市住房和城乡建设管理委员会——督促住房建筑行业居住区体育设施配套建设;管理建材行业关于嵌入式体育设施建设材料的研发与生产	704	64.83
上海市规划和自然资源局——制定并执行城市空闲区域和地下空间的规划利用制度	593	54.6
上海市城市管理行政执法局——制定并执行嵌入式体育设施建设与使用的行政执法的法律、法规、规章	505	46.5
上海市财政局——加大嵌入式体育设施建设的政府资金投入,成立专项资金;推进关于体育设施建设的购买服务工作	491	45.21
上海市地方金融监督管理局——为嵌入式体育设施建设与管理单位提供相关金融服务,保障资金充足	395	36.37
国家税务总局上海市税务局——为嵌入式体育设施建设与管理单位提供税收优惠支持	367	33.79
上海市民政局——协调社区及社会组织共同参与为嵌入式体育设施建设与管理工作	376	34.62
上海市经济和信息化委员会——推进嵌入式体育设施人工智能化发展;加快群众健身锻炼大数据工作建设	337	31.03
上海市商务委员会——促进外商投资嵌入式体育设施,为其发展注入国际资本力量	213	19.61

综上可知,在政府各部门推进嵌入式体育设施建设的过程中,需要不同政府部门在直接推动建设、政策法规保障和间接资源提供等方面共同发力,但各自职能的侧重点应有所区别。

(四)有效推动上海城市空闲区域和地下空间建设嵌入式体育设施路径的建议

1. 政策法规层面建议

由表3可知,在推动上海城市空闲区域和地下空间建设嵌入式体育设施的行政法规建议中,"大力推进国家颁布的有关体育设施政策文件在上海的落实"(71.92%)和"制定专门的城市空闲区域与地下空间利用的政策法规"(70.99%)两个选项的被选率高达70%,具有较高的认可度。而"定期根据城市空闲区域与地下空间利用情况进行政策法规的修订"(59.30%)和"政府加大嵌入式体育设施建设的政策支持力度"(54.24%)的被选率相对较低,这说明在认可度方面不及前两个选项。

表3 推动上海城市空闲区域和地下空间建设嵌入式体育设施的行政法规建议(N=1 086)

选 项	小计	比例(%)
A. 大力推进国家颁布的有关体育设施政策文件在上海的落实	781	71.92
B. 制定专门的城市空闲区域与地下空间利用的政策法规	771	70.99
C. 定期根据城市空闲区域与地下空间利用情况进行政策法规的修订	644	59.30
D. 政府加大嵌入式体育设施建设的政策支持力度	589	54.24
E. 其他	3	0.28

健全的政策法规是推动嵌入式体育设施建设的有力保障,不论是执行国家层面的相关行政法规,或是地方性的专门行政法规都十分必要。除了确立新的政策法规之外,对于之后的相关政策法规的"小修小补"以及不断追踪加大力度也不可或缺。

2. 行政领导层面建议

由表4可知,在推动上海城市空闲区域和地下空间建设嵌入式体育设施的行政领导建议方面,可以将结果分为三个区间:被选率位于60%～70%之间的包括"分管领导要重视嵌入式体育设施建设工作的开展"(69.61%)和"要对城市空闲区域和地下空间利用情况进行专题调研"(65.01%);被选率位于50%～60%之间的包括"对各级行政领导开展城市体育设施建设情况专题报告"(59.48%)和"协调各分管部门进行嵌入式体育设施建设工作"(56.81%);

被选率不足50%的包括"及时跟进嵌入式体育设施建设工作项目进度"(49.72%)和"加强对不同业务主管部门在嵌入式体育设施建设推进工作中的协调"(39.87%)。

表4　推动上海城市空闲区域和地下空间建设嵌入式
体育设施的行政领导建议(N=1 086)

选　项	小计	比例(%)
A. 分管领导要重视嵌入式体育设施建设工作的开展	756	69.61
B. 对各级行政领导开展城市体育设施建设情况专题报告	646	59.48
C. 要对城市空闲区域和地下空间利用情况进行专题调研	706	65.01
D. 协调各分管部门进行嵌入式体育设施建设工作	617	56.81
E. 及时跟进嵌入式体育设施建设工作项目进度	540	49.72
F. 加强对不同业务主管部门在嵌入式体育设施建设推进工作中的协调	433	39.87
G. 其他	2	0.18

由上述调查结果可知,在推动上海城市空闲区域和地下空间建设嵌入式体育设施的工作中,行政领导首先要在思想上高度重视嵌入式体育设施建设的工作,除此之外在项目建设的过程中,行政领导也应时刻保持对项目的关注,及时跟进项目进度,积极协调各方共同参与建设。

3. 业务主管方面建议

由表5可知,在推动上海城市空闲区域和地下空间建设嵌入式体育设施的业务主管建议中,68.97%的受调查对象建议"各业务主管部门要高度重视嵌入式体育设施的建设工作",67.22%的受调查对象建议"各业务主管部门要明确嵌入式体育设施建设的任务清单",64.73%的受调查对象建议"各业务主管部门要做好嵌入式体育设施建设的本职工作",59.12%的受调查对象建议"各业务主管部门要就嵌入式体育设施建设与其他部门主动对接",46.69%的受调查对象建议"各业务主管部门要做好嵌入式体育设施建设工作的自我监督和考核"。

表5 推动上海城市空闲区域和地下空间建设嵌入式
体育设施的业务主管建议(N=1 086)

选 项	小计	比例(%)
A. 各业务主管部门要高度重视嵌入式体育设施的建设工作	749	68.97
B. 各业务主管部门要明确嵌入式体育设施建设的任务清单	730	67.22
C. 各业务主管部门要做好嵌入式体育设施建设的本职工作	703	64.73
D. 各业务主管部门要就嵌入式体育设施建设与其他部门主动对接	642	59.12
E. 各业务主管部门要做好嵌入式体育设施建设工作的自我监督和考核	507	46.69
F. 其他	3	0.28

上述数据表明,在推动上海城市空闲区域和地下空间建设嵌入式体育设施工作过程中,各业务主管部门首先要予以足够的重视,尤其要明确在该工作推进过程中的任务清单;其次在完成本职工作的同时还要做好与其他相关部门的协调对接工作。

4. 居民层面建议

由表6可知,在上海城市空闲区域和地下空间建设嵌入式体育设施的居民层面建议中,前三条建议均有65%以上的支持率,分别是"密切关注嵌入式体育设施相关文件下发及项目实施进度"(68.42%),"主动就嵌入式体育设施向相关职能部门建言献策"(66.02%),"主动做好嵌入式体育设施相关工作的监督"(65.10%)。相较而言,"带动身边的人充分利用嵌入式体育设施"(58.47%)被选率较低。分析可知,被选率较高的建议均是提倡居民们以监督、关注、进言等方式投身于项目建设中,履行好公民的义务,这是因为在享受嵌入式体育设施带来的便利之前,更要参与到建设中去。但需要指出的是,居民真正利用嵌入式体育设施也是未来需要关注的重点,否则会导致设施的闲置。

表6 推动上海城市空闲区域和地下空间建设嵌入式
体育设施的居民建议(N=1 086)

选项	小计	比例(%)
A. 密切关注嵌入式体育设施相关文件下发及项目实施进度	743	68.42
B. 主动就嵌入式体育设施向相关职能部门建言献策	717	66.02
C. 主动做好嵌入式体育设施相关工作的监督	707	65.10
D. 带动身边的人充分利用嵌入式体育设施	635	58.47
E. 其他	4	0.37

四、研究结论与政策建议

(一)研究结论

第一,上海各辖区均存在一定量的城市空闲区域和地下空间,但相较而言郊区的城市空闲区域存量较多。在已知的城市空闲区域和地下空间中,具有明确"正规使用途径"的比较少,但城市空闲区域被用于建设体育设施的情况好于地下空间。总体而言,目前城市空闲区域和地下空间的体育设施情况对于居民的满足率不足50%,主要原因在于局部的体育设施类型相对单一且分布不够均匀。

第二,目前上海利用城市空闲区域和地下空间建设嵌入式体育设施存在困难与需求并存、优势与劣势同在的复杂情况,但总体而言推进该项工作的必要性和急迫性较高。由于大城市的土地供应紧张,居民在体育活动面积和体育设施需求上都有着大量需求,期望通过体育设施的建设来优化居住环境,尤其是改善白领与老年人的健康水平。但政府在城市空闲区域和地下空间的设施化利用方面缺乏合理有效的机制和管理制度,无法高效的利用非体育空间资源。

第三,上海城市空闲区域和地下空间建设嵌入式体育设施工作开展中,需要政府各职能部门共同推进,由于各职能部门承担任务不同,投入程度不同,担任职责不同,因而需明确各自的职责清单。可将各职能部门的职责划分为

"政策法规保障""直接推动建设""间接资源提供"三类,这三类职能虽有轻重缓急之分,但是建设过程中缺一不可。

第四,针对上海城市空闲区域和地下空间建设嵌入式体育设施,在政策法规、行政领导、业务部门和居民层面的建议有所区别,而思想上高度重视是首要任务,在此基础上需要积极推进具体建设工作。

(二) 政策建议

1. 盘点基础情况,明确建设方向

大力推进上海市各基层组织进行城市空闲区域和地下空间梳理工作,盘点城市空闲区域和地下空间的存量情况,查清城市空闲区域和地下空间的使用现状,探明城市空闲区域和地下空间的权籍关系,为统一规划使用奠定基础。根据上海城市空闲区域和地下空间的基础情况,明确嵌入式体育设施的概念,对嵌入式体育设施进行分门别类,设计满足城市居民需求的多种嵌入式体育设施,如大球类的不规则篮球场、足球场,可以简单满足居民的投篮、传球等锻炼需求;封闭式的门球场、冰壶场等类型多样化的体育项目设施。充分考虑城市空闲区域和地下空间的特点,进行针对性建设,弥补空白区域,做到社区体育设施建设不留白,嵌入式体育设施随处安插,树立嵌入式体育设施建设的规范样本。

2. 优化政策法规,协同推进建设

利用城市空闲区域和地下空间建设嵌入式体育设施的前提是需要形成顶层设计,完善相关政策法规,以健全政策法规为抓手,一方面要执行好上级的政策法规,另一方面要形成业务性专门政策法规和地方性专门政策法规,在明确国家政策文件要求的基础上,积极邀请城市发展规划、体育器械设计、城市居民代表多方共同研究,出台符合上海城市发展的相关文件。在落实执行政策法规和建设工作中,将嵌入式体育设施建设列为未来上海重要民生实事项目,列为区级政府工作考核内容,区委区政府统领该项工作,协调体育、国土、住建等相关职能部门及各街道政府共同推进,要明确政府的主体责任并建立任务清单,要求下属部门按照职能领取相应任务,在利用城市空闲区域和地下空间建设嵌入式体育设施工作方面协同发力,形成共同治理局面。

3. 树立主体意识,不断完善建设

在上海城市空闲区域和地下空间建设嵌入式体育设施过程中,政策法规、行政领导、业务主管、居民等层面都要从不同角度为该工作出谋划策,群策群力,树立主体意识;政府要做好政策规划、领导要予以足够重视、业务部门要坚决贯彻执行、居民群众要积极配合。同时也要持续关注跟踪,督促监督,建立长效机制,如效仿河道治理工作,建立嵌入式体育设施片长制度,对于后续的维护、管理、使用仍不可松懈。

参考文献

[1] 国务院办公厅.关于加强全民健身场地设施建设发展群众体育的意见[Z].2020.

[2] 上海市政府办公厅.关于本市推进全民健身工程加强体育场地设施建设的意见[Z].2021.

[3] 刘敏.城市空闲土地景观化治理对策[J].国土绿化,2012(11).

[4] 张毓峰.城市区域空间组织研究——以长三角城市区域为例[D].成都:西南财经大学,2008.

[5] 耿永常,赵晓红.城市地下空间建筑[M].哈尔滨:哈尔滨工业大学出版社,2001.

[6] 顾承兵.上海市地下空间概念规划[J].上海城市发展,2006(1).

[7] 张爱雯,王兆先,刘圆圆.城市核心区域地下空间一体化设计研究[J].建材与装饰,2018(15).

[8] Karl Polanyi. The Great Transformation:The Political and Economic origins of Our Time[M]. USA:Beacon Press,1994.

[9] 杨玉波,李备友,李守伟.嵌入性理论研究综述:基于普遍联系的视角[J].山东社会科学,2014(3).

[10] 孟天玲,徐烨,张宇新.体育院校图书馆开展嵌入式学科服务的思考[J].科技情报开发与经济,2015(10).

[11] 杨冰,陈静姝,柳伟,等."嵌入式教学"在休闲体育专业教学改革中的应用与探索——基于成都体育学院休闲体育专业建设的实证研究[J].成都体育学报,2016(6).

[12] 陈阳.哈尔滨市城市地下空间开发利用规划探析[J].规划师,2011(7).

[13] 佟云娇.校园体育场地下运动空间设计研究[D].哈尔滨:哈尔滨工业大学,2019.

[14] 王璇,土井幸平,赤崎弘平,等.公园绿地地下空间的开发利用——大阪市中央地下体育馆[J].中国勘察设计,2000(3).

[15] 李艾芳,李海娜,王冰冰.浅析社区体育设施规划设计之对策[J].山西建筑,2006(4).

[16] 王绮莉,欧文添,高学恩.社区公共体育设施在"时空配置概念"下的研究——以广州市番禺区为例[J].体育风尚,2020(10).

[17] 李茂,杨聪.健康中国视域下达州市城市社区体育设施需求研究[J].智库时代,2020(9).
[18] 成都 规划家门口运动空间的城市[J].资源与人居环境,2021(9).
[19] 薛云,陈莹,戚景涛.体育健身场所与城市公共空间的综合规划策略[J].安徽建筑,2021(2).
[20] 姚烨.基于可达性与公平性的上海市静安区社区体育设施空间分布特征及优化对策研究[D].上海:华东师范大学,2019.
[21] 王兰,周楷宸.健康公平视角下社区体育设施分布绩效评价——以上海市中心城区为例[J].西部人居环境学刊,2019(2).
[22] 金林群.城市社区体育设施利用现状及影响因素的理论分析[J].当代体育科技,2019(12).
[23] 李陈.上海市公共体育设施建设效应评价研究[J].体育科研,2019(2).
[24] 马成国,季浏.上海市公共体育设施建设现状与对策研究[J].沈阳体育学院学报,2012(3).
[25] 隔超.旧城区体育活动空间集约开发与利用[J].体育科学研究,2018(5).
[26] 范雯,达良俊,张凯旋.城市公园体育健身设施使用特征和优化对策——以上海为例[J].现代城市研究,2015(10).
[27] 赵富勋.城镇居民小区健身设施有效性利用研究[J].河南科技,2017(7).
[28] 蒋方,房银华.城市中小学校教学楼屋顶体育活动场地设计研究[J].建筑技艺,2018(3).

智慧体育场馆供需治理的路径研究

李 凌 张 勇 翁 银 王恒利 周文静 贾文帅[*]

一、研究背景

智慧化理念的深入传播,驱动着产业经济的快速变革与发展。在这一时代背景下,传统体育场馆积极谋求智慧化发展,与5G技术、大数据、物联网等信息技术相结合,催生传统体育场馆与科技深度融合的智慧体育场馆新业态。智慧体育场馆在促进场馆新基建、联通场馆各环节、满足人民群众日益增长的美好体育需求等方面具备较大的经济价值及社会意义。随着我国智慧体育场馆的蓬勃发展,供需错位、供需结构性失衡等问题也日益显现。传统体育场馆治理存在滞后性,难以适应智慧体育场馆供需特征以及快速变化的时代要求,制约着智慧体育场馆供需治理的成效。基于此,探索智慧体育场馆供需治理路径已迫在眉睫。

(一)政策背景:相关政策为智慧体育场馆治理提供了政策依据

面对传统体育场馆难以顺应时代发展需求的现实问题,党中央、国务院及地方政府在近年来出台的政策文件中对推动传统体育场馆向智慧体育场馆转型发展做出明确指示和战略部署,充分突显了党和政府对智慧体育场馆发展的殷切重视,也传递了党和政府致力于发展智慧体育场馆的政策决心。一方面,从国家政策层面来看,党和国家致力于推进智能信息技术发展,如《国家信

---

[*] 本文作者简介:李凌,上海体育学院,博士、博士后,研究方向:体育消费与体育产业、博彩经济;张勇,吉林体育学院,硕士,研究方向:体育产业管理;翁银,山东大学,博士,研究方向:公共体育服务;王恒利,东北师范大学,博士,研究方向:体育治理;周文静,山东大学,博士,研究方向:体育场馆管理;贾文帅,东北师范大学,博士,研究方向:体育产业管理。

息化发展战略纲要》《关于推进"上云用数赋智"行动培育新经济发展实施方案》等一系列政策文件,均明确指出要建设数字化经济的重要发展目标;进一步聚焦体育事业领域,国家政策为智慧体育场馆治理与发展提供了方向指引,如在《体育强国建设纲要》《"十四五"体育发展规划》等一系列政策文件中,均强调要鼓励建设智慧健身中心、智慧健身馆等智慧化场所,加快体育场地设施数字化改造。另一方面,从地方政策层面来看,地方政府为智慧体育场馆发展指引了方向。如 2021 年上海市政府颁布的《上海市全民健身实施计划(2021—2025 年)》指出,要推动体育场馆智慧化建设,优化智慧健身服务内容。可见,发展智慧体育场馆既能顺应智慧化发展的时代背景,又能顺应党中央、国务院和地方政府发布的智慧体育场馆建设的相关政策要求。

(二)行业背景:体育产业升级对智慧体育场馆治理提高了行业标准

智慧体育场馆自诞生之初便引起了体育产业的高度关注,且诸多体育事业政策文件中多次强调传统体育场馆进行智慧化转型升级的重要性,其具有推动体育产业转型升级、促进体育经济增长和实现全民健身、健康中国战略的优势。但在智慧体育场馆实践发展过程中,其发展不充分不平衡的问题较为突出,既阻碍了其健康发展,又影响了其对体育产业辐射与带动作用的发挥。究其原因,我国智慧体育场馆起步较晚、发展时间较短,其供需错位、供需结构失衡等问题普遍存在,一定程度上影响了可持续发展效果。此外,当前正值体育产业高质量发展时期,而智慧体育场馆治理既能够响应体育产业高质量发展要求,也有利于助力实现体育产业高质量发展目标。可见,在智慧体育场馆治理尚需完善和体育产业高质量发展要求的双重行业背景下,推进智慧体育场馆供需治理实践开展尤为迫切。

(三)现实背景:体育需求升级为智慧体育场馆供给提供了现实依据

全民健身事业的积极推进以及人民对于美好生活的向往,驱动体育健身成为新时代的主流产物。公众体育需求不断升级加速了传统体育场馆向智慧体育场馆转型的步伐。然而在此良好的背景下,智慧体育场馆发展速度仍较缓慢,供给存在较大滞后性,造成智慧体育场馆供需失衡问题尤为明显。一是在智慧体育场馆服务供给模式方面,主要以政府为主导提供公共体育服务,容易出现"一刀切"现象,难以满足公众专业化、高端化、多样化需求,造成智慧体育场馆利用率较低。二是在智慧体育场馆服务信息方面,场馆的官方网站普遍存在信息资料较少、更新不及时等问题,忽视了公众对于智慧体育场馆需求及其变化。三是在智慧体育场馆资源配置方面,场馆建设存在区域差异和社会使用不均衡的问题,且多聚集于经济基础坚实的地区,难以有效匹配经济基础薄弱区域公众的需求。因此,面对现实存在的诸多挑战,智慧体育场馆亟须进行治理以谋求持续健康发展。

二、智慧体育场馆供需治理的现实状况

(一)智慧体育场馆供需治理的现状

智慧体育场馆是体育赛事、商演、商展等大型活动的承载场地。2013年我国第六次体育场地普查数据显示,我国拥有体育场地数量169.46万个,体育场地面积19.92亿平方米,人均场地面积1.46平方米。而根据国务院46号文要求,到2025年我国人均体育场地面积要达到2平方米,换言之,2025年全国体育场地面积要达到27.8亿平方米,体育场地数量需超过250万个。在体育场馆建设需求提升及数字化经济高速发展时代背景下,体育场馆迎来了智慧发展的新时期。智慧体育场馆是基于大数据、云计算及物联网的新兴科学技术所提出的体育场馆智慧化概念,依托大数据、物联网、云计算、区块链和人工智能等新兴信息技术,通过感知、收集、计算和分析各项数据信息,实现体育场馆在设计、建设、营销、管理和服务等方面向智慧化升级。在体育需求不断升级的现实背景下,智慧体育场馆实践模式的出现为体育场馆的发展提供了新思路,可有效改善我国传统体育场馆运营效果不佳、利用率较低、服务能力欠缺等现实问题,进而推动我国全民健身事业高质量发展。

近几年,智慧体育场馆在国内各大城市初具雏形。上海作为我国经济发展水平较高的商业化城市,成为建设智慧体育场馆示范区的城市之一。2018年3月,上海开展了智慧体育场馆试点项目前期技术验证工作,并于当年6月与各大体育场馆信息化监管系统进行资源整合,迅速完善了传统体育场馆智能化设施设备配置。经过三年的前期准备,上海智慧体育场馆示范区建设已初见成效。例如:智慧社区健身中心的建设,为居民提供了更为智能化、个性化的运动器材和设备;构建高品质的"15分钟社区体育生活圈",有效提升了老

年人健身的科学指导和智能化服务水平。可见,我国智慧体育场馆建设发展情况良好,并朝着全方位、高覆盖方向发展。然而,由于我国智慧体育场馆仍处于初级发展阶段,其供需治理仍存在多方面的欠缺。智慧体育场馆供需治理主要涵盖政策制度、治理模式、治理主体和治理成果等。智慧体育场馆发展需依托于数字化、智能化转型升级,更需要供需治理的持续高效进行,从而实现体育场馆管理的高效化和服务的多元化,我国智慧体育场馆供需治理现状主要包括以下几个方面:

1. 政策法规逐步健全

智慧体育场馆虽然属于新兴概念,但是近三年以来,随着相关政策法规的陆续颁布,智慧体育场馆建设运营逐步规范,体育场馆治理也逐步强化。早在2015年,国家体育总局印发的《体育场馆运营管理办法》就提到要促进公共体育文化设施建设,强化公共文化体育设施的管理运营。随着我国逐渐迈入数字经济时代,体育场馆智慧化建设逐渐成为当前体育场馆发展的主要趋势。2018年6月,国家体育总局发布的《智慧社区健身中心建设试点工作方案》,以上海等地区作为试点城市,推进智慧体育与全民健身的契合。2021年3月,国务院办公厅印发《国务院办公厅关于强化全民健身场地设施建设,发展群众体育的意见》,又提出"互联网+健身"的发展理念。在该发展理念驱使下,智慧体育、智慧体育场馆建设驶入了发展快车道,对智慧体育场馆的政策干预是其治理稳步发展的重要保障。国家相关政策的颁布为智慧体育场馆建设奠定了制度基础,掀起了智慧体育场馆建设热潮,促进了各省市智慧场馆建设的进程。

此外,各地方政府相关部门积极颁布相关政策,推进智慧体育场馆治理。如:2019年上海市黄浦区政府发布《黄浦区体育产业发展报告》将智慧体育场馆建设列为重要工作目标;2020年山东省体育中心就智慧体育场馆发展召开沟通会议时,强调要将省体育场馆建设融入智慧城市布局,持续推进智慧体育场馆建设。可见,在国家政策的支持下,各省市政府及相关部门纷纷积极响应,依据本省市的实际发展情况提出了适宜本省市发展的规划与策略,诸多政策的发布为智慧体育场馆建设治理指明了发展方向。但是就整体智慧体育场馆相关政策法规而言,相关政策尚不完善,亟待进一步优化,为智慧体育场馆的供需治理提供指导。同时,智慧体育场馆行业标准规范的制定也仍有待完善,需要各省市之间积极配合,为我国智慧体育场馆标准制定提供更多的经验和方向。

2. 运营模式日趋多元

体育场馆运营应依据以体为本、多元经营的方式,全面提升运营绩效。在场馆实际运营中,通过参股、合作、委托等方式,引入企业、社会组织等多种主体,以混合所有制参与形式进行场馆经营。智慧体育场馆主要依托于传统体育场馆进行升级改造,而其现行运营模式可以主要包括政府运营模式、委托经营模式、PPP模式(Public-Private Partnership)、人工智能+体育治理模式四类。政府运营模式是指智慧体育场馆在政府批准下成立公司,由公司运营,但公司性质为国有资产,实现管理者与经营者分离,该场馆运营模式的综合评估结果风险等级较强,由政府部门承担所有风险,将场馆运营的各个环节纳入政府监管之中,但该运营模式增加了政府部门的工作负担、弱化了经营者的职能。委托经营模式是指国家实行经营权改革后,政府将智慧体育场馆的经营权委托给专业智慧体育场馆运营公司,实行智慧体育场馆所有权和经营权的分离,该运营模式的综合评估结果风险等级较强,私人企业需承担较大的风险,但该运营模式在一定程度上有利于促进利润和资源配置的最大化。PPP模式是指政府和社会资本进行合作,鼓励私营企业、民营企业与政府合作,参与体育场馆的建设,PPP模式的综合评估结果风险等级较强,利益相关者承担的风险居中,政府与私营企业之间利益共享、风险分担、责任连带。人工智能+体育治理模式是借助人工智能、大数据等技术对体育大数据进行深度剖析,进而全面了解和把握体育场馆的治理信息,该运营模式能够及时、有效地反映体育资源的分布特征,使体育场馆建设更加科学化、高效化。

3. 治理主体参与不齐

政府、市场等多元主体协作共治是国内外大型体育场馆对公共服务治理研究的理论及实践导向。然而,在智慧体育场馆供需治理过程中,同样也涉及多元化的治理主体。多元治理主体通过参与并发挥自身职责,为智慧体育场馆发展贡献力量。当前,上海就智慧体育场馆的治理展开了实践探索,并在治理主体方面形成了上海方案。一方面,具备不同功能职责的主体积极参与到智慧体育场馆的建设及治理过程中。据调查,上海市体育场馆发展一直秉承"以政府为引导、市场为主导、社会参与为手段"的重要原则,鼓励并支持不同主体参与到场馆的治理过程中。以上海虹口足球场为例,该场馆是目前国内少有的一流大型专业足球场馆,以国有企业管理体育场馆为主要的管理模式,在管理过程中充分集结政府、社会、市场等多元主体。政府、市场和社会三者通过发挥不同的资源及职能优势,驱动该场馆的协同治理朝着善治目标发展。

这三大治理主体是智慧体育场馆发展的重要驱动力量,三者相辅相成、缺一不可,凝聚多元主体共同治理智慧体育场馆建设。另一方面,现阶段由于不同治理主体在场馆资源优势、场馆发展目标及治理权责认知等方面尚存在较大差异,造成不同治理主体在上海市智慧体育场馆治理实践过程中虽有参与,但不同主体的参与感及参与度并不强。以"政府主导、公益导向、多方共建、多元营馆"的智慧体育场馆治理理念尚未深入人心,严重影响了上海市智慧体育场馆的总体治理进程。

4. 治理成果日渐凸显

随着数字化经济时代的快速发展,我国传统体育场馆逐步向智慧体育场馆转变,智慧体育场馆的供需治理成果日益凸显。一方面,在国家智慧体育场馆建设的背景下,上海作为智慧场馆建设的示范区,在2021年取得了一系列理论成果。如《推进上海市公共体育场馆在线预订等工作通知》《上海市体育场馆设施管理中心主要职责内设机构和岗位设置规定》以及《上海市体育局关于开展"智慧助老"行动加强老年人体育服务的指导意见》等系列文件的颁布和提出,不仅提高了智慧体育场馆的利用率,还强化了智慧体育场馆的管理效率,一系列的理论成果为智慧体育场馆建设提供了重要的理论依据。另一方面,在上海市政府的政策支持下,社会组织和体育场馆经营公司积极参与智慧化体育场馆发展实践并收获了一系列实践成果。如上海久事国际体育中心积极探索智慧体育场地治理,在42万平方米区域内部分足球场率先安装了无人值守系统,探索互联网+体育的创新,为上海市体育场馆实现数字化转型提供了重要指导。在全力打造智慧体育场馆的热潮下,上海东方体育中心"We Pick"运动超市正式建立,通过人、货、物的全域数字化与智能AI技术,为居民提供了更加智能、便捷的配套设施服务。综上所述,我国智慧体育场馆建设正在按规划循序渐进地推进,并朝着科技化、规范化、便利化方向发展。

(二)智慧体育场馆供需治理的现存问题

1. 供需治理意识淡薄

新时代背景下,我国科学技术突飞猛进,人工智能、大数据、互联网+、5G等新兴技术的发展为智慧体育场馆供需治理提供重要技术支持,推动了智慧体育场馆建设进程。与此同时,为应对国民多元化的体育运动需求,智慧体育场馆逐渐兴起与建设,有效满足了多元化的体育运动需求,有利于推动我国全民健身事业的发展。但在智慧体育场馆供需互动过程中,治理意识淡薄问题逐渐显现:一是当前我国智慧体育场馆尚处于发展阶段,且大部分集中在一、二线城市和发达地区,如上海的东方体育中心、徐家汇体育公园等智慧社区健身中心。上述智慧体育场馆均处在试运营或在建阶段,尚未形成一定的行业规模。在此发展背景下,智慧体育场馆供给与日益增长的全民健身、竞技体育发展需求不对称,供需治理意识未能与智慧体育场馆供需互动现实发展状况接轨,阻滞我国智慧体育场馆的高效运营。具体表现为政府及相关部门未能有效建立供需治理平台及措施,依据区域社会经济发展状况,对智慧体育场馆建设及发展进行科学规划,以不断匹配智慧体育场馆运营的供给与需求问题。二是智慧体育场馆供需生态治理意识薄弱。在智慧体育场馆规划、选址或建设初期,相关部门忽略了绿色生态与城市生态建设协同推进的发展理念,存在体育场地占地面积过大、土地资源浪费的现象。三是智慧体育场馆治理相关政策与标准体系缺失。智慧体育场馆建设与实施过程中缺乏相应的规范标准,存在场馆违规运营与不合理收费等现象,扰乱了市场化服务秩序,进而降低了智慧体育场馆的供给效率。

2. 供需信息机制不完善

当前,智慧体育场馆仍处于科技创新阶段,供需信息机制不健全仍是智慧体育场馆供需治理存在的问题:一是基础信息设施不完善。智慧体育场馆对基础信息设施要求较高,需要依托基础信息设施为场馆提供软硬件支持,达到场馆设施与服务智慧化供给相匹配的要求。但目前智慧体育场馆主要处在智慧化和人工智能技术局部创新阶段,数据信息基础设施供给还未完全达到智慧化场馆建设的要求,导致智慧场馆建设过程中仍存在关键核心技术欠缺等问题。二是供需信息互动反馈机制薄弱。智慧体育场馆内的基础设施基本都具有收集与记录用户信息的功能,但大数据信息的反馈机制不健全,针对用户信息的反馈却是薄弱环节。由此造成公众体育参与信息反馈不及时,无法有效明确体育参与者的需求,进而影响智慧体育场馆的服务供给质量。三是信息资源流通不顺畅。智慧体育场馆服务质量的高低与群众体育、竞技体育、学校体育工作息息相关,这就要求运营、管理、监管及后勤等部门之间进行积极的协调和合作。部门之间的信息资源流动不顺畅、上下信息联动机制缺乏,已成为智慧体育场馆治理面临的一个棘手问题。同时,供需治理单靠政府或场馆运营管理部门单方面发挥作用难以获得良好效果。所以,一般而言,智慧体育场馆是由政府主导建设,并以免费开放或收费开放的形式向大众提供服务,单方面依靠政府资源进行治理将会导致治理信息机制不畅通及协同治理效率低下等问题,严重影响智慧体育场馆的治理效率。四是智慧场馆治理新技术有待优化。在智慧体育场馆中,信息技术所发挥的作用不仅仅是为场馆提供硬件与软件上的支持,还包括对场馆的整体运行状态进行实时监控,以保障公众信息安全。而当前个人信息泄露状况时有发生,信息安全系统依然存在技术漏洞,导致用户个人信息安全存在较大的潜在风险,同时,大数据信息系统也无法得到有效保障,进而影响智慧体育场馆的整体治理水平。

3. 供需治理成本较高

智慧体育场馆建设以满足全民健身需求及社会体育发展需要为主要目标。如通过提供大众健身休闲服务、承办各种类型的体育竞赛和商业演出、提供高水平运动员训练服务以及青少年业余运动训练服务等活动内容,最大限度发挥城市经济活动服务功能、城市生态和应急服务功能。现代化智慧体育场馆需具备多样化的服务功能及完备的智能化基础设施,从而对智慧化体育场馆设施建设提出了更高要求。然而,当前我国智慧体育场馆治理仍存在诸多困境,其中治理成本较高是阻滞我国智慧体育场馆供需治理的重要问题:一是部分智慧体育场馆建设主要源自旧场馆改造或重新规划建设,为满足举办大型体育赛事的需求对相关智能化体育设施配置提出了更高要求,需要高额的建设、运营及维护成本投入,但由于国家行政拨款及相关企业资金投入相对不足,造成智慧体育场馆的智慧化程度不高,难以有效满足服务全民健身的需求,最终导致场馆闲置问题。二是新型智慧体育场馆建设的地理区位相对而言较差,未能有效拉动体育消费。智慧体育场馆主要以新建的大型体育场馆为主,场馆选址主要以城市周边闲置用地为主,场地规划前景较好,但同时也面临着周边消费人口较少、以服务大型赛事活动为主且交通设施还有待进一步加强等问题,直接影响智慧体育场馆资源的使用率,从而导致供需匹配效率低下。三是智慧体育场馆供需治理是一项周期长、投资大的复杂系统工程,既需要政府、市场等多元主体的协同参与,也需要相关治理资金的持续投入。在传统体育场馆向智慧化体育场馆转型过程中,通常涉及业务流程再造、市场调研、营销人员培养、系统硬件使用、数字营销等费用问题。对于场馆运营而言,既需投入长期调研资金,也需投入相关改造资金。因此,智慧化体育场馆既面临高质量发展的机遇,又面临供需治理成本过高的现实问题,需系统性、持续性治理,从而推动智慧体育场馆高效发展。

4. 专业人才稀缺

智慧体育场馆存在管理、技术人员匮乏等问题,导致其供需治理体系尚不健全。智慧体育场馆的运营与发展需依托业务水平较高的管理人员,通过专业化的体育场馆管理、体育场馆运营、市场信息搜集,实现智慧体育场馆有效治理。而现阶段我国智慧体育场馆仍存在专业管理能力欠缺、技术开发人才稀缺等问题,主要表现在以下几个方面:一是智慧体育场馆建设人才匮乏。智慧体育场馆建设需涉及建筑科学、智能楼宇、控制工程、人工环境等多方面的技术,同时还需对体育运动具有深入了解。然而多数体育场馆不具备专门的IT技术团队与相关建设人才,导致体育场馆建设效率较低,供给质量相对市场需求较弱。二是智慧体育场馆运营管理人才缺乏。当前智慧体育场馆管理人员缺乏相关专业理论知识及互联网思维,导致智慧体育场馆运营效率低下,进一步制约着体育场馆智能化、信息化发展。三是专业人才培养机制欠缺。体育场馆运营企业、学校、研究所的产学研机制尚未得到有效完善,会影响相关治理人才的培育,从而阻滞智慧体育场馆的高效运营。

5. 行业规范标准有待优化

行业规范标准是立足于行业发展实际,对某个行业范围内统一技术要求所制定的相关标准。如国家体育总局发布的《"十四五"体育发展规划》提出:"支持大数据、区块链、物联网、云计算、人工智能等新技术在体育领域的创新运用,打造智能健身场景,加快开发相关产业,同时还提出加强体育市场监管,不断完善公共体育设施监管制度体系等要求。"然而,当前我国智慧体育场馆在行业规范标准方面还有所欠缺:一是智慧体育场馆建设治理的标准缺失,其建设和治理缺乏具体参考。如中国篮协主席姚明在《转变管理思路,盘活体育场馆,突破体育产业发展瓶颈》提案中指出目前体育场馆在运营、建设与服务等方面依旧存在问题,亟须建立相关治理标准,全面梳理智慧体育场馆系统架构,突破其发展瓶颈。二是国内智慧体育场馆治理行业标准欠缺,智慧体育场馆在运营治理过程中还存在较多问题。智慧体育场馆多隶属于行政及事业体制下,内生动力极为不足,需要新的行业标准出现,对智慧体育场馆系统架构与保障管理等要素和内容加以统一、规范,进而激发其内在发展潜力,形成新型建设和运行管理模式。三是体育场馆设施缺乏数字化体制改革和运营机制的创新,当前智慧体育场馆建设依旧是固有的治理与运行机制,缺乏体制机制方面的创新,以推进体育场馆智慧建设、改造和治理,为智慧体育场馆建设发展提供理论指导。

三、智慧体育场馆供需治理的现实路径

（一）共建共治，强化协同治理意识

据《2019年上海市全民健身发展报告》相关数据显示，随着市民参与体育健身热情的持续高涨和体育场地面积的增加，经常参与体育锻炼的人口比例稳步上升，上海市全民健身呈现出良好发展态势。不断增加的体育锻炼人数，进一步提升器材场地需求，这一趋势对上海智慧体育场馆的供需治理提出了全新挑战。在当前各行业都得以协同发展的现实背景下，上海智慧体育场馆的供需治理更需进一步明确治理目标，协同多元主体参与，树立不同主体的责任意识，明确政府、市场等多主体相应的职责及义务，以不断实现共建共治。推进上海市智慧体育场馆的供需治理，有效驱动供给侧结构性改革，优化供给结构，丰富供给内容，提升智慧体育场馆的供给水平，从而推动上海市竞技体育与全民健身事业的发展。

1. 加强智慧体育场馆的协同建设

随着全民健身与竞技体育发展需求的不断提高，迫切需提高各行各业的协同发展意识，驱动多元主体共同参与，推动智能化体育场馆建设。应全面了解市民需求，协调供需关系。同时要树立协同治理理念，明确各主体在供需治理过程中的权利与义务，提升多主体协同建设效率。具体而言，上海市相关政府部门要不断完善智慧体育场馆协同治理相关政策与标准体系建设。充分发挥政府部门自身优势，保障智慧体育场馆供需治理的顶层设计与制度性建设，加强建设过程中的监督管理，提高智慧体育场馆的供需治理质量。场馆相关单位及从业人员要善于利用协同资源，及时发现与解决场馆治理过程中存在的问题，并降低智慧体育场馆服务供给的时间成本，发挥协同治理的优势。

2. 明确智慧场馆的协同治理目标主体

在智慧体育场馆日常运营中，注重场馆内部科技要素的投入，加强场馆各部门间的联系，增强各部门间的交流互动，以不断提升智慧体育场馆的服务效率及质量。同时搭建市民与供给主体间的信息沟通平台，及时反馈智慧体育场馆供给与市民需求的相关问题。智慧体育场馆通过供需互动信息，及时提出合理性的改进措施，增强协同建设意识。

（二）因场制宜，完善信息治理结构

科学有效的信息建设是场馆智慧化发展的重要支撑，其具体是指通过连接信息化管理软件与互联网技术，实现场馆管理环节、运营环节、维护环节的一体化与自动化建设，进而方便场馆工作人员开展相关工作，提升场馆经营效率。因此，智慧体育场馆的信息化管理系统建设显得尤为重要。

1. 加快推动信息网络建设

根据《2020年上海市关于进一步加强智慧城市建设的若干意见》中的相关要求，并结合上海市智慧体育场馆发展的先进经验，场馆的信息化建设应依托人工智能、互联网、物联网等技术，并辅以5G通信技术，建立互联互通的智慧体育场馆网络结构体系，为场馆智慧化发展提供坚实的网络基底保障。

2. 健全智慧体育场馆的信息管理系统

在智慧体育场馆系统中搭建场地管理、人员管理、设备管理、财务管理、维护管理等独具场馆自身特色的功能模块，因场制宜。各场馆也要根据自身功能及实际能力对主要功能模块进行适当建设及延伸，以有效满足市民对智慧场馆场地、设备、维护的需求。同时，注重各功能模块之间的互通，搭建功能模块数据库，建立基于场馆及顾客等信息的数据中心，积极推进场馆信息建设，优化信息网络布局。

3. 建设场馆信息系统官方网站

积极鼓励并倡导上海相关体育场馆开发官方网站，构建智慧体育场馆移动客户端，在网页内发布场地信息、预约体育场地、发布体育竞赛信息等相关内容，联通场馆与市民，增强信息资源共享。同时重视场馆网页新功能模块的开发、及时更新与维护网页信息内容，提升智慧体育场馆信息供给效率，有效推动上海市民全民健身的开展与实施。此外，还可通过设立智慧体育场馆公众号，发布相关场馆公共服务信息及赛事服务信息等，进一步完善信息治理结构。

4. 增强智慧场馆的精细化建设

在体育场馆内部建立具有较高性能的计算机设施和大数据处理平台，积极探索并建设面向人工智能的算力和算法中心，以提升智慧体育场馆的业务能力及水平。增强场馆信息技术处理能力，提供定制化、个性化的场馆产品及服务，助力智慧体育场馆的功能拓展及服务延伸，驱动上海市智慧体育场馆整体发展水平得以增强。

(三) 标本兼治,提升场馆运营效率

智慧体育场馆建设运营过程中存在的场馆利用率低、运营效率低等,导致了供需治理成本高这一问题,同时伴随着智慧体育场馆的发展实践,这一问题愈发凸显。为积极推进体育事业发展,上海市提出要建设全球著名体育城市的总体目标,并制定《上海市体育设施规划(2016—2040)》,以期全面推进上海市体育场馆的多功能、多元化建设及发展,进一步实现智慧体育场馆的改造升级。值得注意的是,智慧化体育场馆的供需治理,需依托高额的资金投入。同时智慧体育场馆的运营治理需以社会责任和经济效益为根本出发点,促进场馆资源的有效利用及持续化收益的全面迸发。具体而言,为解决智慧体育场馆供需治理成本高的问题,需要寻其根本原因,标本兼治,从智慧化体育场馆的供需结构方面提升场馆运营效率,形成智慧化体育场馆供需治理的高质量发展模式。

1. 以体育赛事为引领,增强体育要素市场供给,盘活智慧体育场馆资源

加强能承办国际顶级大赛的重大体育场馆设施布局,建设具有体育赛事属性的城市地标,形成一批以体育赛事为引领的智慧体育综合体,打造世界一流的智慧体育服务场馆。体育赛事具有较强的流量经济属性,以赛事流量推动可观的消费增量空间,满足智慧体育场馆高额的供需治理成本。上海市体育局和上海体育学院发布的《2019年体育赛事影响力评估报告》指出,2019年上海市积极探索体育赛事发展,以体育赛事为价值引领,拉动相关产业效益高达102亿元。赛事的举办不仅提振了上海市地区经济的发展信心,同时也极大提升了体育场馆的整体利用率。

2. 以资源配置为导向,推进智慧体育场馆合理利用,服务全民健身事业发展

智慧化体育场馆服务建设是确保全民健身事业发展的重要保障。2020年制定的《上海全球著名体育城市建设纲要》提出上海市要建设"人人运动,人人健康的活力之城",并以此作为智慧城市建设的主要任务之一,打造与全球著名体育城市和健康上海相适应的高水平全民健身公共服务体系。上海具有现代化程度高、人口密度高、体育用地供给有限等特征,积极推动智慧体育场馆在产业园区、旧厂房、仓库等城市空间的合理建设是推进上海发展为全球著名体育城市的有效途径,打造都市智慧体育场馆运动中心,探索多元化运营方式。

3. 以优化运营模式为手段,增强智慧场馆供给效率

智慧体育场馆利用灵活的运营模式,结合企业公司、社会组织等进行专业化、社会化经营,拓宽智慧化体育场馆的市场供给要素。规范公共智慧体育场馆委托运营模式,推进智慧体育场馆经营权与所有权分离,进而增强智慧体育场馆发展活力。如东亚体育文化中心作为上海市体育局所属、规模最大的综合性智慧体育中心,其运营主体为上海东亚体育文化中心有限公司,其既能开展满足广大市民健身娱乐需求的各类体育文化活动,又能为各类商业性活动提供相应服务,赋予了场馆极大利用率,为有效缓解智慧体育场馆利用率低下问题提供了现实参考。

(四) 多措并举,聚焦场馆人才培养

智慧场馆供需治理不仅需要考虑场馆数量与质量,还需考虑智慧场馆建设过程中专业人才的供给问题。专业人才在智慧场馆的建设、运营和发展过程中具有重要作用,具体表现在智慧场馆的设计、建造、运营、服务供给等方面。依据上海智慧体育场馆发展实践,发现当前上海市智慧体育场馆建设运营中存在着管理型、技术型人员短缺、服务体系尚不健全等问题。对此,促进体育场馆建设,需要健全智慧场馆人才体系。

1. 注重工作人员的专业技能培训与考核

智慧场馆运营工作人员的职业素养决定其服务水平,其主要包括健身教练、场馆管理、前台运营、财务管理、监管、后勤等人员。因此,在场馆工作人员入职时,需对其进行专业性考核,选取符合考核条件的人员。如社会指导员必须通过相关培训考试,才具备相应的从业资格。另外,场馆工作人员的职能不是一成不变的,尤其是智慧体育场馆工作人员的职能是依托场馆环境变化、场馆技术更新等随之发生变化的。因此,需依据市场、服务、技术等客观环境变化,定期对场馆工作人员开展技能培训,以保障场馆各项服务的有序开展。

2. 建立分层分类的人才管理体系

智慧体育场馆有序运行的前提是对场馆工作人员进行有效的管理。对场馆工作人员进行管理需依据一定的规章制度,依据场馆工作人员的工作性质,建立分层分类的人才管理体系。在制定岗位分类标准,明确场馆工作人员的工作性质,对其进行有效管理的基础上建立相应奖惩机制,激发场馆工作人员的热情及活力,督促其做到尽职尽责,提升总体服务水平。

3. 建立面向不同岗位的人才培养渠道

建立健全专业技术人才培养机制是影响智慧体育场馆高质量发展的重要内容。目前智慧体育场馆领域缺少专业人才培养渠道,导致具备专业技能的工作人员供不应求、一线服务人员的服务能力差、管理人员能力不足等问题频现,抑制了智慧体育场馆的快速发展。因此,需建立面向不同岗位的人才培养渠道,为相关人员提供差异化的专业的培训,帮助其在岗位上充分发挥自身职能,确保在场馆工作人员工作效率提升的基础上,保障场馆服务质量稳步提高。

(五) 统筹规划,加快行业标准建设

体育场馆建设标准的制定是规范场馆建设、设计、施工、检验等环节的重要依据。同时相关标准的制定更有助于驱动工作机制的完善,进而推动体育事业的整体有序发展。上海市相关部门也积极开展并探索关于场馆标准化建设实践,如上海市发布的《大中型体育场馆建筑合理用能指南》,就大型体育场馆的建筑面积、能耗指标、用能管理等方面提出了标准要求。智慧体育场馆是体育场馆未来发展的主要方向,智慧体育场馆行业标准的提出和优化有助于推进智慧体育场馆稳步发展,从整体上保障智慧体育场馆的发展方向。

1. 加快标准制定,健全标准体系

纵观已有的体育场馆标准体系,关于智慧体育场馆建设、改造、治理等方面内容仍存较大空白。立足于上海智慧体育场馆发展实践,建立相关行业标准体系。上海要积极发挥城市在经济、政治等方面具备的资源优势,统筹各方参与,在征求各方意见的基础上,建立完备的标准体系。发挥政府部门的宏观引领作用,鼓励包括科研院所、行业协会、场馆从业人员等相关主体参与到标准的制定、修订等环节中。在此过程中,积极开展标准制定征询会、论证会等相关会议,听取多方意见,不断健全完善标准内容,增强场馆标准的科学合理性。确保以国家标准为指导、行业标准为内核、地方标准为辅助、企业标准为补充的智慧体育场馆建设标准体系得以最终建立,推进上海市智慧体育场馆的发展进程。

2. 建立标准定期修正制度

标准并非一经制定后就一成不变,要明确标准制定小组的职责。结合上海智慧体育场馆发展的现实状况,依据市场需求变化情况,及时有效更新场馆标准内容,以确保新技术、新方法在标准中得以适用,为智慧体育场馆的建设内容及方向提供坚实保障。同时,在标准修正过程中,可积极借鉴其他省份关于智慧体育场馆标准制定的先进经验。如 2021 年浙江省市场监督管理局发布的《大中型体育场馆智慧化建设和管理规范》(DB33/T 2305—2021)中,首次对智慧体育场馆的系统架构进行了整体梳理,提出运用互联网、大数据、云计算等相关现代信息技术手段,以驱动体育场馆中即时感知、科学决策、主动服务等功能的有效建设。上海可充分借鉴这一标准内容,依托上海发达的信息技术能力、资源共享能力、国际交流能力,在此标准上延伸部分内容,提出独具特色及发展优势的上海方案,驱动上海智慧体育场馆标准建设。

四、结语

传统体育场馆适应时代发展要求,推出智慧体育场馆的发展业态,迸发出非凡体育产业价值。但当前我国智慧体育场馆仍处于发展初期,尚需完善的治理体系,受传统体育场馆治理机制影响,供需治理意识淡薄、供需治理成本较高、供需信息机制不完善等系列供需问题常常出现,阻滞了智慧体育场馆的治理质量和治理水平。在时代智慧化和体育产业高质量发展的大背景下,提出共建共治,强化协同治理意识;因场制宜,完善信息治理结构;标本兼治,提升场馆运营效率;多措并举,聚焦场馆人才培养;统筹规划,加快行业标准建设等治理路径,以不断提升智慧体育场馆供需治理成效,助力智慧体育场馆健康有序发展。

参考文献

[1] 中共中央,国务院. 中共中央办公厅、国务院办公厅印发《国家信息化发展战略纲要》[EB/OL]. (2016 - 07 - 27)[2021 - 10 - 08]. http://www.moe.gov.cn/s78/A16/s5886/xtp_left/s5895/201608/t20160801_273556.html.

[2] 国家发改委,中央网信办. 关于推进"上云用数赋智"行动培育新经济发展实施方案[EB/OL]. (2020 - 04 - 07)[2021 - 10 - 08]. https://www.ndrc.gov.cn/xxgk/zcfb/tz/202004/t20200410_1225542_ext.html.

[3] 国务院. 国务院办公厅关于印发体育强国建设纲要的通知[EB/OL]. (2019 - 09 - 02)[2021 - 10 - 08]. http://www.gov.cn/zhengce/content/2019 - 09/02/content_

5426485. htm.
［4］ 体育总局.体育总局关于印发《"十四五"体育发展规划》的通知[EB/OL].(2021-10-25)[2021-10-28]. http://www.gov.cn/zhengce/zhengceku/2021-10/26/content_5644891.htm.
［5］ 上海市人民政府.上海市人民政府关于印发《上海市全民健身实施计划(2021—2025年)》的通知[EB/OL].(2021-09-24)[2021-10-08]. https://www.shanghai.gov.cn/nw12344/20210924/0589ad9053ae42b1960098e171bb75e4.html.
［6］ 付紫硕,陈元欣.国外智慧体育场馆建设经验及启示[J].体育文化导刊,2020(10).
［7］ 舒宗礼,王华倬.城镇化进程中我国县域公共体育场馆市场化配置风险与监控研究[J].首都体育学院学报,2016(2).
［8］ 于文谦,张琬婷.二次售卖理论视角下大型体育场馆运营模式研究[J].山东体育学院学报,2017(2).
［9］ 陈磊,陈元欣.美国大型体育场馆运营中PPP模式应用研究[J].首都体育学院学报,2018(4).
［10］ 郑娟,郑志强.大型体育场馆公共服务协作治理的理论及实践[J].体育学刊,2020(3).

上海电子竞技运动的体育内涵与发展研究

秦迎林[*]

电子竞技(Electronic Sports)是电子游戏比赛发展到竞技水平的体育项目。2003 年,中国正式将电竞加入体育运动项目。2004 年,电子竞技遭遇电竞禁播令,发展一度陷入停滞,进入产业低谷期。2008 年开始,随着国家布局规划的调整,有利于电竞产业发展的政策文件不断出台,电竞产业发展态势迅猛。2021 年,国家出台《"十四五"体育发展规划》和《"十四五"文化产业发展规划》等系列规划文件,中国电竞产业的发展已经从以往被制约限制转变为得到大力的鼓励和支持,社会各界对其认可度开始逐步提高。《2021 年中国电竞行业研究报告》显示,电竞市场规模在 2020 年已超过 1 450 亿元,2021 年有望超过 1 800 亿元。随着 5G 技术的发展带来的新助力,中国电竞产业进入蓬勃发展的机遇期,电竞产业具有玩家基数大、人群年轻化、消费意愿与消费能力强的产业特征,正逐步成长为城市推动经济增长的强劲新动能。

上海在加快建设"全球电竞之都"的道路上,始终处于全国领先水平。上海作为全国电竞产业最活跃、最具影响力的一线城市,近年来一直在成为"全球电竞之都"的道路上持续发力。上海始终以开放姿态走在国内电竞体育发展的前列,相关协会和部门相继发布与电竞有关的政策及文件,在政策和资金方面均对上海电竞产业的发展提供了助力,发挥上海特色,建立健全电竞产业标准化体系。面对新型冠状肺炎疫情的影响,中国体育正逆势发力。疫情防控之下,在线经济迅猛发展,在传统体育赛事几乎停滞时,电竞赛事仍在延续。加强新时代上海电子竞技体育建设,对于贯彻落实党的十九届六中全会精神,

---

[*] 本文作者简介:秦迎林,上海工程技术大学,副教授,硕士生导师,研究方向:文化产业。

加快推进上海体育强市建设具有极为重要的地位和作用。厘清电子竞技体育内涵、推进新时代上海电子竞技体育建设,已成为上海打造"全球电竞之都"和建设全球著名体育城市的重要内容。

一、电子竞技的含义及体育内涵的厘清

(一)电子竞技内涵

电子竞技的概念早在20世纪90年代就已经提出。电竞运动指在有限的时间和统一的规则下,以现代电子技术和设备为媒介,在虚拟环境中进行人人或者人机对抗,不仅是关于智力比拼,更是身心合一的体育活动。因此,电子竞技是一项体育与现代科学技术相融合、将运动场所由现实转向虚拟的新兴体育运动项目。电子竞技以现代电子技术和电子设备为载体,与信息产业紧密相连。电子竞技产业主要包括赛事运营、电竞直播、电竞场馆等与电竞相关的产业,具体分布如图1所示。电子竞技以各级赛事为主,与各单位联动,带动周边产业发展,实现IP价值转换。基于电竞产业多样性的特点,电竞产业不仅可视为是体育产业,还可认为是技术和文化相结合的产业。另外,电竞产业的发展必须以信息通信技术、计算机技术、人工智能技术等网络信息技术为前提,所以也被视为一种新型互联网产业。

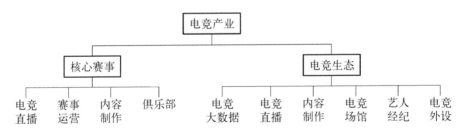

图1 电竞产业分布图

(二)电子竞技体育内涵

电子竞技运动历经十几年的发展,以特有的虚拟、对抗和协作等特点赢得了国内百万玩家的青睐,成为一项有着深远影响的新兴产业,具有丰富的内涵:一是从发展历程看,电子竞技的雏形是一种人机对抗的娱乐游戏。2003

年,电子竞技被列为正式体育竞赛项,从电子游戏中脱颖而出成为一项体育运动。二是从定义来看,电子游戏超越简单的娱乐追求,在同一条件制约下实现人与人之间竞技能力、团队合作能力以及心理能力的竞争,发展成一项在线智力对抗运动。三是从作用来看,电子竞技是数字化的体育运动,既训练了参与者的协调反应能力,提高思维敏捷程度,又培养了参与者的团队精神。

(三)电子竞技运动与传统体育区别

随着以芯片为首的电子技术的突飞猛进,便捷式移动终端的广泛应用与创新,虚拟经济开始壮大,电竞产业实现迅猛发展,体育运动的内容也随着时代的进步发生着变化。电子竞技和体育相似,包括竞争、合作、公平的行动在内,这些行动表现可以与别人进行比较,也可以在现有的活动中加入体育运动部分,使电竞更能吸引观众。

电子竞技与传统体育的区别在于电子竞技运动是在新时代互联网发展背景下,以电子设备为载体的体育运动从现实向虚拟世界的延伸。传统体育运动被定义为隶属于人的活动,是凭借自身的体姿变换和体位变动(即身体活动),实现或者实施对自身(自然)的改造,而电子竞技的竞技场由线下转为线上,以电子设备为媒介,按照严格的规则进行人人或人机之间的对抗较量。电子竞技最基本的体育属性是有着激烈的对抗性、极大的偶然性和高超的技艺性。所以电子竞技产业归属于体育产业,但又与传统体育产业有所不同。

二、上海电竞体育发展现状实证调研与问题剖析

(一)上海电竞体育发展现状

电竞体育产业是我国文化、体育产业的风口产业,上海一直是改革开放的开拓者和先行者,是最包容、最开放、最具活力的城市之一。依据 Newzoo 发布的《2020 全球电竞市场报告》,上海位列世界电竞名城前五。在最新发布的《2020 年度全国电竞城市发展指数评估报告》中,上海凭借 78.7 分位列综合排名第一。在政策管理、产业布局、基建环境等发展指数评估方面,上海都表现出显著的优势。电竞被越来越多的人所了解,电竞行业巨大的商业价值和经济增长动能也逐步为市场所认可,更多组织和部门聚焦电竞行业,大量资本和品牌也涌入电子竞技产业,电竞行业已进入繁荣发展的新时期。

作为一项融合了现代科学技术与体育运动的新型体育竞技项目,电子竞技体育在互联网时代逐渐形成规范化体系,有着广阔的发展前景。2018年,中国队在雅加达亚运会的电竞项目中成功获得金牌。同年,在S8全球总决赛中iG战队顺利夺冠。2020年,移动游戏海外出口占总出口游戏数量的比重超过九成,移动游戏市场为电竞市场的发展提供了主动力。随着电竞赛事影响力的深入和移动技术的精进,积极健康的电子竞技文化受到社会的广泛认可,用户规模不断增大,推动电竞产业飞速发展。伽马数据测算,2020年上海市电竞游戏市场收入超过190亿元,2021年上海电竞产业市场规模将增至228.1亿元。巨大的市场需求吸引了国际知名游戏企业的入驻,带来了相关技术,培养了更多技术人才,创新升级了本土游戏。职业人才、电竞赛事、企业资本的汇集为上海打造成"全球电竞之都"提供了重要支撑。电竞产业形成了明显的聚集效应,上海电竞产业生态圈逐步形成。

(二)上海电竞体育扶持政策

国内电竞产业可持续发展的道路上还存在着一些问题,包括专业管理人才的空缺、产业链未完善、商业模式定位模糊、市场发展缺乏规范化政策等不足之处。2008年起,国家层面发布了系列规划文件和相关政策,规范电竞赛事、职业人才等的管理,在加强政府宏观引导的基础上,重点集中于明确电竞产业发展方向,改善电竞产业的发展环境,优化电竞产业的空间布局,促进电竞产业高质量发展。

从2017年10月电子竞技运动被国际奥委会确认是一项"体育运动"以来,上海市委、市教委、市文化旅游局、市体育局、市电竞协会等部门和协会陆续出台相关政策,分别在政策导向、重点关注领域等方面出台相关指导性文件,以期推动上海电竞体育与文化和旅游产业的融合发展。上海在人才、赛事、资金等方面给予电竞产业相应扶持,维护了电子竞技市场发展秩序,推进了电子竞技产业的发展。各区政府结合上海"全球电竞之都"的发展定位、电竞产业的布局、电竞与文化旅游多产业的融合现状及电竞人才培养等方向,陆续出台推进各区促进电竞产业发展的针对性扶持政策和发展指导建议,并通过政策保障、资金扶持等多手段的实施,为上海电竞多产业融合发展再添动力。

国家政策与上海政策从不同层面引导电竞产业发展方向,从国家到地方分层布局,构建电竞产业整体框架,完善电竞产业服务体系,保证电竞产业的健康发展。具体政策盘点如图2所示。

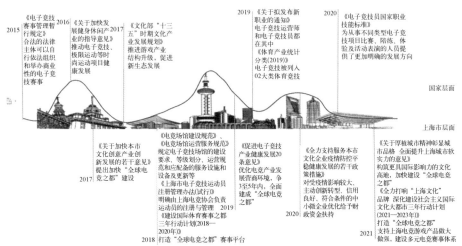

图 2 国家和上海市电竞扶持政策文件盘点

（三）上海电竞体育主要构成

1. 企业要素

随着上海发布"电竞 20 条"等政策，上海各区相继推出电竞产业发展规划，吸引了大批电竞企业集聚上海。2020 年，上海汇集了全国八成以上的电竞相关企业，包括内容授权类 257 家、赛事类 242 家、内容直播类 53 家。2021 年，上海签约了拳头游戏、趣加互娱等知名企业，共同建设上海电竞体育发展新布局。

上海拥有 37 家电子竞技场馆和占全国总量 48.7% 的知名电竞俱乐部，iG、QD 等国内排名前十的电子竞技俱乐部中，有近半数的俱乐部总部在上海。众多俱乐部和电竞相关企业的聚集，促进了电竞产业集群的形成，提高了规模经济效益，增强了产业竞争力。上海为满足新的市场需求，鼓励像熊猫直播、全民 TV 等企业投入电竞赛事、泛娱乐节目的制作播放中，加速电竞行业的娱乐产品研发与推广，促进电竞产业一体化发展。通过助推电竞产业形成规模化效应，不断优化上海市电竞产业的整体布局，进一步提升电竞产业的经济效益，为上海经济发展赋能。

2. 赛事要素

2019 年，上海举办的成规模的比赛占全国赛事总量的一半。在诸多大赛中，"电竞上海大师赛"作为电竞赛事的优质品牌，获得了相关企业、俱乐部和各类人群的关注。2020年,得益于各类电竞赛事和相关视频的火爆,电竞行业的影响力不断扩大,受众群体逐步增加,在参赛选手中,女性用户的占比提升至36%,电竞赛事的潜力还未被完全挖掘,将来还有很大的上升空间。2021年发布的《中国电子竞技行业市场前景预测与投资战略规划分析报告》显示,上海举办了超过四成的有影响力的电竞赛事。

2021年,上海举行第十九届中国国际数码互动娱乐展览会(ChinaJoy),汇集了国内外数字娱乐企业和高新技术企业,共同构建良性电竞产业生态,并在全球电竞大会上发布了关于电竞产业的最新标准和规范。上海凭借赛事举办的经验基础,大力支持自创电竞赛事IP,着力提升赛事品牌影响力,加强赛事的运营和直播方面的管理,吸引了更多的联赛和电竞活动落沪。各项电竞赛事形成了标杆效应,预计2021年上海电竞赛事收入占全国的50.7%。随着赛制的标准化、规范化的不断深入,吸引了大批相关产业的入驻。上海以赛事驱动相关产业发展,刺激周边产业的市场需求,释放电竞产业的商业势能。

3. 人才要素

人才要素是电竞产业生态系统成熟构建的重要因素,有利于上海提升电竞产业的核心竞争力。上海拥有的专业水准的企业、有影响力的俱乐部和完善的技术资源基础条件对人才吸引发挥着重要的作用。上海集中了像RNG、iG和SNG等有一定知名度的俱乐部,汇聚了VSPN和ImbaTV等在赛事运营和视频制作与推广方面有专业水准的公司,在赛事举办、艺人经纪、电竞直播等方面有着大量的经验积累。上海众多知名俱乐部和企业吸引了大批优秀的职业选手,电子竞技企业规模化带来了管理人才的集聚,上海也引进了众多科技领域的人才,助推高新技术的发展和应用,提升游戏研发运营的创新能力。

除了引进职业人才,上海还注重电竞人才的培养,利用优越的资源条件,搭建电竞人才培养产学研一体的共享平台,打造院校、培训机构和企业联合培养的培训体系。人才的汇聚进一步扩大上海电竞产业集聚效应带来的优势,促进了上海电子竞技产业的规范化发展。

4. 配套资源要素

电竞产业有利于促进周边产业升级,带动城市文化体育产业发展。国内共有近1 000家电子竞技比赛场馆,但有能力承办大型电竞赛事的场馆只有6家,其中上海占有一半。为了进一步丰富电竞产业的配套资源,上海各城区围绕电竞产业展开了较为完善的布局,积极打造多层次的空间和产业布局,引领新的电竞潮流风向标。静安区采取"一核多圈"的布局框架,由灵石路电竞中心辐射到各个产业,大批具有影响力的俱乐部和企业入驻,促进整体产业转型升级;杨浦区根据布局发展的需要,将一些老建筑改建成标准化的电子竞技场所,如将钢铁中心转型成为电竞场馆,旧的体育馆内改造成电竞演播室等;上海典型城区如徐汇区和普陀区等,陆续出台了电竞产业相关扶持政策,有利于推动数字娱乐产业创新升级,助推上海电竞产业的高速发展(图3)。

静安区出台《静安区关于促进电竞产业发展的实施方案》全面推进"灵石中国电竞中心"建设,助力上海建设"全球电竞之都"

杨浦区发布了《促进电子竞技产业发展23条》政策,对符合总部条件的给予享受总部经济政策,给予享受办公用房补贴、经营性扶持、上市奖励、人才补贴和营商服务五大普惠政策

徐汇区出台《关于推动徐汇区体育产业高质量发展的实施意见》,提出依托徐汇区人工智能产业高地,发挥腾讯华东总部、游族网络等电竞头部企业集聚的优势,抢占电子竞技产业链高地

普陀区出台《普陀区加快发展电竞产业实施意见(试行)》,涵盖全产业链内容,支持优秀电竞行业企业引进、场馆建设、赛事举办、内容开发运营、平台建设、人才引进、电竞IP衍生品开发融合、电竞装备研发等

图3 上海典型城区电竞扶持政策对比分析

(四)上海电竞体育发展问题剖析

虽然上海在电竞领域拥有优异的表现并取得了卓越的成绩,但距离打造"全球电竞之都"的远大目标还有一定的差距,具体表现在:

1. 电竞赛事的顶层设计模糊,政府在电竞行业中地位弱化

上海市政府相继出台了一系列与电竞相关的制度与政策,修建了一批基础设施,但是在促进电竞产业的持续健康发展中仍有诸多问题亟待解决。从电竞赛事视角看,上海电竞赛事的顶层设计模糊,电子竞技行业协会的力量薄弱,缺乏规范的电竞行业管理标准,也缺少分工合理、制度明确的电竞行业监管模式,尚未形成完善的电竞赛事体系及电竞行业管理体系。从政府视角看,政府层找到恰当的方式介入电竞行业,各相关部门之间的分工尚不明确,很难

平衡好监管和扶持的力度,导致政府在电竞行业中地位弱化,难以制定合适的政策引导电竞行业发展,也难以优化电子竞技赛事的布局。

2. 电子竞技商业模式不清晰,利益相关者联合尚未形成

电竞产业以数字化为基础,超越了体育界、娱乐界以及计算机界等边界,编织了一个由多方利益相关者组成的网络。电竞产业发展的长期战略定位是竞争与合作并存、共享愿景和目标、追逐利益趋同化。上海电竞产业的商业模式还不甚清晰,相关单位也缺少长远发展的眼光,利益相关者各自运营自己所在的领域,彼此之间没有形成联合,整体一致性不足。如传统媒体对上海电竞赛事的介入不足,且与新媒体的整合较少;电竞赛事的曝光渠道单一,赛事的曝光主要是通过新媒体提供的平台和渠道;受众面相对较窄,观看比赛的群体大多都是电竞游戏的重度爱好者。

3. 游戏厂商将电竞赛事垄断,限制了第三方赛事的发展

从游戏内容研发到赛事授权,都是举办电竞赛事的核心环节。游戏厂商在电子竞技赛事中扮演着双重角色,既是授权方也是主办方,把控电竞产业链上的重要位置,垄断了一些有名气的、发展较为成熟的电竞赛事。例如,Valve公司作为一项国际电竞比赛的主办方,既对游戏的运营和研发环节负责,也授权电竞比赛的举办,具有极高的地位。在中国,腾讯和完美世界等知名游戏厂商同样把持电竞产业和统筹电竞赛事。游戏厂商强势崛起,在电竞产业中居于核心地位,使得其他社会群体难以介入,尚未建立能够全方位统筹电竞赛事的第三方电竞机构,限制了第三方赛事的发展。

4. 电竞俱乐部和运动员受到游戏厂商的制约,逐步向外地流动

游戏厂商拥有较高话语权,电竞俱乐部和运动员作为电子竞技赛事体系的重要组成部分,受到游戏厂商的限制,对于游戏厂商所制定的标准和规制须无条件遵循,不利于提升其自身的商业价值。自2017年4月起,腾讯将主客场制应用于LPL联盟化以及KPL之后,电竞赛事不再只集中分布于上海,而是开始逐步分布于全国各个地区。重庆和成都等城市的电竞实力经承办Snake和OMG主场之后有了大幅度提升,意味着上海在电竞行业中的优势已不再显著。在电竞文化的带动下,重庆、成都等地的电竞产业崛起,对上海申请举办顶级赛事构成了重要挑战。

5. 电竞赛事缺乏足够的投资,未形成完善的赞助体系

赞助收入作为电竞赛事乃至电竞市场的重要收入来源,在中国电竞行业中扮演着重要角色。2021年出版的《中国电子竞技行业发展现状及投资战略

分析报告》显示,在电子竞技行业的投资市场中,一部分资本会选择投资电竞社交类应用软件和直播平台,也有部分资本会选择投资电竞俱乐部,但选择对电竞赛事进行投资的资本却少之又少。一是因为电竞赛事具有较高的投资壁垒,品牌商和投资公司要想迈入电竞市场较为困难,二是因为资本想通过电竞的外围领域在电竞的关键地带展开布局。上海举办顶级赛事和站点式赛事缺乏完善的赞助体系支持,开发电竞赛事的商业价值成为难题。

6. 电竞赛事的传播渠道有限,电竞媒体的作用没有充分发挥

中国电竞赛事的曝光渠道是比较单一的,大多电竞赛事都是通过直播曝光而非转播等其他形式。《2020年中国电子竞技产业报告(直播篇)》显示,直播收入在中国电竞产业的收入中占比有9.2%,是中国电竞产业收入的重要来源之一。截至2020年底,有38家与电竞媒体有关的企业分布于北京和上海,但这些企业源自赛事版权的收入远小于赛事收入。中国的电竞赛事主要通过互联网推广,直播平台是曝光电竞赛事的重要渠道。电视端口尚未向电竞赛事开放,无法通过电视频道曝光电竞赛事,导致虽然有大量的电竞媒体资源分布在上海,但很难最大限度地发挥出电竞媒体的作用。

7. 电竞赛事的类别众多且具有极高的相似性,电竞市场展现疲态

上海举办的电竞赛事数量多且质量好,《中国电子竞技行业市场前景预测与投资战略规划分析报告》显示,上海每年举办的电竞赛事数量在全国赛事总量中占比为41.3%,上海参与或举办的电竞赛事在百度新闻排名前10的赛事中占6个。从赛事类型来看,上海汇聚了大量的体育活动以及娱乐活动,这些活动在上海开展与不在上海开展有着不同的效果。上海集中了众多丰富多元的体育和娱乐活动,电竞赛事观众与其他文娱活动观众的大幅度重叠,削弱了社会大众对电竞赛事的关注度,使得上海电竞赛事的观看群体对电竞的热情有所下降,电竞赛事的直播效果差强人意,电竞市场展现疲态。

三、电竞体育建设相关国际经验借鉴

韩国和欧美一些发达国家率先进入后工业化时代,通过结合各自的数字经济和产业优势,推动电竞体育成为扩大产业融合消费、促进经济增值的新兴领域。《2021 Global Esports Market Report》显示,2021年全球电竞市场收入较之前一年的9.47亿美元将会增加至10.84亿美元,年同比增长14.5%。美国电竞市场的年复合增长率达到22.6%,预计到2021年将达到

3亿美元。韩国电竞产业已经成为其体育领域的支柱性产业之一。批判性借鉴这些发达国家的电竞体育发展经验,有利于实现上海打造"全球电竞之都"的宏伟目标。

(一)美国经验:资本支持,开发专业项目及职业选手

美国在全球电竞市场中居于领先地位,拥有完善的市场机制和较深的电竞产业商业化程度。美国十分重视电竞市场的发展,强调以满足不同时期的不同市场需求为重点。例如,随着电竞等文娱活动的市场需求增加,美国的NBA联赛不再局限于传统形式,而开始涉足职业电竞联赛。美国还成立了一系列电竞联盟,建立了在全球负有盛名的电子竞技组织。美国电子竞技协会充分发挥在电竞市场中的纽带作用,美国一些知名的企业也积极投资电竞比赛,美国的电竞项目越来越壮大。电竞协会和企业资本对电竞产业的支持,加深了美国电竞产业的商业化和全球化程度,使美国电竞产业拥有广阔的发展前景。

与在美国从事医生、飞行员以及律师等职业所拿到的薪酬相比,美国电竞职业选手的收入是更为可观的。2020年,美国俱乐部在福布斯当年所公布的全球电竞俱乐部榜单中占据前5名。充足的资金储备为电竞选手提供了专业化和系统化的训练环境,也提供了良好的医疗保健。此外,美国有上百个大学均参加了电子竞技赛事,大学校园修建专门用于训练电子竞技的场馆,高校电子竞技爱好者可以借助一定的训练和比赛经验来提升自己。美国电竞人才库逐步完备,越来越多的大学生开始投入电竞比赛,电竞巨头们也会更青睐于在大学联赛中涌现出来的新星。美国为发展电竞产业所创造的良好环境,为热爱电竞的大学生追逐电竞梦提供了支持,使这些大学生成为美国电竞人才的坚实后备力量。

(二)韩国经验:政府主导,电竞与娱乐行业深度结合

韩国在电竞的初始发展阶段,已开始领跑全球电竞产业,电子竞技的发展在全球范围排名前列。2019年,韩国发布内容产业战略性改革相关政策,提出投入更多资金支持新游戏研发。《2020全球城市实力指数报告》显示,韩国的首尔在经济、文化娱乐、创新研发等多方面均排名第8。随着手游在电竞产业中地位的大幅度提升,2021年韩国文化部将《荒野乱斗》和《绝地求生Moblie》专门设置为电竞项目,以推动电竞产业的发展,吸引更多的游戏公司投资。韩

国体育文化部还计划在2022年以前建设8个除首尔以外的大型电竞场馆;建立专门电竞学校,培养专业电竞人才,以弘扬韩国电竞文化,增加电子竞技影响力。韩国政府在培养电竞人才、运营电竞赛事和建设场馆等方面具有良好的经验,为电子竞技产业的发展提供了大力政策支持。

在亚洲范围内,韩国的娱乐业相对较为发达,并且已经向欧美地区的多个国家开始了文化输出。娱乐和电竞作为韩国的两大支柱性文化产业,也在相互借鉴与结合。例如,Eyedentity Entertainment公司将电竞和娱乐产业结合,开发了许多与电竞相关的娱乐赛事。韩国政府制定"文化立国"战略后,大规模开发互联网端口,发展通信宽带技术,为拓宽韩国电竞赛事的曝光渠道奠定基础。On Media电视台成功举办韩国首届电竞赛事,是电竞赛事第一次以直播的形式在电视频道播出,激发了电视台的活力,各大电竞综艺节目相继推出。电竞选手受人尊敬且地位较高,拥有优异成绩的电竞选手会享受明星级别的待遇,得到大众的认可。电竞选手也会统一接受军事化管理,得到系统化培训,逐步成长为职业选手。电子竞技给韩国带来了丰厚的经济利润,还带动了电竞相关领域的蓬勃发展。

四、当前上海电竞体育发展的主要抓手和举措

(一)上海电竞体育发展的主要抓手

上海建设"全球电竞之都"需要广大民众的关注,需要人才政策的支撑,也需要政府的严格监管。虽然电子竞技已经在社会中具有了一定的影响力,但多数电子竞技企业仍还处于起步阶段,电子竞技体育为争取进一步的良性、快速发展还需从以下方面着力:

1. 弘扬电竞文化,提高民众对电竞的接受度

建议相关部门在普通市民中积极宣传电竞文化,加强普通市民对电竞的认知和了解。积极举办面向广大市民的娱乐性电竞活动,进一步扩大电竞赛事的知名度,形成良好的电竞文化氛围。

2. 培养电竞人才,积蓄产业发展后备力量

建立能够对电竞人才进行全面考察的评价体系,制定系统的人才评价指标。借鉴传统体育项目中的人才培养制度,完善人才引进政策,为优秀的电竞人才提供优待。宣传电竞体育精神,引导电竞人才树立正确的价值观。

3. 发展移动电竞,推动电竞职业化进程

建议处于产业链上游的游戏厂商,研发原创性移动电竞产品;处于产业链中游的移动电竞赛事,推动电竞联赛职业化;处于产业链下游的传播媒体,加大宣传移动电竞的力度,拓宽移动电竞的受众面。

4. 制定行业规范,严格监管电竞行业发展

建议在《上海市电子竞技运动员注册管理办法》的基础上,进一步规范电竞行业。制定与电竞相关的规范性文件,为发展电竞行业提供制度保障。明确政府的管理权限及职责,完善电竞行业监管模式。

(二)促进上海电竞体育发展,助推上海建设"全球电竞之都"的主要举措

1. 加强顶层设计,建立完备的组织领导机制

加强顶层设计,健全组织领导机制,对于上海电竞体育的发展十分重要。建议加强电竞产业的顶层设计,充分发挥上海电子竞技协会的作用,建立分工合理、制度明确的电竞产业管理体系。建议由市委宣传部牵头,市体育局以及市文旅局等配合,建立完备的组织领导机制。完善与电竞相关的政策和法规,并推动政策的落地实施。制定电竞产业发展规划,明确愿景和目标,细化产业发展任务,优化实施路径,推动上海电子竞技健康发展。

2. 立足全球视野,建立高标准电竞赛事体系

建议充分发挥制度优势和环境优势,增强上海电竞赛事的影响力,带动国际电竞赛事入驻上海,推动电竞产业与其他相关产业的融合与发展。完善电竞赛事的基础设施建设,为电竞赛事的发展营造有序的、可持续发展的良好环境。立足全球视野,借助国际电竞赛事,整合上海电竞产业与文化、旅游产业,打造上海新兴的、全球化的电竞赛事体系。以国际化为发展目标,稳步建立与国际电竞赛事相适应的上海电竞服务评价制度。

3. 提升原创能力,加强原始创作和科技研发

强调生产原创电竞产品的重要性,着力提升电竞产品的原始创作能力。积极宣传优秀的原创电竞产品,使电竞产品的种类更加丰富化和多样化。引导企业加快研发进程,提出创新思想并付诸实践。从电竞产品的受众人群的利益出发,重点推出有利于青少年身心健康发展的电竞产品。鼓励在电竞相关的新兴领域开展科学研究,将先进科学技术成果用于电竞产品的原创生产过程中,进一步提高电竞产品的原创能力。

4. 重视媒体建设，有效激发电竞产业活力

在运用AR和VR等新技术的基础之上，重视媒体建设，推动转播电竞赛事的方式更加多元化。重视对上海市电竞直播渠道发展的支持，引导上海丰富的互联网资源积极参与到电竞直播中来。着力于培育国内顶尖的电竞直播团队，针对全球范围内所有的顶尖电竞赛事要进行不同语种间的转播，为观众观看电竞比赛提供便利及优质体验。同时，积极倡导电竞直播团队引入国内外先进技术，探索前沿科技并加以应用，有效激发电竞产业的活力。

5. 持续辐射周边，打造智慧化电竞生态圈

充分发挥上海在电竞领域的辐射带动作用，联合江浙地区，打造长三角一体化电竞产业生态圈。中国的电竞发展速度引领全球，上海的电竞发展速度引领中国。目前，全国80％以上的电竞俱乐部和直播团队都集中在上海。全国总共有6个"电竞小镇"，其中长三角地区就占据了一半。建议加快上海电竞产业与其他相关领域的融合，进一步增强上海电竞的影响力，充分发挥上海电竞对长三角地区的辐射带动作用，构建标准化、智慧化的电竞生态圈。

6. 优化空间布局，统筹规划电竞场馆建设

因地制宜，科学规划，持续优化电竞场馆空间布局。对第一批修建的电竞场馆的不同等级给予官方认定。呼吁社会各方力量加入投资建设，为统筹规划电竞场馆提供资金支持，着重建设3～4个可举办全球顶尖电竞赛事的大型电竞场馆，新建或翻新一批中小型电竞场馆，再建设一批能够体现电竞特色的展览馆。优化电竞场馆的布局，科学选址，构建上海电竞产业集中发展区域。

7. 重视人才建设，建立电竞人才培养体系

扩充电竞人才储备量，有利于助推电竞产业进一步发展。建议构建科学合理的人才选拔机制，强调电竞职业选手的正规化训练。针对电竞教育建立成熟的培训体系和激励机制，为提高电竞人才的技术和素质水平提供助力。借鉴传统体育项目中的人才培养制度，完善电竞人才引进政策。鼓励上海高校及科研机构展开国际和国内的双向研究，完善电竞体育科学教育，形成培养高层次复合型人才的规模体系。

五、结论

上海电竞产业作为新经济的主要组成部分之一，在全球正面临新冠肺炎疫情长期冲击的背景下依然具有强大的发展动力。2019年习总书记考察上海

时,提出了"人民城市人民建,人民城市为人民"的重要理念,强调要着眼于人民群众日益增加的物质和精神层面的需求,为群众创造高质量的供给。电子竞技体育作为时代产物,其产生和发展的历程,有其独特的文化属性,相较于传统体育更加能够满足人们对文化娱乐方面的需求,形成差异化的、可持续的发展优势。

5G技术和VR技术逐渐成熟,为电竞产业的蓬勃发展奠定了坚实基础。上海电竞产业已经从萌芽起步阶段发展到成熟平稳阶段,创造了极高的商业价值和文化价值,推动了经济发展,丰富了社会大众的文化娱乐生活。明晰上海电竞体育的内涵与发展,优化上海电竞产业的顶层设计和空间布局,加快建设成熟的"电竞+文化+商业"生态圈,有助于吸引更多的电竞赛事落地上海,支持更多的原创电竞产品和IP在上海发展,从而进一步推动更多的电竞企业集聚上海,助力上海打造"全球电竞之都"和建设全球著名体育城市的宏伟目标的实现。

参考文献

[1] 詹绍文,朱一鑫,程哲,等.电竞产业空间格局演化及其影响因素——以上海市为例[J].热带地理,2021(2).

[2] 庞俊娣.我国电子竞技运动发展管窥[J].广州体育学院学报,2020(1).

[3] 毕金泽,郭振,林致诚.中国电子竞技与产业发展研究[J].北京体育大学学报,2020(8).

[4] 乐龙飞,李明.电竞产业联盟治理的影响因素分析——基于CEA与CMEL的对比[J].成都体育学院学报,2020(3).

[5] 郑英隆,王俊峰.我国电竞赛事平台发展研究——基于引入成本结构的双边市场理论[J].福建论坛(人文社会科学版),2019(8).

[6] 梁枢,黄念南.韩国优势与我国电子竞技产业后发追赶战略研究[J].山东体育学院学报,2020(4).

[7] 沈克印,寇明宇,吕万刚.数字经济时代体育产业数字化的作用机理、实践探索与发展之道[J].上海体育学院学报,2021(7).

[8] 杨赫,杜友君.电子竞技媒体传播引导力的现实问题与应对策略[J].当代传播,2020(3).

[9] 李有强,张业安.具身认知视角下电子竞技的演进态势、概念属性及发展取向[J].成都体育学院学报,2019(5).

[10] Mob研究院.2019电竞行业白皮书[R].2019.

[11] 日本森纪念财团.Global Power City Index 2019[R].2019.

[12] 赵昂.电子竞技需要打造更多原创游戏[N].工人日报,2021-7-20.

[13] 荣跃明.电竞产业:新科技的"兵家必争之地"——中国电竞产业发展现状和趋势研判[N].文汇报,2019-12-5.

[14] 何丰,张秀萍,王光.上海体育赛事与城市旅游互动融合研究[J].体育科研,2017(2).

[15] 顾跃.习近平关于体育发展论述的科学内涵与现实意义[J].体育学刊,2019(1).

[16] 聂慧超.解码ChinaJoy背后的游戏"产业经"[N].中国出版传媒商报,2021-8-3.

[17] 吴学安.电竞产业蓬勃发展人才培养不能滞后[N].中国商报,2021-6-25.

[18] 张西流.补上电竞行业人才缺口[N].中国劳动保障报,2021-7-2.

[19] 周志军.电竞产生的"抗疫韧性"与发展活力[N].中国文化报,2020-9-8.

[20] 李阳,吕树庭.后疫情时代中国电子竞技发展走向的若干思考[J].广州体育学院学报,2021(1).

[21] Unity Technologies.2021游戏市场风向标报告[R].2021.

[22] 高少华,孙丽萍,方喆.电竞指数夺魁 上海稳步"进击"全球电竞之都[N].经济参考报,2021-8-5.

[23] 艾瑞咨询.2021年中国电竞行业研究报告[R].2021.

[24] 温梦华.城市新一轮竞争焦点:抢电竞产业[N].每日经济新闻,2021-8-3.

[25] 赵宇辉.我国电竞行业正在蓬勃发展[N].中国财经报,2021-1-14.

[26] 戴金明.电竞热中的冷思考——在朦胧中探索的中国电竞教育[J].体育学刊,2020(3).

[27] 张惠彬,沈浩蓝.论电子竞技运动的法律治理[J].西安体育学院学报,2021(5).

[28] 马宏智,钟业喜,张艺迪.中国电子竞技产业地理集聚特征及影响因素[J].地理科学,2021(6).

[29] 刘福元.电子竞技场域中政府主体的身份转型与路径重设——从"举办和参与"到"监管和服务"[J].上海体育学院学报,2021(2).

[30] 罗宇昕,李书娟,沈克印.体育竞赛表演业的数字化革命:电子竞技职业化的时代困境和未来展望[J].中国体育科技,2021(3).

[31] 马中红,刘泽宇."玩"出来的新职业——国内电子竞技职业发展考察[J].中国青年研究,2020(11).

[32] 张亮,焦英奇.后疫情时代体育产业发展的空间转向与价值重构——基于新冠肺炎疫情背景下体育产业发展的分析[J].体育与科学,2020(3).

[33] 刘玉堂,李少多.破茧成蝶:电子竞技文化在中国语境的出场[J].华中师范大学学报(人文社会科学版),2020(2).

第2篇

竞技体育（青少年体育）

体教融合视角下上海竞技体育后备人才培养现状及发展研究

——以徐汇区为例

王继威 戚双洪 程 果[*]

2020年8月以来,《关于深化体教融合 促进青少年健康发展的意见》《深化新时代教育评价改革总体方案》《关于全面加强和改进新时代学校体育工作的意见》等文件连续颁布出台,提出要进一步深化体教融合工作。相对原有体教结合,体教融合更强调体育的育人功能和学校体育工作的全方位提升。政策性调整给竞技体育后备人才培养带来新的机遇与挑战,本文通过对上海市、尤其是徐汇区竞技体育后备人才培养现状及发展的研究,梳理上海竞技体育后备人才培养的现状、面临的困难,探讨体育部门应有的定位和要承担的职责,在体教融合大背景中,提出下阶段后备人才培养工作与教育部门的结合点,以及体育部门要着重解决的瓶颈问题和对策。

一、现状和分析

(一)体教融合、竞技体育后备人才概念的再认识

1. 对体教融合的不同解读

体教融合,顾名思义容易将其理解为体育与教育的融合,但是体育本身就包含于教育之中,从这一点来说,也就谈不上融合。因此,体教融合中的"体"和"教"指的是体育部门和教育部门,两者作为体教融合的双重实施主体,充分

---

[*] 本文作者简介:王继威,徐汇区体育局党组成员、副局长,在职硕士;戚双洪,徐汇区第二青少年业余体育学校副校长,学士;程果,徐汇区青少年体育运动学校训练科科长,在职硕士。

发挥主观能动性共同推动青少年的文化学习和体育锻炼的协调发展。关于"体"和"教",有学者提出不仅仅是体育部门和教育部门的融合,还包含了体育学科与教育学科更深层次的融合,这种融合是思想上、行动上、方法上、评价上等全方位的融合。教育部体卫艺司司长王登峰在解读《关于深化体教融合 促进青少年健康发展的意见》时对于体教融合的解释是:体教融合就是把竞技体育人才的培养(体)融合到国民教育体系(教)之中。如果体教融合能够得到很好的落实,国民教育体系将成为培养高水平运动员的重要通道。

2. 竞技体育后备人才的概念及培养特点

竞技体育后备人才是指具有体育潜质,通过选拔进入体育运动学校、少年儿童体育学校、体育传统项目学校和符合条件的青少年体育俱乐部、社会力量举办的其他培训机构,参加体育训练的青少年、儿童。其人才培养的显著特点是培养周期长,除了极个别特别有天赋的孩子以外,一般来说,一个运动员从启蒙到成才,至少需要8~10年的时间,花费10 000小时左右的时间(俗称10 000小时法则)。

3. 我国竞技体育后备人才培养的发展阶段

2020年8月31日,国家体育总局联合教育部印发了《关于深化体教融合 促进青少年健康发展的意见》,从加强学校体育工作、完善青少年体育赛事体系等八大方面提出37项举措,全方位推动深化体教融合。回顾多年的历史,我国的竞技体育后备人才培养经历了体教融合—体教分离—体教结合—体教融合这样的发展过程。

早在新中国成立之前,我国的竞技体育和青少年训练基本上是"体存在于教",也就是"体教融合"的状态,但是,当时我国的青少年竞技体育水平很低,新中国成立后,因对外交往的需求,体育开始实施体教分离,也就是我们常说的举国体制。这之后,竞技体育得到了快速发展。但是随着社会的发展,这种体教分离的模式也逐渐显现出很多弊端,体育、教育两个部门分别管理着青少年体育,由于侧重点不同,导致了普及与提高被割裂;优秀的运动员因脱离正轨的教育体系,集中封闭训练使得文化课学习受到影响,并对以后的就业产生了影响。

20世纪80年代末开始,我国提出了体教结合的口号,这可以说是体教融合的初级阶段,在这一阶段,教育部门开始配合体育部门招收退役运动员上大学、开始在学校建立高水平训练和竞赛体系,为优秀体育苗子提供专业训练。2017年,国家体育总局、教育部联合印发《关于加强竞技体育后备人才培养工作的指导意见》进一步强化了体教结合的提法,但这一模式未从根本解决一些深层次问题。应该说,体教结合模式是将体育和教育系统简单叠加,并未从发展理念、资源配置方面将体育和教育系统深度融合,实际运行效果有限。

随着中国的发展与改革进入了新时代,以促进青少年身心健康与体魄强健的体教融合应运而生,不同于体教结合的是,体教融合的站位更高而且内涵更加深远。体教融合关注的是青少年全面健康发展,从人的全面发展层面,强调体育与教育在功能与目标上的充分融合。深化体教融合针对的是全体青少年,并不是传统意义上的高校办高水平运动队、专业体院办竞技体校等。

体教融合工作是从战略高度确立青少年业余体育训练与学校体育相结合、共发展的新思路,是体育后备人才的有效培养途径和重要育人模式。国家体育总局原副局长赵勇在单板滑雪全国跨界跨项跨季选材电视会议上的讲话中指出:"现在瓶颈很多,特别是体教两家合作的瓶颈很多。除了体校的改革要加快推进,明确了打造训练中心不是教育部门的事,教育部门就是搞普及,而专业化的训练需要体育部门来做。"无论如何,整个"体""教"发展过程中的分离、结合还是融合阶段,无论是"学生运动员"还是"运动员学生"的提法,竞技体育后备人才的培养主体——学生从未改变。

4. 部分省市依托体教融合培养竞技体育后备人才模式

近年来,部分体育强省纷纷在体教融合上尝试新动作。2017年起,浙江体育局、编办、教育厅、财政厅、人社厅等五部门共同出台了《浙江省县级体校改革发展实施方案》,方案中规定了义务教育阶段体校管理中,体育行政部门和教育行政部门各自的管理职责,建设"体教共管、融合发展"的新型体校,夯实了后备人才培养基础。本届东京奥运会选送7名运动员参赛一举拿下5枚金牌的宁波市,竞技体育的发展也得益于体教融合。宁波市在选材上可以放眼全国精准引才,广泛接纳外地好苗子并为他们解决读书问题,举重冠军石智勇来自广西桂林,女子平衡木冠军管晨辰来自湖北石首。当然,好苗子的选拔培养离不开好的教练,宁波市对体育人才的政策非常优厚,体育人才纳入宁波市专家目录,纳入"3315"人才引进计划,"六个一批"培养共产及"创业创新"评审,广纳人才提升竞争力。在人才的保障上,宁波市的中考政策每年允许高中段招收一定数量体育特长生,长期在少体校训练而又无法输送的运动员,也可以通过特长生通道进入普通高中学习,通过高水平运动队等途径进入高校,既解决了运动员后顾之忧,又提高了学校运动队的竞技水平。

有着"体育之乡""世界冠军摇篮"之称的江苏南通,以优质的教育资源为依托,推进市儿童业余体校依托最优质的三所小学联合办学办训,较好地解决了文化学习问题。市体校推进"市队校办"训练模式,体校教练员直接到办队中学施教,取得很好的成效。此外,在基层也形成了各自的特色,如通州区少体校形成教育、体育、高级中学三位一体办学模式;如东县少体校为普通序列学校,每年招收一定比例体育特长生等。

5. 部分发达国家体教融合培养后备人才的经验

通过资料表明,目前世界上存在的竞技体育后备人才培养模式主要有三种:一是与中国相似的苏联体系;二是以学校体育为核心的美日式体系;三是以课外体育俱乐部为核心的德国体系。从我国的实际分析,我们的体教融合模式更加倾向于在现有第一种模式的基础上向第二种模式转变。通过查阅资料,本文也简单总结了美国和日本的后备人才培养模式,作为分析我国"体教融合"发展的参考,同时认为,英国的对于运动员可持续发展的设计值得借鉴。

(1) 美国。没有专门的体育主管部门,主要依托学校将文化课与体育训练很好地结合起来。运动员的发展是学校培养的重点,过程中始终强调全面发展,注重个人价值的实现。在学校,运动员与普通学生的要求是一样的,必须在规定的时间内完成相应的学习要求才能获准毕业,文化课必须高于所在学校的平均成绩才能获得代表学校参赛的机会。此外,美国的校园竞赛体系非常完善,从小学到大学层层递进,为人才的选拔提供了平台。

(2) 日本。早在20世纪70年代初就明确了由学校培养运动员的目标,后备人才的培养模式主要是以各级中小学为基础大范围普及、小范围塑造精英。在小学阶段主要由学校所在社区成立体育少年团,开展课余时间的训练。依托学校建立学训兼顾的"一条龙"梯队建设体系,初高中阶段进入体育特色学校进行科学化训练,主要的训练时间为课余及寒暑假,即便是精英运动员,文化成绩也不放松,国家队运动员在训练中心附近的学校就读,明确规定不同年龄段运动员训练和学习的安排比例,并将文化课纳入考核。

(3) 英国。注重综合教育,2000年制定体育政策明确提出,良好的竞技运动表现应该与良好的学业成绩携手并进。中小学阶段,学生运动员和普通学生的文化课时间、方式、考核要求基本一致,学生在每天的学校课程结束后和休息日参加各类俱乐部的训练,因比赛耽误的课程,学校会及时采取补课的方式进行弥补。对于体操等出成绩较早的项目,采用延长毕业年限的"弹性学制"保证教育的完整性。运动员进入大学前必须通过统一入学考试,精英运动员会享受入学优惠政策。2010年英国政府对学校体育教育标准作出重要修订,突出强调竞技运动在学校体育中的作用,2014年9月配套生效了新的《国家课程框架》。政策和课程的改革让英国在2008年、2012年、2016年奥运会取得三级跳的跨越,也让学校体育发生了质的飞跃。此外,各单项协会专门为运动员提供职业生涯发展规划,提供职业课程推荐、针对性辅导等,帮助运动员职业转型。

(二)上海市竞技体育后备人才培养现状及分析

1. 上海市竞技体育后备人才培养模式

上海的竞技体育始终走在全国的前列,1955年,国家体委按照苏联模式在北京、天津、上海三地试点青少年业余体校,也就是这一年,上海成立了第一少年业余体校。徐汇作为中心城区,于1957年率先成立徐汇区业余体校。1959年,上海市青少年体育学校成立,这也是全国第一个省市一级的体校,到了1961年,上海区属业余体校实现了全覆盖。上海的体教结合工作起步较早,1999年,上海市委、市政府提出了"资源共享、责任共担、人才共育、特色共建"的体教结合指导思想,2012年下发了体育和教育各自的八条工作任务(简称"双八条"),到2016年指导思想增加了"多元共治",升级为"双十条",顶层设计的不断完善指引着体育和教育围绕各自清晰明确的任务目标制定落地政策以及实施保障,效果显著。期间,以布局市区两级体育传统学校为基础,上海率先在学校设立了二线运动队并实施优秀教练员进校园工程,带动了学校体育的发展,也促进了全市竞技成绩的提升。

2020年,上海启动将社会组织纳入后备人才培养基地,作为传统模式的补充。由此,上海竞技体育后备人才培养形成了三驾马车局面:一是以各区传统少体校为基础,做好三线基础的招生选拔和培养,并一层层向市级体校及各项目中心输送;二是立足各文化学校的资源,将优质的教育资源与体育资源相结合,推进项目入校,形成体育传统学校和学校办二线运动队;三是利用社会组织资源,通过社会力量合作办训,作为人才培养的补充。

2019—2022年,上海共有14家区级体校、54所学校和3家社会办训单位的89个项目经上海市体育局核定为区办和学校办二线运动队,有35家体制外单位通过评选获得"上海市竞技体育后备人才社会培养基地"命名。

2. 徐汇区体教融合培养体育后备人才概况

徐汇区业余体校虽成立较早,但竞技体育成绩在1998年上海市运动会排名还是十名以外,2010年市运会,徐汇区跻身第一集团,用了三个周期12年。2018年市运会,徐汇代表团获得199.5金、94.25银、83.75铜,位列团体奖牌榜第二名。20年时间,徐汇从落后到位列第一集团,离不开体教结合乃至体教融合的保障。

徐汇区有少体校4所,其中3所开展奥全运项目、1所开展棋牌类项目;有二线运动队12支,其中区办二线5支、学校办二线7支;有市级体育传统校23所,区级体育传统校32所,区体育特色学校38所。目前开展的奥全运项目31项,其中有教育直接或间接参与的项目达到24项,基本达到全覆盖。多年来,徐汇区教育和体育部门不断探索,紧密合作,在后备人才培养上形成了一定的特色,主要有几种模式:

一是"一集中"体校课余训练模式。

"一集中"模式也是目前上海中心城区体校的主流模式,学生正常在校上课,只在课余时间集中到体校参加训练。该模式以体育部门为主导,面临的主要问题是训练时间难保证,学训矛盾较为突出。为此,徐汇区在部分优势项目上进行了探索,深化与文化学校的融合,在后备人才培养上形成了多种途径,例如:

游泳项目,独立编班保障训练时间。徐汇区游泳项目选材始于幼儿园中班,体校教练在经区教育行政部门同意后到幼儿园进行选材,每年选拔200人参训,训练至大班升学阶段,选拔28名队员进入东二小学(教学质量优质)游泳班就读。该班独立编班,文化课个性定制,训练时间安排在课内,来回由校车接送,既不影响学生课后学习,又有效地解决了训练场馆白天空闲、课后紧张的局面。学校为游泳班配置优秀的老师,班主任兼任游泳队副领队,游泳队教练兼任副班主任,对运动员实施全方位管理。在中学阶段,另有传统学校中国中学为对口学校,同样统一编班,放学后由体校统一接至训练场,确保学生训练时间。中国中学还是一所完全中学,优秀的运动员能够从小学一路保障到高中,在增加训练效率的同时也极大地增强了该项目的吸引力。2010年,市运会上徐汇游泳项目仅获1枚金牌,通过游泳班合作模式,游泳成绩大幅提升,2014年市运会拿到11枚金牌,2018年市运会拿到19枚金牌。

跳水项目,优质师资缓解学训矛盾。光启小学是体操和跳水特色学校,截至目前走出了吴敏霞、火亮、陈芋汐等3位奥运跳水冠军,世界及全国体操、跳水冠军不胜枚举。其项目特点为优质教育服务训练,就近就便保障训练时间。学校紧邻上海游泳馆,教室到训练场、住宿点步行5分钟即可到达。生源上,吸收徐汇区体操三线运动员和上海市跳水二线运动员集中就读；教学上，为运动员所在班级配备最优秀的老师；时间上，充分保证训练时间。文化课程根据训练和比赛灵活安排，遇到冲突会及时给予补课。由此，为徐汇区体操项目转项输送和集中全市优秀跳水后备人才创造良好条件。

二是"三集中"位育体校模式。

2004年由徐汇区体育局、教育局联合改革体校办训模式，在徐汇区青少年体育运动学校基础上，成立从小学到高中十二年一贯制的学校——徐汇位育体校，在原有训练的基础上增加文化教学职能。采用体教"两块牌子、一套班子"（即体育局、教育局共同任命校长，体育局负责训练相关，教育局负责文化相关）的紧密型管理模式，运动员文化学习与课余训练相对集中，较好地解决了运动员小、初、高"一条龙"文化升学、输送市级二线学籍挂靠保留等问题。同时，也为区内其他项目高中运动员招生、学籍挂靠提供了运作空间，解决文化学校校长的后顾之忧。管理中建立的德育领先（从小披团旗，长大披国旗）、双跟双育（操场育人、教室育人）、双向激励（训练出成绩奖励文化老师、文化成绩提升奖励教练）等机制，在体校建校之初效果突出，建校之初有学生300多人。国家五部委曾在关于运动员文化学习的26号文件出台之前调研过位育体校。在两校共同努力下，徐汇青少体连续获评国家高水平体育后备人才基地及重点基地。

三是学校＋体校叠加培养模式。

徐汇区教育资源优质，学校场地条件资源优厚，体教结合工作开展得较好，在完善项目布局的基础上，鼓励学校办运动队并形成小初高的项目布局，自20世纪90年代末起，体育教练员就入文化学校带训。目前，有15个项目33名教练进入25个学校，体教双方通过优势互补、责任共担，真正做到了双赢。其中比较典型的有：

女子篮球，"一校一品"特色培育。徐汇女子篮球分别布局在东三小学和徐汇中学，为优质中学资源引领、带动小学特色办学的优秀案例。两所学校均由少体校教练负责招生带训，小学阶段招收的运动员插班进入东三小学，到中学阶段对口升学徐汇中学。运动员在校内完成训练，教练、老师保持良好沟通，确保了训练和文化学习两不误。徐汇中学为一所优质学校，学校在保障训练的基础上加强运动员文化学习，2019年女篮运动员学生中考考分有达到591分（总分630分）的。徐汇中学的优质教学增强了女篮项目的吸引力，因此，东三小学的生源很充足，在生源充足的基础上，学校还将篮球项目作为"一校一品"加以培育,设篮球周、自编篮球活动手册、举办区小学生篮球比赛等,校内篮球氛围浓郁,输送成绩突出,目前上海大华女篮有 7 名队员来自东三小学。

"上中""南模",好学校带来吸引力。上海中学、南模中学是徐汇区内两所优质高中,作为上海市级示范性高中及学校二线运动队,上中和南模均有 50 个外省市体育特长生招生名额,这使得两所学校的运动员整体质量较高。上海中学的乒乓球、羽毛球和南模中学的男子篮球多次代表上海参加全国学生运动会,甚至世界中学生运动会,取得了多项优异成绩。两所学校自身有业务水平较高的体育教师担任项目教练,此外,上中乒乓球衔接华东理工大学高水平运动队,少体校教练到华理带训,场馆共享,人才共育,大学"龙头"作用得到体现,上中羽毛球项目也有体校教练进行补充。

"位育网球",合作带来共赢。位育中学的网球是市区联动高效整合的成功案例,最先由位育中学成立二线运动队,引进上海体育馆少体校优秀网球教练担任教练,之后学校和上海体育馆联合成立位育—万体网球学校,面向全国、全市招收运动员。随着项目的发展,学校延伸布局到初中,之后又延伸到区体校小年龄阶段,解决优秀人才梯队和入学衔接问题,形成优质高中为"龙头"、市级训练单位专业教练团队为支撑、区体育部门资源为补充的训练体系。经过十多年的发展,位育中学网球带动了徐汇网球项目的蓬勃发展,现有注册运动员 211 人。每年市级最高级别比赛三分之二的金牌由徐汇获得,并涌现出张之臻、封瑞麟等一批优秀运动员。

四是新兴项目社会力量办训模式。

近年来,徐汇区社会力量参与青少年体育呈现出蓬勃发展的态势。第三方机构教练广泛参与到徐汇区各中小学、幼儿园的体育课、活动课、兴趣课、社团、专项课、体育竞赛等活动中,其中有部分社会力量承担了学校甚至区级层面的青少年体育训练任务,成为体校及学校布局项目的补充,其中攀岩项目的合作为突出案例。2012 年起,由区体育局牵头,南洋中学引入社会力量开展攀岩课程,之后学校建造了攀岩墙,在项目普及上继续做大做强。2017 年,区体育局、教育局指导学校并联合徐汇青少体,加强与东冠攀岩俱乐部的合作,鼓励少体校体操运动员转项攀岩,学校为他们以及俱乐部在训优秀运动员办理入学,极大地提高了南洋中学攀岩项目的质量。过程中,学校保障运动员文化学习、体校和俱乐部保障训练成绩,培养了一批体学兼优的学生运动员。

综上,徐汇区用三个市运会周期在比赛成绩上得到突破,并能够持续领先,无论是体校办训、学校办训还是社会办训,都能出效益。东京奥运会徐汇区共有6名运动员参加比赛,其中,跳水奥运冠军陈芋汐、蹦床四届世锦赛冠军高磊为"一集中"模式培养,现代五项亚锦赛冠军罗帅、赛艇陆上马拉松世界纪录保持者黄开凤为"三集中"模式培养,女篮邵婷、王思雨为学校+体校叠加模式培养。另有全运会攀岩冠军杨立豪、亚军朱馨文为社会力量办训模式培养。体育最大的贡献在于专业师资团队建设,教育最大的功效在于为运动员提供了优质文化教育、"一条龙"升学、学籍挂靠、借读、优质场地资源共享等,社会力量的优势补充体制训练的项目不全。三方之间在政策的引领下,加强资源共享可以取得意向的成绩。其中,"一集中"课余训练及学校+体校叠加模式由于解决了家长接送、同时保障文化学习和项目训练时间等主要矛盾,得到了大部分家长的认可和支持。

3. 体教结合培养竞技体育后备人才过程中其他区好的经验做法

多年来,学训矛盾、运动员升学机制不畅、成材率偏低、运动员可持续发展等因素一直是竞技体育后备人才培养过程中不可避免的问题。而上海竞技体育后备人才培养过程中,尤其是体教结合方面,各区也形成了一些特色鲜明的做法,并在实践中取得了一定成绩。

宝山区乒乓项目是强项,人才主要依托曹燕华乒乓培训学校培养,这是一所社会力量办训学校,区教育局在文化学习上给予了政策支持,区内一所九年一贯制学校保障了曹乒校运动员在启蒙阶段就可以集中学习、训练,保障了训练效果。此外,该校还可以接收曹乒校选拔的外地优秀苗子,为他们办理上海学籍。在高中阶段,有区级、市级两所示范性高中给予分层保障,曹乒校的运动员除输送一线外,其他成绩优秀的还可以进入上海交通大学、上海大学、上海体育学院等高校。

杨浦区在多年体教结合中探索以教为本、以体为特色的二集中训练模式,在2003年成立了上海体育学院附属中学,这是一所涵盖初中、高中学段的完全中学,通过给予体育特长生学习、升学保障,杨浦在后备人才培养方面取得了较好成绩,特别是足球项目成为一块招牌。作为上海乃至全国第一所体育高校的附属中学,附中对于未能踏上专业运动员道路的学生,高中阶段课程设计对接体院单招,依托体院的资源,解决学生出口问题。

浦东新区是体育大区,区域内有一所文化学校参与管理的体校外,还有两所"三集中"模式体校,近年来浦东积极探索"三集中"模式体校改革,除了依托区级重点学校做好九年一贯制合作办学、提高教学质量外,高中阶段还与中专职校进行了合作,对部分跟不上高中学习进度的特长生在初升高环节进行了分流。合作选择的是一所国家级重点中专,因该校相关专业毕业学生比较抢手,同步解决了就业问题,得到了家长和运动员的认可。

调研中发现,各区取得的成绩都离不开区教育局的政策配套和支持,以"为了每一个运动员终身发展"为目标,从入学、升学和出口等关系到学生运动员发展的各个环节进行保障,既体现了以人为本的新体育发展理念,也实现了体育、教育的双赢。

(三)竞技体育后备人才培养过程中存在的问题

从体教结合到体教融合,虽然字面的表述只有一字之差,但对于工作理念、对于未来竞技体育后备人才的培养模式却能带来根本性的转变,目前变革之际,竞技体育后备人才体教融合培养中,还存在一些新老问题。

1. 教育、体育部门对于后备人才培养的目标依旧存在差异

近年来,随着体教结合工作的不断深入,培养出高水平的优秀运动员逐渐成为体教双方的共识,但这些高水平优秀运动员的最终去向使得双方在实际操作中,还存在各自为政、抢夺生源、抢夺时间等状况,部分工作上决策权归属还不够清晰。在探索多渠道的体育人才培养衔接模式过程中,部分学校仍认为后备人才培养是体育部门的事情,学校更多关注项目普及,以为学校比赛取得成绩为主,很少关注向上级单位输送。区体教结合工作评估考核在教育局对学校班子考核占比十分有限,在体教结合层面不能形成有效激励机制,难免导致部分体教结合学校在运动队训练开展过程中注重表面、流于形式。

2. 竞技体育后备人才培养选材环境不佳

一是青少年运动能力基础薄弱。工作中发现,由于学校体育工作普遍存在场地不足、课程不够系统、运动强度与运动量偏小、课外运动不足等问题,青少年体质健康水平普遍不高,运动能力同比下降趋势未有好转。招进体校的运动员需要先经过一段时间提高身体素质,从某种意义上说,也就是延长了训练周期。二是选材手段传统,效率不高。体校招生大多采用"教练找上门"的传统招生方法,不仅效率低,还有大概率错过有体育发展天赋的好苗子。而全市中小学学生体质健康监测开展多年,数据翔实,分析透彻,却未能在体育后备人才选拔中发挥作用。三是兴趣化与竞技化转化程度不高。全市范围内教育部门主导的体育技能兴趣化、多样化等体育普及功能已具备长期性和规模性,加上社会力量培训机构、体校兴趣班等项目实施,从事体育运动的青少年数量已有大

幅提升,但动员学生转入竞技体育,尤其进二线时,学生留存率不高。

3. 竞技体育后备人才培养对学籍政策依赖度高

前文已指出,体教结合工作中,教育部门最大的功效在于为运动员解决了"一条龙"升学、学籍挂靠、借读等问题,学籍政策是关键之关键。近年来,由于国家政策延伸至上海的对非沪籍学生政策收紧,取消各类特长生招生、户籍对口地段入学、人籍合一等学籍管理制度,各区中考体育打折、降分政策逐年收紧等一系列政策使传统竞技体育后备人才培养的体系受到严峻考验。以徐汇区为例,体育后备人才培养面临"断崖式"冲击。2017年起,徐汇区东二小学游泳班不再存在,幼儿园优秀苗子无法集中进入东二小学,东二小学游泳班学生与中国中学初中不再"一条龙"衔接;光启小学也停止了非本区和本地段学生运动员的入学招生;位育体校从2021年起停止招生,用两年时间实现自然停办;东三小学的女篮队员无法进入徐汇中学;南模高中面临外区高中竞争初中徐汇生源;上海中学非沪籍乒乓球项目小年龄梯队无法取得就读资格;输送至二线的学生无法获得学校的借读认可等,导致运动员流失严重。而此类情况在其他区也正在或即将发生。

4. 师资队伍等因素制约项目发展

青少年体育后备人才培养,关键在教练。近年来,各区体校教练普遍存在编制紧缺、招聘困难、待遇偏低、积极性不高、队伍年龄结构不佳、重点项目骨干教练青黄不接等状况。而市区级传统校、体育特色项目学校,虽然在硬件资源配置上逐渐向好,但在运动队专项经费投入、设施设备改善、日常训练管理、队伍建设培养,尤其是师资队伍建设等方面存在不足,训练效益无法有效发挥。1999年上海市开展的"教练员进校园"帮助一部分学校解决了专业师资问题,但总量不足,存在大量缺口,需要学校自我造血。现有条件下,学校体育老师在课后时间进行训练的时间付出、学生比赛成绩的考核评价都与业绩考核、职称评定不挂钩,导致体育教师积极性不高。

5. 作为补充的社会组织作用有待进一步发挥

社会组织办训有着选择余地大、训练时间自由、入门门槛低、机制灵活等优势,但教练员资质不够、培训成本较高、训练不够系统、自有场地不多等问题也制约着社会办训的发展,特别是机构自身和教练的不稳定给社会办训增加了较多不可控因素。就上海而言,目前注册了2 504位青少年体育教练员,其中,体校教练占40%、教育系统教练占21%、社会办训机构教练占38.7%,社会办训机构教练员的比重逐年提升反映出上海社会办训力量的蓬勃发展。

"双减"政策实施后,家长对青少年体育培训的需求明显提升,大量体育培训机构涌现弥补了学校体育方面的不足,部分学校也引入社会培训机构在课后服务中开设体育课程。但由于上海场地及聘请高水平教练费用高昂,社会组织办训的第一任务往往是营利和生存,所以更加注重大范围的普及而不太能兼顾小范围的提高。此外,要想技能提高势必要增加课时,也必将产生更多的课时费用,如果由家长承担往往会难以维系。因此,社会组织虽参训人数众多,但成绩提高却较为缓慢,体育后备人才培养的作用还有待进一步发挥。

二、对策和建议

(一)完善政策、"体""教"目标融合加强顶层设计

竞技体育后备人才培养是一项长期、复杂的系统工程。新时代体教融合已为体育、教育明确了方向。双方要在大教育、大体育、大人才观的基础上,进一步凝聚共识,形成合力,解决体育后备人才培养中存在的问题和矛盾,从短期和长期的目标着手,做好顶层设计。

1. 从短期路径来说,相关政策细则需要尽快落地

首先,一系列学籍、招生政策使运动员不再能够突破学籍,升学成了最大的冲击。要进一步完善"一条龙"建设,重点协调9+X政策中针对特长生的优惠政策,推进体教融合政策更加科学化、系统化。对少数优秀后备人才在学籍管理上突破限制,吸引优秀苗子坚持训练。其次,要尽快完善赛事体系。在共同组织、联合办赛基础上,尽快统一注册资格、运动技术等级认定等,并设立统一赛事发布平台,将精英系列赛、单项锦标赛等赛事纳入市教委认定的"中学生综合素养评价系统"。在学籍收紧的前提下,重新拟定竞赛方法,调整以学籍为参赛主体的竞赛办法,鼓励跨校联合组队,俱乐部兼项组队,学籍学校实行双积分,既保持学校积极性、又保障学生参加体育训练不受学籍影响。对于新兴项目如冰球、花样滑冰等,市场化程度比较高,运动员选择注册区县的灵活度较大,要进一步细化注册变更条件,规范《运动员代表资格协议书》,明确协议双方的权利和义务。

2. 从长期路径来说,体育部门要与教育部门在人才的培养目标与价值方面达成一致,充分发挥体育育人功能,促进青少年体育素养养成

强化以人为本的思想,尊重青少年特长发展需求,切实从运动员的需求出

发,确保各项措施落实到位。教育部门要发挥教学主阵地作用,坚持开门办教育。体育部门要主动融入教育,进一步引导教练员服务学校体育,充分发挥专业优势,在提高体育课质量、开展业余训练、共享优质场地资源等方面发挥作用。体教要树立协同育人理念,使得体育与教育的融合产生"1+1>2"的作用。要树立更加开放融合的发展理念,积极对接社会、市场,推动更多社会组织成为青少年体育发展的新阵地。要进一步加强体育文化宣传,引导学生弘扬体育精神,践行社会主义核心价值观,成为德智体美劳全面发展的社会主义接班人。

(二)转型发展,畅通各渠道人才培养路径

虽然目前政策"利空",但以人为本、注重完全发展的体育将赋予体育后备人才培育新的高度。目前体校、学校和社会力量三驾马车并驾齐驱,面对碰到的问题,需要打破传统、创新思维,精准、精细培育精品体育后备人才。

1. 体校要转型发展,发挥主战场、主攻坚作用

随着学籍政策、高招政策的不断深入,体校转型迫在眉睫。体教融合文件中提及的探索青少年体育训练中心发展模式应尽快实施。建议以区级体校及场馆为中心,承担课余训练、周边学校场馆共享服务、项目体验、师资培训、外派教练入校、体育竞赛服务等职责,强化与教育学校的互动和提升。加强体校自身建设,提高科学选材和科学训练水平,提升高水平奥全运体育后备人才的精英培育意识,加强精细化管理。强化体育育人功能,促进体育后备人才体育素养养成。

市级体校作为竞技后备人才培养的大本营,坚决办好办活。所有输送二线的学生学籍全部转入,除升学阶段外中途不退回。依照教育综合评价的要求,目前应全权负责试训期借读学生的各项评价,建立信息互动平台,定期将结果转交各区,并由各区统一转交相关学校。加强文化教育配置,聘请高水平管理者及文化教师,优化课堂质量,完整教学设置,提高学生综合素养,必要时推行"银发老师"政策,即高薪聘请退休教师参与教学,提高文化教学质量,吸引学生就读。体操类小年龄项目,对承担小年龄二线运动员文化就读任务的学校,探索"灵活学籍"政策,允许"人籍灵活管理"。另可试行二线与区合作,调整考核评价指标,建立区块训练点,以三线教练为基础、市级二线教练到区块训练点蹲点开展训练或巡回指导,各区优秀队员就近至区块训练点训练,保

障小学生在家庭、学校的环境中健康成长。

2. 学校办训要培育发展，承担主阵地、主通道功能

进一步加强学校体育普及力度，以"项目一条龙"为抓手，广泛开展体育项目，促进学生掌握体育技能，增强体育素养，培育体育文化。发挥各级体育传统校和二线学校的作用，提高运动队训练能力与水平。打破校园校门壁垒，允许学生跨校参与体育项目，充分发挥学区化、集团化办学优势。整合资源，打造高水平校园体育赛事，打通校园竞赛和社会竞赛渠道，形成横向连接、上下相通、层层衔接的新竞赛体系，带动竞技水平提升。

在此基础上，关注运动员可持续发展，探索多渠道升学途径。在初中升高中阶段，除高中自然升学外，可以结合国家对职业教育的发展思路，设计、引导体育生进行职业发展。体育生可通过职校掌握一门技能，为将来就业奠定基础，同时保证充足的训练时间，在项目发展上继续挖掘潜力，学有余力的学生还可以参加中本贯通，保留拿到本科文凭的希望。体育教育部门也可考虑在职校设置体育职业教育专业，对接体育产业，为未来体育产业大力发展提供基础人才保证。高中升大学则结合教育部、国家体育总局《关于进一步完善和规范高校高水平运动队考试招生工作的指导意见》提高文化成绩和比赛成绩门槛的情况，两条腿走路。9＋X高中校的龙头建议延伸至高校，即以高校为龙头，布局"一条龙"，吸引更多学业能力强、专业素养硬的学生加入高校运动队。体工队的"一条龙"则做强上海体院办训办队，保证学业一般、运动水平高的运动员或高校无项目的运动员在体育领域深度发展，再给予整体职业规划设计，提升吸引力。

3. 社会力量要扶持发展，起到强基础、补短板作用

社会力量办训弥补体制内专技人员、体育项目、体育场地、体育竞赛等供给不足的问题，为青少年体育工作提档升级，奠定了较好的基础。下阶段一方面可扩大社会组织公益性培训范围，依托"双减"学校的需求及区青少年校外体育活动中心等平台，让更多的体育社会组织、更多的体育项目融入学校、融入社会、融入学生的双休日与假期，丰富学生体育产品供给。另一方面，针对存在的问题，需加强政策支持力度，在准入、考核、评估、资金扶持等方面尽快出台相关文件，推动社会办训单位加快成长。在体育后备人才培养方面，进一步加强社会精英基地的培育力度，选择师资稳定、场馆条件较好、市场化程度较高、参与小众、传统体校未布局的项目大力扶持。在综合评定的基础上，投入基本编制费，为社会力量提供师资培训、教研活动、竞赛参赛等方面的信息

和资源,做强"体育、教育、社会"三位一体积聚三方力量的青少年后备人才培养模式。

(三)科学培养,提升教练员队伍能力水平

青少年时期是价值观、人生观形成的关键期,教练员作为开展运动训练、培养后备人才的主体,其业务能力、思想理念、实践经验等都是运动项目可持续发展水平高低的关键。因此,要始终重视加强队伍建设,提高教练员和带训体育教师的能力。

1. 进一步加强教练员队伍培训

体育、教育部门应当建立不同人群培训体系,系统设计培训内容,提高培训质量。2011年、2012年上海连续出台了优秀教练员工作室及"明翔"青年骨干教练员培养计划,通过培训、带教、业务学习等手段促使了一批青年教练快速提高,效果较为明显。建议继续拓宽"优教"和"明翔"评选范围并将此工作抓细做实。

2. 做好教练员队伍的各项保障

实行绩效工资以来,教练员普遍待遇较低,基层教练员晋升通道狭窄,区级高级教练员名额较少,国家级教练员没有指标,导致一些优秀的教练员不愿意到基层去,也影响了基层教练员的工作积极性。建议体育、教育部门会同编办、人社等部门共同协商,为教练员、带训体育教师争取相应的职称比例及薪资待遇,鼓励优秀教练员"拔尖"、年轻教练员"冒尖"。

3. 进一步完善教练员、体育老师激励机制

此次上海市颁发的《关于加强新时代体教融合和学校体育工作 促进青少年健康发展的实施意见》中提到完善重大赛事奖励机制,对于参加奥运会、世锦赛、世界杯等大赛的奖励办法,历年都是比赛后才相继出台,激励效果没有得到更好体现。建议市里出台大赛系列奖励办法并设置试行周期(譬如4年),将能更好地提升教练员的主观能动性。对于市运会、学生运动会的奖励应进一步明确奖励负责方和人群。

(四)精细操作,培育打造体育后备人才精英体系

加强重点苗子库建设,一、二、三线联动,突出重点,突出效益。三线立足兴趣做好普及,兼顾选拔培养,突出精英选材;二线立足承上启下,提升办学影响,加强科学训练,突出精英育才;一线加强龙头引领,做实二三线指导服务,

突出精英成才。

1. 精准建立重点运动员苗子库

选材初期,充分利用教育体质监测大数据平台,搜索身体形态好、素质能力强、遗传水平高的优秀苗子,经训练进入青训中心运动员数据库,阶段训练后,结合上海奥全运重点项目,经专家评估及科研测试进入重点运动员苗子库。

2. 精细制定重点苗子保障方案

在"人籍分离"难以实现的现阶段,要畅通围绕后备苗子量身定制的培养渠道,建议市级层面针对上海优势及重点发展项目,研究出台市区一、二、三线联动的精英运动员培养保障方案,对重点项目苗子的名额、准入选拔、训练提高、"一条龙"升学、科研等环节进行保障。一、二线通过评估、论证后定点、定人,市项目专家、体科所科研人员和一、二、三线带训教练共同参与。每人一方案,一、二、三线集体备课,制定阶段训练目标及训练计划。三线负责实施,一、二线负责督导。

3. 精心培养重点苗子队员

在保障方案的基础上,加强过程联动,委派专家项目巡查检查、督导指导。结合日常训练,在各区优势项目训练场馆安装摄像头或视频回放系统,市一、二线教练定期通过摄像头或录像观察重点队员训练实况,给出阶段训练意见及建议。寒暑假、双休日再到市二线集训,提高训练质量水平。科研机构定期监控,围绕生长发育情况、生理生化指标、心理调适干预、伤病预防治疗等全方位给予指导,提升训练效能。所有过程注重体育文化建设融入,养成良好体育习惯,建立良好训练作风,形成优良体育精神。

体教融合是顺应社会发展、促进青少年学生全面健康可持续发展的重要举措,是新时期解决竞技体育发展难题、扩大体育人口、培养优秀体育人才的创新机制,它不是体育与教育的简单相加,而是两者在更深层次上的深度融合。竞技体育后备人才的培养关系到我国竞技体育综合实力的提升,直接影响着体育强国的建设。虽然,在人才的培养过程中存在着观念的碰撞、政策的影响、学与训的矛盾、师资的不足等问题,但只要体育与教育目标一致,切实从运动员的需求出发,围绕培养全面发展的人才,尊重人才成长的规律,充分发挥两者优势为人才的成长成才规划好路径、落实好保障,就一定能够实现真正的融合,培养符合时代需要的高质量竞技体育后备人才。

参考文献

[1] 刘波,郭振,王松,等.体教融合:新时代中国特色竞技体育后备人才培养的诉求、困境与探索[J].体育学刊,2020(6).

[2] 栗燕梅,裴立新,周结友,等.新时代我国体教融合的现状、问题与建议——来自六省区市评估调研的分析与思考[C].第十一届全国体育科学大会论文摘要汇编,2019.

[3] 刘海元,展恩燕.对贯彻落实《关于深化体教融合促进青少年健康发展的意见》的思考[J].体育学刊,2020(6).

[4] 钟秉枢.问题与展望:体教融合促进青少年健康发展[J].上海体育学院学报,2020(10).

[5] 李波,丁洪江,朱琳琳.新时代体教融合的再考量[J].体育学研究,2020(5).

[6] 翟丰,张艳平.从"体教结合"到"体教融合"——体育发展方式转变研究[J].成都体育学院学报,2013(10).

[7] 杨占武.运动队管理的信任理论视角[J].北京体育大学学报,2011(11).

[8] 孙炜.山东省竞技体育人才培养模式及体制改革的探讨[J].体育科技文献通报,2017(10).

[9] 严蓓.浙江竞技游泳后备人才竞赛体制的历史与现状研究[J].浙江体育科学,2015(2).

[10] 毛振明,丁天翠.体教分离→体教结合→体教融合→体回归教——从中国青少年竞技体育的历史发展看"体教融合"的方向[J].体育教学,2021(4).

[11] 许弘.体教融合——新时代教育改革的要求与使命[J].天津体育学院学报,2021(3).

[12] 周爱光.体教融合背景下我国学校体育改革的思考[J].体育学刊,2021(2).

[13] 王宗平,丁轶建.深化体教融合 让人人"常赛"成为常态[J].中国学校体育,2020(10).

[14] 刘波,王松,陈颇,等.当前体教融合的研究动态与未来展望[J].北京体育大学学报,2021(1).

[15] 张旋,段少楼,张旭.国外青少年体育素养培育研究——以英、美、澳、加为例[J].中国青年社会科学,2021(1).

[16] 杨桦,刘志国.体教融合:中国特色竞技体育后备人才培养模式转化与创新[J].成都体育学院学报,2021(3).

[17] 李彦龙,曹胜,陈文静,等.深化体教融合促进青少年健康发展的政策分析[J].哈尔滨体育学院学报,2021(2).

运动纠纷快速调解机制建立的路径研究

向会英 吴 炜 范铭超 孙彩虹 朱 川 李非易[*]

一、研究背景

调解是一种非诉讼替代性纠纷解决机制（ADR），是指经过第三者的排解疏导、说服教育，促使发生纠纷的双方当事人依法自愿达成协议、解决纠纷的一种活动。我国有调解解决矛盾纠纷的传统和文化，将调解引入运动纠纷解决，有利于化解矛盾、调整人际关系和社会关系，有利于节约社会资源，有利于扩大法律利用意义和改善司法价值，总体上符合法治的精神。在体育运动快速发展，构建运动调解机制具有其重要现实意义。

（一）调解机制适用于运动纠纷快速解决具有优势

相对于仲裁或诉讼，调解机制具有自身的特点，主要包括以下几个方面：

1. 简便、灵活

调解程序是非正式的。原则上，是由当事人经过协商选择适合自己的调解员并建立如何运行程序的规则。因此，体育调解更具有简便性和灵活性的特点，也更符合当事人意愿。

2. 快速、高效

指调解程序快速、高效。调解程序的简单、灵活便于快速、高效地解决纠纷。

---

[*] 本文作者简介：向会英，上海政法学院学院，副教授，硕士，研究方向：体育法学。

3. 保密性强

调解程序的当事人、调解员及其他参与人员都有严格保密责任。根据法律规定,只有在其中一方当事人未能履行承诺的情况下,当事人可以将调解方案交给其他仲裁或司法机构,否则不能泄漏调解程序中的任何信息。

4. 费用低

调解机制可促进各当事方达成纠纷解决的合意,避免各方付出更多的成本,且调解机制只需支付调解员费用及部分管理成本费用。因此,相比较于成本较高的诉讼程序,调解机制不仅可以节省经济成本,还可以节约社会成本。

(二) 运动纠纷适合调解机制

1. 运动纠纷类型

运动纠纷通常包括以下几类:一是涉及体育活动的商业性纠纷如赞助、广告、转播权纠纷;二是体育组织其成员之间的纠纷如运动员合同、参赛资格纠纷;三是体育管理机构对其成员进行管理或者实施的惩戒引发的纠纷;四是运动中的伤害、侵权纠纷等。

2. 运动纠纷特点

运动纠纷除了具有一般民事纠纷的特点外,还具有专业性、技术性和多样性等特点。这些纠纷大部分可能发生在熟人之间,通过调解机制解决纠纷,选择适合当事方的专家进行谈判,可以在不伤和气的基础上达成纠纷解决方案,因此,运动调解鼓励并保护公平竞赛和互相谅解的精神,是为体育量身定做的,也容易被当事人接受。

二、国内多元化纠纷解决的现状分析

多元化纠纷解决机制是党的十八届四中全会确定的一项重要改革任务,2015 年 12 月 6 日,中共中央办公厅、国务院办公厅联合发布《关于完善矛盾纠纷多元化解决机制的意见》(以下简称《意见》),从顶层设计对多元化纠纷解决机制进行战略安排。2016 年 6 月 29 日最高人民法院发布的《最高人民法院关于人民法院进一步深化多元化纠纷解决机制改革的意见》和《最高人民法院关于人民法院特邀调解的规定》,进一步推动了多元化纠纷解决机制的发展。

《意见》要求,人民法院要主动与诉讼外的纠纷解决机制建立对接关系,指导其他纠纷解决机制发挥有效作用;要通过诉调对接、业务指导、人员培训、参与立法等途径,让更多的矛盾纠纷通过非诉解纷渠道解决;要通过诉前导诉、案件分流、程序衔接,把纠纷有序分流至诉讼和非诉讼解纷渠道;要通过司法确认,提高非诉讼纠纷解决方式的效力和权威性。

1994年颁布的《中华人民共和国仲裁法》和2010年颁布的《中华人民共和国人民调解法》及1995年《中华人民共和国体育法》第三十三条的规定都为运动调解机制的建立提供了相应的法律基础。

(一)建立运动调解机制的经验借鉴

1. 国内各行业调解机制比较

我国已基本形成了人民调解、劳动仲裁、行政调解、行业调解、商事仲裁、商事调解等多种非诉讼纠纷解决机制共存的局面,在化解纠纷方面发挥了重要作用。据统计,2015年,全国共有人民调解委员会79万个,有行业协会、商会近7万个,商事仲裁委员会230多个,劳动仲裁委员会3 000多个,每年仲裁案件超过100万件。

行业纠纷解决机制因其专业性、权威性和低成本在各地受到欢迎。以上海为例,除了上海仲裁委员会和上海国际经济贸易仲裁委员会外,2005年由上海仲裁委员会与罗纳-阿尔卑斯仲裁和调解中心共建的上海-罗纳-阿尔卑斯调解中心,2006年设立了海事调解中心,2011年设立了独立的上海经贸上式调解中心,2016年成立了上海银行业纠纷调解中心。运动调解机制主要具有行业特色。表1为对国内一些行业调解机构情况进行比较。

表1 行业调解机构的基本情况

机构名称	批准单位	调解效力	服务对象	受案情况
上海经贸商事调解中心,成立于2011年1月8日	上海市商务委员会、上海市社团管理局	与上海市第一中级人民法院、上海市浦东新区人民法院、上海市普陀区人民法院、建立了"诉调对接"	调解贸易、投资、金融、证券、知识产权、技术转让、房地产、工程承包、运输、保险等领域平等利益主体的纠纷	每年受理案件100多个,调解成功率平均为78%

续 表

机构名称	批准单位	调解效力	服务对象	受案情况
上海银行业纠纷调解中心,成立于2016年5月10日	上海银监局、上海市银行同业公会	与上海市高级人民法院建立银行业纠纷"诉调对接"机制;与上海金融仲裁院进行"仲调对接"机制	调解案件类型涵盖信用卡纠纷、个人及公司贷款纠纷、代销保险、基金纠纷等业务领域	每年受理案件50起,成功率超过80%
上海海事调解中心,成立于2006年8月22日。	中国海事局、中国国际商会	海事调解与仲裁对接,交通运输部海事局发布的《海市调解管理办法》第五条规定海事调解免费	海事事故当事人	
中国国际贸易促进委员会/中国国际商会调解中心及各大城市分会,成立于1987年		在法律效力方面,有"调仲结合",也有"诉调对接"	调解贸易、投资、知识产权、房地产、物流、金融证券、保险等领域的争议。	包括国际的或涉外的争议案件

以上各行业调解机构主要特征:一是行业支持;二是在法律效力方面,采用"调仲结合"或"调诉结合"或者两者兼有,海事调解中心还有专门的条例作为依据;三是涉及的纠纷具有行业性的特点。

2. 国外运动调解情况

ADR机制已成为体育纠纷解决的主要方式。在国际层面,1984年成立的体育纠纷解决的机构——国际体育仲裁院(CAS),已成为公认的国际体育纠纷解决的权威机构。各国纷纷建立了国家层面的体育纠纷解决的ADR机制,如加拿大体育纠纷解决中心(SDRCC)、美国仲裁协会(AAA)于2001年特别设立的全国体育仲裁小组、英国体育纠纷解决中心(SR)、法国奥林匹克委员仲裁院(CNOSF)、德国体育仲裁庭、澳大利亚国家体育中心(NSDC)、新西兰体育法庭(STNZ)、日本体育仲裁机构(JSAA)等,这些国家层面体育纠纷解决机制,尤其是调解机制为构建体育调解机制提供了很好经验和借鉴(表2)。

以上机构的调解机制均为调解与仲裁结合的模式,调解范围与机构受案范围一致。

表 2　国外运动调解机制的基本情况

机　构	依　据	处理的案件类型	其他情况
国际体育仲裁院(CAS)于1999年5月18日引入调解程序。	《体育调解规则》(2013年进行了修订)	处理的纠纷类型为足球纠纷(占57%)、自行车纠纷(占12%)、拳击纠纷(占7%)以及摩托车、篮球、乒乓球、柔道、铁人三项等	调解处理的结果为48%的案件达成调解协议,52%的案件回到仲裁程序
加拿大体育纠纷解决中心(SDRCC),成立于2004年4月	联邦C-12《促进体力活动与运动法案》	体育相关纠纷	SDRCC提供了调解、调解/仲裁
法国奥林匹克委员仲裁院(CNOSF),成立于2008年	法国《体育法》将调解制度作为体育纠纷解决的强制性方法	体育经济合同纠纷,电视转播合同争议,体育经纪人和职业球员或俱乐部之间的纠纷,俱乐部在转让和其他津贴的纠纷等所有的私人契约性质纠纷	法国的调解是由被赋予公共服务职能的民间体育组织完成的,调解的目的也是为了规避诉讼
日本体育仲裁机构(JSAA),成立于2003年4月。	《体育基本法》第15条规定:"国家为了确保体育纠纷的仲裁或调停的中立性及公正性、保护体育工作者的权益……其他有关体育相关纠纷的快速适当的解决,采取必要的措施。"	涉及体育运动协会或类似组织的内部裁决和规章制度。	由日本奥委会、体育协会、残疾人体育协会出资设立
英国体育纠纷解决中心(SR),成立于2001年。	发起成员包括英国国家奥委会、体育休闲运动中央理事会、职业体育协会等	分为:运动员选拔和资格仲裁庭、商业仲裁庭、足球仲裁庭、诚信和纪律仲裁庭、国内反兴奋剂仲裁庭、国内儿童体育权益保护	非营利性民间机构

（二）上海自由贸易区先试先行的优势条件

2013年9月29日上海自由贸易试验区正式挂牌，争端解决机制作为自贸区制度建设的重要组成部分，也日益成为各界关注的焦点。2014年5月1日，我国首部自贸区仲裁规则《中国（上海）自由贸易试验区仲裁规则》正式颁布实施，标志着自贸区的多元化非诉讼纠纷解决机制正式起步。上海自贸区仲裁纠纷解决机制的创新体现在高度自治、效率、专业和国际化以及司法对仲裁的支持等方面。这对于处于探索阶段的体育纠纷解决机制提供了示范和现实基础。

在2020年11月12日上海浦东开发开放30周年庆祝大会上，习近平总书记充分肯定了浦东30年开发开放取得的成就，表明将赋予浦东改革开放新的重大任务，特别强调"要深入推进高水平制度型开放，增创国际合作和竞争新优势"，提出浦东在制度型开放上率先探路破局，推动对外开放不断向制度层面纵深推进，不断优化营商环境。在新的历史时期，上海正打造亚太仲裁中心和建设全球著名体育城市。这些都为体育调解机制的构建提供了有利的条件。

（三）国际体育仲裁上海听证中心的成功运作

国际体育仲裁上海听证中心是独立的、非营利性非企业机构，其成功运作开创了国际体育纠纷解决新平台。不仅为国际性体育纠纷解决提供了便利，也为国内体育纠纷解决提供了国际人才资源和各种经验。

三、构建体育调解机制的必要性

（一）全面依法治国和法治上海的必然要求

党的十八届四中全会通过的《全面推进依法治国若干重大问题的决定》指出，全面依法治国的总目标是建设中国特色社会主义法治体系，建设社会主义法治国家。就体育而言，一方面是体育治理的法治化，完善的体育法治体系；另一方面是通过规范、高效的体育纠纷解决机制化解和解决社会矛盾，从而维护社会稳定，实现治理的现代化。

为贯彻落实《法治中国建设规划（2020—2025年）》，上海积极推进法治上海，将依法治市放在全局性、战略性、基础性、保障性位置，因此运动快速纠纷解决机制的构建符合法治上海的整体规划要求，也符合上海体育"十四五"的规划要求。

（二）运动纠纷解决的现实需要

随着我国体育商业化发展，尤其是2014年国务院发布的《关于加快发展体育产业促进体育消费》和2016年国家体育总局发布的《"十三五"体育产业发展规划》都强调了新时期的体育发展需要完善的法治环境。1995年通过的《中华人民共和国体育法》第三十三条明确规定："在竞技体育中发生纠纷，由体育仲裁机构负责仲裁和调解。体育仲裁机构的设立办法和仲裁范围由国务院另行规定。"但迄今体育纠纷解决机制却没有突破和进展，体育纠纷的解决仍充满困惑和矛盾。从广州吉利案、吉林亚泰案，到最近的一系列运动员纠纷，如易建联与中国篮球协会的"脱鞋"纠纷、孙杨与游泳中心纠纷、宁泽涛与游泳中心的广告门、谢丽丽等北京退役运动员集体讨薪纠纷等，都凸显了国内体育纠纷解决机制与体育发展不协调和矛盾。体育发展的国际化，在一定意义上，也需要体育纠纷解决机制与国际接轨。卡马乔案、德罗巴案等在国际败诉的案件，也警示国内体育规则、体育纠纷解决机制与国际接轨。

在另一方面，随着健康中国、全民健身运动的兴起，越来越多的普通大众参与体育活动，也会产生各种运动相关管理、伤害、侵权纠纷。这些纠纷具有一定的体育特性，但又不完全在体育协会监管的范围内，没有得到合适的解决就容易造成社会矛盾、经济负担和行政负担等问题。尤其是在上海，近年来各类运动得到快速发展，其中产生的不少纠纷需要合适解决途径。

（三）深化体育改革的内在需要

体育纠纷解决机制不仅在于解决体育纠纷、化解社会矛盾，还在于通过明确对运动员、教练员和其他利益相关者的责任，加强国内体育行政系统和体育组织的透明度和责任性，对落实和推动体育改革具有重要的意义。我国的体育发展已突破了原有计划经济的框架，市场体育、产业体育蓬勃发展，相伴而来的体育纠纷不断爆发，而相应的体育仲裁制度和体育调解制度尚未建立，导致市场经济环境下体育利益相关者之间在利益分配相互博弈的过程中引发体育纠纷的"破窗效应"，假球、黑哨、贿赂、赌球、暴力、服用兴奋剂等异化行为频发，严重影响了我国体育事业的发展。

（四）上海体育和城市发展的需要

上海体育"十四五"规划已明确提出建设"全球著名体育城市"的目标，"十四五"期间将在全民健身、竞技体育、体育产业、体育资源配置、体育文化软实力等方面进一步提升,这些离不开法律服务和纠纷解决机制的配套。"四个中心"建设的"法治化的营商环境"也要求快速、便捷的法律服务。在全国体育仲裁机构尚未建立的背景下,上海率先构建体育调解机制,无疑会让上海成为体育法律服务的制高点,将为服务于上海城市的整体发展规划作出贡献。此外,上海与国际体育仲裁院合作建立了国际体育仲裁院上海听证中心,聚集一批国际国内的体育纠纷解决专家人才,并具有良好的硬件设施和社会资源。通过构建体育调解机制,可以整合国内、国际资源,还可发挥上海听证中心的平台作用。

四、存在的主要问题及对策

2010年颁布的《中华人民共和国人民调解法》及1995年《中华人民共和国体育法》第三十三条的规定都为运动调解机制的建立提供了相应的法律基础。最新《体育法》征求意见稿新增的"体育仲裁"虽没有涉及调解,但构建运动调解机制不涉及法律障碍,因此目前设立运动调解机制存在如下主要问题:

（一）运动调解范围问题及对策

最新修订《体育法》征求意见稿专门设立"体育仲裁"章节将为体育仲裁制度建立奠定基础,可能会推动国内建立体育仲裁制度。但是从仲裁范围来看,主要涉及协会内部纪律纠纷和行业内纠纷,因此即使建立全国性体育仲裁院,普通大众运动或业余运动产生的纠纷以及地方性体育协会的纠纷,都很难通过体育仲裁院解决。那么上海构建运动纠纷调解机制的范围应包括上海市各体育协会的纠纷和业余运动或大众运动的纠纷,既可以为上海各类运动纠纷解决提供途径,还可以弥补全国性体育仲裁机构不能涵盖的纠纷,同时利用上海的资源优势、人才优势为国内运动争议解决作出榜样和积累经验。

（二）运动调解机构设立问题及对策

作为行业调解机制,构建运动调解机制也必须设立相应的机构。运动调解机构的设立可以是在上海市体育局的指导下,通过上海市社团局注册登记,设立民非性质的体育调解中心,场地设施可以利用国际体育仲裁院上海听证中心现有的场地设施。既能节约资源,又能激活国际体育仲裁院上海听证中心的使用,扩大影响力。

(三) 运动调解效力问题及对策

调解具有自愿性,但缺乏强制力。运动调解的关键是调解协议得到有效地实施,这是运动调解机制的核心问题。通过上述各调解机构的比较分析得出,目前调解机制的效力主要是通过跟法院合作或跟仲裁机构合作,建立"调解与诉讼对接"或"调解与仲裁对接"。显然,多样化的运动纠纷可以适用不同种模式,也即可建立"调解与诉讼对接"和"调解与仲裁对接"两种模式并用的运动调解机制。从具体的合作来说,可以与上海仲裁委员会建立"调解与仲裁对接"的模式,还可以跟上海第二中级人民法院建立"调解与诉讼对接"的模式。

(四) 上海运动调解机制构建方案

体育调解中心是独立的、非营利性的社会团体,其目的是为体育提供替代性纠纷解决(ADR)的专业知识及协助;为体育纠纷提供快速的、便捷的、价格低廉的解决途径;通过明确对运动员、教练员和其他利益相关者的责任,加强体育行政系统和体育组织的透明度和责任性。

1. 机构设置

体育调解中心的管理机构是理事会,下设秘书长及办公室、专家委员会、发展研究部。理事会是为了确保体育调解中心的独立性和各方当事人的权利,也是体育调解中心的决策管理机构,专家委员会、秘书长及办公室、发展研究部则是调解中心具体业务机构(图1)。

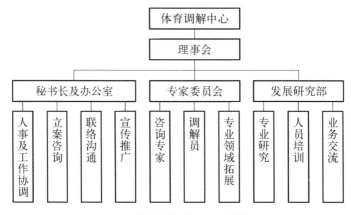

图1　体育调解中心组织构架

2. 体育纠纷调解中心理事会

(1) 理事会的任务。理事会是为了确保纠纷调解中心的独立性和各方当事人的权利,也是纠纷解决中心的决策和管理机构。

(2) 理事会的组成。理事会由 16 名高水平法学、体育及体育管理专家组成,委任方式如下:两名成员由中国奥林匹克委员会从其成员或非成员中委任;两名成员由中国体育总会从其成员或非成员中委任;两名成员由国内单项协会从其成员或非成员中委任;两名成员由仲裁机构(如上海仲裁委员会、中国贸易仲裁委员会)从其成员或非成员中委任;两名成员由国内知名运动员,经过协商后委任;两名成员由中国体育法学研究会从其成员中委任;两名成员由国内法院、司法机关从其成员中委任;两名成员由上述 14 名成员从其他机构成员中委任。

理事会设主席 1 名、副主席 2 名,在非会议期间负责中心的重大日常工作。理事会成员任期五年。在五年任期的最后一年,作出提名。一经委任,理事会成员签署声明,承诺基于个人能力、完全客观中立履行职责。如果理事会成员辞职、死亡或因其他原因无法履行职责,根据其委任的条件,在剩余任期内,其将会被替代。

(3) 理事会的职权:从理事会中选出 1 名主席,2 名副主席;审议工作方针、工作计划及制定和修订相关规则;审议、通过秘书长提出的年度工作报告和财务报告;审议通过办事机构设置方案;决定秘书长人选;监督中心的工作;专家委员会提名和聘任及解聘;为保证纠纷解决的公正和中立,尤其是仲裁员或调解员在纠纷处理时的中立地位,有权采取其他措施。

(4) 理事会的运作:根据纠纷调解中心的工作要求,理事会召开会议,至少一年一次会议;理事会一半以上出席会议作出决定即符合法定人数,会议可以信函等多种方式表决,如表决双方,主席有决胜性一票;纠纷调解中心秘书长是理事会秘书,在决议中起协助作用。

3. 体育纠纷调解中心的业务机构

纠纷调解中心业务员机构由专家委员会、秘书长及办公室和发展研究部组成。

(1) 纠纷解决中心的任务:为体育纠纷调解提供相关资讯、协助;设立调解庭或仲裁庭,按照调解、仲裁程序规则的规定解决体育纠纷;进行体育纠纷调解相关培训、调研及研究。为此,纠纷调解中心业务机构负责仲裁庭或调解庭的组建,保障程序的顺畅,为当事人提供必要的设施供其使用。

（2）专家委员会。专家委员会包含体育纠纷调解的仲裁员、体育纠纷调解的调解员以及为体育纠纷调解提供指导性意见的专家。专家委员会名单由理事会会议提出，经理事会会议审议通过后，由理事会聘任，颁发聘书。专家委员会委员任期为4年，期满可以续聘。理事会选任仲裁员的条件为：经过法律训练，公认的擅长体育法或仲裁法，熟悉体育以及有关方面公认的专家；理事会选任调解员的条件为：经过法律训练，公认的擅长体育法或仲裁法，熟悉体育以及有关方面公认的专家；理事会选任指导专家的条件为：国际、国内在体育领域、体育法领域、法律领域公认的专家。专家委员会专家有以下情形，体育纠纷调解中心应当予以解聘：一是隐瞒应当回避的情形，对纠纷解决产生不利影响；二是不宜继续担任专家的情形。

（3）秘书长及办公室。设秘书长1名，工作人员若干。秘书长向理事长负责，具体负责纠纷调解中心的内外协调管理和联络等工作。办公室主要工作：具体办理纠纷受理、文书传达、档案管理等程序性事务；收取和管理仲裁/调解费用；宣传和推广，包括体育纠纷调解快讯及其他讯息推广。办理理事会交办的其他事务。

（4）发展研究部。发展研究部主要工作包括组织和进行体育纠纷调解的调研和研究工作；体育纠纷解决信息收集和采编（包括体育纠纷调解快讯和体育纠纷解决评论等）；举办体育纠纷调解研究活动、学术论坛及各类交流活动；组织培训活动。

4. 调解程序规则

（1）规则适用。双方当事人一致同意将体育纠纷提交上海体育纠纷调解中心调解时，方适用本调解程序规则。

第1条

调解是基于双方当事人通过诚实守信的协商达成体育纠纷解决调解协议的基础上进行的非绑定、非正式程序，各方当事人通过上海体育纠纷调解中心调解员协助协商解决争议。

原则上，上海体育纠纷调解中心调解主要解决合同性纠纷，排除体育纪律相关纠纷，如兴奋剂问题、假赛和腐败问题。然而，在某些情况下，各方当事人明确同意，体育纪律纠纷可以提交到SDRC调解。

第2条　调解协议

调解协议是指双方同意向调解人提出与他们之间发生或可能发生的与体育有关的争端。调解协议可以采取合同或单独协议中的调解条款的形式。

第 3 条　适用规则的范围

如果调解协议规定根据上海体育纠纷调解中心调解规则进行调解,则这些规则应被视为此类调解协议的组成部分。除非当事人另有约定,否则应适用在提出调解请求之日有效的本规则的版本。但双方可以同意适用其他议事规则。

第 4 条　调解的开始

希望进行调解程序的一方应以书面形式向上海体育纠纷调解中心办公室提出这方面的请求。请求内容应包含当事人及其代表的身份(姓名,地址,电子邮件地址,电话和传真号码)、调解协议副本和有关争议的简要说明。

上海体育纠纷调解中心办公室收到调解请求的日期被视为调解程序开始的日期。

上海体育纠纷调解中心办公室应立即通知当事人调解开始的日期并应确定当事人按照本规则第 13 条规定必须各自分担支付行政费用和预支费用的时限。如果双方未支付预付款费用,且如果一方不同意支付另一方(或多方)应分担的费用,则调解程序立即终止。

第 5 条　调解员的任命

理事会拟定可在上海体育纠纷调解中心调解程序中任命的调解员名单。

理事会委任的出现在调解员名单上的调解员,任期为四年,之后有资格重选。

除非各方当事人共同从调解员名单中选出一名调解员,调解员应当由上海体育纠纷调解中心主席在与当事人协商之后,从调解员名单中委任一名调解员。

在接受这种委任时,调解员承诺为调解程序提供足够的时间,以便能迅速进行调解程序。调解员应当且必须保持公正,并独立于当事人,并且应当披露任何可能在任何当事人的眼中对他或她的独立性提出质疑的事实或情况。尽管有任何此类披露,双方可以书面同意授权调解员继续其任务。

如果任何一方当事人提出异议,或者如果他/她认为自己不能成功完成调解,则调解员应停止其任务并通知上海体育纠纷调解中心主席。因此,后者将在与各方协商后提供替换他/她的安排,并为他们提供任命另一名调解员的可能性。

第 6 条　当事人代表

当事人可以通过代理人或助理与调解员会见,如果一方当事人通过代理,则必须事先通知另一方当事人、调解员和上海体育纠纷调解中心确认代理人身份。

代理人必须具有单独解决争端的完全书面的权力,而不需要咨询他/她代理的当事人。

第7条 调解行为

除非各方当事人同意以特定的方式进行调解,调解员应在与各方协商并适当考虑上海体育纠纷调解中心调解规则后,确定调解进行的方式。

在任命他/她时,调解员应确定每一方当事人提交一份总结争端的申明条款和时间表,包括以下细节:

(1)简要说明事实和法律观点,包括提交给调解员一份问题清单以及对解决方案的看法;

(2)一份调解协议的复本;

(3)每一方当事人应本着诚意与调解员进行合作,并应保证他/她能自由地履行其授权,尽快推进调解。调解员可以在这方面提出任何她/他认为合适的建议。如果调解员认为有必要,他/她可以随时与各方当事人单独沟通。

第8条 调解员的作用

调解员以她/他认为适当的任何方式促进争议中问题的解决。为了实现这一目的,调解员将:

(1)确定争议中的问题;

(2)安排当事方讨论这些问题;

(3)提出解决方案。

但是,调解员不能将争端的解决方案强加于任何一方。

第9条 保密

调解员、当事人、其代表和顾问以及任何其他在双方当事人会议期间出席的人都应签署保密协议,并且不得向任何第三方透露任何其在调解过程中获得的信息,除非法律要求这样做。

除非适用法律要求这样并且没有与之相反的任何协议,否则一方不得强迫调解员泄露记录,报告或其他文件,或在任何仲裁或司法诉讼中就调解方面作证。

某一方提供的任何信息,只有经过前者同意,才能由调解人披露给另一方。

但是如出于调解员或缔约方的个人笔记的目的,不得对会议进行任何记录,例如音频或视频记录、誊本或会议记录。

除非适用法律要求并且当事人没有与之相反的任何协议,当事人不得在任何仲裁或司法程序中依赖于以下内容或将以下内容作为证据:

(1) 一方对可能的解决争端方案的意见或建议;
(2) 一方当事人在调解程序中所承认的事实;
(3) 调解程序期间获得的文件,笔记或其他信息;
(4) 调解员提出的建议或意见;
(5) 一方当事人表示或未表示愿意接受某一提案的事实。

第10条　终止

任何一方或调解员可随时终止调解。

调解可以以下方式终止:

(1) 通过双方当事人签署一份和解书;
(2) 通过调解员的书面声明表述进一步的调解工作不再具有价值;
(3) 通过一方当事人或双方当事人的书面声明表示调解程序终止;
(4) 如果双方中的一方或双方拒绝在根据本规则第4条规定的时限内支付其应分担的那部分调解费用。

第11条　达成调解协议

和解书由调解员拟定,由当事人和调解员签字。

每一方应收到一份副本。在任何违约情况下,一方可以在仲裁或司法机关以此副本作为其依据。

一份和解书的副本提交给上海体育纠纷调解中心办公室以便记录在案。

第12条　调解失败

当争端未能通过调解解决时,由上海体育纠纷调解中心出具一份结案报告。当事人可以诉诸仲裁或法院,但条件是当事人之间存在仲裁协议或仲裁条款。

第13条　费用

各方应当在规则第4条规定的期限内支付上海体育纠纷调解中心行政费用。在没有付款的情况下,调解程序将不会启动。

当事人应自行支付各自的调解费和费用。

除非双方另有约定,调解的最终费用,包括上海体育纠纷调解中心行政费用1 000元人民币,根据附录一所列的费用表计算出的调解员的花费和费用,以及对上海体育纠纷调解中心费用的补偿,将由当事人平均分担。在调解程序开始时,上海体育纠纷调解中心办公室将要求各方存入等额的款项作为调解费用的预付款。

在调解结束时,未使用的费用预付款的任何部分,应按平等份额或当事各方支付预付费用的比例偿还给当事人。

调解程序如图2所示。

5. 调解费用

(1) 上海体育纠纷调解中心行政费用。上海体育纠纷调解中心调解的登记费用固定为1 000元人民币。参与提交给上海体育纠纷调解中心以待调解的争议的各方必须支付平均分担的500元人民币的登记费用,以便启动调解。如果双方未支付费用预付款,并且如果一方不同意支付另一方应承担的部分费用,则调解程序立即终止。

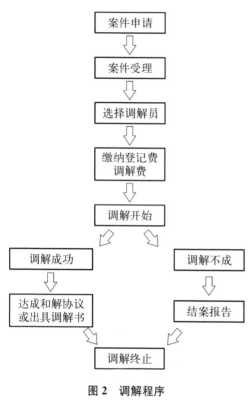

图2 调解程序

(2) 调解费用(表3)

表3 调解费用

争议金额(人民币)	按标的收费(人民币)		按小时收费(人民币)
50万元以下	按争议金额的3%收费,但最低不少于3 000元	或	2 000元/小时
50万元~100万元	按争议金额的2%收费,但最低不少于5 000元		2 500元/小时
100万元以上	按争议金额的1.5%收费,最低不少于10 000元		3 000元/小时

标的金额以争议具体所涉标的总金额为准。如果争议标的难以计算的,

调解中心可以决定按调解争议所需要的时间收费。

在调解中心受理案件后,调解员须在调解开始前保证3个小时阅卷时间以了解案件情况,费用不计。

调解中心将向双方当事人预收调解费用,双方当事人选择按标的收费的,则全额收取调解费用;当事人选择按小时收费的,则预收3小时调解费用。

对于预收的调解费用,双方当事人应各自承担50%,并在正式进入调解程序(即最终确定或指定调解员)后5个工作日内付清。未在规定时间内付清预收调解费用的,不予启动前述调解员阅卷程序。对于预收调解费用的承担比例当事人双方另有约定的,从其约定。

若一方在规定时间内已付清其需要承担的预收调解费用,而另一方未能在规定时间内付清其需要承担的预收调解费用,则调解程序即告终止,一方已支付的预收调解费用将予以退回,但当事人双方已支付的登记费不予退还。

若双方当事人选择按小时收费,并在3小时调解时间外,认为有必要继续进行调解的,则调解中心可安排适度增加调解时间。额外调解费用仍按小时计算,须在调解开始之前付清。

调解员认为确有必要到外地察看调查的,调解员的食宿、交通费用等实际开支,按合理的费用标准向双方当事人收取。

若纠纷解决中心已受理案件,但尚未正式进入调解程序(即尚未最终确定或指定调解员),则双方当事人只需支付案件登记费。

比较法视野下体育纠纷快速调解机制构建路径研究

孙思琪　金怡雯[*]

一、研究背景

关于体育纠纷的解决机制,现行《中华人民共和国体育法》(以下简称《体育法》)自1995年10月1日施行以来已逾26年,我国的体育仲裁制度至今仍未建立,导致体育纠纷的解决效果时常不甚理想。

近年来随着游泳运动员孙杨在国际体育仲裁法庭的仲裁案持续受到关注,加之我国国内在职业足球等领域多次出现运动员讨薪无门的现象,体育纠纷的解决机制已然成为学术界以及实务部门关注的重点,但视角更多地集中于体育仲裁。经由十三届全国人大常委会第三十一次会议审议、2021年10月23日开始征求意见的《中华人民共和国体育法(修订草案)》(以下简称《体育法(修订草案)》)已经增设"体育仲裁"专章,但对于调解等其他多元化纠纷解决方式仍然鲜有关注。

调解是最为主要的多元化纠纷解决方式之一。相较诉讼活动而言,调解作为纠纷解决方式更为侧重纠纷的实质解决、矛盾的源头化解,加之调解属于当事人自主处分权利,因而调解等非诉讼纠纷解决方式,对于程序规范性的要求相对不高,尤其是与诉讼活动强调的程序正当性相比,调解的程序设计相对宽松而简约。因此,构建完善的调解机制应该是实现体育领域各类纠纷解决效率提升的主要途径之一。

---

[*] 本文作者简介:孙思琪,上海海事大学法学院讲师、硕士研究生导师、博士,研究方向:海商法、体育法;金怡雯,上海市闵行区人民法院二级法官助理、硕士,研究方向:民商事纠纷解决。

以下基于对我国体育纠纷解决的现状考察,分析体育纠纷调解的基础理论,结合国际以及典型法域的体育纠纷调解经验,探讨我国体育纠纷快速调解机制构建在立法、机构、司法等方面的具体路径。

二、体育纠纷的概念与范围

(一)体育纠纷的概念

体育纠纷快速调解机制的构建是为解决体育纠纷,因而首先必须厘清体育纠纷的概念和范围。虽然体育法学领域的论著广泛使用"体育纠纷"的表述,但体育纠纷严格而言并非内涵稳定的学理概念,至少在法律层面并非如此。体育纠纷是以特定的社会活动类型为中心,因而在法律层面涉及多个不同的法律部门及其调整的社会关系产生的纠纷,一定程度上也是当前学界提倡的"领域法学"概念在社会纠纷层面的反映。

目前已有体育法学者开始运用领域法学的理念进行体育法学的研究,如赵毅提出了"足球法:一个新兴的领域法学"。不同的纠纷性质往往也决定了纠纷解决方式的不同,如体育领域的刑事纠纷原则上就不存在通过调解方式解决的空间。因此,厘清体育纠纷的概念以及具体范围,直接决定了本文讨论的快速调解机制的适用对象。一般认为,体育纠纷是指在体育活动以及与体育相关的各种社会活动中,各类体育活动主体之间发生的、以体育权利义务为内容的社会纠纷。

(二)体育纠纷的范围

关于体育纠纷的范围,我国体育法学研究在学理上存在不同的分类标准,如董小龙、郭春玲主编的《体育法学》一书认为:体育纠纷可以根据争议内容、体育内容、纠纷涉及的法律关系等不同标准进行分类,进而分为竞争型、合同型、管理型、保障型体育纠纷,竞技体育、社会体育、学校体育纠纷,以及宪法性质、行政性质、民事性质、刑事性质的体育纠纷。

徐士韦在上述分类标准的基础上,另行提出了两种分类标准,即根据体育纠纷的主体不同分为运动员与运动员、运动员与俱乐部、运动员与项目协会、运动员与赞助商之间的纠纷等类型,根据纠纷主体之间的法律地位分为主体平等的体育纠纷和主体不平等的体育纠纷。

高升则是基于竞争型体育纠纷、合同型体育纠纷、管理型体育纠纷、保障型体育纠纷的划分,认为体育活动中的众多利益相关者主要涉及三类关系:一是竞争关系,主要包括体育运动本身的竞争即赛场内运动员之间的竞争、体育运动外围的竞争即赛场外俱乐部或球队之间的竞争;二是合同关系,主要包括球员和俱乐部、球员和广告商、俱乐部和广告商、体育联盟和广告商之间的合同关系,强调市场规律、市场逻辑;三是管理关系,包括运动员和联盟或协会、俱乐部和联盟或协会、俱乐部和体育行政主管机关、联盟或协会以及体育行政主管机关之间的关系,主要体现为一种上下级关系。

考察上述观点可以发现,传统法律部门划分对应的纠纷类型,即通常所称的民事纠纷、行政纠纷、刑事纠纷三种法律纠纷,仍然是区分不同体育纠纷的主要标准,原因在于纠纷的解决方式很大程度上也取决于产生纠纷的社会关系对应的法律部门,学者提出的竞争关系、合同关系、管理关系一定程度上也与之存在关联。

至于立法层面,《体育法(修订草案)》第七十六条专门规定了属于体育仲裁范围的体育纠纷。根据该条规定,目前《体育法(修订草案)》计划构建的体育仲裁制度,排除了平等主体之间的民事纠纷,以及用人单位与劳动者之间的劳动纠纷,因而能够用于解决的体育纠纷类型受到了较大的限制。

通常认为除兴奋剂问题等行政处罚纠纷、体育刑事纠纷外,其他与体育比赛参赛者、体育运动团体以及体育协会相关的纠纷,均可提交调解,至少包括体育赞助纠纷、体育合同纠纷、体育知识产权等商业权利纠纷、轻微伤害赔偿纠纷等。

三、我国体育纠纷解决的现状与问题

由于《体育法(修订草案)》第三十二条规定的体育仲裁机构至今尚未设立,因而目前我国体育纠纷的解决途径主要包括以下三种方式:一是体育纠纷当事人自行和解;二是体育运动项目协会内部仲裁或调解;三是少量的司法诉讼。另有较为少数的纠纷可能选择通过国际体育仲裁院解决。

(一)体育纠纷当事人自行和解

和解应是目前我国体育纠纷最为主要的解决方式,特别是竞技体育中发生的非民事纠纷,此类纠纷在目前我国体育仲裁制度尚未建立的情况下,往往缺少其他有效的解决途径。

和解作为当事人自行解决纠纷的途径，具有成本低廉、解纷速度快等优势，因而在非诉讼纠纷解决机制中居于重要地位。《最高人民法院关于人民法院进一步深化多元化纠纷解决机制改革的意见》第二十六条也规定："鼓励当事人先行协商和解。鼓励当事人就纠纷解决先行协商，达成和解协议。"但是和解的达成必须基于双方当事人的合意，即仍然在很大程度上依赖当事人自身的意愿，加之相比调解等其他纠纷解决方式没有第三方居中调停，因而在纠纷较为突出、矛盾较为激烈的情形下，单纯依靠和解解决纠纷时常存在困难。

（二）体育运动项目协会内部仲裁或调解

《体育法（修订草案）》第三十一条第三款授予了单项体育项目全国性协会对于相应体育运动项目的行政管理权。以跆拳道项目为例，相应的单项体育项目全国性协会是中国跆拳道协会。中国跆拳道协会的性质是群众性非营利体育社团，在中华全国体育总会的领导下开展工作，同时也是中国奥林匹克委员会承认的、代表中国参加相应国际跆拳道组织和活动的唯一合法组织，依法对于中国跆拳道运动进行管理。

中国跆拳道协会在纠纷解决方面，设有仲裁纪律委员会作为专项委员会。《中国跆拳道协会章程》第三十九条规定："仲裁纪律委员会有权依照已公布实施的仲裁规则，负责处理本会管辖范围内跆拳道运动有关的行业内部纠纷；有权依照已公布实施的相关规则（如处罚规定），负责处理本会运动员、教练员、裁判员等专业人员，以及俱乐部和有关跆拳道组织就比赛纪律、道德、行业规范和标准等相关事项。"但是，中国跆拳道协会似乎并未实际制定专门的仲裁规则，仅有的《跆拳道竞赛仲裁条例》只适用于竞赛中发生争议的仲裁，即针对竞赛中出现的对于裁判员判罚存在意见的运动队的申诉进行仲裁。此种仲裁与通常仲裁法意义上的仲裁存在区别，而更多是作为一种竞赛判罚的申诉或纠正机制。

此次《体育法（修订草案）》第七十九条规定："鼓励体育组织建立内部纠纷解决机制。体育组织没有内部纠纷解决机制或者未及时处理纠纷的，当事人可以申请仲裁。"体育运动项目协会内部的仲裁或调解作为纠纷的解决方式之一，应当就属于该条所称的体育组织内部纠纷解决机制。此种方式并非我国体育纠纷解决的主要途径，其中的仲裁也不是严格意义上的体育仲裁，主要原因有二：一是不少体育运动项目协会内部的纠纷解决机制尚不完备，或是未设立专门的纠纷解决机构，或是设有机构而未制定具体的纠纷解决规则，又或是机构的实际运行情况更多流于形式;二是此种途径作为体育组织内部的纠纷解决方式,有时在中立性或公正性方面存在欠缺,特别是对于运动员不利的情况较多。此类现象在体育运动项目的地方性协会内部更为突出,而能够通过全国性协会解决的纠纷毕竟只是少数。

(三)少量的司法诉讼

司法诉讼以国家强制力为后盾,因而是可以通过强制力保证判决执行的纠纷解决方式,原本应当能够作为体育纠纷妥善解决的最后途径。习近平总书记在党的十八届四中全会上也指出,司法是维护社会公平正义的最后一道防线。

考察我国体育纠纷解决的实际情况,除知识产权、赞助等平等主体之间的商事纠纷外,体育纠纷通过司法解决却仍是少数。造成此种现象的主要原因,应是我国竞技体育举国体制下存在的"管办不分"现象,造成的行政救济过度,导致法院司法对于介入体育纠纷更多持保守态度。特别是政府部门作为体育活动的管理者,同时在很多情况下又是体育活动的举办者,从而造成法律关系的性质存在争议,进而影响法律适用以及程序法层面民事诉讼与行政诉讼的区分。此外,亦有体育纠纷的特殊性形成的体育自治理念以及法官专业能力不足等因素的影响。

四、体育纠纷调解的基础理论

(一)体育纠纷调解的概念与特征

从纠纷解决方式的角度,调解应当是指在各类第三方调解人员居中调停的协助下,以当事人自主协商为主的纠纷解决方式。调解一定程度上也是谈判或协商的延伸,两者的区别在于中立第三方,即调解员的参与。具体而言,体育调解可以分为调解机构调解、行政调解、仲裁机构调解、法院调解、人民调解、民间调解等类型。调解主要具有以下三个方面的特征:

1. 调解是在中立第三方以居中调停为目的的主持下开展的纠纷解决活动

此处的调解人,根据调解的具体类型不同,可能是国家机关、社会组织、调解机构的工作人员,也可能是公民个人,但均是作为中立的第三方参加调解。

2. 调解是以当事人的自愿为前提

调解是一种在当事人自主协商基础上进行的纠纷解决方式,由此决定了调解的本质功能是促成当事人之间合意的形成。因此,调解作为纠纷解决程序不具有强制性,无论是决定采用调解方式解决纠纷,还是最终达成调解协议,均须以当事人的自愿为前提。

3. 调解较之诉讼具有特殊的程序利益

此种程序利益主要是指调解作为纠纷解决方式具有的优势,通常包括便利性、经济成本低廉、快速及时、非对抗性、保密、灵活性等。通过调解方式解决纠纷具有灵活与高效的优势,并而且调解的经济成本较之诉讼、仲裁等其他纠纷解决方式明显低廉,不仅在许多情况下不需支付调解费用,即使是发生调解费用,金额也往往低于诉讼费或仲裁费。更为重要的是,调解可以避免当事人之间矛盾的激化,尽量维系双方之间的社会关系。

(二) 体育纠纷调解的局限性

调解作为体育纠纷的解决方式之一,固然具有便利性、经济成本低廉、快速及时、非对抗性、灵活性等优势,但是调解基于非强制性纠纷解决程序的基本属性,同时也存在一定程度的局限性,主要体现在以下三个方面:

1. 调解的效果取决于当事人的意志

调解是以当事人的自愿为前提,因而纠纷是否能够解决,也即当事人之间能否达成合意以及能够在何种程度上达成合意,本质上仍然取决于当事人自身的意志与纠纷的严重程度。而第三方居中调停的作用毕竟有限,调解员即使具备丰富的调解经验,也难以在明显违背当事人意愿的情况下主持达成调解。

2. 调解协议不具备法律执行力

当事人之间达成的调解协议,特别是人民调解委员会作出的调解协议,本身并不具备法律上的强制执行力。《人民调解法》和《民事诉讼法》均规定了人民调解协议的司法确认。人民调解由于调解程序、调解人员素质等方面的原因,在人民调解委员会调解下达成的调解协议不能直接获得强制执行力,而需要通过司法机关的审查,确保调解协议的合法性。如果调解协议未经司法程序确认获得强制执行力,而当事人又不积极履行调解协议,会出现"案结事未了"的现象,而法院出具的判决文书和仲裁机构的裁决书本身即具有强制执行力。

3. 调解的达成通常存在妥协成分

调解是通过当事人之间相互协商、互谅互让达成协议的纠纷解决方式,而当事人相互协商的本质是对自身合法权利的让步或妥协,因此调解的达成往往伴有一方或各方当事人牺牲自身合法利益的成分,即调解协议对于当事人之间权利义务关系的界定,未必完全符合法律规定的最为合理的利益分配,此亦调解具备灵活性的必要代价。与此不同的是,诉讼、仲裁等纠纷解决方式必须严格按照法律规定确定当事人之间的权利和义务。

五、体育纠纷调解的比较考察

(一)体育纠纷调解的国际机制

国际体育仲裁法庭的调解机制应是体育纠纷调解在国际层面最为主要的形式。国际体育仲裁法庭(Court of Arbitration for Sport,CAS)是由国际奥林匹克委员会于1984年设立的仲裁机构。国际体育仲裁法庭旨在审理和解决一切直接或间接的与体育相关的纠纷,而且包括商业性的纠纷,如关于体育赞助合同的纠纷。任何运动员等自然人、体育团体或公司等法人,均可以向国际体育仲裁法庭提请仲裁。

国际体育仲裁法庭的调解服务始自1999年5月,主要依据《国际体育仲裁法庭调解规则》(CAS Mediation Rules,以下简称《CAS调解规则》)开展调解工作。

《CAS调解规则》首先规定了国际体育仲裁法庭调解程序的适用范围,其中第1条第1款的规定反映了调解作为纠纷解决方式的部分基本特征,特别是以当事人的自愿为前提。但是更为值得注意的是该条第2款原先规定:"国际体育仲裁法庭的调解仅适用于涉及国际体育仲裁法庭普通程序的争议的解决。一切与纪律事项及兴奋剂问题有关的争议,均明确排除在国际体育仲裁法庭的调解之外。"因此,此前只有国际体育仲裁法庭的普通仲裁程序案件能够适用调解程序,而普通仲裁程序适用的案件大多与体育商业纠纷无关。加之排除了纪律事项和兴奋剂争议的适用,应当认为原先国际体育仲裁法庭调解程序的适用范围受到很大限制。

目前经修改后的《CAS调解规则》第1条第2款规定:"国际体育仲裁法庭的调解原则上用于解决合同纠纷,而不包括与纪律问题相关的争议,例如兴奋剂问题、比赛造假和腐败。但是，在某些情况下，如果情况需要且当事人明确同意，与其他纪律事项有关的争议可以提交国际体育仲裁法庭调解。"因此，目前国际体育仲裁法庭调解程序的适用范围已经明显扩大，可以用于解决各类与体育有关的合同纠纷，而不再局限于国际体育仲裁法庭的普通仲裁程序案件，特定情况下还可以用于解决部分体育纪律纠纷。但是，《CAS 调解规则》关于调解的具体程序规定较少，因而并无关于调解效率或时间的专门规定。

（二）体育纠纷调解的各国机制

1. 欧美地区的体育纠纷调解

欧美地区的体育纠纷调解机制，除美国基于《1990 年替代性纠纷解决法》(The Administrative Dispute Resolution Act of 1990)和《1978 年业余体育法》(The Amateur Sports Act of 1978)而由美国仲裁协会（American Arbitration Association，AAA）开展的体育纠纷调解外，较为典型的应属英国的体育纠纷调解中心。

英国体育纠纷调解中心（Sport Resolutions，SR）是在英国著名律师 Charles Woodhouse 的倡议下于 2000 年 1 月 1 日成立，原名为"体育纠纷解决委员会"（Sports Dispute Resolution Panel，SDRP），2008 年更为现名。英国体育纠纷调解中心作为独立、非营利性的争议解决服务机构，其设立目的是为体育协会、商业机构以及运动员、教练等个人提供一个简单、独立、有效的体育纠纷解决机制。

根据英国体育纠纷调解中心提供的标准调解条款，该中心主要调解围绕合同发生的争议，但除教练合同的终止、商业合同和协议引起的问题外，也可用于解决董事会会议室或更衣室的关系恶化、体育运动和比赛的管理权利、体育歧视问题、体育运动中的儿童保护等合同事项以外的纠纷。

基于调解活动的灵活性，《体育纠纷调解中心调解程序》(Sport Resolutions Mediation Procedure)同样未对调解过程的具体程序进行详细规定。较为明确的是，调解过程中达成的任何协议，仅在双方或代表以书面形式签署后，才具有法律约束力。

此外值得注意的是，加拿大体育纠纷解决中心（Sport Dispute Resolution Center of Canada，SDRCC）制定的《加拿大体育纠纷解决章程》(Canadian Sport Dispute Resolution Code)第 4.7 条规定了调解的时限，但不是关于具体时间限制的规定，而只是规定了确定时限的方式，其中规定：争议双方和调解员将商定调解程序的结束时间。如果双方无法就时限达成一致,调解员将单独设定时限,其中需要考虑必须解决争议的日期以及需要仲裁的可能性。

2. 东亚地区的体育纠纷调解

东亚地区的体育纠纷调解,最为典型的应是日本体育仲裁院(日本スポーツ仲裁機構)的调解活动。日本体育仲裁院是2003年4月7日设立的非法人组织,目前性质为公益财团法人,目的是为提高体育法律和规则在运动员个人与竞赛组织之间的透明度,同时通过仲裁或调解促进体育运动的良性推广。

日本体育仲裁院《基于特定调解协议的体育调解(和解调解)规则》(以下简称《日本体育仲裁院调解规则》)第2条关于适用范围除规定适用于体育纠纷外,同时第二款特别规定:比赛期间裁判员的判罚引发的争议以及体育组织或其所属机构对于体育比赛或其运作的纪律处分决定引发的争议,如果只是帮助双方确认和了解事实,可以参照适用该规则。

设置上述特别规定的原因,应是日本体育仲裁院《体育仲裁规则》第2条第1款关于适用范围规定:该规则适用于由于体育组织或其机构对运动员等作出的关于体育比赛或其运作的决定,对于决定不满的运动员等作为申请人,体育组织作为被申请人的仲裁申请,但不包括比赛期间裁判员的判罚引发的争议。

尤其值得注意的是,《日本体育仲裁院调解规则》基于调解的效率追求,在调解程序终止的规定中专门设置了调解的期限,其中第19条第1款规定:调解程序必须在选定调解员后3个月内完成。但是,调解员在当事人之间存在特别约定或日本体育仲裁院认为有必要时,可以延长期限。

六、我国体育纠纷快速调解机制构建的具体路径

(一)体育纠纷快速调解机制的立法保障

调解作为近年来我国大力提倡的多元化纠纷解决方式之一,调解过程的效率本就是其主要优势,特别是相比诉讼、仲裁等程序性更强的纠纷解决方式。英国学者艾恩·S.布莱克肖指出:"调解是速度较快的程序,这一点对于体育界的从业人士来说尤为重要,他们常常面临重大比赛在即的压力,或者是其他的承诺和商业的限制。"

调解作为体育纠纷解决方式的推广,很大程度上必须借助法律规定及其

依托的国家强制力保障的引导。目前《体育法(修订草案)》关于体育纠纷解决的制度构建几乎完全着力于仲裁一种方式,《体育法》已有明确规定的"体育仲裁机构负责调解"一语在修订草案中也已不复存在。此种立法趋势明显不利于体育纠纷的多元化解决。姜熙针对《体育法》修改对于体育纠纷解决的处理认为:"《体育法》增设的体育纠纷解决章节中要明确规定,我国建立包括体育调解、体育仲裁和诉讼在内的多元纠纷解决体系,积极建立体育调解、体育仲裁制度,并鼓励通过体育调解和体育仲裁来解决体育纠纷。也就是说,体育调解和体育仲裁是体育纠纷解决可以选择的途径,且是国家鼓励采用的体育纠纷解决途径,但并非是唯一的、强制性的纠纷解决途径。"

基于上述原因,建议《体育法》修改时延续现行第三十三条规定的立场,通过设置体育仲裁机构落实体育仲裁制度的同时,明确仲裁和调解是体育纠纷解决的主要方式,并且针对体育调解作出以下三个方面的原则性规定:

一是规定体育仲裁机构应当提供调解服务。根据上文关于体育调解机制的比较研究,国际和各国国内的体育仲裁机构大多同时开展调解业务,此种通行做法也符合我国构建体育纠纷快速调解机制的需要。首先,建议将《体育法(修订草案)》第七十五条第一款修改为:"国家建立体育仲裁制度和体育调解制度,及时、公正解决体育纠纷,保护当事人的合法权益。"以此明确体育调解也是体育纠纷解决的主要方式之一。同时,《体育法(修订草案)》第七十七条第一款规定:"中华全国体育总会依照本法组织设立体育仲裁委员会,指导其制定体育仲裁规则。"建议将该款后段修改为"指导其制定体育仲裁规则和体育调解规则",明确体育仲裁机构同时应当制定调解规则。

二是规定鼓励当事人通过调解方式解决体育纠纷。建议参照《体育法(修订草案)》第七十九条,即关于鼓励体育组织建立内部纠纷解决机制的规定,规定鼓励当事人通过调解方式解决体育纠纷。现行《仲裁法》第五十一条第一款规定:"仲裁庭在作出裁决前,可以先行调解。当事人自愿调解的,仲裁庭应当调解。调解不成的,应当及时作出裁决。"《仲裁法(修订)(征求意见稿)》第三十二条进一步规定:"当事人在仲裁程序中可以通过调解方式解决纠纷。"此类规定作为发展仲裁与调解相结合在立法上的体现,同样符合体育纠纷多元化解决的需要,可以考虑经适当处理后移植至《体育法》。

三是规定体育纠纷调解的期限。虽然调解在程序和效率之间更多地偏向后者,但是考虑到未来我国设置的体育仲裁机构难免具有一定的行政属性,有时受到诸种因素的干扰可能影响体育纠纷调解的效率,因而有必要通过立法对于体育纠纷调解的期限作出一定限制。建议《体育法》修改时规定,体育纠纷调解必须在选定仲裁员后的一定时间内完成,且以规定为两个月为宜,符合特定条件的可以通过申请等方式予以适当延长。从目前我国民事诉讼的司法实践来看,无论是司法局委托调解抑或是法院内部的诉前调解,通常均要求在两个月内完成。

此外,上海目前是新兴体育项目发展的发达地区,因此产生的体育纠纷也更为复杂。上海目前已经由市人大常委会和市人民政府分别制定了《上海市市民体育健身条例》和《上海市体育赛事管理办法》。为配合此后《体育法》的修改,可以考虑在此类规范性文件中加入关于体育纠纷解决的原则性规定,特别是关于体育纠纷调解的规定,以此在地方立法层面推动体育纠纷快速调解机制的构建。

(二)体育纠纷快速调解机制的机构保障

理论上可以适用于体育纠纷的调解制度,主要包括民间调解、调解机构调解、仲裁机构调解、法院调解、行政调解、人民调解。

上述调解方式中,目前我国专门的调解机构很少,而且大多受理的是商事纠纷,如上海经贸商事调解中心,因而调解机构调解至少在目前对于解决体育纠纷的适用空间受到明显限制;法院调解、人民调解虽然可以受理属于相应受案范围或调解范围的体育纠纷,但限于体育纠纷的专业性,审判人员、调解员调解体育纠纷往往不具有优势,或者至少在纠纷的快速解决方面难有突破;民间调解由于高度贯彻当事人的意思自治,且没有具体的机构依托,不应作为制度构建的规制重点,但《体育法》修改也可考虑规定:全国性单项体育协会应当设立专门的调解机构。我国体育纠纷快速调解机制构建的机构保障,当前应当着重关注两种调解形式,即仲裁机构调解、行政调解。

关于仲裁机构作为快速调解机制的机构保障,上文已经提及,国际和各国国内的体育仲裁机构大多同时开展调解业务,建议《体育法》修改时明确规定体育仲裁机构同时应当制定调解规则。同时,《体育法(修订草案)》第七十七条第一款虽规定"中华全国体育总会依照本法组织设立体育仲裁委员会",但并未明确体育仲裁委员会的规模、数量、地域。考虑到体育纠纷数量众多、规模不一,不可能要求多数纠纷均到唯一的仲裁机构调解或仲裁,而应该在不同地区较为合理地分布设置体育仲裁机构。参考现行《仲裁法》第十条前段的规定,建议《体育法》修改时明确:体育仲裁委员会可以在直辖市和省、自治区人民政府所在地的市设立,或者体育仲裁委员会应当在直辖市和省、自治区人民政府所在地的市设立分会或其他分支机构。

至于行政调解,目前也是我国体育纠纷解决较为重要的渠道之一。但是目前体育纠纷的行政调解模式不一,且多数体育行政机关均无专门的调解程序。考虑到体育行政机关能够较好地把握体育纠纷的特殊性,且其作为主管部门的性质在一些民事纠纷方面可以起到较好的居中调停作用,因此建议《体育法》修改时可以对此作出原则性规定,即国务院体育行政部门主管、县级以上地方各级人民政府体育行政部门,应当设立体育纠纷调解机制。

(三) 体育纠纷快速调解机制的司法保障

考察我国司法改革的进程,诉调对接是其中的重要环节。目前许多法院均设立了独立的诉调对接中心或者速裁团队。司法对于体育纠纷快速调解的保障,最为主要的应是调解协议的司法确认环节。

调解协议不具备法律执行力是调解作为纠纷解决方式最为突出的局限性之一。因此,体育纠纷的快速解决,很大程度上也依赖于调解协议在司法程序层面的快速确认,即不仅需要通过司法程序获得强制执行力,而且取得此种效力的过程需要符合纠纷解决效率的要求。《最高人民法院关于人民法院进一步深化多元化纠纷解决机制改革的意见》第三十一条也有相应的规定。此时较为合理的制度设计,应是由体育行政机关、体育仲裁委员会、全国性单项体育协会等承担体育调解职能的主体,与人民法院建立诉调对接机制,着重在两个方面实现协调对接:一是法院对于上述机构开展体育调解本身在法律专业方面的指导,二是调解协议司法确认的程序简化或效率保障。

体育纠纷快速调解机制的立法保障应以《体育法》修改为中心,规定体育仲裁机构应当提供调解服务,鼓励当事人通过调解方式解决体育纠纷,同时对于体育纠纷调解的期限进行选择性规定;至于机构保障方面,调解机构调解、法院调解、人民调解不应作为重点。除全国性单项体育协会应当设立专门的调解机构外,《体育法》修改应当明确设置体育仲裁委员会的地域问题,即至少在直辖市和省、自治区人民政府所在地的市应当设有体育仲裁委员会或其分支机构;此外,体育行政机关也应设立体育纠纷调解机制开展体育纠纷行政调解。司法对于体育纠纷快速调解的保障,最为主要的应是调解协议的司法确认环节。

参考文献

[1] 中华人民共和国体育法(修订草案)[EB/OL]. 中国人大网：http://www.npc.gov.cn/flcaw/flca/ff8081817ca2554e017ca5ffc5be0832/attachment.pdf.

[2] 李少平. 最高人民法院多元化纠纷解决机制改革意见和特邀调解规定的理解与适用[M]. 北京：人民法院出版社，2017.

[3] 赵毅. 足球法：一个新兴的领域法学[J]. 体育成人教育学刊，2018(1).

[4] 董小龙，郭春玲. 体育法学[M]. 北京：法律出版社，2018.

[5] 徐士韦. 体育纠纷及其法律解决机制建构[M]. 北京：法律出版社，2019.

[6] 高升. 体育利益冲突视角下的体育纠纷及其解决机制[M]. 合肥：安徽师范大学出版社，2016.

[7] 中国跆拳道协会. 中国跆拳道协会章程[EB/OL]. 中国跆拳道协会网站：http://www.taekwondo.org.cn/about/.

[8] 张文显. 法理学[M]. 北京：高等教育出版社，2018.

[9] 孙彩虹. 构建多元化体育纠纷解决制度[N]. 中国社会科学报，2021-9-8.

[10] 孙彩虹. 体育调解：多元化解决体育纠纷的新路径[J]. 温州大学学报(社会科学版)，2018(3).

[11] 范愉. 非诉讼程序(ADR)教程[M]. 北京：中国人民大学出版社，2020.

[12] 张卫平. 民事诉讼法[M]. 北京：法律出版社，2016.

[13] 布莱克肖. 体育纠纷的调解解决：国内与国际的视野[M]. 北京：中国检察出版社，2005.

[14] Court of Arbitration for Sport. *CAS Mediation Rules*[EB/OL]. https://www.tas-cas.org/en/mediation/rules.html.

[15] 陈慰星，罗大钧. 国际体育仲裁院调解机制评析[J]. 法学，2004(11).

[16] 宋连斌. 体育仲裁调解规则[C]. 2006年体育仲裁国际研讨会论文集，2006.

[17] 石俭平. 国际体育纠纷调解机制比较探究——以美国、英国和CAS为主要视角[J]. 体育科研，2013(6).

[18] Sport Resolutions. *Our History*[EB/OL]. https://www.sportresolutions.com/about-us/who-we-are/our-history.

[19] Sport Resolutions. *Mediation*[EB/OL]. https://www.sportresolutions.com/services/mediation.

[20] Sport Resolutions. *Sample Standard Clauses*[EB/OL]. https://www.sportresolutions.com/resources/dispute-resolution-guidance/sample-standard-clauses.

[21] Sport Resolutions. *Sport Resolutions Mediation Procedure*[EB/OL]. https://www.sportresolutions.com/images/uploads/files/D_4_-_Mediation_Procedure_-_2021.pdf.

［22］ Sport Dispute Resolution Center of Canada. *Canadian Sport Dispute Resolution Code*. http：//www.crdsc-sdrcc.ca/eng/documents/Code_SDRCC_2021_-_Final_EN.pdf

［23］ 姜熙.《体育法》修改增设"体育纠纷解决"章节的研究［J］.天津体育学院学报，2015(5).

体教融合背景下上海市击剑后备人才培养现实审视及推进路径研究

马 楠 赵荣善 秦 曼 李兴林 陆建明[*]

一、研究背景

新中国成立以来,体育与教育本着共同发展、互为补充、相互配合的共同愿景,历经了三个发展阶段:首先是20世纪50~60年代的体教配合阶段。20世纪50年代,体育和教育在毛泽东同志对青少年学业负担和身体健康的深切关注下,以"增强人民体质"作为共同目标,在发展群众性体育运动中实现了相互配合。其次是20世纪80年代末直至体教融合的提出,该阶段我国开始尝试体教结合,发轫的标志是1987年原国家教委颁发的《关于部分普通高等学校试行招收高水平运动员工作的通知》。这一时期,随着新中国回归奥运,摘金夺银、为国争光是国民的共同期待,体教双方的共同目标是为国家培养高水平竞技运动员。经过30多年的体教结合探索及努力,形成了"混合型模式""省队校办""南体模式""清华模式"等体教结合模式,为国家培养输送了大量的优秀竞技体育后备人才。但也不可避免地暴露出不少弊端,如大中小学学生体质健康状况下滑、运动项目群众基础薄弱、运动员缺乏文化教育导致退役安置难等问题逐步凸显。因此,第三阶段的体教融合成为解决新时代体教结合过程中出现问题的必然路径。

---

[*] 本文作者简介:马楠,上海立信会计金融学院体育与健康学院教师,讲师,在职研究生,研究方向:体育人文社会学;赵荣善,上海立信会计金融学院副校长,高级工程师,硕士研究生,研究方向:教育管理;秦曼,上海立信会计金融学院体育与健康学院副院长,教授,硕士生导师,博士研究生,研究方向:体育教育评价;李兴林,上海立信会计金融学院体育与健康学院教师,副教授,大学本科,研究方向:体育教育与管理;陆建明,崇明竞技体育训练管理中心,高级教练员,大学本科,研究方向:竞技体育训练。

2020年8月，中共中央全面深化改革委员会第十三次会议审议通过的《关于深化体教融合　促进青少年健康发展的意见》(以下简称《意见》)正式印发，文件为推动体育强国建设、青少年健康发展提供了政策依据和方向引领。《意见》聚焦习近平总书记提出的在体育锻炼中享受乐趣、增强体质、健全人格、锤炼意志这个"四位一体"的体育目标，全力推动青少年文化学习与体育锻炼协调发展，重点围绕青少年体育赛事体系构筑提出一系列重大改革举措。体教融合作为新时代中国特色教育和体育工作的顶层设计，对于全面加强大中小学学校体育工作、培养全面发展的竞技体育后备人才具有历史转折性的现实意义。体教融合背景下如何推进体育后备人才培养依然是体育学界探讨和研究的热点问题之一。上海作为国际体育都市，在体教融合背景下，竞技体育面临着创新驱动发展的动力，也同样经受着竞技体育社会价值、体育发展观变化的冲击。如何快速响应《意见》精神，推进体育教育思想融合、目标融合、资源融合、措施融合，调整上海竞技体育后备人才培养战略，引入更多社会力量和资源，加强多元主体共同培养高质量竞技体育后备人才，是上海竞技体育实现快速、高质量、可持续发展的重要课题。正是基于这样的考虑，课题组选取上海市击剑项目后备人才培养为突破口，对体教融合背景下，上海市击剑项目竞技体育后备人才培养体制机制进行探索。

击剑项目作为上海市竞技体育优势项目之一，因其独特的项目特征、良好的青少年参与氛围，具有一定的发展势头。有学者(胡阳，2021)运用比较优势理论，通过对第十一、第十二和第十三届三届全运会数据的综合分析，将击剑项目确定为上海市一级潜在优势项目，认为击剑和体操、田径最有希望转化为上海市优势项目，需要大力进行扶植。根据历年全国击剑锦标赛成绩统计，我们发现男子花剑团队成绩逐年提升，已成为第十四届全国运动会上重要夺牌点。击剑项目竞技体育水平的提高与上海市击剑后备人才储备量密切相关，如2019年的青少年运动员(沪籍)注册工作中，击剑新增注册人数超过900人，在41个参与注册奥全运项目中位列注册人数第一，首次超过了游泳、田径两个基础大项。目前上海有30多家击剑俱乐部，超过1.5万名青少年参加击剑培训。上海正以其国际都市的气质和良好的经济发展态势，吸引着越来越多的青少年投入到击剑运动当中。在体教融合大背景下，如何因势利导，实现上海市击剑项目后备人才培养最优化效果，是本课题所要解决的关键问题。围绕这一问题，本文从体教融合内涵、内在逻辑及作用机理入手，在剖析上海市击剑项目后备人才培养过程中存在问题、以上海市花剑队"省队校办"模式历经 14 余年的发展历程中所积累的经验和不足的基础上,探索体教融合背景下上海市击剑后备人才培养新路径。研究对贯彻落实《意见》精神,提升体教融合深度,促进上海市击剑后备人才培养具有重要推动实践意义。

二、问题和现状分析

(一)体教融合内涵及目标导向

1. 体教融合概念内涵

体教结合和体教融合,从字面上看仅有一字之差,但就它们的内涵而言,却有着非常大的差别:一是从字面意思来解读,融合指两种或多种不同的事物相互渗透,合成一体;结合则是将两个物体连接在一起。结合是物理结构,融合是化学结构,显然融合比结合程度更深。二是体教结合与体教融合在发展目标、内容、覆盖面等方面都有较大不同。体教结合重点关注竞技体育后备人才培养,体育与教育的结合重在点;体教融合突出一体化、整体化、全覆盖的大战略格局,关注的是全人教育,其目标是培养全面发展的社会主义建设者和接班人以及复合型高水平竞技体育人才。三是体教结合和体教融合实施主体、组织形态与制度设计均有不同。体教结合重在强调体育与教育部门的协同配合;体教融合则更需要多元主体协同合作而产生,其发展会寄存于多元主体、新要素、新体制与新环境共同作用形成的新环境。但从竞技体育后备人才培养视角来看,体教融合提出的新要求是为了更好地探索体育与教育系统及其他社会系统之间通过重构竞技体育后备人才培养理念、培养模式、培养制度、培养保障和人才评价等元素,以便更好、更有效地为我国竞技体育服务。

综合上述分析,体教融合具有更高的历史站位和现实意义,是体教结合的延伸和更高层次的发展形态。体教融合重新定位了体育与教育的关系,延展了体教融合的空间和领域,突破了竞技体育后备人才培养这一核心命题,转为指引和强调竞技体育与学校体育之间的融合,实现青少年全面健康与竞技体育后备人才培养的融合发展。综合《意见》《关于全面加强和改进新时代学校体育工作的意见》和《关于全面加强和改进新时代学校美育工作的意见》等文件精神、学者们的观点(刘海元,2020;刘波,2021;阳艺武,2021)和课题组成员的思考,我们认为体育融合的内涵包括两个层面:一是解答了如何定位体育,即通过发挥体育功能促进青少年身心健康,并对其进行全面教育;二是明确了如何发展竞技体育,即通过在学校、运动队、业余体校、社会体育组织等多元化主体中选材,实施兼顾青少年文化教育和运动训练的全方位治理机制,培育青少年体育后备人才。由此可知,体教融合是培养德智体美劳全面发展的社会主义建设者和接班人的重要举措,也是适应中国经济与社会发展深刻变革、对传统竞技体育"举国体制"做出调整、缓解竞技体育后备人才培养体系承受的高社会代价以及改善青少年体质健康不容乐观的现状等现实因素的重要举措。

2. 体教融合目标导向

体教融合的提出,赋予了体教结合新的内涵和活力,融入更为先进的体育思想和体育理念,是国家宏观层面对体育功能的再审视,也是对竞技体育发展指导思想的科学定位。体教融合的目标关注的是面向我国全体青少年的健康发展,并以此为基础,实现竞技体育发展与整个社会和教育相协调和融合。通过梳理整合,紧扣《意见》中提及的体教融合内涵、内容和要素,我们认为体教融合目标导向主要体现在以下几个方面:

一是推进青少年健康促进与高水平竞技体育人才培养协同共进。体教融合最终落实在两个具体目标,即完整的体育教育以及可持续发展的竞技体育。完整的体育教育以促进青少年健康发展、全面发展为目标,具有为国育才的指向。也只有首先在实现推进青少年健康教育的前提下,竞技体育才能够实现后备人才可持续发展、文化素养可持续发展和健全人格可持续发展三个子目标,因此作为国家顶层设计的体教融合在目标导向上是共同推进青少年健康发展与竞技体育人才可持续发展,实现两者的同向同行、协同共进。

二是实现学校体育"育体"和"育人"双重效应联动发展。全面加强学校体育工作,是体教融合的根基。《意见》第一部分就体育教学、课余训练和竞赛、青少年体育俱乐部、健全学校体育相关法律、体育纳入学业考试、高校高水平运动队建设等方面提出工作要求,以期通过破解体育教师编制、待遇问题以及体育领域资源向教育部门渗透等政策壁垒,通过建立"教会、勤练、常赛"体系,实现学校体育"育体"和"育人"双重功能,使体育真正回归教育,成为培养德智体全面发展的社会主义接班人的重要组成部分。

三是构筑"普及—精英"一体化竞技体育后备人才培养体系。培养青少年体育后备人才是竞技体育事业可持续发展的源泉和动力。青少年体育后备人才培养作为体教融合重点领域,《意见》指出要通过组织架构、人员搭配、资源配置及活动实施等跨领域融合,围绕青少年健康促进和体育后备人才培养进行一体化改革设计。我国竞技体育后备人才培养应在青少年健康促进目标驱动下,实现教育、体育、企业和社会组织等跨领域资源整合,借助学校、业余体校、俱乐部、协会等社会资源,改变单一的由体育部门向国家输送竞技体育人才的目标,构筑具有中国特色的"普及—精英"一体化竞技体育后备人才培养体系。

四是健全体教融合多元主体协同化治理保障体系。《意见》明确提出要打破理念禁锢和部门壁垒,形成体育、教育、企业等多元主体协同治理的促进青少年健康的新环境。新环境的生成有赖于体育系统、教育系统以及社会其他系统等多元主体协同治理保障体系的构建和支撑。根据《意见》指导精神,可以预见的协同治理保障体系主要包括建立新时期学校体育深化改革机制、体育和教育部门共同制定的赛事运动技术标准、竞技体育后备人才输送及返流制度、体教结合联盟制度、体教融合畅通优秀退役运动员和教练员进入教育系统的可流动机制、职业和业余俱乐部经营管理制度、联合督导机制等。

(二)上海市击剑后备人才培养问题剖析

随着在国家、国际级比赛中不断获得优异成绩,击剑项目已成为我国潜在优势项目之一。上海市击剑也是为国家输送优秀运动员的重要力量之一,如何发挥上海市经济、文化、地域和社会资源优势,更好地培养击剑项目后备人才是本研究所要解决的关键问题。上文分析了体教融合的内涵及目标导向,下文将着重分析上海市击剑后备人才培养存在的困境,作为提出上海击剑项目后备人才培养推进路径的重要依据。研究从上海市击剑后备人才培养多元主体视角出发,通过资料分析、走访调研等形式,分析不同培养主体培养后备人才过程中,在环境、制度、机制和模式等方面所面临的困难。

1. 传统三级训练网体制后备人才培养存在问题分析

一是运动员学训矛盾与就业难题。学训矛盾和就业难题遭我国三级训练网培养后备人才的持续诟病。通过对部分击剑运动员的访谈发现,学训矛盾依然存在,运动员的文化教育水平与正常国民教育体系的要求还存在不小的差距,没有成绩的运动员返流困难。

二是后备人才储备量匮乏。随着我国经济社会发展,受精英教育思想的影响,越来越多的家长认为体育部门主导的运动队训练重视运动成绩,往往忽视文化课学习,但竞技体育较低的成才率导致大多数家长不愿意让孩子放弃学业,最终使击剑俱乐部的走训模式成为家长更愿意接受的方式。这一趋势也造成上海市业余体校面临击剑项目生源窘迫的困境,不能保证充盈的竞技体育后备人才有效培养和输送。

三是高质量教练员数量欠缺。研究表明,上海市教练员队伍学历水平以本科和专科学历为主,研究生学历人数不足5%(薛原,2010;郭莹,2010),导致教练员科研能力薄弱,训练形式沿袭传统训练方法和模式,缺少突破创新。这同样也是上海击剑教练员面临的问题,击剑训练依然存在"师傅带徒弟"的传统训练模式。

四是运动员选拔体系缺乏科学评价指标。击剑项目属于技能主导类对抗性项目,要求运动员既要掌握各种击剑技术动作,还要具备对距离、节奏、时机和技战术灵活运动的综合能力,对击剑运动员的选材和输送更需要对运动员综合素质进行全面考量。当前击剑项目运动员选材和向上输送的路径过于依赖主观经验,且存在选拔机制不透明现象,缺乏量化标准,如此的选材标准不利于击剑项目的长久发展,需要建立科学的选材标准。

2. 教育系统后备人才培养存在问题分析

以上海立信会计金融学院、上海电力大学和上海建桥学院三所学校为调研对象,发现上海市教育系统,尤其是高校在培养击剑后备人才中存在的主要问题如下:

一是优秀教练员缺乏,培养机制体制不健全。目前,我国后备人才培养的专业资源主要集中在体育系统,教育系统由于缺乏专业的教练员团队、训练设置条件也受到不同程度的局限,且后备人才培养的机制尚未健全,依靠教育系统培养的高水平竞技体育后备人才少之又少;

二是竞技体育与大学内部教育体制的融合力度远远不足。众所周知,竞技体育后备人才培养是系统工程,需要多学科之间进行交叉互补,但目前竞技体育后备人才培养并未发挥学科相互支撑的效果,体育不主动介入其他学科,其他学科介入意识和动能不足;

三是教育系统尚未发挥主观能动性。体教结合为体育和教育提供了交叉点,借用了教育系统的场所和资源培养学生运动员,但实际运行依然是各自为政,并未把竞技体育后备人才培养纳入教育系统,运动员系统地、正规地接受教育的问题依然没有解决。

3. 社会力量培养竞技体育后备人才存在问题分析

我国竞技体育后备人才培养,除了体育和教育两个常规性主体,还有包括学校体育俱乐部、社会体育俱乐部、体育培训学校、家庭、个人等社会化培养形式的共同参与。以上海市击剑俱乐部培养后备人才为例,通过走访调研,我们发现击剑俱乐部在培养后备人才方面存在多方面制约因素,其中学训矛盾和资金匮乏是制约后备人才培养的主要因素,除此之外,存在的问题主要有如下几种:

一是管理体制不健全。目前上海击剑俱乐部游离在教育系统和体育部门管理之外,政府对俱乐部的"赋权"或"培能"均有不足。俱乐部组织管理及运用也并未得到体育管理部门的专业指导和培训,如击剑俱乐部等级标准、收费标准等方面都没有做出明确规定,各俱乐部对各自运营和收费问题认识不统一,解释口径不一,为家长的选择和俱乐部自身建设带来困难,也对俱乐部为学校提供外包服务带来一定的难度。

二是缺乏高水平教练员。纵观世界击剑强国的教练员队伍是击剑后备人才培养的关键所在,但通过走访调研发现上海市击剑俱乐部教练员水平参差不齐,尚不能满足高水平击剑运动员训练需求,而是以培养低龄(10岁以下)击剑运动员兴趣为主。

三是会员服务质量有待提升。尽管俱乐部非常重视会员服务,但是对短期会员以及新会员服务还存在缺乏相应策略的问题。有些击剑俱乐部受到经营理念或者管理人员水平的限制,对会员的消费需求以及学员的长期发展缺乏了解和跟进,无论是从课程设置、教练员安排还是学员发展路径等方面的设计都缺乏系统思考和设计,会员流失现象时有发生。

三、上海立信会计金融学院体教结合发展击剑项目经验总结及问题梳理

2007年6月,原上海金融学院与上海市体育局联合承办上海市男、女花剑队,构建体教结合"一条龙"后备人才培养体系,是最早开展体教结合培养我国花剑竞技体育后备人才的试点学校。本研究以上海市立信会计金融学院体教结合发展击剑项目为研究案例,剖析上海市击剑项目后备人才培养在体教结合过程中解决瓶颈问题,从中发现成功经验、制度梗阻、关键环节和实施路径。

(一)合作背景

1983年,一位专业从事击剑运动的体育教师,在原上海银行学校发端选择了素有"绅士运动"的击剑项目,经过30余载的寒暑易节,由当初的击剑兴趣小组逐步发展成击剑队。凭借这支队伍的不懈坚持和顽强韧性,2001年,原上海金融学院(后与上海立信会计学院合并组建为上海立信会计金融学院)成为

上海市试办一线运动队的三所高校之一;2005年,获批教育部高水平运动队。击剑项目经过多年的发展积淀,2007年带来了更多的荣誉,引起了更多的重视,校击剑队赴新西兰、澳大利亚参加亚洲太平洋地区击剑冠军赛,以包揽花剑项目个人和团体全部金牌的优异战绩凯旋;国际剑联主席勒内·罗克亲临上海金融学院视察该校高水平击剑队;学校与上海市体育局合作,正式签署协议,成立了市击剑管理中心,下辖男、女花剑队。至此,上海金融学院成为上海市第一家承办一线运动队的高校,完成真正意义上的"体教结合"模式。

(二) 合作机制

1. 发挥优势特色,助力高校完整教育

学校以"六个有"为优势和特色,开展击剑育人工作。"六个有"即有规划、有师资、有文化、有场地、有普及、有成效。通过击剑课程教学、训练竞赛和击剑文化建设开展育人工作。主要体现在以下三个方面:

一是在普通大学生中普及击剑知识及技能,通过练习击剑,培养学生坚韧和敏捷的品质;通过击剑礼仪学习,培养学生优雅的气质,改变学生的精神面貌。学校每年参与击剑课程学习的学生达到400名。经过击剑团队全体教师的共同努力,由李兴林老师主讲的"走进击剑"课程获得教育部精品课程荣誉称号,实现了击剑课程建设新突破。

二是上海市花剑队及高水平运动队运动员进入我校以后,缓解了运动队训练带来的节奏单调、环境封闭、内部竞争压力和比赛急于求成绩等问题。在大学校园文化及教育资源的双重助力下,提高了队员的智商、情商和完善人格,有利于提高竞技体育成绩,实现高水平运动员的全面发展。

三是积极开展高校击剑文化建设。学校通过成立击剑校友会、开展击剑文化论坛、新生击剑知识讲座和击剑体育社团等形式积极推广击剑文化,坚持以剑会友,繁荣体育。

2. 拓宽成才渠道,建立"一条龙"后备人才培养体系

自学校被批准成立高水平运动队以来,将优质的文化教育资源优势和优质的体育训练资源优势紧密结合起来,提出了"选材一体化、育才一条龙"的思路和做法,学校与多所学校建立合作办学机制,基本形成了小学—初中—高中—大学"一条龙"的运动员培养体系。其中在浦东新区社会发展局体育处和新区体育发展指导中心的指导和协调下,与曹路镇明达小学、浦东建平世纪中学、学校附属东辉外国语学校等建立合作办学关系或达成合作办学意向,同时

还与上海体育运动技术学院一线队之间进行联合办学。教育体育部门齐抓共管,取得了突出的成果,为全国其他高校提供了经验,作出了表率。

3. 重视传播辐射,增强社会服务功能

上海立信会计金融学院击剑项目体教结合工作开展以来,一方面专注于击剑运动水平的提高,另一方面致力于推动上海市乃至全国击剑运动的发展,为我国击剑运动的发展作出重要贡献。主要表现如下:

一是自1992年累积至今,学校共承办国际级、国家级、市级比赛36次。其中重要比赛包括国际剑联男女花剑世界杯赛、全国击剑冠军赛、全国大学生击剑锦标赛、世界大学生夏季运动会击剑项目选拔赛、上海市大学生击剑锦标赛、世界名校击剑精英赛及上海市中小学生击剑锦标赛等。竞赛规模最大的达到单次千人次。学校专门投入经费改造击剑设备,大赛期间,总共可以设置专业比赛剑道24条,以满足不同规模比赛需求。

二是近年来注重挖掘高校的智力资源,辐射击剑项目的技术技能提高,邀请击剑领域、管理领域及教育领域的杰出学者,开展裁判员、教练员培训班,致力于提高击剑项目的发展水平。其中具有代表性的培训包括:2017年,6所高校教师在中国大学生体育协会击剑分会的帮助下参与了匈牙利体育大学海外教练员培训;2018年,中国大学生体育协会击剑教练员培训班特邀美国圣母大学击剑项目总教练吉亚·克瓦拉什凯利亚与击剑项目副总教练希德里克·卢阿索执教,针对击剑教学、训练、进攻与防守的战术技巧等理论与实践问题进行培训。

三是组织承办2017年全国儿童击剑夏令营,来自全国各地的小剑客集结学校,共度欢快暑假。夏令营还安排了对口扶持贫困县崇义县的8名优秀学生代表,一起深入了解击剑运动。

4. 完善配套措施,激活发展动力

学校和体育局共建共管,从多个方面保障运动员训练、学习和生活的需要,不断完整相关配套措施,为体教结合持续发展不断注入活力和动力。主要体现在如下几方面:

一是2013—2017年五年间,共投入高水平运动队建设专项经费767.546万元,保障了高水平运动队的比赛、训练及管理,年平均达到153.5万元,人均年专项经费达到3.84万元,确保了高水平运动队的日常训练与比赛。

二是专门设立"击剑中心",用于服务击剑高水平运动队的训练、比赛及管理。场馆内击剑器材、设备比较齐备,划分了专门的区域用于医疗卫生治疗服务。为高水平运动员配备专职队医、康复师,重点加强医务监督。

三是为花剑队运动员指定了用餐地点,专门配备运动员营养餐。保证进入我校的高水平运动员能够选学最好的专业,专门为高水平运动员入党问题打开通道,为大学生运动员今后的就业提供保障,解决运动员的后顾之忧。

四是高水平运动队和上海市花剑队共聘请了专业教练 8 名、客座教授 4 名、击剑顾问 1 名、名誉教练 4 名,其中包括原任国际击剑联合会主席的勒内·罗克和原任国家体育总局自行车击剑运动管理中心主任、国际剑联副主席的王伟等。

5. 加强宣传交流,提升高校健康形象

上海立信会计金融学院高水平击剑队不仅国内驰名,而且还积极走出国门、走向国际,致力于促进东西方之间人文精神的交流和沟通,以高超的技艺与良好的体育精神"香飘四海",赢得了良好的国际声誉,先后与我国香港、澳门、台湾地区以及越南、澳大利亚、新西兰、新加坡、美国、马来西亚等十几个国家建立了友好交流的关系。广泛的对外交流活动不仅让击剑选手提高击剑运动水平、结交国际剑坛朋友,更是提升上海市高校国际影响力的有利途径。

国内多家新闻媒体如新浪、东方体育、香港《文汇报》、澳门《体育周报》《澳门日报》和国外多家媒体如新加坡《联合早报》、新西兰《新城周刊》等都先后对学校击剑队进行过报道或专访,为高校健康形象的提升作出了积极的宣传和应有的贡献。

(三)上海市花剑队"市队校办"模式存在问题分析

以下通过对上海立信会计金融学院市花剑队三位教练员和部分重点运动员的问卷调查以及对击剑竞赛管理中心管理人员的访谈,以案例分析的形式,呈现上海市花剑队在高校发展的基本情况。调研变量包括教练员和运动员基本情况、教练员对运动队发展认知情况和运动员对花剑项目及社会性支持系统认知情况。通过梳理案例,发现体教融合培养后备人才的制度梗阻,以便找准症结,精准施策。

1. 调研结果分析

(1)调研对象基本情况

目前,上海市花剑队有三位教练,且均为男性。三位教练的学历均为大学本科,年龄介于 30～39 岁、40～49 岁和 50～60 岁的分别有一名。其中一名教练执教年龄超过 15 年、一名教练执教年龄介于 10～15 年之间、一名教练员执教不满 5 年。从教练员职称来看,初级教练、中级和高级教练各一名。三名教练员均属于合作民主型执教风格。通过表 1 数据发现,目前花剑队教练员梯队建设较为合理,但教练员学历需要提升,可考虑增加一名女教练进行执教。

表 1　上海市花剑队教练员基本情况汇总表

变　量	类　别	人　数
性别	男	3
	女	0
学历	研究生及以上	0
	大学本科	3
年龄	50～60 岁	1
	40～49 岁	1
	30～39 岁	1
执教年限	15 年及以上	1
	10～15 年之间	1
	5～9 年	0
	0～4 年	1
职称	初级教练	1
	中级教练	1
	高级教练	1
	国家级教练	0
执教风格	合作民主型	3
	命令专制型	0
	放任随意型	0

被调研的七名花剑队队员中(表2),四名男运动员,三名女运动员,其中有三名运动员代表上海市参加2021年9月在西安举行的第十四届全运会。其中,20岁及以下的运动员两名,21～25岁之间的运动员三名,26～30岁的运动员两名。运动年限介于9～16年之间,最早开始训练的运动员7岁开始接触击剑,最晚开始训练的运动员为13岁接触击剑项目。七名运动员对自己的打法类型都有不同的判定,其中有防守型、保守型、节奏型、进攻型、狂野型、后退防反型等。

表2 上海市花剑队队员基本情况统计汇总表

姓　　名	性别	年龄(岁)	运动年限(年)	历史最佳成绩	打法类型
倪佳韵	女	20	9	第二届青运会团体第二名	沉稳型
何佳悦	女	22	12	2017年全国击剑冠军赛分站赛团体第三名	保守型
徐云迪	女	21	11	2020年全国击剑冠军总决赛团体第三名	狂野型
陈奕宁	男	19	12	2019年全国击剑冠军赛(第一站)青年组男子花剑个人第一名	防守型
仇辰杰	男	23	10	世界大学生运动会第七名	节奏型
吴卓晟	男	27	16	2020全国击剑锦标赛个人第三名	进攻型
吴俊豪	男	27	14	2018年全国击剑冠军赛分站赛个人第三名	后退防反型

(2)教练员对花剑队发展认知情况分析

通过调研发现,教练员对运动员文化学习对训练和比赛的重要程度认知为:一名教练员认为重要,两名教练员认为非常重要。对经费能够满足训练、比赛需要的判定程度,两名教练员认为比较充足,一名教练员认为一般。教练员认为应从改善工作环境、增加经费投入、加强思想政治工作、完善考核及晋升机制和提高物质奖励比重五个方面重点加强,以调动自身工作积极性。就目前花剑队发展存在的困难,教练员认为编制不足、女花后备人才缺乏是当前花剑队发展面临的主要问题。

(3) 运动员对花剑项目和社会支持性系统认知分析

通过对七名运动员的调研,我们发现其中四名运动员参与花剑运动的原因是因为少体校选拔,三名运动员是出于个人兴趣。运动员对题项"你对花剑运动的态度"进行选择,"非常喜欢"的有两人,"比较喜欢"的有三人,"一般"和"不太喜欢"的各有一人。在对运动员社会支持系统进行调研时,两名运动员选择"有 1~2 个关系密切的朋友可以得到支持和帮助";两名运动员选择"有 3~5 个关系密切的朋友可以得到支持和帮助";三名运动员选择"有 6 个或 6 个以上关系密切的朋友可以得到支持和帮助"。两名运动员的家长"非常支持"他们从事击剑运动,另外五名运动员家长"比较支持"。"遇到急难情况时,曾经得到的经济支持和解决实际问题的帮助"这一问题,运动员选择父母的有七人次,选择其他家人有一人次、亲戚有一人次、朋友有四人次、队友有四人次和训练单位有一人次。在选择自己偶像问题时,三名运动员选择击剑领域著名运动员为自己的偶像,且均为男队员。一名女队员选择影视明星作为偶像,另外三名队员选择没有偶像。对于集体活动,两人选择偶尔参加,两人选择经常参加,三人选择主动且经常参加。

2. 存在问题分析

通过以上分析并结合对上海立信会计金融学院击剑竞赛管理中心管理人员的访谈,我们发现上海市花剑队"市队校办"模式,在一定程度上缓解了运动员心理压力和学训矛盾,为高校校园体育文化建设带来积极的正能量,但依然存在体教融合力度不足所带来的问题,具体表现在以下四个方面:

一是专业运动员综合化教育尚未实现。无论是体教结合,还是它的升华形式体教融合,其重要的目的都是为了解决专业运动员学训矛盾,实现专业运动员在竞技体育水平、文化素养、健全人格以及面对未来社会的综合素质和能力的全面发展。上海市花剑队运动员尽管增加了在高校读书和学习的机会,但对他们的学习要求与普通高校学生有所区分,如制定了单独的《2020 级金融学专业(高水平运动员班)培养方案学分减免方案》,根据运动成绩可以进行学分减免。另外,他们社会支持系统较为封闭,基本为家人和队友,没有学校,并未提及老师和同学,这也从侧面印证了他们游离在教育系统之外。显然,上海市花剑队在高校进行学习训练尚未充分利用大学多学科、多资源的优势,在对我国竞技体育人才的综合化培养、满足社会和竞技体育人才需求方面需要得以突破。

二是击剑项目科学训练程度不高。目前上海市花剑队在上海立信会计金融学院进行学习、训练,但高校的学科、科研、团队和人文环境优势尚未充分发挥,运动员在培养过程中缺乏体育专业知识的指导、体育学科知识的学习、运动训练效果的监控和评价机制以及与其他学科的合作与交流。事实上,运动员的培养依然是在体育学科内封闭化地进行,学科间的壁垒依然限制着竞技体育训练的科学化程度。除此之外,我们还发现花剑队运动员对击剑项目的喜爱程度并不像所认为的那么高,选择击剑项目也多是因为少体校选拔,有职业偶像的运动员比例偏低,这也是影响运动员主动研究花剑、缺少带着激情和热情投入训练的重要因素。被动地被教练员安排训练,双方缺乏交流也是影响击剑项目科学化训练的重要因素。

三是开展击剑项目科研工作薄弱。高校作为体育融合的高级形式,应当充分发挥高校资源和科研团队优势,加强对击剑项目的科学研究。但是通过访谈管理人员,我们发现目前阶段,击剑项目科研工作基础薄弱,尚未形成科研团队,对击剑运动员选材、训练、竞赛、营养以及制胜规律性等方面的研究都处于空窗期。

四是击剑项目服务学校育人机制有待加强。上海市花剑队代表上海花剑最高水平,在高校学训、住宿和管理,除了提高竞技体育水平外,还应当成为辐射击剑项目发展的龙头,依托体育独具的育人功能,积极参与校园击剑文化建设,组织开展击剑项目竞赛,在大中小学"一条龙"体系中发挥龙头作用,参与到中学和学校击剑项目后备人才选拔和培育工作中。目前来看,上海市花剑队运动员参与校园文化建设和带动学校竞赛氛围不够,在体教融合过程中培养击剑后备人才中发挥的作用不足。

通过问卷调查与面对面访谈,我们认为上海市花剑队"省队校办"模式中,体育与教育部门分工明确,花剑队所在高校负责运动员管理、后勤保障以及学生学习,体育局下拨经费、配备教练员和选拔一线队后备人才,解决大部分资金、主要教练员的编制和工资待遇福利等,负责竞技体育成绩的提高,但是两者融合的紧密度有待提高。

四、体教融合背景下上海市击剑后备人才推进路径

（一）体教融合背景下上海市击剑后备人才培养目标、培养主体和工作内容

1. 培养目标

体教融合背景下，上海市击剑后备人才培养应坚持全面发展的人才战略观。贯彻习总书记强调的把"促进人的全面发展作为体育工作的出发点和落脚点"，新时代体教融合培养高水平竞技体育击剑运动员，在实现多元主体培养思想融合、目标融合、资源融合和措施融合基础上，不仅注重击剑运动员技能水平，也要重视运动员文化教育，重视人才的可持续发展。

2. 培养主体

从培养主体视角来看，击剑项目多元培养主体包括体育系统、教育系统、政府系统、企业系统、上海市击剑协会、击剑俱乐部、其他社会团体等。上海市击剑后备人才培养应充分发挥多元培养主体资源融合的优势，在政策制定、人力财力及督导评价等方面，充分发挥优秀教练员队伍、体育师资队伍、运动员家长、社会体育团体和市场组织资源之间的有效衔接，优化资源配置，形成合力。

3. 工作内容

一是建立自下而上的人才选拔机制。体教融合应坚持多元主体协同培养的思路，将竞技体育人才培养纳入国民教育体系之中，通过面向青少年群体的学会、勤练、常赛，实现击剑运动项目的普及和良好的群众基础，然后遵循击剑运动项目特点和成才规律、运动员成才规律，选拔具有天赋的优秀人才成为职业运动员，实现把学生培养成人、成才，再成为优秀击剑运动员的发展路径，探索出一套普及与提高相促进、自下而上的人才培养机制。

二是构建一体化推进的体教高度融合体系。整合青少年击剑体育赛事，完善上海市青少年击剑赛事体系。按照体教融合文件要求，进一步整合学校比赛、U系列比赛等各级各类青少年击剑体育比赛，根据击剑项目对抗性强、战术变化大的特点，尽可能多地组织分学段、扩区域的青少年击剑交流赛。加强击剑项目"一条龙"培养体系，支持大中小学成立青少年击剑俱乐部。

三是规范上海市击剑俱乐部运营和服务标准。《意见》第二十五条指出："鼓励青少年体育俱乐部发展，建立衔接有序的社会体育俱乐部竞赛、训练和

培训体系。"上海市击剑俱乐部正处于快速发展阶段,但有关俱乐部的经营和服务的行业标准尚未建立,政府部门应加快研制俱乐部准入标准、服务标准和验收标准,规范俱乐部经营和统一管理,为学校或其他机构购买俱乐部服务提供依据。

四是探索优秀教练员和退役运动员进入学校的政策通道。《意见》第二十七条指出:"畅通优秀退役运动员、教练员进入学校兼任、担任体育教师渠道。"上海市击剑项目的发展依然面临学校师资短缺的境况,因此,政府可以尝试在学校招收优秀击剑教练员和退役运动员入编问题时,探索修改教师专业标准、教师资格认证方面的相关政策,为优秀教练员和运动员进入大中小学留出政策口。

(二)体教融合背景下上海市击剑后备人才培养推进路径

通过对体教融合内涵及培养目标,上海市击剑后备人才培养过程中存在的中观及微观问题分析,我们从拓展击剑后备人才培养阵地、补齐文化短板、实现资源融合三个主要视角出发,紧扣研究确立的击剑项目后备人才培养目标、培养主体和工作内容,提出以下推进路径。

1. 全面育人:夯实学校体育工作基石

深化新时代体教融合背景下上海市击剑人才培养,需要教育部门、体育部门和社会组织转变观念,实现协同共治的社会环境。学校体育是体教融合培养竞技体育后备人才的根基所在。充分发挥教育系统全面育人功能,帮助运动员树立高远目标,从"金牌至上"向"学训兼修"转变,让他们通过完整的教育熟悉项目特点、了解项目偶像,完成从对项目的了解到热爱最后到追求卓越的培养过程。发挥学校体育全面育人功能,培养上海市击剑后备人才,可以通过以下路径进行:

一是夯实学校体育击剑项目教学工作基础。积极响应《意见》要求,加强学校体育击剑项目教学水平,中小学可积极尝试构建全学段、渐进式击剑教学课程,探索制定击剑项目运动技能等级标准,将击剑项目融入学校体育教育、课外体育活动和社团竞赛,实现三者统筹协调发展,为低龄段击剑运动员筑牢根基,扩大上海市击剑项目人口,将击剑精英人才培养体系纳入国民教育序列。

二是主动参与击剑科学研究工作。中小学教育系统以培养击剑人口为主,拥有高水平击剑队的大学应主动担负起培养顶尖击剑人才和击剑科学研究工作。上海三所具有高水平击剑运动队的学校应立足学校资源,充分发挥高校智力资源及体育教师科研优势,建立多学科交叉融合,组建击剑项目科研团队,通过建立大学内部院系合作、申请各级各类课题等形式围绕击剑选材、训练、技战术、体能训练与恢复等主题开展科学研究工作,为科学开展击剑训练提供医科保障。

三是构建综合型课程体系,作为高校学生运动员培养支撑体系。学训矛盾是多年来困扰竞技体育人才培养的桎梏,以普通高校主体培养击剑后备人才,必须改变现有课程结构现状,避免以减免学分的方式解决学训矛盾,而是应当建立学生运动员学习标准,探索适合学生运动员学习训练的体育+其他学科综合性课程体系。通过采用科学训练的方式,提升训练效率,减少训练时间,创造灵活的授课方式,比赛期间采用线上教学等形式辅助运动员进行学习等多样化途径,保障学生运动员成为既懂体育、又有专业的复合型人才。

四是探索建立学校青少年击剑俱乐部选材、训练和竞赛体系。《意见》要求普通学校创建体育俱乐部,赋予了学校体育培养青少年体育后备人才的功能。学校可通过引入击剑高水平教练员、购买服务、将体育教师课外指导训练和竞赛纳入工作量等方式的探索,系统研究击剑后备人才选材要素、成才规律、训练及竞赛提赛,打开学校培养击剑苗子的通路。

2. 更新理念:推进体育系统深化改革

单独依靠体育系统培养竞技体育人才的弊端逐步暴露,体育系统内部也在积极适应,根据社会需求作出调整,积极协同参与到全社会关注、支持和参与的青少年竞技体育后备人才培养氛围和环境当中,探索体教融合竞技体育人才培养新路径。以下对体育系统在更新理念、深化改革、提升训练管理水平三个方面提出体教融合背景下击剑竞技体育后备人才培养路径:

一是更新理念,建立"五位一体"的青少年体育新格局。传统的竞技体育后备人才培养体系遭遇瓶颈,体育系统作为培养竞技体育人才的主要力量已不能满足新时代竞技体育发展需求,应更新理念,建立体育部门、教育部门、学校、家长和社会目标一致、职责清晰、整合发展、协同共治的"五位一体"的青少年竞技体育后备人才培养体系。

二是深化体校改革,注重青少年文化学习与体育锻炼同步推进。各级各类体校依然是上海市击剑后备人才培养的中坚力量,要把体教融合的理念作为体校各项目人才培养的基础,加大与教育部门的合作,统筹处理好学习与训练、普及与提高、特长与专业的关系,一方面为尖子运动员建立上升通道,另一方面也要处理好运动员返流问题,切实做好运动员入口与出口保障,实现体育后备人才可持续发展,建立新时代竞技体育后备人才培养新格局。

三是提升击剑训练和管理水平。教练员团队、医科团队及训练比赛管理体系是体育系统拥有的竞技体育核心资源,就目前击剑后备人才培养而言,存在创新驱动不足、科学研究薄弱、科学化训练水平和训练效率亟待提升等问题。建议根据击剑运动员特点和项目发展规律,通过建立科学选材理念和方式,探索确立先进科学的击剑项目训练指导思想,完善教练员注册、培训到晋升的完备管理制度,合理安排竞赛制度,定期组织研讨交流完善《中国青少年击剑训练教学大纲》,全面提升击剑项目训练和管理水平。

3. 多元主体:引入社会力量参与协同共治

党的十八大以来,中国社会发展提出新的治理理念,明确了2020年之后社会治理的多元化主体参与的发展方向。在体教融合全新理念背景下,理顺多元主体间功能定位,实现各主体间整合发展,实现协同共治目标,是解决体教融合后备人才培养的关键所在。以下就上海市击剑后备人才培养两大主体——击剑协会和击剑俱乐部如何发挥自身作用提出推进路径。

上海市击剑协会一直紧密围绕《大学生体育协会章程》中所规定的内容开展击剑政策咨询、管理、指导、开发、服务和体育文化传播交流等业务,为进一步做好击剑项目体教融合后备人才培养,建议从以下几方面继续加强:一是要加强对击剑俱乐部的引导和规范,对击剑俱乐部经营做好精细化管理;二是统一研制击剑项目科学选材标准和不同年龄段训练大纲,全面监督学校及俱乐部的击剑训练质量;三是对业余击剑运动员建立统一的注册及等级评定办法,为打通击剑竞赛运动员参赛资格做好充分准备;四是对击剑俱乐部从业人员,尤其是击剑教练员要进行统一的资质评定,定期进行教练员培训,更新教练员执训理念,提升执训水平;五是协调组织开展击剑项目科学研究工作。

上海市击剑俱乐部应从竞赛、训练及提供规范有偿服务等方面发挥积极作用。依据《意见》提出的加强青少年体育俱乐部自身建设和"进学校"改革举措。在上海市击剑后备人才培养体系中可通过以下路径加快和完善击剑俱乐部建设:一是为击剑俱乐部制定优惠政策,如税收减免、水电能耗及场地租金优惠等,以减轻击剑俱乐部运营成本;二是积极建设数字化和智能化信息服务平台,提升场馆预定、共享师资、训练监控、效果反馈等俱乐部管理和服务质量以及内外部治理能力;三是创造机会,鼓励击剑俱乐部为低龄击剑学校组织竞赛、夏令营、培训和集训等各项工作,扩容上海市击剑人口,培养青少年参与击剑的兴趣和热情;四是打通击剑俱乐部"进学校"堵点,教育和体育部门应制定击剑俱乐部"进学校"准入资格和监管机制,允许正规注册登记的俱乐部以场地租赁、提供课程、提供教练等形式为学校提供购买服务。

4. 创新机制:强化政府方向引领与政策保障

政府是缔造和维护体教融合背景下竞技体育后备人才培养良好场域和合作环境的重要环节,在多主体协同共治培养竞技体育后备人才的新时代背景下,政府应充分发挥调节作用,为相关利益者建立一种稳定的合作制度框架,形成多元主体维护共同目标导向的场域环境。根据本研究访谈、调研结果,为上海市击剑人才培养切换政府主导的"单中心"格局,完成政府由"非直接生产"到"参与供给"的变化,围绕充分发挥政府在政策制定、协调推进、管理监督及宣传导向等方面的作用提出如下推进路径。

(1) 发挥政府导向作用,制定制度框架

一是研究制定体育特长生评价、升学和灵活学籍制度,保障有潜质的体育后备人才能够匹配相应的教育资源,帮助他们在保障训练、竞赛的同时,能够顺利完成学业。

二是建立优秀教练员和退役运动员进校通道。优秀击剑教练员短缺是目前学校和俱乐部开展击剑训练、竞赛工作的共同难点,建议政府通过政策鼓励优秀退役运动员或教练员职业转型,探索"先入职再培训"的柔性聘用制度。

三是调整击剑项目小初高"一条龙"竞技体育后备人才培养布局结构。根据目前上海市击剑人口激增的良好态势,完善扩容击剑项目布局学校,尤其是具有高水平运动队招生资格的高校规模,充分发挥大学龙头作用,理顺升学通道,杜绝击剑尖子队员因就读、升学带来的训练中断或终止等问题。

(2) 协调推进融合资源,构建击剑四级竞赛网络

击剑作为对抗性项目,更需要通过体育竞赛检验训练效果。根据《意见》要求,构筑击剑四级竞赛网络更为迫切。目前,上海市青少年击剑比赛主要由年度击剑单项比赛、四年一次的市运会和市学生运动会组成。单项比赛包括击剑锦标赛、击剑俱乐部交流赛、企业冠名的击剑体育比赛等。建议政府尽快整合体育部门和教育部门资源,构建小初高到大学的四级竞赛体系,统一运动员注册、竞赛规程、运动等级认证,建立分学段、扩区域青少年击剑赛事体系。建议进一步整合U系列比赛,遵循击剑运动员成才规律,构建与不同年龄段特征相适应的竞赛内容,以适应体教融合竞技体育后备人才培养目标。同时,击剑项目作为对场地要求较高的项目,政府也要合理有效盘活公共场地设置共

享利用,让广大青少年有地方去练、有地方去赛。

(3) 建立联合督导机制

《意见》中提出要"建立联合督导机制"。没有最后的评价,就几乎相当于"政策在路上",必然会缺乏"最后一公里"的落实。政府在监督体育部门和教育部门及其他击剑后备人才培养主体之间破除政策、资源壁垒的基础上,建议重点关注监督优化击剑项目人才选拔输送机制。击剑项目因其门槛较高,更需要建立一套完整、统一、科学的人才选拔机制。建议政府组织相关部门,确定选材指标体系,建立公开透明的人才选拔和监督机制,这也是击剑项目实现长期稳定良好发展的基础。

(4) 做好宣传引导工作

要打破社会尤其是家长所认为的"万般皆下品、唯有读书高""只有读书才能出人头地"的狭义成长理念,同时也要纠正体育训练是为了读书升学的功利性目的,建立"以体育塑造完整人格,以人格塑造完整人生"的理念,提高全社会各类群体对体育教育在培养塑造青少年健康完整人格中的地位和价值认识,营造健康的体教融合击剑后备人才成长生态环境。

参考文献

[1] 李爱群,吕万刚,漆昌柱,等.理念·方法·路径:体教融合的理论阐释与实践探讨——"体教融合:理念·方法·路径"学术研讨会述评[J].武汉体育学院学报,2020(7).

[2] 陈洪.边缘革命视角下竞技体育后备人才培养的基层实践研究[J].武汉体育学院学报,2018(1).

[3] 薛原,刘文华,曾朝恭.上海市竞技体育后备人才资源现状及对策[J].上海体育学院学报,2010(6).

[4] 郭莹,胡亚幸,费列列.上海市游泳后备人才——二线运动员的培养模式[J].体育科研,2010(2).

[5] 王利宏.北京市击剑后备人才培养现状及对策研究[J].青少年体育,2016(9).

[6] 刘业霞.安徽省击剑运动发展现状及对策探索[J].产业与科技论坛,2018(11).

[7] 王登峰.体教融合的历史背景与现实意义[J].体育科学,2020(10).

[8] 刘波,王松,陈颇,等.当前体教融合的研究动态与未来展望[J].北京体育大学学报,2021(1).

[9] 刘波,郭振,王松,等.体教融合:新时代中国特色竞技体育后备人才培养的诉求、困境与探索[J].体育学刊,2020(6).

[10] 柳鸣毅,孔年欣,龚海培,等.体教融合目标新指向:青少年健康促进与体育后备人才培养[J].体育科学,2020(10).

[11] 陈仔,向程菊,杨丽茜,等.基于文献计量与知识图谱的我国体教融合情况[J].湖北体育科技,2021(3).

[12] 阳艺武,伍艺昭.体教融合背景下青少年体育后备人才培养的现实审视与战略取向[J].武汉体育学院学报,2021(1).

[13] 刘海元,展恩燕.对贯彻落实《关于深化体教融合促进青少年健康发展的意见》的思考[J].体育学刊,2020(6).

[14] 杨三军,刘波.深化体教融合促进青少年体质健康的现实诉求、实践路径与保障机制[J].西安体育学院学报,2021(3).

[15] 杨三军,刘波.冰雪运动进校园与体教融合的内在关联和经验借鉴研究[J].北京体育大学学报,2021(3).

[16] 马玉芳,李勇.关于我国实施"体教融合"的体制难点及制度设计的研究[J].体育与科学,2014(3).

[17] 杨国庆.论新时代"南体模式"新发展——关于高等体育院校体教融合实践的探索与思考[J].体育学研究,2020(4).

[18] 卢小龙,丁先琼,李明.云南省击剑俱乐部发展推广的现状研究[J].文体用品与科技,2021(9).

[19] 胡阳.上海市竞技体育比较优势与项目布局研究[D].上海:上海师范大学,2021.

[20] 周战伟.基于发展方式转变的上海市竞技体育后备人才培养研究[D].上海:上海体育学院,2016.

[21] 辛鹏.大众击剑运动技能等级评价标准的研究——以上海市为例[D].上海:上海体育学院,2020.

[22] 翟丰,张艳平."混合型"体教结合模式向"体教融合"模式的发展[J].体育学刊,2013(4).

[23] 蒋科律.击剑运动后备力量培养的阻滞因素及未来发展策略研究[J].当代体育科技,2017(34).

新时期上海推进体教融合加快发展的政策路径研究

倪京帅[*]

在《关于深化体教融合 促进青少年健康发展的意见》(以下简称《意见》)颁布一周年之际,如何进一步推动上海体教融合加快发展,实现从工作理念到实施措施的重大转变;上海作为曾经全国开展体教结合的排头兵,在新时期新一轮的改革中,如何打开体教融合的先行样本,开创体教融合的上海新模式,发展上海青少年体育公共服务体系,加快培育壮大青少年体育社会组织;如何持续推动学校体育课程改革,提升青少年体育文化素养;如何优化青少年体育竞赛体系,加大青少年体育场地资源配置力度等,都是"十四五"开局之年上海青少年体育事业发展必须认真思考与回答的重要问题。面对新时代赋予的新融合、新机遇、新挑战,研究上海推进体教融合加快发展的政策路径,将为上海制定出台新一轮体教融合政策落地文件,促进青少年体育高质量发展,完成上海体教融合与学校体育工作的阶段目标,"到 2022 年,普遍建立学校体育教学、训练、竞赛体系;到 2025 年,体教融合上海模式基本形成;到 2035 年,高质量、多样化、现代化的体育教育普及实施",提供理论支撑和实践指导;对探讨"十四五"期间上海青少年体育由体教结合向体教融合的转型发展具有非常重要的现实意义。

---

[*] 本文作者简介:倪京帅,上海对外经贸大学体育部,教研室主任,副教授,博士学位,研究方向:体育社会学。

一、上海体教融合发展的历史和现状

（一）上海体教融合工作的历史沿革

上海是体教融合工作启动较早的城市，作为曾经全国开展体教结合的排头兵。早在1998年后，上海竞技体育后备人才的培养开始从以体育系统为主的模式，逐渐发展成为体育系统和教育系统联合培养后备人才。1999年，原上海市体委和上海市教委出台了《关于上海市体教结合工作的若干意见》，提出"把运动队办到有条件的学校中去"。前女排世界冠军李国君在进才中学办排球高水平运动队，进行了有益的初步探索。针对竞技体育后备人才培养模式的转变，2012年，上海市委、市政府专门召开体教结合工作会议，发布的《关于深化体教结合工作的意见》，围绕学生体质增强、后备人才培养、运动员文化学习、体教结合机制及保障措施完善。这个文件出台的意义在于突破了传统的体教两家一般性的工作思维方式，不只局限于后备人才培养这一项工作，而是把它放到上海青少年大健康促进视野下，保障上海体育事业可持续发展的关键要素。这个文件规定了以体育为主、教育配合的八项工作，另外还有以教育为主、体育配合的八项工作，称为"体教互助双八条"。

2016年，上海市体育局与市教委经过长时间的商议和修订，发布了《上海市体教结合促进计划（2016—2020年）》（以下简称"体教结合双十条"），指导思想就是资源共享、责任共担、人才共育、特色共建、多元共治20个字，在进一步巩固"体教互助双八条"工作成果的基础上，明确了体育部门与教育部门在"十三五"期间各自要完成的十项主要任务，开始融入青少年公共体育服务、支持普通学校体育课程改革、体育后备人才培养、共同合作组织比赛建立竞赛平台等方面。从"体教互助双八条"到"体教结合双十条"，从"体教配合"到"体教结合"，从工作经验的总结到工作理念的提升，上海市委、市政府提出"资源共享、责任共担、人才共育、特色共建、多元共治"的体教结合指导思想，建立体教结合联席会议制度，构建上海体教结合工作的发展框架，最终形成了体教结合、课余走训、节假日集训等多种形式的办学模式，同时也有力地推动了上海学校体育的发展。体教融合是顺应新时代发展、推动上海青少年体育工作实现新跨越的必然选择。体教融合不仅仅是体育和教育两家单位的融合，更是以学生为主体的体育与教育模式之间的融合，以促进青少年全面健康成长，培养综合性的人才为目标。体教融合是新时代体育部门和教育部门工作的重点,实现体教融合高质量发展,必须破解体制和机制上的障碍,体育系统与教育系统要相互加强沟通合作,出台相应的更翔实的政策配套措施,重新定义不同组织、部门的角色与功能,形成多方参与、多主体协作的上海市体教融合新利益格局。

(二)当前上海体教融合工作的基本概况

1. 上海市学校体育课程改革

体教融合是中央深改组根据我国教育和广大青少年体质和身体素质普遍下降和偏低的实际情况,提出的全国性体育教育明确要求。目标是培养"德、智、体、美、劳"全面发展的人才。体教融合的根本目的就是要求全面提高各级各类学校体育工作的质量,保证广大青少年学生身心全面健康发展。长期以来,上海市始终把重视学生的身心健康作为学校的重要工作内容,加强学校体育工作,要求学生在中小学阶段至少要学会两项运动技能,培养广大儿童、青少年的体育兴趣、养成体育锻炼的习惯、形成良好的体育生活方式。2015年上海市启动了"小学体育兴趣化、初中体育多样化"学校体育课程改革,要求试点学校确保每周开足4节体育课和1节体育活动课,通过体育课堂和课外体育活动,促使青少年学生掌握体育的基本技术技能技巧,帮助他们在体育锻炼中享受乐趣、增强体质、健全人格、锤炼意志。同时完善学校的各类体育设施,配齐包括业余训练教练员在内的体育师资,加强体育经费保障,特别是保证各级学生在校内开展体育活动的时间,完善各级各类学校的体育竞赛体系,并把学生的体育成绩纳入升学考试之中。当前上海市"小学体育兴趣化、初中体育多样化、高中体育专项化、大学体育个性化"的体育课程改革试点工作还在推进中,下阶段将适时扩大试点范围、创设更多的体育教育教学平台、完善体育师资队伍等。2021年9月开始,上海继续加大改革力度,各小学每天安排1节体育课,每周安排5节体育课时、2节体育活动课时,每天安排广播健身操和眼保健操。上海市学校体育坚持把立德树人作为课程改革的价值追求,坚定体育是教育的一项重要内容,挖掘体育课程中的德育价值,融入课程教学中。

2. 青少年体育竞赛活动

竞赛是现代体育发展的核心要素,统筹完善青少年体育竞赛体系是体教融合工作的重要组成部分,也是家长关心、社会关注的热点问题。《意见》明确提出:"体育部门要配合教育部门组织筹办好全国学生(青年)运动会,完善青少年各级各类体育竞赛活动制度,建立青少年体育赛事活动体系等举措。"在青少年体育竞赛方面,2021年上海市级青少年竞赛中,由上海市体育局主办的上海市青少年体育精英系列赛共13个大项(21个分项)58站比赛,涵盖了足球、篮球、排球、乒乓球、羽毛球、网球、田径、游泳、水上、体操、击剑、射箭、棋牌等项目的单项比赛共28个项目67次比赛以及上海市青少年体育俱乐部联赛17个项目17次比赛。由上海市教委组织的各类学生体育竞赛包括市综合性学生运动会、各个项目单项锦标赛、阳光体育大联赛、智力运动会等,包括市中小学生的田径冠军赛、游泳冠军赛、乒乓球冠军赛、篮球锦标赛、市校园足球联盟杯赛等。在体教融合的背景下,由市体育局、教委各自主办以及共同主办的青少年体育比赛,打破壁垒,让更多青少年获得参赛机会。同时在资源优势方面,上海市教育部门和体育部门的互补性很强,体教融合在体育系统、学校、社会层面的竞赛尝试取得了良好的效果,具备了通过竞赛为上海孵化体育后备人才的功能。上海市运动项目协会、上海职业俱乐部和上海市学生体育协会合作,积极打通人才培养、选拔的平台,培养的球员已经有人入选了上海的职业足球俱乐部,影响力走出校园,得到社会的广泛认可。比较典型的是MAGIC3上海市青少年三对三超级篮球赛,该比赛已经连续举办了三届,在《2020年上海市体育赛事影响力评估报告》中,MAGIC3已经进入上海市体育赛事影响力排行榜前列,且是榜单中唯一的青少年赛事。MAGIC3比赛培养的首届MVP球员李弘权已经入选了上海久事男篮青年队。

3. 上海市青少年"一条龙"学校办训

为全面做好上海市的学校体育艺术工作,在学校体育艺术特色普遍形成的基础上,建立有序衔接的体育人才培养体系,促进学校体育工作均衡有序地发展,提升综合育人效益,深化学校办训,让优秀运动员从学校走出来,上海市体育局与市教委加强协作,结合上海竞技体育发展新体系的战略目标,加强项目统筹布局,优化运动项目布局,面向全市中小学建设"9+X"的中小学体育"一条龙"项目布局,其中,足球、篮球、排球、田径、游泳、乒乓球、羽毛球、网球及武术等9个项目是每个区必须选择的布局项目(以下简称"重点项目")。在此基础上,市教委、市体育局要求各区结合所在区的发展规划与实际情况,在体操、击剑、射击、射箭、自行车、水上项目、棒球、垒球、高尔夫球、橄榄球、攀岩、滑板、拳击、马术、冰雪、棋牌、手球及壁球等奥运会、全国运动会项目及新兴项目中选择若干个进行布局(以下简称"推进项目")。基于此,各区形成以9个重点项目为主,若干个推进项目为辅的"9+X"学校体育项目布局结构。完善课余训练制度,提高教练师资水平,确保课余训练时间,推进学校建设高水平运动队,有效实践"将优秀的运动队办在学校里,让优秀的运动员从校园里走出来",共同提升上海体教融合培养人才的效益。

4. 上海市青少年社会力量办训

随着经济社会的发展,社会力量已经发展成为竞技体育人才培养的重要渠道之一。上海坚持开放发展,大力扶持社会力量参与青少年体育工作。21世纪以来,上海就开始进行社会资本办体育训练的人才培养模式,取得了丰硕的培养成果。例如著名的徐根宝足球俱乐部扎根崇明岛"十年磨一剑"、普陀区曹燕华乒乓培训学校,培养了武磊、许昕为代表的一批上海优秀竞技体育人才。为拓宽竞技体育后备人才培养渠道,引导社会力量更加积极开展青少年体育训练工作,探索建立"政府引导、社会参与、市场配置"的多元化后备人才培养模式,上海市体育局围绕为奥运争光和上海建设全球著名体育城市的战略目标,从2020年起在全市范围内试行开展所有奥运全运项目的基地创建工作,组织开展"上海市竞技体育后备人才社会培养基地""上海市青少年足球精英培训基地""上海市青少年智力运动精英培训基地"三类竞技体育后备人才培养基地的创建工作。为了加大扶持力度,计划每年投入1 200万元经费用于扶持社会力量培养竞技体育后备人才,两年为一个周期,以此加快推进社会力量办训布局,社会力量办训对上海持续推进竞技体育发展具有重要意义。首届评选共有15家青少年社会组织获评2020—2021年度"上海市竞技体育后备人才社会培养精英基地"、20家青少年社会组织获评"上海市竞技体育后备人才社会培养基地"。

5. 上海市传统体校改革

《意见》中提出,要推进各级各类体校改革,"将体校义务教育适龄学生的文化教育全部纳入国民教育体系,配齐配足配优文化课教师,加强教育教学管理。鼓励体校与中小学校加强合作,为青少年运动员提供更好的教育资源,创造更好的教育条件,不断提高其文化教育水平"。传统体校在青少年体教融合发展中具有重要的战略意义。新中国成立以来,我国的基层体校为中国竞技体育的腾飞培养了大量优秀的竞技体育后备人才,但随着市场经济的变革和社会的转型,体校出现了招生难、出口不畅等问题。体校要发展,必须要深入改革。上海在探索传统体校改革方面,以运动员文化教育为抓手,实现了体校由传统向现代模式的转型。首先是转变认识理念,正确认识体校学生的身份。体校的学生首先是学生,然后才是运动员,树立不能以牺牲运动员文化学习、影响他们终身发展为代价去拿金牌的观念,体校的健康发展一定要平衡好学习和训练的关系。上海市体育运动学校一直坚持把学生的文化教育放在首位,目前上海市有40多所体校,从2004年开始,中心城区的区级体校不再进行学习、训练、住宿三集中,让体校的学生回归到社会,到普通中小学就读,与同龄人一起接受同样的教育;市级体育运动学校的文化教育,与上海市教委合作,让优质的学校托管体校的文化教育,副校长带着教学团队来到体校,使体校的学生享受名校的文化教育资源的优势。所有处于义务教育阶段的专业队运动员,每周都要上三四次文化课,到了高中阶段,专业队运动员每周都要求必须上两次课,为国家队队员提供"送教上门"的服务。

6. 上海市优秀退役运动员进校园

运动员是一个特殊的社会群体,经过长期的竞技体育训练,大多数拥有着良好的体能技术和道德水平,为中国竞技体育事业取得辉煌成就做出了卓越贡献。运动员的运动生涯是有限的,在结束运动生涯后,退役运动员的职业转换和再就业应是政府部门和社会大众需要关注的问题。据国家体育总局相关统计,我国在册的专业运动员约5万人,每年约有3 000~4 000名运动员退役。这是一个庞大的社会群体,虽然不乏诸如李宁、邓亚萍、杨扬这样的成功转型人士,但也有很多尚需自主择业的"退役英雄"。《意见》中提出,大力培养体育教师和教练员队伍,"制定优秀退役运动员进校园担任体育教师和教练员制度","畅通优秀退役运动员、教练员进入学校兼任、担任体育教师的渠道,探索先入职后培训"。退役运动员进校园,尤其是那些参加过顶尖赛事的运动员当体育老师,不仅能调动学生的体育学习兴趣,而且有助于在教学中言传身教"拼搏精神""爱国情怀",为中小学体育教育注入更多积极向上的精神元素。退役运动员可兼职乃至专职做体育老师的政策一旦全面推行,对广大退役运动员也称得上一场"及时雨"。打通退役运动员进入体育课堂的通道,也是给赛场上的运动健儿一个人尽其才、学以致用的机会。目前上海市体育局搭建完善了网上工作平台,通过上海市体育后备人才信息管理系统,主动对接教育部门,由学校申报体育教师需求,由体育主管部门对学校规模进行评估,确定符合要求的退役运动员,帮助更多"体育教练进校园"。如2002年起游泳冠军沈坚强在静安区一师附小担任游泳教练20年、2014年中国男足明星球员曲圣卿来到同济大学足球队担任主教练、2019年国家男子冰壶队主力徐晓明来到上海对外经贸大学执教冰壶队。

7. 上海市青少年体育俱乐部

《意见》中提出:"鼓励青少年体育俱乐部发展,建立衔接有序的社会体育俱乐部竞赛、训练和培训体系。"伴随着国家"双减"教育政策的落地,2020年8月24日,上海发布了《关于进一步减轻义务教育阶段学生作业负担和校外培训负担的实施意见》,上海青少年的课余时间得到了充分的保障,家长对青少年体育培训的需求量明显提升,为青少年体育培训机构提供了更加广阔的空间。上海市青少年体育俱乐部在青少年的体育技能培训市场占据重要的位置,长期以来众多体育俱乐部秉承运动健康的理念,通过组织运动项目培训,参与运动项目竞赛,开展丰富多样的青少年体育俱乐部的社会活动。新时期上海市体育局正积极出台相关政策,制定星级评定标准,提升体育服务水平,加强对上海市青少年俱乐部的规范管理,促进青少年健康成长。市、区两级体育主管部门将加强对获评等级青少年体育俱乐部的分类扶持和服务保障,在购买服务、人员培训、赛事活动、宣传报道、场地器材、经费补贴等方面予以重点扶持。但同时,获评等级的青少年体育俱乐部将接受市、区两级体育主管部门的年检抽查、中期检查。通过星级评定,上海市体育局将在全市范围内对青少年体育俱乐部的服务能力进行一次全面的"核验",通过核验评价给予俱乐部星级评定。此举将进一步促进本市青少年体育培训行业的规范化、标准化发展,同时也给家长在选择青少年体育培训机构时提供更多的"官方参考"。

例如,上海系洲体育俱乐部的空手道项目、上海贝思堡青少年体育俱乐部的棒垒球项目、上海宝山钢锋青少年体育俱乐部的武术项目等都已经具有了良好的社会效应。

8. 上海市体教融合政策保障

在中共中央办公厅、国务院及有关部门颁布推动体教融合政策的基础上,上海市政府、体育局和教委相继颁布了多项落实促进体教融合落地的政策,为全国体教融合的发展提供了上海经验。2019年9月,上海市人民政府办公厅颁布《关于加强本市中小学体育艺术工作的指导意见》,提出要形成有序衔接的人才培养体系和科学完善的综合素质评价机制,结合"一条龙"布局,统筹考虑专业能力和文化学业成绩,做好各高中阶段相关学校招收培养优秀体育学生工作。为了落实市政府关于业余训练的政策文件精神,上海市教委、体育局等六部门印发了《上海市中小学体育工作管理办法》,要求进一步落实强化课余训练,建立完善选拔机制,组建各级运动队开展训练。可以说,在《意见》颁布前,上海市对体教融合前期已经做了大量的工作,进行了有益的先行探索。随着《意见》以及《"十四五"体育发展规划》的颁布,加强体教融合、促进青少年体育健康发展已经成为体育系统和教育系统行动的共同纲领。此后,上海市为了深入贯彻落实相关政策意见,在相继颁布的体育发展规划中,融入了体教融合相关内容,促进青少年体育工作的健康开展。2020年10月20日颁布的《上海全球著名体育城市建设纲要》,打造辐射全球的体育资源配置中心,着力培养顶尖竞技人才,将体教融合与竞技体育后备人才培养紧密结合,让更多优秀运动员从学校"走出来";2021年6月18日颁布的《上海市青少年发展"十四五"规划》的任务和举措中,提出提升青少年身心健康水平,要深化体育课程改革,深入推进体教融合,实现中小学生年运动时间不少于365小时的目标。2021年8月13日颁布的《上海市体育发展"十四五"规划》提出要"深入推进体教融合,努力开创青少年体育事业发展新局面"(表1)。

表1 上海推进体教融合的相关政策

发布时间	发文机构	发文号	发文名称
2020年9月21日	体育总局、教育部	体发〔2020〕1号	关于深化体教融合促进青少年健康发展的意见
2020年10月15日	中共中央办公厅、国务院办公厅		关于全面加强和改进新时代学校体育工作的意见
2021年10月25日	体育总局	体发〔2021〕2号	"十四五"体育发展规划
2021年8月13日	上海市人民政府办公厅	沪府办发〔2021〕21号	上海市体育发展"十四五"规划
2020年10月20日	上海市人民政府办公厅	沪府办发〔2020〕12号	上海全球著名体育城市建设纲要
2021年6月18日	上海市人民政府办公厅	沪府办发〔2021〕8号	上海市青少年发展"十四五"规划
2019年9月1日	上海市人民政府办公厅	沪府办规〔2019〕10号	关于加强本市中小学体育艺术工作的指导意见
2019年12月31日	上海市教委、上海市体育局等六部门		上海市中小学体育工作管理办法

二、上海推进体教融合发展存在的问题

（一）青少年"体""教"赛事尚需深度融合

长期以来，体育系统和教育系统在青少年赛事方面有着各自独立的发展路径，彼此不兼容、不互通，参加一个系统的比赛就不能参加另一个系统的比赛，成为体教融合发展的重要弊端，主要表现在以下几个方面：一是统一注册及运动技能评定是困扰上海一些运动项目比赛的难题。比如上海青少年足球运动员的注册有两个系统，分别隶属于足协和学校系统，足协注册的运动员参加市青少年足球锦标赛，学校系统注册的运动员参加校园足球联盟杯赛，两套比赛系统相对独立，运动员无法进行正常流通，造成很多优秀足球后备人才必须面临二选一的困境。二是青少年体育比赛数字化程度不够。体育系统、教育系统青少年运动员注册、运动技能的评定、信息公示以及全市公共体育场馆和各类学校体育场馆数据平台还没有打通，不能实现数据共享。三是赛事成绩奖励制度不统一。对于上海市参加世界大型综合性运动会、世界单项学生体育赛事、全国运动会、全国单项锦标赛的运动员成绩还没有统一纳为体育、教育部门双方绩效评估的机制。四是体育协会的组织作用发挥得不够充分，存在教育系统的比赛专业性不强，体育系统的比赛学生参与度不高的情况，有了《意见》的指引，有关部门需要制定详细的实施细则。五是优质品牌赛事数量不足，缺少具有足够影响力的青少年体育品牌赛事，大多数赛事还不能进行运动员等级评定，影响了赛事的吸引力。

（二）"一条龙"学校办训模式还需精准发力

《意见》中强化政策保障中明确要"探索灵活学籍等制度，采取综合措施为有体育特长的学生创造发展空间"。在竞技体育后备人才培养上，为了使体育、教育能够更好地兼容与融合，1999年上海市体委和市教委就联合出台了《上海市学校二线运动队申报暂行办法》，市体委与一些高校合作，整合资源，共建高水平运动队，让运动员的素质有了较好的提升，以体教结合促进上海市竞技体育可持续发展，取得了一定的成绩，但也存在着一些问题，如体教培养目标的分歧、学训矛盾、项目布局不合理等。21世纪初上海实施体教结合"一条龙"训练体系以来，各个层级学校路径的运动员数量有了较大增加，竞技体

育后备人才的培养展现出良好的态势,但"一条龙"的关键位置龙头却经常出现问题,由于高校招生名额的限制,较少的招生名额很容易影响项目布局学校的训练积极性,对此灵活学籍为必须作出"二选一"的优秀后备人才提供了最佳选项。此外,上海高校高水平运动队人才资源的分配不仅要面向上海,还要面向全国,更加造成了招生名额分配的分歧。"一条龙"训练体系中还存在项目布局不合理、三大球项目多、奥运全运项目多、非奥等小项偏少、学校布局有不均衡等情况;中心城区学校布局项目多,竞技体育发展水平较高,郊区、县学校布局相对薄弱,存在着学校发展不均衡的现象。从培养目标上看,虽然上海市各级体育教育系统为了体育人才的培养进行了较好的融合,但也有部分体育系统或教育系统存在目标分歧。体育部门相对看重运动员的竞技水平,希望能够输送一线运动队,而教育部门则倾向于输送高校,造成了优秀体育后备人才发展通道上的不畅。

(三)退役运动员进校园受到诸多限制

体育师资力量薄弱是体教融合长期面对的难题。一方面,国家层面的"双减"政策落地后,体育课在学校课表上的比重大幅增加,各中小学要保证学生每天校园体育活动1小时、满足每周5节体育课的任务,造成很多学校体育教师缺乏,对体育教师的需求剧增,但学校编制的缩减又无法引入新的教师,普通中小学的体育师资力量相对薄弱,相对于高水平的专业运动员,体育教师的专业技能偏弱,不能给学生带来一流的体育专业技能指导。另一方面,体育系统存在着退役运动员职业转型渠道的不畅,又导致很多优秀的退役运动员找不到合适的工作岗位。一些优秀的退役运动员受到体制和门槛的相关制约,不能到学校执教。《意见》中提及的灵活学籍、统一注册、退役运动员进校园等都是非常好的举措,体育与教育的深度融合将让双方的资源真正得到整合,进而形成强大的合力,在《意见》的指导下,需要解决很多细节的问题。在退役运动员进校园方面,同样需要等待细则出台,优秀退役运动员需要设置专业标准,是国际级健将、国家级健将还是一级运动员?不同级别的学校都应设置不同的退役运动员准入标准。此外,优秀运动员虽然专业能力很强,但也存在教学知识和教学技能的短板,需要相关部门对其进行从教前专业的教学培训。当前上海市有关部门正在积极探索优秀退役运动员进入学校从事体育教师工作以有效缓解当前校园体育师资的短缺问题,其不仅能在数量上迅速补充当下体育教师师资的不足,而且能够在教学质量上保证教学的专业性。

(四)青少年体育俱乐部亟须制定管理标准

青少年体育俱乐部是开拓青少年体育事业发展的重要渠道,在培养青少年体育技能以及培养竞技体育后备人才方面都具有重要作用。青少年体育俱乐部如何开展活动直接影响着体教融合发展的广度和深度。《意见》提出:"鼓励青少年体育俱乐部发展,建立社会体育俱乐部竞赛、训练和培训体系。"上海市体育局和市教委需要共同制定出台社会体育俱乐部进入校园的准入标准,学校继续加大开放力度,向社会体育组织购买服务,满足中小学体育教学和业余体育训练的需要。同时,有关部门要规范青少年体育社会组织建设,鼓励支持青少年体育俱乐部发展。现在上海青少年体育俱乐部还存在数量不足和服务不够的问题。特别是国家"双减"政策下达后,青少年体育社会组织的数量和类型都不能满足青少年体育培训的需求,青少年体育培训行业的发展还处于早期阶段,机构资质鱼龙混杂,存在着诸多无序发展现象,其中包括青少年体育培训机构的身份、活动方式、教学培训方法与手段、空间和安全等问题,这些都在制约着行业的发展。面对社会上大量的青少年体育培训机构,学校和家长都可能面临"选择困难症"。哪个培训机构靠谱?哪个性价比高?哪个有"跑路"的风险?这些问题长久以来一直没有标准答案,因此亟须制定相关行业评估标准,加强对青少年体育俱乐部的管理和考核。

(五)政策主题范围有待进一步扩展

《关于深化体教融合 促进青少年健康发展的意见》和《关于全面加强和改进新时代学校体育工作的意见》的出台,为我国青少年体育事业的健康发展提供了千载难逢的良机。随后各省市有关部门相继颁布了一系列政策来贯彻落实国家有关文件精神,从2020年到2021年颁布了八条政策,这两年是上海青少年体育政策产出最多、最快的阶段,这些政策的颁布为上海加强体教融合、多渠道培养竞技体育后备人才、促进青少年体育事业大跨步发展提供了政策依据和发展方向。从体教融合政策主题来看,这个时期的政策主要集中在青少年体育健康促进体系、竞技体育后备人才培养体系和青少年体育竞赛体系三个方面,这也反映了国家、各级政府对于青少年体育工作的关注和重视。从国家层面上看,体教融合政策从青少年健康发展到学校体育工作、从"深化"到再到"加强、改进",逐渐呈现出递进性的特点;从上海市层面来说,宏观上从《上海市体育发展"十四五"规划》到《青少年发展"十四五"规划》以及《上海全球著名体育城市建设纲要》,微观上从《关于加强本市中小学体育艺术工作的指导意见》到《上海市中小学体育工作管理办法》《关于进一步减轻义务教育阶段学生作业负担和校外培训负担的实施意见》,逐渐呈现系统化态势,政策具体落实到操作层面。总体而言,新形势下加快体教融合的纲领性文件,反映了国家对青少年体育运动的发展有了更高的要求和期待。上海市体育局将深入贯彻落实相关文件精神,加强与市教委沟通合作,制定出台上海新一轮体教融合文件,进一步提升上海青少年体育素养水平,提高体育后备人才培养效益。

三、上海推进体教融合加快发展的路径与政策

(一)深化学校体育课程改革,提高青少年体育文化素养

1. 持续深化学校体育课程改革,充分发挥体育的育人作用,是体教融合实践的方向之一

体育是"五育"之一,体育是培养全面发展的人的重要手段。学校体育课程改革,要坚持以体育人,培养学生进行体育运动的兴趣和习惯,并作为个人生活方式的重要内容,改革学校体育的教材体系,建立以"运动项目"为中心的学校体育教材体系,因地制宜地建设和完善学校体育场地设施,按学生比例配齐有资质的体育教师的数量,提高体育教师的质量,同时保证他们正常的社会地位。

2. 加强青少年健康知识和科学健身指导

推进儿童青少年近视、肥胖、脊柱侧弯等防控知识和技能普及,保证学生每天在校进行体育运动的时间,坚决执行上海市小学每天1节体育课、每周5节体育课的规定,鼓励中学增加体育课时,布置体育课作业,培养终身体育的意识和习惯。重点考核指标要简单易行,具有很强的可操作性,即学生的身体素质提高程度(力量、速度、耐力、灵敏等)、运动能力和掌握单项运动项目知识、技术、技能的程度。积极服务学校体育改革,在师资、场地等方面提供专业支持,为提升青少年体育素养水平奠定基础。

3. 推动各级各类体育场馆向青少年公益开放

加强社区儿童青少年体育设施建设,推动幼儿体育、亲子体育、户外体育发展,构建学校、家庭、社区相结合的青少年体育活动网络。广泛开展青少年体育冬夏令营、周末营,实施青少年运动技能等级评定,促进青少年掌握至少2项运动技能。

4. 健全学校体育督导评价体系

上海市教委要立即出台考核学校党委书记和校长的规定,严格落实《上海市中小学体育工作管理办法》,加强对学校体育的组织管理、教育教学、条件保障、学生体质、监督检查等指导、监督和评估。加大督导检查力度,对政策落实不到位、学生体质健康达标率和素质测评合格率持续下降的地方政府、教育行政部门和学校负责人,依法依规予以问责。

(二) 发挥竞赛杠杆作用,统筹完善上海市青少年赛事体系

1. 统筹安排全市青少年体育赛事

上海市体育、教育部门积极整合优化青少年竞赛体系,共同制定年度竞赛计划,制定符合教育、体育发展规律的青少年学生运动员注册资格办法,打造符合上海城市定位的高水平青少年体育赛事。统筹安排好第十七届市运会、市学生运动会、青少年体育精英系列赛、青少年锦标赛、学生锦标赛等青少年学生体育赛事,建立健全分学段(小学、初中、高中、大学)的四级青少年体育赛事体系,完善市、区、校三级竞赛制度,打造青少年学生体育竞赛活动平台,鼓励各区、各协会打造具有特色的青少年体育品牌赛事活动。继续办好现有的上海市青少年三对三超级篮球赛、学生阳光体育大联赛、青少年体育俱乐部联赛、少儿体育联赛等青少年体育品牌赛事活动,构建体教融合的赛事体系,增强青少年本土品牌赛事影响力,提升青少年体育参与度和运动技能。

2. 加强数字化改革转型

严格执行国家体育总局、教育部、上海市制定的青少年(学生)运动技能等级标准和运动技术等级标准,依托数字社会综合应用,建立上海市运动员注册、等级评定、信息公示、查询"一站式"服务平台应用。全面推进全市公共体育场馆数字化、智慧化建设,打通各区公共体育场馆和各类学校体育场馆数据平台,推动数据共享、资源共用。

3. 发挥体育协会组织作用

需要充分发挥协会、社会组织、俱乐部的作用,以足球、篮球、排球等运动项目为重点,充分发挥上海市单项体育协会的专业性、权威性,积极调动社会资本加入办赛行列,提高青少年体育赛事的专业性和职业性。

4. 健全赛事成绩评估奖励制度

对上海市参加世界性的学生综合运动会以及世界性的单项学生体育赛事、全国性综合运动会、全国单项锦标赛的运动员成绩,建立体育、教育部门双

方绩效考核机制。对在世界重大体育赛事中取得优异成绩的运动员、教练员、基层教练员及相关单位给予褒奖。

(三)构建多元化体育后备人才培养模式,提高体育后备人才培养质量

1. 开展体育传统项目学校建设工作

鼓励各区推进建设体育传统特色学校,积极培育推广"一校一品""一校多品"校园体育模式,着力提升阳光体育活动质量,形成富有区域特点的校园体育文化品牌。鼓励学校在项目普及的前提下建立各年龄段梯队的学校运动队,积极参与校际比赛、联赛和运动会。

2. 支持高校建设高水平运动队

支持上海市高校积极申报设立高水平运动队,特别是足球、篮球、排球等集体项目运动队。支持各高校与市队以联办共建的形式建立高水平运动队,如上海市橄榄球队与上海体育学院、上海立信会计金融学院与上海击剑队、上海对外经贸大学与上海冰壶队等联办共建。建立更加灵活的学生运动员学籍管理制度,畅通进入优秀专业运动队通道。完善高校高水平运动员文化教育相关政策,在确保教育教学质量的前提下,为优秀运动员完成学业创造条件。

3. 拓宽青少年运动员升学通道

教育、体育部门联合制定体育传统特色学校体育特长学生招生标准和规则,畅通体育特长学生升学渠道。完善学籍管理,建立健全小学、初中、高中项目"一条龙"训练体系,优化运动项目布局,完善课余训练制度,高校扩大运动员招生数量,切实解决运动员上大学难问题。

4. 构建多元化竞技体育后备人才培养模式

在青少年体育后备人才培养方面,上海市体育局将从试点探索传统体校改革、深入推进"一条龙"学校办训、大力扶持社会力量办训、整合优化青少年体育选材育才平台,加快构建普通学校办训、传统体校办训、社会力量办训多元模式协同的体育后备人才培养体系,全方面强化青少年体育后备人才培养。

(四)深化传统体校创新模式改革,加强运动员文化教育学习督导

1. 全面提升青少年运动员综合素质

体校义务教育学生的文化教育全部纳入国民教育体系,坚持规范办学要

求,改善办学条件,提升办学质量。继续支持体校等训练单位与优质中小学校以共建、联办的方式为青少年运动员提供更好的教育资源。如上海体育运动学校与虹口二小的资源共享,根据体校发展和教育教学需要等情况核定学校教职工编制,合理配备文化课教师,教育行政主管部门负责按照核定的编制为体校选派文化课教师,加强教育教学管理。建立综合评估体系,加强对体校建设的评估和督导,教育行政部门应加强对运动员文化教育工作的指导和督查。

2. 积极拓展体校办学功能

体校要发展成为提供优质青少年体育公共服务的平台,通过制定专业化的课程、标准化的训练等方式,利用场地设施、教学服务、师资力量,为学校和社会提供专业体育服务。推进区级体校改革发展,把体校建设成为高水平竞技体育人才培养基地、青少年体育运动训练示范基地、全民健身服务培训基地、青少年体育训练中心、配备复合型教练员保障团队。

3. 保障体校教师和教练员待遇

体校教师教研活动、继续教育、学科优质课评选、职称评聘等纳入当地教育部门统一管理,与当地普通中小学校或中等职业学校教师享有同等待遇。支持体校教练员按规参与普通学校体育课程教学和课外体育活动,提供专项运动技能培训服务,并按规定领取相应报酬。

(五)大力培育青少年体育俱乐部发展,充分发挥社会体育组织作用

1. 鼓励和支持青少年体育俱乐部发展

大力建设青少年体育俱乐部,"十四五"期间,上海将通过升级青少年体育培训机构星级管理办法和制定青少年体育后备人才社会培养基地管理办法,加强全周期管理和引导,在场地建设与租赁、青少年体育俱乐部与学校合作等方面对青少年体育俱乐部给予政策支持,根据《上海体育发展"十四五"规划》的要求,全力培育青少年体育俱乐部等体育健身组织,使每万人拥有体育健身组织数量不少于24个,积极引导青少年体育俱乐部参与青少年体育冬夏令营等体育活动。

2. 支持体育社会组织服务学校体育工作

鼓励各地出台政策,引导体育社会组织为学校体育活动提供专业支持,参与开展学校体育训练、承办各类体育赛事、开展各项培训服务,支持体育社会组织参与制定体育社会组织进校标准,加强管理和评估考核,让更多社会办训

机构能够走进校园,进一步提升校园体育工作。

3. 扶持市青少年体育协会发展

继续扶持市青少年体育协会发展,充分发挥其在制定行业规范、加强行业自律等方面的枢纽作用。大力扶持社会力量与青少年体育协会合作,共同参与青少年体育工作,鼓励体育社会组织积极参与青少年体育技能培训、后备人才培养、赛事活动组织等,加强第三方评估和监管。

(六)加强体育师资和教练员队伍建设,探索优秀退役运动员进校园的实施机制

1. 提升基层教练员的业务能力和管理水平

加大对体育运动学校、体育项目传统学校以及青少年体育俱乐部的培训教育力度,将教练员培训业绩与注册、参赛资格和职称晋升挂钩,切实提升教练员的理论水平、专业能力及执教水平,为竞技体育后备人才培养提供有力支撑。

2. 加强体育教师和教练员队伍建设

体育部门和教育部门要协同合作,提高服务水平,培养和造就一支素质过硬的教练员队伍,制定上海市优秀退役运动员进校园实施办法,采取安置优秀退役运动员、招聘体育训练专业毕业生和引进急需紧缺高层次体育人才等措施,充实体育师资、教练员队伍,拓宽优秀退役运动员、体校教练员进入学校担任体育教师的渠道。选派优秀体育教师、教练员、裁判员参加专业技能培训,提高体育教学和课余训练水平。

3. 在学校设立专兼职教练员岗位

制定在大中小学校设立专兼职教练员岗位的实施方案。将学校体育教练员岗位纳入专业技术岗位,岗位名称和岗位等级执行国家和我市相关规定。由教育部门组织开展专门培训,优秀退役运动员经培训合格并通过考试,可担任体育教练员或体育教师。

(七)加强体教融合组织实施,强化各项政策保障

1. 建立体教融合发展工作机制

加强组织领导,成立由市政府办公厅、教育局、体育局牵头,市委宣传部、人力资源社会保障局、财政局、发展改革委等部门参与的上海市青少年体教融合工作联席会议机制,定期专项解决体育部门和教育部门反映的工作中存在的困难和问题,研究制定有关推进方案和具体措施。

2. 制定出台各项保障政策

研究制定体育特长学生的评价、升学保障等政策。制定政策保障体育教师承担的课外体育活动和训练竞赛工作纳入基本工作量。执行竞技体育后备人才培养培训补偿政策,切实保障"谁培养谁受益"。在确保正常教学秩序和场馆安全的前提下,做好学校体育场地向青少年开放工作,将青少年体育活动情况纳入学校体育场地对外开放评价指标体系。

3. 加强体育文化宣传工作

大力弘扬和传播奥林匹克精神、中华体育精神,加强上海体育文化的宣传力度,充分利用各种宣传平台,深入开展对体育工作先进集体、先进个人、青少年体育赛事、重大体育活动的宣传报道,开展优秀运动员进校园等活动,用青少年喜闻乐见的形式普及运动项目知识,营造全社会关注、重视青少年体育的良好氛围。

4. 建立考核督导机制

建立联合督导联席会议机制,常态督导抓实体教融合工作,把学生体质健康水平纳入各级政府、教育部门、体育部门、学校的考核体系,对体教融合中涉及学校体育、体育竞赛、体育后备人才培养的相关政策,落实不力和工作不到位的情况要严肃追责,确保各项决策部署取得实效。

参考文献

[1] 杨国庆.中国体教融合推进的现实困境与应对策略[J].成都体育学院学报,2021(1).

[2] 孙科,刘铁军,马艳红,等.中国特色体教融合发展思考——对《关于深化体教融合促进青少年健康发展意见》的诠释[J].成都体育学院学报,2021(1).

[3] 王登峰.新时代体教融合的目标与学校体育的改革方向[J].上海体育学院学报,2020(10).

[4] 王家宏,董宏.体育回归教育:体教融合的现实选择与必然归宿[J].北京体育大学学报,2021(1).

[5] 杨国庆,刘宇佳.论新时代体教融合的内涵理念与实施路径[J].天津体育学院学报,2020(6).

[6] 柳鸣毅,龚海培,胡雅静,等.体教融合:时代使命·国际镜鉴·中国方案[J].武汉体

育学院学报,2020(10).

[7] 柳鸣毅,丁煌.我国体教融合的顶层设计、政策指引与推进路径[J].上海体育学院学报,2020(10).

[8] 刘波,郭振,王松,等.体教融合:新时代中国特色竞技体育后备人才培养的诉求、困境与探索[J].体育学刊,2020(6).

[9] 许弘,李先雄.体教融合背景下青少年体育活动开展的困境与思考[J].体育学刊,2021(2).

[10] 阳艺武,伍艺昭.体教融合背景下青少年体育后备人才培养的现实审视与战略取向[J].武汉体育学院学报,2021(1).

上海市职业足球俱乐部股权结构改革研究

刘　兵　王江宇　卢高峰　郭　秀　庄玉洁[*]

一、研究背景

（一）事件背景

2020年度中超冠军苏宁足球俱乐部宣布退出2021年中超联赛，一石激起千层浪，因为这不仅是自1994年中国职业足球联赛诞生以来首支放弃年度联赛资格的队伍，同时也因为其以上年度联赛冠军身份退出，引起社会高度关注。苏宁足球俱乐部的退出，从表面上看，是一个企业的市场行为，企业无法继续给俱乐部注入更多的发展资金，同时俱乐部股权也无法找到合适的受让机构，退出有其市场机制的合理性。但从另外一个角度看，我国职业足球发展近30年，中超联赛精彩程度不断提升，球迷数量稳定增长，足球影响力快速扩大，这又与民营资本的大量注入无法分离，同时民营资本也从职业联赛中实现了品牌渠道的拓宽与增值，这本是一个资本双赢平台，但最终结果是因为俱乐部没有遵循职业足球的客观规律，过度透支企业利润，无法实现俱乐部收支平衡；同时俱乐部股权过于单一，一旦企业经营不善，随时可能丢掉俱乐部这个"包袱"，导致俱乐部休克，从而影响职业联赛的稳定。因此，苏宁足球俱乐部以冠军身份退出2021年中超联赛，看似一个偶发现象，实则是我国职业足球

---

[*] 本文作者简介：刘兵，上海大学体育学院院长、教授、博士，研究方向：体育管理；王江宇，上海大学上海市校园足球发展中心副主任、讲师、硕士，研究方向：足球训练管理；卢高峰，上海大学体育学院副院长、副教授、硕士，研究方向：体育管理；郭秀，上海大学体育学院讲师、硕士，研究方向：体育管理；庄玉洁，上海大学体育学院硕士研究生，研究方向：体育管理。

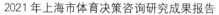

联赛俱乐部股权过分集中、盲目追求联赛成绩引发过度投资的俱乐部治理问题。

中超联赛俱乐部股权集中是一个普遍现象,不仅发生在民营资本,国有资本也同样面临俱乐部治理的严峻考验。笔者在前期调查中,分别走访了上海海港俱乐部和上海申花俱乐部,与俱乐部高层面对面进行敞开心扉的交流,两支俱乐部都对股权集中、收支比失调、俱乐部可持续发展表现出担忧;后续课题组又单独对申花俱乐部总经理就俱乐部股权问题进行了专访,对俱乐部股权构成、股权多元化改革进行了深入探讨,给本课题研究打下了良好的基础。

(二)政策背景

党的十八大后,中央高度关注体育事业发展,尤其对以足球为代表的"三大球"运动给予了明确的发展目标和行动方案。2015年2月,国务院和中央深化改革委员会相继通过并发布《中国足球改革发展总体方案》(以下简称《方案》),《方案》出台背景中明确说明了足球运动具有广泛的社会影响,对提高国民身体素质、丰富文化生活、培养集体主义与爱国主义、发展体育产业、实现体育强国梦具有重要的引领作用,可见足球运动几乎涵盖所有育人与爱国的价值内涵,成为"立德树人"的具化象征,发展体育强国的必备路径。

《方案》出台六年多来,校园足球在基础设施、校园足球组织、足球人口、足球教练员与师资力量、校园足球改革与评价、校园足球体教融合"一条龙"建设思路等多方面取得了快速发展,积累了宝贵经验,校园足球的教育价值已经显现;职业领域中,中国足协体制改革已经到位,新的联赛理事会成立在逐步推进,俱乐部名称非企业化以及俱乐部限薪措施等在2021赛季得到落实等,都是《方案》要求的改革诉求。

当然《方案》出台的目的性也非常明确,在《方案》涉及的11个方面50条具体内容中,调整改革中国足球协会、改革完善职业足球俱乐部建设和运营模式以及改革完善足球竞赛体系和职业联赛体制出现在总体要求和基本原则之后,分别排在了第三、第四和第五方面,说明了职业足球和职业联赛在引领足球发展中的地位与重要性,职业足球发展不好,足球发展的龙头效应就会缺失,本研究抓住"俱乐部股权结构与可持续发展"的牛鼻子,以上海海港和上海申花两支俱乐部作为调查对象,意在理顺政策背景下我国职业足球发展困难的核心点,从研究的视角重点探讨上海职业俱乐部股权结构改革,积极推进俱乐部科学化治理。

(三) 理论背景

1. 关于股权概念与相关连接词的文献探讨

股权即股东的权利,一般来说,有广义和狭义之分,广义的股权,泛指股东得以向公司主张的各种权利;狭义的股权,仅指股东基于股东资格在公司享有经济利益并参与公司经营管理的权利。综合来讲,股权就是投资人向公民合伙或向企业法人投资而享有的权利,投资人向公民合伙投资将承担无限责任,向企业法人投资将承担有限责任。

在"中国知网"平台以"股权+"进行搜索,与"股权"相伴最重要的主题词文献大多为"股权结构""股权激励""股权改革"等,这些文献又以"股权结构"与企业发展战略密切相关,学者们从股权集中度、国有股东、机构投资者大股东等多个方面进行了探究,取得较为丰富的成果(王晓亮、田昆儒,2015;宋汇玄、姜旭朝,2018)。总体来说,"股权结构"不仅会影响到企业发展战略决策的制衡,对企业可持续发展起到至关重要的作用(叶勇等,2013;朱冰等,2018)。已有研究表明,单一国有股东会导致企业发展的多元化战略发生变化,企业创新程度较差,即使是第一大股东持股比例较高,也会影响企业发展的多元化战略的实施,由于多元化往往来自企业管理者出于自身动机而实施的,因此具有较强监督能力的第一大股东持股比例较高时,公司更不可能实施多元化。同样有不少研究表明,当企业由地方政府直接控股时,或许会因为政府的治理目标和社会职能,更有可能实行多元化发展战略,并且国有股的比例越高,企业实施多元化战略就越明确。当然也有一些研究表明,企业的股权制衡度比较高时,企业的绩效会受到影响,并且发现这一关系在国有股东控股时表现得尤为明显(姜付秀等,2017)。

关于"股权结构与企业发展战略"相关文献表明,企业多元化发展战略与国有股东持股比例息息相关,为了企业能够实现创新和多元化发展,应降低单一国有股东的持股比例,但如果政府直接持股的话,基于政府自身的角色定位,企业多元化发展战略普遍能够得到实施。同时要充分考虑股权制衡度不宜太高,否则会影响企业的治理绩效。

2. 国内关于职业足球俱乐部治理的相关探讨

在"中国知网"平台主题词搜索中输入"职业足球俱乐部股权",可以检索到15条记录;除掉会议和硕士论文,仅以期刊论文来看,只有5条记录;以设定为核心期刊作为有价值的研究论文来看,仅有2篇论文,其中一篇为2017

年发表在《首都体育学院学报》上由钟秉枢等人撰写的《中国职业足球实现俱乐部地域化及名称非企业化的理论与政策研究》,另一篇为2020年发表在《体育文化导刊》上由陈文倩等人撰写的《国外职业足球俱乐部股权改革经验与启示》,从作者团队组成人员看,这2篇文章的作者属于同一个团队,从研究内容看,基本以英国作为研究范例探讨俱乐部地域化和俱乐部名称非企业化中的联盟作用、法律机制,并能从问题导向上探寻我国职业足球俱乐部股权结构上存在的问题(钟秉枢等,2017;陈文倩等,2020)。

集中探讨我国职业足球俱乐部股权结构的相关文献数量少,从某种意义上也表明我国职业足球俱乐部股权结构还具有一定中国特色的地域属性,无法对足球发达国家的治理模式进行简单的照搬照抄;同时文献数量也表明我国职业足球俱乐部股权结构虽然单一但内部治理绝非当前学者仅参考文献写出文章那么简单,调查实践性困难是一个重要的现实问题。

3. 国外职业足球俱乐部治理的相关文献

自从Modigliani and Miller(1958;1963)对企业股权结构与企业治理关系做了大量研究以来,股权结构问题引起了金融和商业经济学家越来越多的兴趣(Parsons,Titman,2008)。Gerrard(2006)认为,尽管大多数职业足球俱乐部都处于财务困境的边缘,但它们的存活率非常高,因为职业足球俱乐部保持着信息较高的对称性;Kennedy(2012)通过进一步研究做出解释,欧洲的职业足球俱乐部大多背上较高的债务,但欧洲的职业足球俱乐部破产的概率非常低,其原因是一些利益相关者(主要是球迷和当地社区)在有需要的时候都致力于帮助俱乐部,说明职业俱乐部的发展存在较高的地缘情结,但这里有一个前提条件,除非公司治理结构得到加强,否则这种行为可能会在管理者和利益相关者之间产生重大的利益冲突,因为不断增加的债务会带来挪用和资金转移的风险(Andreff,2006)。因此,职业足球俱乐部股权结构是一个非常复杂的研究课题,从全球职业足球俱乐部治理来看,欧洲部分国家职业足球的长盛不衰,与俱乐部股权结构的合理性密不可分(Parent,Deephouse,2007)。

欧洲一些著名的足球俱乐部,如曼彻斯特城(12.8亿欧元)、曼彻斯特联队(12.14亿欧元)、切尔西(9.46亿欧元)、巴塞罗那(8.96亿欧元)等市值均超过富时小盘指数(FTSE Small cap Index)的平均值,使得俱乐部有资格被纳入富时小盘指数,甚至可以挑战富时100大盘指数(Ho,2021),这充分说明这些职业足球俱乐部的财务指标得到资本市场的充分认可。由于职业足球俱乐部良性发展不仅仅考虑的是资本投入问题,有相当一部分职业俱乐部的投资者并不关注资本的具体运营和监管,而只考虑俱乐部成绩,正是这种利益相关群体的诉求不同,且大多欧洲的职业足球俱乐部也是由非营利性的足球协会转型而来的,因此学者们普遍认为,研究欧洲的职业俱乐部公司治理机制是十分重要的。

公司治理是一个经济学名词,公司治理的研究由来已久,已经形成相对成熟的理论基础(Dalton,et al,2003;Dalton,et al,1999),但职业足球俱乐部作为公司治理的构成,学者们认为与传统公司治理相比,有其特殊性,如职业足球俱乐部具有物质追求(经济目标)和精神追求(成绩排名)的双重性(Buchholz,Lopatta,2017),同时职业足球俱乐部在一个赛季中,需要通过即时的联赛成绩保持持续竞争收益,这就比传统的公司治理具有更高的风险和复杂性(Barajas,Rodríguez,2010,2014;Boscá,et al,2008;Hamil,Walters,2010;Kesenne,2010;Lago,et al,2006)。为了避免职业足球俱乐部受到联赛的系统性冲击,欧足联要求所有国家的足球协会必须提供本国职业足球俱乐部的财务状况证明,以监督职业足球俱乐部持续的经营能力(Farquhar,et al,2005;Hamil,et al,2004)。2005 年,欧洲足球协会联盟(UEFA)通过了财务公平竞争法则(FFP),这一法则几经修改,职业足球俱乐部财务的透明度不断提升,迫使俱乐部必须追求卓越的公司治理来降低运营成本(Smith,Stewart,2010;Stewart,Smith,1999)。即使这样,出于联赛成绩的追求仍然会导致部分欧洲的职业足球俱乐部出现财政赤字(Brown,2000;García-Teruel,Martinez-Solano,2007;Garcia,2011)。按照欧洲足球协会联盟的调查,职业足球俱乐部赤字的发生主要在于股权结构中相当比例的资本投入只关注俱乐部联赛成绩,导致俱乐部把超过50%以上的收入用于购买球员,以推动俱乐部联赛优异成绩的实现(Storm,Nielsen,2012),这种在球员上的过度投资,加剧了职业俱乐部之间的紧张性,导致俱乐部运营的不稳定,最终造成联赛的脆弱性(Franck,Lang,2014)。

实际上Sloane(1971)很早就提出,职业足球俱乐部的主要目标是提高球队在球场上的表现,但前提条件是能够保持偿还债务的能力。Sloane 提出的职业足球俱乐部运营目标的观点实质上与传统企业追求最大化利润已经产生鲜明的矛盾,也就是说职业足球俱乐部必须具备球场表现与债务清偿能力的双重特征。有数据表明,1994—2004 年间英国和西班牙的绝大多数职业足球俱乐部基本上将所有的俱乐部收入都投向了球员购买,造成俱乐部普遍亏损的局面(Garcia-del-Barrio,Szymanski,2009;Ruoss,2009;Szymanski,

Kuypers,1999),这直接推动了欧洲足球协会联盟 FFP 规则的推出(UEFA,2014a)。FFP 的推出为欧足联带来了两个方面的好处:一是作为维护公平竞争的合法机构,能够确立其中心地位,这与欧盟的目标保持一致;二是作为职业足球俱乐部的经营实体,如果出现经常性亏损的局面,俱乐部股权结构就会崩溃,股东必然会寻找新的投资机会,如果是上市公司,会存在被并购的风险,这种俱乐部治理的不稳定,就增加欧足联认为财政干预的必要性。

总体来说,英国和西班牙的职业足球俱乐部股权相对比较集中,德国职业足球俱乐部的股权比较分散,按照德国"50+1"表决权,俱乐部具有充分的决策权,即使是大股东拥有 50% 以上的股权,但在决定俱乐部运营的各项决策表决上并没有一票否决的权力,俱乐部管理层和球迷在俱乐部发展的决策上得到了充分的尊重。因此,就整个欧洲来说,不同国家股权结构和治理模式表现出一定的差异性,但这种差异性均强调了财务平衡下的俱乐部球队成绩表现。

二、问题和现状分析

(一)问题的现状与趋势

在苏宁职业足球俱乐部停止运营后,《东方体育日报》曾专版刊发对中国足协主席陈戌源的专访。陈戌源表示,苏宁退出职业联赛所带来的震动很大,中国职业足球联赛亟须建立健康、可持续的发展机制,并指出 3~5 年内实现俱乐部财务平衡(东方体育日报,2021)。

显然,陈戌源主席专访陈述核心内容是"俱乐部财务平衡是中国足球职业联赛健康和可持续发展机制的核心问题",那么财务平衡,谁来监管?股权结构对财务平衡起什么样的作用?目前上海职业足球俱乐部的财务平衡与股权结构状况是一种什么样的状况?这种状况会让俱乐部运营产生什么样的趋势?建立健康和可持续发展机制的中国足球职业联赛适用所有的联赛职业足球俱乐部,上海海港和上海申花也不例外,甚至包括中乙球队上海嘉定汇龙俱乐部以及女超的上海盛丽足球俱乐部。

1. 上海职业足球俱乐部股权结构和基本情况介绍

在中国职业联赛理事会尚未成立的背景下,股权结构对俱乐部可持续运营起着十分重要的作用。股权结构稳定,有利于俱乐部在特定的时间内形成较为一致的决策思路,从而能够积极发展足球文化、培育球迷群体、提升企业的品牌价值和社会影响力(表1)。

表1 上海职业足球俱乐部股权结构状况

序号	俱乐部名称(联赛级别)	控股股东(股权占比)	核准时间	注册资本(亿元)	股东背景	主营业务
1	上海申花(中超)	上海绿地体育文化发展有限公司(100%)	2014-02-07	11.5	国有企业	房地产
2	上海海港(中超)	上海国际港务(集团)股份有限公司(100%)	2005-12-16	1	国有企业	港务
3	上海嘉定汇龙(中乙)	陆建军(90%)刘丽吉(10%)	2015-05-20	0.1	民营企业(自然人投资)	市政工程
4	上海盛丽	上海市足球协会(100%)	2018-09-19	0.05	社会组织	足球活动

资料来源:依据天眼查"国家中小企业发展子基金旗下官方备案企业征信机构"数据整理。

上海海港足球俱乐部由上海国际港务(集团)股份有限公司于2014年底全资收购并运营管理。作为公开上市的国有企业,上海海港集团平均每年向俱乐部投资近20亿元人民币,是俱乐部收入的根本来源,而其自身实际获得的市场经营收入非常有限。

上海申花足球俱乐部是上海绿地体育文化发展有限公司的全资子公司,实际控制人为绿地控股集团股份有限公司。作为国资控股的混合所有制企业,绿地控股自2014年收购俱乐部至今,年均为俱乐部投资花费近10亿元人民币,俱乐部累计实现经营收入年均近2亿元。

上海嘉定汇龙足球俱乐部有限公司成立于2009年,最初为业余性质。俱乐部由两位夫妻关系的自然人股东发起并经营,近年来每年固定支出约2 800万元人民币。收入上,俱乐部每年可从市区政府、上海城发集团获得扶持费用850万元,剩余资金通过股东经营的其他产业筹集。

上海盛丽足球俱乐部有限公司成立于2018年,由上海市足球协会全资控股。上海市足协属于非营利的社团法人,每年运营球队的资金主要来源于上海农商银行的 2 000 万元赞助费和市政府"以奖代补"资金 800 万~1 300 万元。在现有的运营模式下,俱乐部财务健康风险在可控范围。

2. 上海出台的扶持职业俱乐部发展的政策情况

上海于 2018 年 8 月印发的《关于加快本市体育产业创新发展的若干意见》中明确提出"优化完善'以奖代补'的政府资助方式,激励职业俱乐部在联赛中取得更好成绩"。根据《上海市促进体育发展财政专项资金管理办法》,男足俱乐部参加中超或亚冠并取得优异名次,可获得 1 000 万~3 000 万元不等的奖励,足协杯冠亚军有额外的 1 000 万~2 000 万元奖励;女足联赛按名次奖励 700 万~1 300 万元不等。近三年来,市政府通过"以奖代补"方式累计向各职业俱乐部提供了约 1.5 亿元奖励资金。同时,对于职业俱乐部组织队伍代表上海市参加全国或国际性比赛的,市财政也会为俱乐部提供专项的补贴资金。

截至 2021 赛季,上海拥有四家国内职业联赛俱乐部,其中两家在中超联赛,一家在中乙联赛,另一家在中超女子联赛。从职业联赛运营的时间看,处在超级联赛中的上海申花和上海海港运营相对比较稳定,尽管历史上申花在俱乐部运营过程中经历股权的变更,但最终申花俱乐部在政府部门的协调下正常运营,且保持长时间的稳定。目前上海两家中超职业足球俱乐部的股权结构均为国有企业 100% 控股,从整个中超俱乐部发展看,国有控股俱乐部相较于民营企业控股明显具有稳定性优势,对于保持地域足球文化情结,形成良好的足球文化氛围,保持俱乐部财务相对平衡以及可持续发展运营等方面给出了充分的证据。

3. 存在的问题

课题组在 2021 年 4 月参与了中国足协关于上海中超俱乐部股权多元化改革的调研,调研的目的在于股权单一已经给俱乐部的生存与发展带来挑战,且股权单一不利于中超联赛的稳定性和足球事业的发展。中国足协主席陈戌源在多个场合强调,足球具有很强的公益特征,是一个城市文化的集中表现,正是这种公益性,才要求社会各界都能够共同参与职业联赛的治理,简而言之,就是职业足球俱乐部倡导股权多元化。

调研过程中,海港俱乐部和申花俱乐部负责人均强调,非常赞同中国足协对中超俱乐部股权单一现象进行改革,表达了作为当今国内职业足球俱乐部的管理者在股权单一情况下所面临的巨大困难、压力和挑战。调研所反映的问题集中表现在:

（1）股权单一，投入巨大，财务信息透明度较低。按照《中国足球改革发展总体方案》和《中国足球中长期发展规划（2016—2050）》要求，需完善俱乐部法人治理结构，加快现代企业制度建设。在法人治理结构下，现代企业制度具体表现为多元治理，财务可靠且信息透明，俱乐部管理者与利益相关者之间才能够做到最大化的信息对称。Dimitropoulos(2011)曾对欧洲职业足球俱乐部的运营进行论证，在控制较低收入盈余的条件下，显示拥有良好公司治理机制的职业足球俱乐部与更高质量的财务报告有关。在股权单一的局面下，虽然作为调研者，清楚地知道上海两支中超俱乐部的年度投入情况，但对广大利益相关者来说，并不清楚具体的投入数额，也不清楚俱乐部的收入情况，尽管两支俱乐部的负责人均明确表达，欢迎社会各界投资入股，共同治理足球俱乐部，但在财务报告并不是十分透明的情况下，社会化资本难以介入职业俱乐部的运营。

（2）缺乏有效的俱乐部股权评估标准和机制是俱乐部股权单一的核心问题。调研发现，职业足球俱乐部股权单一的核心问题是缺乏对俱乐部股权的评估，尤其在对股权转让过程中的俱乐部负债无法厘清产权并得到转让认可时，俱乐部很难得到受让企业或组织的接盘。俱乐部股权评估是一个非常复杂的问题，涉及国有资产、无形资产、商誉、俱乐部的各类硬件设施等，如果无法做到清晰的资产评估，社会资本的投资风险就会很大，股权多元化改革的难度就会提升。

（3）赞助虽成为俱乐部投入的一部分，但无法解决俱乐部治理问题。除了股权投资外，企业赞助往往也是俱乐部收入的重要来源之一。从足球发达国家俱乐部运营情况看，赞助收入通常会占到俱乐部收入的30%～35%。调研发现，上海两支中超俱乐部的赞助总额均未超过俱乐部收入的20%～25%，在俱乐部整体收入偏低的情况下，这样的赞助比例相对较低，无法给俱乐部运营带来实质性贡献，最为关键的是，赞助商非常不稳定，退出现象时有发生。

（4）上海两支中超俱乐部都是100%国资，从新古典经济学看，国有企业可以理解为一个技术系统的生产函数；从新制度经济学看，国有企业可以理解为市场的替代，通过市场实现企业利益的最大化，同时避免其他费用的开支。国有企业的商业性体现为对国有资产的保值与增值，但同时国有企业也有承担公益性的一面，国有企业公益性的主要目的是实现调节经济目标，实现各方面协调发展。因此作为100%国资投入的职业足球俱乐部，投入与产出严重不平衡，就无法实现对国有资产的保值与增值，反而会成为国有企业成长的负担，还有可能落下主业不聚焦的社会责任风险。

（5）训练比赛场地租赁方面，申花俱乐部认为虹口区国资委管辖的虹口足球场租金过高，且每年都因场地方自身的经营指标而有所上涨；同时申花俱乐部也多次因为训练场的租赁费用与场地方对簿公堂。

（6）在涉及俱乐部场地基地建设的土地政策、关于俱乐部梯队发展的青少年学籍迁移和升学政策、针对体育行业和俱乐部的税收优惠政策等，上海市目前还没有专项的政策。

4. 发展趋势

2021年以来，中超已有多家俱乐部开启股权转让，这不仅是《中国足球改革发展总体方案》的政策要求，也是职业足球发展规律使然，对于中超职业足球俱乐部可持续发展可以产生积极效应（表2）。

表2　2021年以来中超职业足球俱乐部股权转让状况

序号	俱乐部名称	原控股股东（股权占比）	现控股股东（股权占比）	股权变化情况
1	山东泰山	国网山东省电力公司(69.31%)；鲁能集团有限公司(30.69%)	济南文旅发展集团(40%)；鲁能集团有限公司(30.69%)；国网山东省电力公司(29.31%)	新增国企控股，股权分散
2	河南嵩山龙门	河南省弘道投资有限公司(98.57%)；河南省中原国际文化传播有限公司(1.43%)	郑州发展投资集团(40%)；洛阳旅游发展集团(30%)；建业集团(30%)	民企控股转国企控股，股权分散
3	北京国安	中赫置地有限公司(64%)；中国中信集团公司(36%)	中赫置地有限公司(100%)	民企国企共同控股转民企单一控股
4	长春亚泰	长春吉盛投资有限责任公司(100%)	长春嘉润投资管理有限公司(100%)	国企控股转国企控股

资料来源：依据天眼查"国家中小企业发展子基金旗下官方备案企业征信机构"数据整理。

不排除2021年剩下的时间，仍然有中超俱乐部股权结构发生变化，但总体来说中超俱乐部股权变化的趋势已经明显，表现出以下特征：一是多家国有企业分享股权配置是未来一个赛季股权变化的主要特征；二是民营企业股权发生裂变,转为国有企业控股,民营企业以少量股权作为补充;三是虽有少量民企控股,但其可持续性需要得到地方政府的大力扶持;四是国企之间控股权的变更需要加强多元化股权配置的引导。

因此,在广州恒大、河北华夏、青岛黄海等多家民企面临资金链困难的时候,要注意从趋势上加以引导。对上海海港和上海申花两支俱乐部来说,应培育更多的国企共同参与俱乐部建设。

5. 上海中超俱乐部股权改革的有利条件

(1) 政策条件。本赛季以来,中国足协陆续推动了中超联赛和职业俱乐部四大变革,为上海中超俱乐部股权改革创造了十分有利的政策条件:一是中超职业俱乐部内外援执行更严格的限薪令。按照政策要求,中超足球俱乐部每年运营费用不得超过6亿元人民币。国内球员税前收入年薪不超过500万元,球队平均每名球员不超过税前300万元,国外球员不超过300万欧元,球队外籍球员合计不超过1 000万欧元。中超的限薪政策大大缓解上海中超俱乐部的运营费用问题,有助于俱乐部梯队人才的培养。二是成立职业联盟,实现联赛的"管办分离"。中国足协正在大力推进中超联赛职业足球联盟的成立,一旦实现联赛的"管办分离",中超联赛职业足球联盟将能够发挥对俱乐部财务的监管作用和联赛的品牌价值。三是中超俱乐部执行名称中性化变革得到落实。俱乐部名称中性化意在体现区域思维,强化以足球俱乐部为代表的区域信仰共同体是全球职业足球发展的共识,是城市文化的具体象征,上海两支俱乐部中性化名称的落实对于建设上海全球卓越体育城市具有积极推动作用。四是中国足协积极推动股权优化,建议各俱乐部采取四三三的股权配比,以便实现可持续发展,按照四三三股权配比思路,一家俱乐部至少需要三个股东,且股东持股比例大致相当,并体现出控股股东,这样可以避免俱乐部过于依赖一个股东的情况,目前山东泰山、河南嵩山龙门等俱乐部已经逐步完成这一变革。

(2) 上海市政府支持。上海职业足球俱乐部股权改革得到上海市政府的高度支持,作为职业体育代表,上海职业足球发展已经融入上海城市发展的血脉。在申花俱乐部历次股权变更上,上海市政府都从中积极斡旋,体现了政府在城市体育文化建设方面的责任担当。同时在场地建设和使用方面,上海市发改委把浦东专业球场建设列为重大工程项目并积极推动场地建设和运营的体制机制改革,尝试"政府建设、企业运营"的模式,把经营权交给了海港俱乐部的关联企业,为俱乐部发展提供更优质的资源和服务。此外,俱乐部租用其他场地时,市财政会协调提供优惠的价格。

(3) 俱乐部强烈需求。对于股权多元化改革,上海海港和上海申花都表现出强烈的改革意愿。2014年以来,随着足球"金元时代"的快速发展,两支俱乐部为取得较好成绩,在正常运营上都投入了巨额资金。调研中,两支俱乐部负责人明确表达:一是愿意继续为上海职业足球做出贡献并承担相应的股权责任,可以控股,但股权比例一定要改,否则俱乐部发展不可持续;二是愿意放弃俱乐部股权,寻求新的资本接盘,这一点上海申花俱乐部表现更为迫切,从2013年开始,俱乐部开始混合所有制改革,形成了员工持股、国有资本和社会资本的"金三角"股权结构,其中国资占46.37%,随着股权的稀释,虽国资绝对控股,但这样的股权比例和条件,在俱乐部始终无法赢利的情况下,对申花俱乐部生存与发展的决策必然会产生较大的不确定性。

三、对策和建议

(一)明晰上海职业足球俱乐部股权结构改革目的

我国职业足球改革面虽然较广,但总体来说集中在联赛改革和俱乐部改革,且两种改革相互交织和相互作用。目前足协已经充分认识到两种改革同时进行的必要性,对联赛改革来说,足协正在着手进行中超联盟机构的组建,以按照符合职业联赛规律模式实现联赛运营的独立化。但具体到俱乐部改革来说,俱乐部可持续发展的核心灵魂在于俱乐部是否能够长期运营下去,这必然会涉及职业足球俱乐部的资本运作。

在前述问题讨论中,上海两支中超职业足球俱乐部明确表达发展不可持续,这种不可持续集中为四点:一是单一股权资本运营模式,企业无法承受,必须要寻找新的投资方。二是国有资本非主业运营的风险性,海港曾就职业足球俱乐部偏离主业问题受到约谈。《关于中央企业加强参股管理有关事项的通知》《国务院办公厅关于建立国有企业违规经营投资责任追究制度的意见》《企业国有资产交易监督管理办法》《企业国有资产监督管理暂行条例》《上海市国资委监管企业主业管理办法》《上海市国资委监管企业投资监督管理办法》《上海市企业国有产权无偿划转管理办法》等国家和地方政策文件,都明确规定了国有企业非主业投资和企业国有股权转让的具体要求、审批流程、追责及处理办法等,导致国有企业及其负责人投资俱乐部可能面临审批困难和纪律处罚。三是随着俱乐部名称的中性化改变,俱乐部的区域或城市属性得到增强,单一企业对俱乐部投资出现严重亏损的情况下,理所当然会要求正视俱乐部给区域或城市带来的文化公益性,强化股权改革的需求,实际上这么做的目的在于先完成形式上俱乐部与俱乐部公司的分离,这是具有重要历史意义的。四是即便股权结构进行了改革、做了新的分配,但并不表明俱乐部就会走上正轨,这里还存在着股权治理问题,正如希腊学者 Panagiotis Dimitropoulos 对 67 家欧洲职业足球俱乐部公司治理与股权结构的研究结果表明,有效的公司治理机制,如董事会规模和独立性的增加以及更分散的所有权(管理和制度)的存在,会降低杠杆水平和债务,从而降低财务不稳定的风险。

(二)国外职业足球俱乐部股权结构探析

1. 日韩职业足球俱乐部的股权结构

(1)日本职业足球对于我国职业足球发展可以起到借鉴的作用,日本职业足球俱乐部资本运营的巨大成功在于为本土培养了一批世界级球员,而这些世界级球员又是从日本的职业足球俱乐部中走出来的,这些球员能够走出来固然有培养体系的问题,但灵魂在于资本运作:一是俱乐部与俱乐部运营公司分离,两者之间的关系是俱乐部为运营公司提供联赛产品,运营公司为俱乐部提供资本保障。二是股权投资主体数量较多,每支俱乐部至少有 5 家及以上投资主体,其中"浦和红钻"股东数量多达 45 家,"德岛旋涡"共有 53 家股东,也就是说,日本职业足球俱乐部公司大多是有限公司,但控股股东股份一般会超过 50%,也就是说对俱乐部运营决策起关键作用,如"浦和红钻"最大控股股东浦和株式会社控股比例达到 50.75%。三是日本职业足球俱乐部投资股东中普遍出现当地政府的身影,地方政府会自上而下地按照行政体系进行一定比例的投资,通常控股总比例在 10% 以下,比重并不大。政府入股表达两重含义,即足球具有繁荣城市文化的象征和政府对于职业足球俱乐部的监管作用。四是日本职业足球俱乐部中部分俱乐部允许个人的"集体"持股,也叫"持股会",广泛吸纳资本额较少、又有意愿为俱乐部所在城市职业足球发展做出贡献的社会中个人或小型企业。"持股会"资金来源广泛,但基本始自"地域情结"。这种持股比例模式在有些俱乐部占比股权较高,如"川崎前锋俱乐部有限公司",1993 年的时候,"持股会"股权占比达到俱乐部总股权的 22%,是一支不小的力量,目前的俱乐部公司中,"持股会"占比一般低于 10%,基本为了地域的足球情结。

(2) 韩国情况与日本类似,职业足球俱乐部股权中有类似"持股人"的"市民俱乐部",也就是个人持股,根据意愿从一定的税收中扣除,与日本不同的是,"市民俱乐部"持股归政府管理,市长往往是"市民俱乐部"的法人代表,同样是为加强职业俱乐部的监管。

日韩发展职业足球,注重俱乐部股权的多元化,董事会对俱乐部公司的决策起着重要的作用,并对能够实施决策的股东按照一定的股比起到限制作用,股权结构显示职业足球的地域文化培育相当成功,政府在通过参与一定的股权配比对俱乐部决策起到监管作用。

2. 欧洲职业足球俱乐部股权结构与治理借鉴

(1) 欧洲职业足球俱乐部股权结构与治理的发展历史。自19世纪欧洲足球诞生之初,职业足球管制一直是松散的,相继经历了职业化、商业化和国际化三大核心趋势。第一阶段的特点是足球俱乐部的职业化,其特征是足球俱乐部从会员协会中合法分离。也就是说,法律做出了新的调整,允许俱乐部先演变成独立的法人实体,然后接纳职业足球队,或者把会员协会直接转换为公司。英国的俱乐部早在19世纪晚期就转变成股份公司(Leach,Szymanski,2015)。意大利和法国俱乐部在20世纪下半叶进行了股份制改造,而德国职业足球俱乐部是欧洲最晚进行股份制改造的国家,直到1998年才被允许在法律框架下进行股权改革(Dietl,Franck,2007),但是如沙尔克04、斯图加特等职业足球会员协会到目前为止仍然存在。第二阶段的特点是一定数量私人投资者的准入。对职业足球制定新的法律条文是外部投资者进入的前提条件,但所有权结构保持不变。相比之下,第二阶段可以被描述为所有权分离,因为私人投资者已经获得了足球俱乐部公司的多数股份,但德国利用"50+1"规则来限制私人投资者的影响力,欧洲其他国家主要足球联赛的俱乐部可以完全由私人投资者接管(Franck,2010)。一些最早涉足足球的公司是工业公司,如皇家阿森纳(1886年)、帕玛拉特(1913年)和标致(1928年),他们创建了公司球队,后来随着俱乐部球员的流动,企业成为球队所有者。国家放松对职业足球的市场管制后,更多的投资者进入市场,包括商人、体育投资公司(如2007年的Sisu)、家族王朝(如1986年的贝卢斯科尼家族)和非传统投资者(如2004年的欧洲国家信息集团、2002年的国际米兰)。第三阶段的特点是外国投资者的进入。从历史上看,20世纪90年代,英国职业足球俱乐部最早向外国投资者开放(Hoehn,Szymanski,1999)。2013—2014年赛季结束时,有大量来自美国(如 Stan Kroenke)和东南亚(如 Vincent Tan)、中东(如 Al-Hasawi 家族)及其他地区的外国投资者。2005 年 Inditex 进入法国后,格勒诺布尔成为第一家外资控股的俱乐部。而在意大利和德国,外国投资者并不多见。

(2)欧洲职业足球俱乐部股权结构与治理。如果不从研究的视角看欧洲职业足球俱乐部的股权与治理,很难洞察俱乐部股权结构与俱乐部公司的治理关系。尽管欧洲各国职业足球俱乐部的股权结构与治理模式有差别,但总体来说,治理模式在全球范围内具有很强的代表性。尤其是欧洲足球联盟协会的"财务公平竞争"法则为什么能够改善俱乐部的财务状况,且能维持俱乐部未来的生存能力,具有很强的借鉴性。

Kim 等人(2012)、Jiraporn 和 Gleason(2007)和 Mande 等人(2012)的研究都证明,扩大董事会规模和独立性、董事长和首席执行官(CEO)职务分离等强有力的企业支配结构可以降低杠杆水平,从而降低足球俱乐部资金不稳定的风险。此外,管理层持股和机构持股水平对杠杆水平有正向贡献,这表明降低管理层和机构投资者的股权集中度、增加股权分散度,可以显著促进俱乐部资本结构的改善。

Michie 和 Oughton(2005)认为,董事会独立性和所有权分散问题必须纳入监管机构在俱乐部治理改革中的官方议程,并允许各种利益相关者(球迷、支持者、地方代表等)参与俱乐部公司董事会的决策和监督过程,这样可以帮助俱乐部平衡商业需求和球场上的成功,同时给利益相关者群体带来显著利益。

有学者从 2011—2012 年赛季欧洲职业足球俱乐部公司层面上分析职业足球俱乐部公司股权与治理的财务状况,分别以私人股权投资、会员投资以及分散股权投资俱乐部的财务杠杆为研究对象,研究表明,私人投资的俱乐部相较于其他股权性质俱乐部来说,比前两个赛季职业俱乐部平均收入要高出 4%,球队市值高出 12%,同时也支付了超平均数 11%的工资和 25%的转会费用。此外,国外投资者投资俱乐部后收入增长了 67%、市值增长了 74%、球员工资增长了 79%,以及转会费用增长了 138%。

Plumley 等人(2017)基于营业额增长、利润增长、利润、已动用资本回报率、流动比率、债务、杠杆比率和工资占营业额的比例,确定综合财务绩效得分来分析英超俱乐部上述指标的综合测量,结果表明,2010 年阿森纳、曼联、阿斯顿维拉、布莱克本四支排名前五俱乐部的投资者均是国外投资者,而测量结果最差的博尔顿和维冈俱乐部投资者都来自英国。Plumley 等人的研究得出了职业足球俱乐部股权结构中国外投资者在股权比例中起支配作用的重要性。

英超引入国外私人投资者,除了获得短期的联赛优异成绩外,他们也倾向能够在长期投资中提升俱乐部的影响力,如新建球场等训练设施,积极发展后备梯队,并将优秀青年球员纳入一线队。根据 Transfermarkt.de 的数据,2016年5月,23岁以下、价值超过2 000万英镑的最有价值青年球员大多在私人投资俱乐部效力,这些私人投资者拥有的俱乐部还能够成功地吸引那些最受欢迎的球队管理者。例如,瓜迪奥拉在2015—2016年赛季结束时离开了拜仁慕尼黑,因为他与曼城签了三年的合同。同样,前多特蒙德主教练尤尔根·克洛普也在一年前与利物浦签约。据《法国足球》统计,2016年十大俱乐部优秀管理者中有八人受雇于私人投资者拥有的俱乐部。

表3、表4、图1和图2是欧洲主要联赛国家职业足球俱乐部股权投资情况,图3是曼联股权结构图,图4是多特蒙德俱乐部公司的股权治理。

表3 欧洲四大联赛各国职业足球俱乐部投资者类型

国家\股权投资模式	会员协会	完全由会员协会拥有	少数私人大股东掌控	国内私人投资者为主	国外私人投资者为主	总数
英国	/	/	4	18	22	44
法国	/	3	8	23	6	40
德国	18	8	5	4	1	36
意大利	/	/	/	40	2	42

表4 2017—2018赛季欧洲五大联赛职业足球俱乐部公司股权情况

股权形式	占比(%)	具体分类	占比(%)
集中股权	73	国外股东控股	30
		国内股东控股	43
分散股权	27	分散资本持股	20
		会员协会持股	7

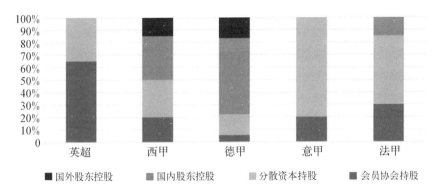

图1 欧洲五大联赛俱乐部公司股权类型与股东控股情况

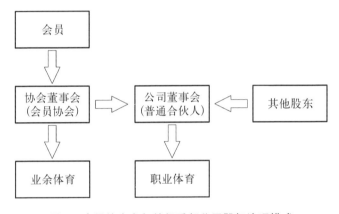

图2 会员协会参与的俱乐部公司股权治理模式

（3）欧洲职业足球俱乐部股权结构与治理现状的总结与分析。一是欧洲职业足球俱乐部股权结构与治理情况大多还是盲盒，呈现出不透明性。此外，盈利和亏损数据以及俱乐部和球员价值的评估与交易数据也很难获得。近十年，德勤一直在其 Annual Review of Football Finance 中定期发布英国两大顶级联赛的财务信息，而 LFP 也定期发布法国前两大联赛的财务信息，但职业足球俱乐部股权情况的透明度并不高。西班牙和意大利职业足球俱乐部的数据必须要在公司登记方购买，而德国会员协会不公布任何财务数据。二是欧洲足球市场非常特殊，非营利性会员协会和私营企业控股俱乐部的模式共同存在。在德国和法国，会员协会的地位依然关键，仍可能享有职业足球俱乐部的决策权，而欧洲其他国家俱乐部股权大多由私人投资者所有。这两种股权控制类型的公司同在足球领域中相互竞争，对于财务效率和俱乐部联赛成绩

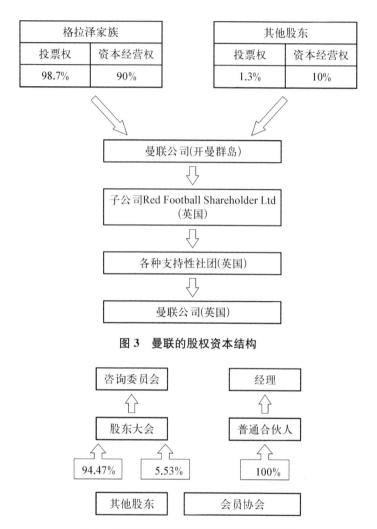

图 3　曼联的股权资本结构

图 4　多特蒙德俱乐部公司的股权治理结构

就可以进行比较。欧洲职业足球最大的特点在于国外和国内投资者对俱乐部的发展目标和价值取向不同。例如,美国在欧洲职业足球俱乐部的投资者通常被认为是利润最大化者,而欧洲大陆的投资者通常被认为是俱乐部成绩效用最大化者。三是作为欧洲职业足球监管机构的欧足联也直到2012年才发现国外的私人投资者因俱乐部运营目的和价值取向不同,给欧洲职业足球的竞争平衡带来扭曲性。因此,2013—2014年赛季全面生效的FFP规定旨在限制各国富有的投资业主在职业足球俱乐部中进行过度投资。

(三)上海中超职业足球俱乐部股权结构改革路径

在分析了日韩和欧洲职业足球俱乐部股权结构并结合前述上海中超职业足球俱乐部单一股权存在的问题后,本研究提出以下改革思路:

1. 改革可以施行三步走战略

第一步由上海市委、市政府出面,国资委联系相关部门,对海港和申花两支中超俱乐部的现有产权进行评估,因为两支俱乐部公司主要由国资控股,在股权厘清方面可以抛开历史债务,并以2021赛季俱乐部运营投入的所有成本和品牌价值(含球员工资、交易、梯队建设、训练竞赛场地设施、租赁、球队成绩、投资收入、品牌系列产品运营价值等)作为股权离析的基本依据,也可按照相关财务指标进行股权评估。如果没有清晰的产权评估,股权转让和受让会产生风险,导致股权改革失败。第二步从1994年中国足球职业联赛开始,近30年的职业足球发展历程可以总结出一个经验,国有企业投资职业足球俱乐部能够保持俱乐部在相当长时间内的稳定性,如山东泰山、北京国安、上海申花、长春亚泰、上海海港等,即使是在2021年的职业足球俱乐部股权改革中,原国企单一控股逐步改为多国企控股,推动了股权多元化改革,如山东泰山;原单一民企控股也开始逐步走向国企、民企共同持股的股权多元,如河南嵩山龙门等。由此看出,我国职业足球俱乐部公司股权改革有其特殊性,具有中国特色。因此,在产权评估离析为股权后,为保证上海职业足球俱乐部的稳定性,建议上海两支中超俱乐部公司短期内(1~2年)在做到相对控股的条件下,通过政府斡旋引入2~3家国有企业进行战略投资,尤其要在国有控股的文旅企业上做文章,这样既可以避免申花和海港股权单一,把过多资金投入到企业非主营业务上,同时也做到从属性上延伸文旅企业的主营业务,并且文旅企业在俱乐部产品策划、包装和宣传等方面有先天优势。这一步可以同时进行,股权分配上,既可以按照中国足协的思路进行四三三股权分配,也可以适当增加战略投资者,降低投资风险。第三步是需要借鉴日韩和欧洲一些职业俱乐部公司在股权上的做法,那就是通过建设类似于"持股会",或称为"基金会"的方式,允许对地域具有浓厚情结并且热爱足球、尚不具备股东资格的个人和小型企业在职业足球俱乐部公司上的投资,按照日本和德国的经验,这样的股权比例通常会占到股权结构的10%左右,德国会更高。这种优质的股权比例不仅能够增加全球范围内的上海人关注上海职业足球、传播足球文化,同时也能对上海职业足球发展、俱乐部风险管控等方面起到监管作用。欧洲职业足球发展的历史表明,百年俱乐部成长历程中,区域内市民的足球情结表达是支撑俱乐部长盛不衰的关键要素之一,也是最可持续的优质资本。

2. 上海市政府在职业俱乐部股权结构改革中的作用

目前上海市政府在职业俱乐部股权结构改革中需要重点做好三个方面的工作:一是要强化对上海市中超职业俱乐部的属性变化认知。随着俱乐部中性化名称改变,俱乐部运营逐步走向稳定之后,俱乐部与俱乐部公司在形式上已经开始分离,俱乐部的区域公益性属性开始彰显,政府对海港和申花两支俱乐部股权改革的时机已经到来,要尽快对俱乐部进行资产评估,以期获得较为科学的股权资产,为股权多元化做准备。二是要强化对上海中超职业俱乐部股权改革区域企业特点认知。上海是国资企业比重较高的区域,国资企业数量众多,不仅承担着上海改革创新的攻坚责任,同时也担负起上海文化繁荣的使命,城市发展的忠诚度较强。国企尤其文旅国企参与上海职业足球俱乐部股权结构改革,有利于上海职业足球俱乐部能够在相当长一段时间内保持俱乐部运营的稳定性,也有助于俱乐部决策渠道的多元以及俱乐部监管等符合职业足球发展的市场规律,3~5家国企参与俱乐部股权治理,实际上也是政府投入的具体表现。三是要强化对上海职业足球俱乐部发展目标认知并提供相应的政策保障。从全球范围来看,成绩对职业俱乐部来说固然重要,因为它会影响俱乐部公司的资本投入与变更,但俱乐部的存在又往往会融入区域文化的血液,成为当地居民一种精神的依恋与寄托,无论成绩好坏,只要存在即为最好。

因此,从根本上来说,职业足球俱乐部是一种区域文化,是城市精神的浓缩,在这个角度上,职业足球俱乐部的发展目标应当成为城市文化的组成部分,而不是简单按照市场法则,当投资企业不想干,也就是说俱乐部公司不想干时,俱乐部就倒闭。西班牙毕尔巴鄂竞技队是西甲百年史上从未掉出过西甲的球队,尽管球队成绩大多处于职业联赛的中游,但毕尔巴鄂竞技俱乐部就是整个巴斯克民族的象征,球队队服颜色由红白相间组成,而整座城市建筑也大多由红白两色组成,新出生婴儿包裹的第一块布也是红白两色组成,职业足球信仰深刻地嵌在巴斯克民族老百姓的灵魂之中,因而会员制俱乐部也使得巴斯克民族的灵魂屹立不倒。如果按照这样的发展目标理解上海职业足球俱乐部,2~3家国企投资加上10%以内的会员股权,实际上就是政府与社会共同撑起职业足球的发展空间,是未来一段时期上海职业足球发展比较好的股权分配手段。一旦股权结构发生变革,随之而来的企业赞助和社会关注面就会扩大,尤其是俱乐部会员"持股会"或"基金会"的股权融合,地域足球的文化情结不再仅仅是情绪上的问题,而是实质性的推动俱乐部可持续发展,按照日韩和欧洲经验,相信强大的社会支持可以保证俱乐部发展的永续动力,上海可以先行先试。

3. 降低上海职业足球俱乐部运营成本

职业足球俱乐部运营成本至少包括三个方面:一是俱乐部运作的运营费,包括训练场地及赛事场地租赁、球员工资及交易、联赛运营等;二是俱乐部青训的梯队建设,同样会涉及训练比赛场地、管理运营等投入,没有成熟的青训运营管理作保证,后备力量成才率会较低;三是无论职业球员还是青训队伍,都还会有教育成本,尤其是参加青训的青少年,在训期间和无法继续职业生涯的时候,均面临教育困难。这些问题的解决,除了股权分散之后可能带来的机会,政府可以通过"市队校办"的方式,积极推进职业俱乐部与教委和高校合作,深化体教融合,可以让俱乐部的部分工作对接高校,如与高校合作共建运动员理疗与康复中心等,同时按照市教委"一条龙"人才培养体系要求,就青训队伍的学习问题如何对接中小学拿出具体方案。

参考文献

[1] 王晓亮,田昆儒. 定向增发、股权结构与投资多元化研究[J]. 重庆大学学报(社会科学版),2015(4).

[2] 宋汇玄,姜旭朝. 股东类型、多元化经营与银行绩效——基于中国80家商业银行的实证研究[J]. 山东大学学报(哲学社会科学版),2018(4).

[3] 叶勇,蓝辉旋,李明. 多个大股东股权结构与公司业绩研究[J]. 预测,2013(2).

[4] 朱冰,张晓亮,郑晓佳. 多个大股东与企业创新[J]. 管理世界,2018(7).

[5] 姜付秀,王运通,田园,等. 多个大股东与企业融资约束——基于文本分析的经验证据[J]. 管理世界,2017(12).

[6] 钟秉枢,郑晓鸿,陈文倩,等. 中国职业足球实现俱乐部地域化及名称非企业化的理论与政策研究[J]. 首都体育学院学报,2017(5).

[7] 陈文倩,钟秉枢,郑晓鸿,等. 国外职业足球俱乐部股权改革经验与启示[J]. 体育文化导刊,2020(3).

[8] Modigliani F, Miller M H. The cost of capital, corporation finance and the theory of investment[J]. The American economic review,1958(3).

[9] Modigliani F, Miller M H. Corporate income taxes and the cost of capital: a correction[J]. The American economic review, 1963(3).

[10] Parsons C, Titman S. Capital structure and corporate strategy[M]//Handbook of empirical corporate finance. Elsevier, 2008.

[11] Gerrard B. Financial innovation in professional team sports: the case of English Premiership soccer[J]. Handbook on the Economics of Sport, Edward Elgar Publishing Limited, Cheltenham, 2006.

[12] Kennedy P, Kennedy D. Football supporters and the commercialisation of football: comparative responses across Europe[J]. Soccer, Society, 2012(3).

[13] Andreff W. Sport and financing[J]. Chapters, 2006.

[14] Parent M, Deephouse D L. A Case Study of Stakeholder Identification and Prioritization by Managers[J]. Journal of Business Ethics, 2007(1).

[15] Ho K S. Allowing dual class share structure companies in the Premium listing segment of the London Stock Exchange: appreciating international experiences and recognizing local conditions[J]. Capital Markets Law Journal, 2021(3).

[16] Dalton D R, Daily C M, Certo S T, et al. Meta-analyses of financial performance and equity: fusion or confusion? [J]. Academy of Management Journal, 2003(1).

[17] Dalton D R, Daily C M, Johnson J L, et al. Number of directors and financial performance: A meta-analysis[J]. Academy of Management journal, 1999(6).

[18] Buchholz F, Lopatta K. Stakeholder salience of economic investors on professional football clubs in Europe[J]. European Sport Management Quarterly, 2017.

[19] Ángel Barajas, P Rodríguez. Spanish Football Clubs Finances: Crisis and Player Salaries[J]. International Journal of Sport Finance, 2010(1).

[20] Á Barajas, P Rodríguez. Spanish football in need of financial therapy: Cut expenses and inject capital[J]. International Journal of Sport Finance, 2014(1).

[21] Boscá J E, Liern V, Martínez A, et al. The Spanish football crisis[J]. European sport management quarterly, 2008(2).

[22] Hamil S, Walters G. Financial performance in English professional football: "an inconvenient truth"[J]. Soccer, Society, 2010(4).

[23] Kesenne S. The Financial Situation of the Football Clubs in the Belgian Jupiler League: Are Players Overpaid in a Win-Maximization League? [J]. International Journal of Sport Finance, 2010(1).

[24] Lago U, Simmons R, Szymanski S. The Financial Crisis in European Football: An Introduction[J]. Journal of Sports Economics, 2006(1).

[25] Farquhar S, Machold S, Ahmed P K. The Update Developments of the Behavioral

Corporate Finance and the Inspiration[J]. Journal of Lixin Accounting Institute Quarterly, 2005.

[26] Hamil S, Holt M, Michie J, et al. The corporate governance of professional football clubs[J]. Corporate Governance: The International Journal of Effective Board Performance, 2004.

[27] Smith A, Stewart B. The special features of sport: A critical revisit[J]. Sport Management Review, 2010(1).

[28] Stewart B, Smith A. The special features of sport[J]. Annals of Leisure Research, 1999(1).

[29] Adam Brown. European football and the European union: Governance, participation and social cohesion — towards a policy research agenda[J]. Soccer, Society, 2000(2).

[30] García-Teruel P J, Martínez-Solano P. Effects of working capital management on SME profitability[J]. International Journal of managerial finance, 2007(2).

[31] Garcia B. The influence of the EU on the governance of football[J]. routledge, 2011.

[32] Storm R K, Nielsen K. Soft budget constraints in professional football[J]. European Sport Management Quarterly, 2012(2).

[33] Franck E, Lang M. A Theoretical Analysis of the Influence of Money Injections on Risk Taking in Football Clubs[J]. Scottish Journal of Political Economy, 2014(4).

[34] Sloane P J. Scottish journal of political economy: the economics of professional football: the football club as a utility maximiser[J]. Scottish journal of political economy, 1971(2).

[35] Garcia-Del-Barrio P, Szymanski S. Goal! Profit Maximization Versus Win Maximization in Soccer[J]. Review of Industrial Organization, 2009(1).

[36] Ruoss K. Allokation von Verfügungsrechten und die Governance von Fußballunternehmen: eine empirische Analyse unter institutionenökonomischen Aspekten[M]. Rainer Hampp Verlag, 2009.

[37] Szymanski S, Kuypers T. Winners and losers[M]. Viking Adult, 1999.

[38] Brown P, Beekes W, Verhoeven P. Corporate governance, accounting and finance: A review[J]. Accounting, finance, 2011(1).

[39] Panagiotis Dimitropoulos. Corporate Governance and Earnings Management in the European Football Industry[J]. European Sport Management Quarterly, 2011(5).

[40] Dimitropoulos P E, Asteriou D. The effect of board composition on the informativeness and quality of annual earnings: Empirical evidence from Greece[J].

Research in International Business and Finance, 2010(2).
- [41] Leach S, Szymanski S. Making money out of football[J]. Scottish Journal of Political Economy, 2015(1).
- [42] Dietl H M, Franck E. Governance Failure and Financial Crisis in German Football [J]. Journal of Sports Economics, 2007(6).
- [43] Franck E. Zombierennen "und Patenonkel" — Warum deutsche Fussballklubs in der Champions League den Kürzeren ziehen[J]. Working Papers, 2010.
- [44] Hoehn T, Szymanski S. The Americanization of European football[J]. 1999(28).
- [45] Kim Y S, Kitsabunnarat P, Jiraporn P, et al. Capital structure and corporate governance quality: Evidence from the Institutional Shareholder Services (ISS)[J]. International review of economics and finance, 2012(1).
- [46] Jiraporn P, Gleason K C. Capital structure, shareholder rights, and corporate governance[J]. Journal of Financial Research, 2007(1).
- [47] Mande V, Park Y K, Son M. Equity or debt financing: does good corporate governance matter? [J]. Corporate Governance: An International Review, 2012(2).
- [48] Michie J, Oughton C. The corporate governance of professional football clubs in England[J]. Corporate governance: An international review, 2005(4).
- [49] Plumley D, Wilson R, Ramchandani G. Towards a model for measuring holistic performance of professional Football clubs[J]. Soccer, Society, 2017(1).

第 3 篇

体育产业

"双循环"新发展格局战略背景下上海市体育产业数字化转型的机遇、挑战与对策

卢天凤　张　鑫　冯琳琳　楚潇君　韩嘉懿[*]

一、"双循环"新发展格局的战略背景

新冠肺炎疫情在全球范围内大爆发和长期蔓延,全球经济相继受损,产业链循环受阻,再加上近年来美国不断采取"断链""退群"等极端消极手段掀起"逆全球化"浪潮,世界贸易体系及全球价值链面临着动荡和破裂风险(任君、黄明理,2021),因此中国提出"加快形成以国内大循环为主体、国内国际双循环相互促进的新发展格局"。新发展格局既有利于及时应对瞬息万变的外部环境变化,又充分发挥了大国经济内部可循环的优势,将发展立足点聚焦国内,依靠国内市场、国内生产、国内需求促进中国经济可持续发展(李峰等,2021)。从 2020 年 5 月 4 日"构建国内国际双循环相互促进的新发展格局"的首次提出,到 7 月 30 日中共中央政治局会议再次强调"加快形成以国内大循环为主体、国内国际双循环相互协调相互促进新发展格局",8 月 20 日习近平总书记在推进长三角一体化发展座谈会上对新形势下新发展格局提出具体要求,8 月 24 日习近平总书记就经济社会重大发展问题与相关专家召开座谈会强调新发展格局在重塑我国国际合作关系、地位和竞争新优势的进程中起到战略抉择性作用,9 月 1 日习近平总书记在中央全面深化改革委员会第十五次

---

[*] 本文作者简介:卢天凤,同济大学副教授,博士,研究方向:体育与城市的互动发展、体育教育与训练;张鑫,同济大学在读研究生,研究方向:体育管理、体育社会学;冯琳琳,同济大学讲师,硕士,研究方向:体育管理;楚潇君,同济大学在读研究生,研究方向:体育管理、体育社会学;韩嘉懿,同济大学在读研究生,研究方向:体育管理、体育社会学。

会议上强调全国上下各领域各部门在改革进程中要以新发展格局为出发点、为新发展格局提供强大动力,再到党的十九届五中全会进一步提出"加快构建以国内大循环为主体、国内国际双循环相互促进的新发展格局""要畅通国内大循环,促进国内国际双循环"(中国共产党第十九届中央委员会第五次全体会议公报,2020),从这一系列关键时间点可以看出我国致力于"双循环"新发展格局的坚定与决心。

在国内大循环和国际大循环这对矛盾体中,前者是后者的前提、基础与保障,后者则是前者的支撑、外延与补充(任君、黄明理,2021)。我国经济的发展要突出国内大循环的主体地位,将扩大内需作为经济发展的根本出发点和基本落脚点,充分发挥国内市场竞争优势和内需消费潜力。但同时不可弱化国际大循环,发展国内大循环是为了尽早摆脱"两头在外"依赖国际市场的尴尬局面和"大进大出"的传统发展模式,为融入国际大循环做好充分准备,以更高水平和更高层次参与到国际大循环之中(张永亮,2020)。更重要的是,"双循环"新发展格局并不是受新冠肺炎疫情冲击和外部势力打压下我国政府采取的被动之举和应急之策,而是新时代中国政府考虑我国国情需要和经济社会长远持续发展需求之后采取的主动战略抉择(钱学锋、裴婷,2021;董志勇、李成明,2020)。因此,"双循环"新发展格局一方面在国内经济大循环的宏大进程中不断促力,另一方面为我国参与国际经济合作与竞争加持新优势和竞争力。但在"双循环"发展背景下,各经济部门、各产业部门需要考虑应该采取何种方式来顺应宏观发展格局,否则将面临被淘汰的风险。

当今,新型数字科技层出不穷,不仅帮助我国传统产业有效应对了竞争过度、产能过剩、劳动力成本优势衰退等问题,并探寻到了新的增长机会和新的发展模式,而且线上购物、线上会议、线上学习、线上运动等彻底改变了人们的生活。由此可见,数据有效连接了线上与线下,数据化转型的过程不仅实现了生产要素物理维度的转移,而且伴随着产业数字化转型,海量数据随之产生并能够应用到实体生产和消费场景中,释放数据红利,有效渗透进经济社会生产、社会分配、社会交换和消费等各个环节,提高创新成果转化速度和产业化变革效率,进而促进产业提质增效。由此可见,经济社会运行在数字科技创新要素的加持下,产业数字化转型是产业转型升级的必由之路。在2015年召开的第二届世界互联网大会上,习近平总书记郑重声明中国社会正全方位推进"数字经济"建设,为全球数字经济发展做出一份不容小觑的努力。2017年3月,正式将"数字经济"写进政府工作报告。2018年4月,在全国网络安全和信息化工作座谈会上,习近平总书记强调数字经济的发展,产业数字化的加快推动进程,要始终围绕信息技术的创新驱动,使得新产业、新业态、新模式顺畅产生,有效形成新动能推动新发展的可持续良性循环发展局面。2020年3月,中央政治局常委会议指出,新型基础设施的统筹规划,行业数字化发展基础的不断夯实,要尽快提上日程。在政策支持下,我国为发挥大数据的应用空间和价值建立了国家大数据综合试验区,为更大程度激活数字经济市场活力创建了国家数字经济创新发展试验区,为配合产业数字化转型鼓励人工智能的应用设立了一批新一代人工智能创新发展先行示范区,又上线了宽带覆盖、企业云、中小企业数字化赋能等一系列数字经济重大工程(国家信息中心,2020)。由此可见,数字经济的站位已经上升至国家发展战略高度,成为国家经济发展的关键指向,且渗透到各行各业,产业数字化转型为融合协调数字经济和实体经济之间发展关系架起了一座畅通无阻的桥梁。

上海经济发展一直走在我国经济发展的前列且对外开放程度最高,聚集了一大批海外企业,因此上海具有作为"双循环"新发展阵地的率先优势,一方面立足于国内需求,使生产、分配、流通、消费等经济社会运行环节主要依托国内市场实现持续循环发展;另一方面优化产业结构,促进产业数字化转型,提高贸易质量,最终推动国际大循环(张永亮,2020)。因此,上海体育产业要在这次"双循环"经济改革发展中紧跟产业转型升级的步伐,实现自身的数字化转型,也更好地回应了上海打造智慧赋能城市的需求。

我国体育产业发展的总目标是通过创新驱动战略和供给侧结构性改革方案来提升产业核心竞争力,实现体育产业的高质量发展(国务院办公厅,2019)。伴随着各个产业紧锣密鼓地开展数字革命,当前"双循环"新发展格局下数字经济的核心任务是加快促进产业数字化转型。2019年数字经济总量中84.3%的占比由产业数字化贡献,全球GDP中35%的占比同样由全球产业数字化贡献,另外我国产业数字化以28.8万亿元的年度增加值成为我国重要的经济支撑和经济增长极(中国信息通信研究院,2019)。2020年第一季度,我国经济GDP虽然出现自1992年后季度经济负增长的情况,得益于在线购物、在线教育、在线培训、在线娱乐等数字化服务产业的繁荣发展,我国在信息传输、软件设计开发和信息技术革新方面通过产业数字化实现了同比增长13.2%(许宪春等,2020)。由此可见,加快体育产业数字化转型,发掘体育产业数字经济新动能新优势,具有必要性和紧迫性。

在"双循环"新发展格局战略背景下,上海体育产业通过前期产业链的深度创新与变革、中期新型产业模式的不断催生、后期产业业态的形成与产业链的延伸,来加快数字化转型的步伐,为上海建设"五个中心"、落实"三大任务"和提升"四大功能"提供源源不断的动力,使上海率先成为我国体育行业领域中输出技术标准的先行城市(李锋等,2021)。

本研究认为,在"双循环"新发展格局战略背景下上海体育产业数字化转型过程中,一方面市场需求为体育产业数字化转型实现高质量发展提供内在驱动力,旺盛的市场需求促使体育产业中各生产要素自由流动,尤其以数据要素见长,推动体育产业全要素达成合理配置和动态平衡,进而协调推进体育产业的优化升级。例如在新冠肺炎疫情反复出现的现阶段,居家健身成为常态化,并使人们意识到参与体育锻炼的重要性;在疫情得到控制的前提下,办赛组织流程对体育数字化同样提出更高要求,既要保证比赛高效正常举行,又要保证参赛和观赛人员的生命健康安全;网络观赛成为体育迷主要的观赛方式,这就对网络数字传播技术提出挑战。因此,市场需求推动着体育产业进行数字化转型,体育产业借助数字化手段实现产业升级进而满足体育消费的升级。另一方面政府主体作为体育产业数字化转型过程的推动者和引导者,通过颁布相关产业政策为体育产业数字化转型尽可能扫清障碍与规避风险,例如近几年政府文件中反复出现"互联网+体育"(国务院,2019)、"体育+"和"+体育"(国务院,2018)、在鼓励开发体育服务的过程中要"以移动互联网技术为支撑"(国家体育总局,2016)、"加快推动互联网、大数据、人工智能与体育实体经济深度融合"(国务院,2019)等,从顶层设计层面对体育产业加大数字新基建的投入建设,创新体育产业数字化治理手段与治理模式,由此形成拉力因素。一推一拉,推动体育产业与数字经济的有效融合,在数字化转型过程中形成"有效市场"和"有为政府"的体育产业高质量发展格局(叶海波,2021),从激活上海市体育产业全要素生产率出发,以制度创新和技术创新推动体育产业结构优化,从而纠正市场要素扭曲的配置,扩大和提升体育产业市场有效供给数量和质量,以灵活应对瞬息万变的市场需求并有效适应,促进体育强国的建设(向晓梅等,2019)。

二、"双循环"新发展格局战略背景下上海体育产业数字化转型的机遇

(一)上海体育产业数字化发展现状

1. 上海全民健身智慧服务平台的建设现状

《上海市基本公共服务体系暨2013—2015年建设规划》中提出为保障实施公共体育服务抓紧落实"体育信息服务平台工程",建设与运行总目标的达成由上海市体育局来主导,上海市体育总会担任运行过程中的管理主体,另外以市场化运作和风险共担的形式推进,对标全球著名体育城市,提高上海市体育信息综合利用水平和体育信息科学管理水平,为上海市民搭建快捷方便的全民健身智慧服务平台,既实现了全民健身智慧化,又提升了城市公共服务水平(郑芳、徐伟康,2019;徐士伟、肖焕禹,2021)。该平台旨在用信息化技术一站式解决体育服务中可能遇到的各种问题,其具有四大建设与运行总体任务:一是从平台数字内容采集标准、数据库构建标准、信息搜索和数据关联标准、信息传输协议等技术标准和管理标准层面制定上下交互的统一标准;二是建立一个集合上海市民体质数据库、上海体育场馆数据库、上海体育组织数据库、上海体育教育数据库、上海体育文化数据库、上海体育赛事数据库等各式各样覆盖上海公共体育服务全领域的数字信息资源库,做到互联互通、资源共享、智能调度、跨领域融合;三是通过设计互联网终端入口、移动终端入口和数字电视入口建成一个供市民可自动浏览、可自定义个性化需求的全民健身智慧服务门户;四是从提升运营管理模式出发,针对重建设、轻管理等顽固传统管理问题的解决而发起全民健身智慧服务平台运营管理模式的探索,寻求政府指导和市场运作的高效合作与合理分工,实现管理运作成本的有效降低(罗宗毅,2020)。目前该服务平台的建设正在有秩序地进行,由于项目主体庞大、建设周期较长、涉及利益主体较多、资金需求量大、数字技术要求高等问题,初期建设虽有明显成效,但运营管理过程仍需优化,该服务平台不是先前零散数据信息的全面收集与简单叠加,而是要利用地理信息技术、数据交换技术、系统管理与后台管理等大数据技术手段对数据进行采集、清洗、识别、保存、分析、挖掘与推送等,有效应用于场馆忙闲查询、线上预定、线上支付、线上签到、线上服务点评等场馆设施运营服务;赛事查询、赛事报名、赛事点播等赛事活

动运营服务;科普健身讲座服务、健身技能培训服务、体育教练服务、体质监测服务等体育公共配送服务运营;以及全民健身评估分析、体育场地评估分析、群众性体育赛事活动评估分析、体育产业发展评估分析等体育大数据分析服务运营(雷红,2018;李家杰,2016)。

2. 上海打造首家体育数字化转型智慧阳光康健苑

为了体现政府温度、城市温度,上海市徐汇区搭乘体育数字化转型之风,针对残障人士特殊的健身需求、康复需求,打造了首家体育数字化转型智慧阳光康健苑。区残联联合社会企业白杏健康有限公司、高校上海体育学院专家学者组建专业团队,研发设计了专属于残障人士的智能臂环,制定适用于残障人士的体质监测标准,制造适合残障人士身体特点和康复需求的运动器械,实时监测残障人士参与体育运动时的各项技能指标,并同步自动传输数据,由专业人士分析数据变化,如心率变化、卡路里消耗量等,一旦运动强度过大或锻炼者身体有异常反应,康健师或运动指导员会立刻在数据端接收到,迅速做出判断,保证运动的安全性,后期也会根据锻炼者阶段性的锻炼情况和康复情况,提供更精准的运动指导方案和康复训练服务。另外,每位残障人士初次来到康健苑就能在指导员的帮助下,建立专属于个人的电子健康档案,做到一人一档。但目前此类智能康健苑只分布在徐汇区长桥街道,其他各区各街道还未建立残障人士智能化康健苑,普遍存在运动设施不足、管理不足、服务落后等问题,并且缺少专业康健师为残障人士提供康复指导。

3. 上海健身健美协会携手"抖音体育"助力体育健身行业数字化发展

新冠肺炎疫情使对线下场景属性有强烈要求的健身行业受到了前所未有的重创,但上海健身健美协会联手"抖音体育"于2021年1月13日举办了"健所未见——2021健身产业互联网赋能峰会"以及"魔都健身业——抖音健身创作者分享会"。此次峰会上,上海健身健美协会与"抖音体育"共同签署了《短视频赋能健身新方式独家官方合作伙伴协议》,线上线下双管齐下,线上"抖音体育"发布"我是好教练""运动无处不在"等健身话题,当天播放量达到3亿次,线下举办年度健身行业峰会。上海健身行业面对新冠肺炎疫情之下被迫关店暂停营业的困境,没有坐以待毙,而是利用短视频短平快的特点,实现了强大的内容感染力和渠道转播力。顺利完成了数字化转型。据相关调查显示,截至2020年10月,"抖音体育"平台拥有超过9300万次的内容投稿累积量、超过3400亿次的累计播放量、超过99亿次的互动量。通过跨界融合的形式,"抖音体育"的关注度迅速提升并实现了流量变现,体育健身行业也再次迎来了行业春天。但这次"抖音体育"和上海市健身健美协会的合作只能解决上海健身行业的一时之急,不是长久之计。健身行业需要更加积极主动地融入数字化浪潮,拥抱数字化手段,通过改进运动场所的灵活性、运动时间的灵活性、运动设施的智能化、运动检测的智能化等,全方位提升整个健身行业的数字化程度。

4. 每步科技打造数字化体育场景应用服务

每步科技是一家志向于引领上海体育产业数字化发展的科创公司,一直深耕于打造体育产业数字化综合服务平台,秉承"科技体育创新典范"的企业愿景,主要业务有每步赛事运营管理、每步数字智能场馆、每步 AI 大健康管理。近年来,上海体育产业发展速度飞快,无论是政府还是企业都急于求成,希望短时间内做出成效,但一片繁荣表象之下必是问题重重。每步科技擅长利用人工智能、云技术等数字化手段发展业务,洞察到体育服务产业市场存在业态原始、经营粗放、信息封闭、资源孤岛等问题,自主研发了 MCloud 云,其服务架构采取一云多端模式,利用 PaaS 和 SaaS 模式完善一云多端的产品矩阵,形成数字化解决方案的闭环,连接政府端、企业端和用户端。赛事运营管理方面,每步科技拥有受欢迎程度高、市场竞争力强的多个赛事 IP,如"爱在每步嘉年华""高校百英里接力赛""EliteRun 精英跑"等,这些赛事的举办具有常态化的特点,因此每步科技利用数字化技术建立了赛事管理服务系统,不仅收集了参赛者的信息,而且收录了合作企业的信息,通过信息化管理手段打通管理沟通渠道,实现赛事产业链协同,并为后期对参赛者的精准营销奠定基础。智能场馆方面,每步科技运用人工智能视觉计算技术、图像分析算法、行为轨迹追踪场景技术等 AI+物联网手段,实时监测场馆使用情况,及时发出场馆安全警示信号和运动安全提示信号,已为东方体育中心、源深体育中心、上海市民体育公园等场馆提供智能化整体解决方案,促进上海公共体育服务的发展。但上海现有的体育类企业数字化转型较慢,甚至尚未起步,业务发展手段传统化、管理模式机械落后、信息流通不畅等问题突出,可以将每步科技树为行业标杆,为其他体育企业提供发展经验。

(二)上海体育产业数字化转型的机遇

1. 数字基础设施部署能力名列前茅,数字化产业链上下游协同发展

上海作为 4G 网络应用先发城市和全国首批 5G 试点城市,不仅是全国第一个迈入 4G 时代的城市,而且 TD-LTE 在世博会期间的建立更是标志着中

国正式进入4G时代(徐珺,2021)。另外,截至2019年,上海中心城区和郊区重点区域均实现了5G网络全区域覆盖,可见上海的数字基础设施部署能力在国内一直名列前茅,紧跟全球数字化产业浪潮。在数字化产业链上游,上海拥有集中度最高的以中芯国际为代表的国内集成电路产业、突出领先优势的多模物联网芯片研发设计能力、持续蝉联全球出口量前列的多家龙头企业,可见上海具有显著的数字化上游头部集聚优势。在数字化产业链中游,我国三大通信运营商一致认为上海拥有成熟完善的信息传输支撑服务体系,因此将业务转型和物联网开放平台建设均设在上海,将其作为先期试点城市。在数字化产业链下游,上海凭借强韧的全球市场要素配置能力、坚实完备的产业基础以及智慧交通、智慧医疗、智慧金融等新兴产业构建了多场域、深层次的多重业务数字化运营尝试。总之在前期坚固稳定的数字基础设施布局之上,又实现了数字化产业链上下游协同发展,这为今后上海体育产业数字化转型提供了"垫脚石"作用的产业基础。

2. 上海具有丰富的有形与无形体育资源储备

上海在建设全球著名体育城市的进程中提出要凭借其经济实力、城市创新能力、城市综合服务能力、体育市场活力、国际化程度和综合交通能力等打造体育资源配置中心(杜梅,2021)。就有形体育资源储备而言,上海拥有丰富的场馆设施。2019年,上海人均体育场地面积达到2.38平方米,在《上海全球著名体育城市建设纲要》中进一步提出到2025年,实现2.6平方米的人均体育场地使用面积。上海拥有上海体育场、虹口足球场、梅赛德斯奔驰文化中心、源深体育中心、上海东方体育中心、F1赛车场、旗忠森林体育城网球中心等可以满足不同项目多种类型赛事的体育场馆,各场馆近年来陆续进行了数字化改进。为了满足全民健身的需求,上海还建设了前滩体育公园、黄兴全民体育公园、普陀体育公园、上海市民体育公园等承担公共体育服务功能的体育公园。无形体育资源储备方面,上海构建了完善的体育赛事体系,其中不仅有上海ATP1000网球大师赛、F1中国大奖赛、国际田联钻石联赛上海站、世界高尔夫锦标赛——汇丰冠军赛、世界斯诺克大师赛上海站、上海国际马拉松赛、上海环球马术冠军赛、环崇明岛国际自盟女子公路世界巡回赛八大具有全球影响力的国际性赛事,更是创立了城市业余联赛,提出"一街一品"的发展目标,优先发展社区体育,充分发挥社会力量办赛(刘东锋,2021)。由此可见,上海体育资源储备丰富,无形有形兼具,但其管理方式、运作模式、配置能力大多停留在传统层面,数字化能力较弱,未来体育资源数字化储存、传播、发展空间较大。

3. 上海市民体育消费不断提质升级

上海初具大规模的有效体育消费需求,从有形实物消费不断向无形服务和体验消费转变。从 2015 年市民人均体育消费 1 934 元到 2019 年 2 839 元,可见上海人均体育消费增速较快。更值得一提的是,2019 年上海体育消费人群占比高达 80.3%,上海市民体育消费量级有了明显的提升,消费结构也不断优化。后疫情时代,体育产业逐渐复工复产,上海市政府为了支持体育中小微企业的重振复兴,更是为了鼓励人们广泛参与到体育运动中,保持健康绿色可持续的生活方式,自 2020 年 9 月起计划发放 2 000 万元资金的体育消费券。截至 2020 年 11 月 8 日,共发放近 50 万张消费券,居民享受到 1 200 万元消费券优惠,累计拉动场馆消费超过 3 000 万元,这不仅及时激活了体育消费市场,而且进一步点燃了居民的消费热情。伴随着上海各大商场内进驻滑冰场、攀岩馆、拳击馆、击剑馆、射击场等小众个性化运动项目场馆,居民拥有了更为多样的体育消费选择,而且在城市商业服务综合体内可享受吃逛游购娱一条龙,促使体育产业链与其他产业链不断融合,形成多业态融合发展局面,满足不断升级的消费需求。另外,体育内容数字化、都市轻运动、在线观赛、可穿戴体育产品等体育数字化产品为民众带来了高品质的体育消费体验,并潜移默化地培养了消费者现代化便捷化的消费习惯(宋娟,2021)。由此可见,消费需求的提升,消费场景的多样化,加速了体育产业数字化转型的步伐,要求体育产业从供给端为上海居民提供智能化、多层次、高品质、一站式的消费体验(刘东锋,2021)。

4. 上海建设全球著名体育城市的战略机遇期

近年来,上海相继颁布了《上海 5G 产业发展和应用创新三年行动计划(2019—2021 年)》《5G+智能制造白皮书(2019)》和《5G+智慧医疗白皮书(2019)》,提出围绕上海"五个中心"建设和打响"四大品牌"战略部署,以条块结合的形式在 5G 垂直行业树立标杆项目和不断创新 5G 应用示范基地建设,加快构建上海 5G 产业生态体系。并进一步明确发展目标,到 2021 年实现全市"三个千亿"5G 产业发展目标,全市 5G 产业链企业数量超过 300 家,5G 龙头企业进入全国电子百强 5 家以上,百亿元规模企业 8 家以上。体育产业领域为鼓励开发文化娱乐数字产品和服务,相继推出了 5G 体育赛事、沉浸式赛事体验等数字化服务。到 2021 年,培育 3 家 5G+互联网文体娱乐服务领域的标杆性质的龙头企业,打造网络视听产业新模式新生态。由此可见,"双循环"新发展格局战略背景下上海市政府对体育产业数字化转型的决心与毅力,无论是政策加持还是产业革新发展要求,上海体育产业都遇到了前所未有的发展战略机遇期。另外,上海市政府先后提出将在2025年基本建成全球著名体育城市的初步目标,2050年全面建成全球著名体育城市的终极目标,以及上海体育"十四五"发展规划中将建设全球著名体育城市设定为奋斗目标。其中体育科技创新能力是初步目标和终极目标实现的重要技术支撑,在2020年10月制定的《上海全球著名体育城市建设纲要》中明确提出通过构建"一城一都四中心"的发展格局来促进全球著名体育城市的建立,"四个中心"之一为"建设全球领先的体育科技创新中心"(宋娟,2021)。借此,上海体育紧紧抓住这个重要的战略机遇期,借助数字化手段为体育科技创新中心的建设整合资源、融合多产业协同发展、释放发展动能,实现上海市体育产业的华丽转身(曾理,2021)。

三、"双循环"新发展格局战略背景下上海体育产业数字化转型的挑战

(一)上海体育产业数字化转型面临的政策挑战

1. 缺少针对性的指导意见

国家积极在政策层面赋予产业数字化宏观利好条件,如2019年国务院办公厅发布《关于促进全民健身和体育消费推动体育产业高质量发展的意见》提出要推动智能制造、大数据、人工智能等新兴技术在体育制造领域应用,加快体育赛事朝着智能化数字化方向发展(国务院,2019);同时《体育强国建设纲要》也提出要加快促进数字技术与体育实体经济深度融合,例如在可穿戴运动设备和智能运动装备的研发与制造方面给予数字支持(国务院,2019)。这些指导意见从侧面为推动我国体育产业数字化高质量发展奠定了一些基础,但政策效果甚微。因为在中国社会情境下,如果缺乏政策文件高屋建瓴的科学指导与严格规定,数字技术与体育产业的高度融合发展难以开展。虽然近几年政策文件中频频出现"互联网+体育产业"的字眼,但是因为相应的体育部门对政策精神理解不到位、执行效率低下等,尚未制定相关专项工作开展的规划文件、甚至没有成立专门的执行或监管部门来督促体育产业数字化转型(刘佳昊,2019),导致上海数字体育发展缺乏政策依据与动力。

2. 缺少保护性法律政策

目前体育数字知识产权保护力度远远不足,因为数字信息普遍存在易复制、易更改、易传播的特点,针对侵权者的惩罚力度与措施由于缺乏政策性指导,存在惩罚不当或力度不足等问题,这些都对体育产业数字化转型造成了一定阻碍(曹正勇,2018)。因此,充分释放数据要素价值的前提是加快建立体育数字知识产权保护法(何伟等,2020)。在数字经济与实体经济融合背景下,现有的法律法规只能应付体育业务中传统商业模式可能发生的法律问题,但体育产业数字化转型过程中必然催生出新业态新模式,这些新业态新模式下突发的法律问题需要专门专项数据保护法或知识产权保护法来划定边界、判断合法性。

(二)上海体育产业数字化转型面临的市场挑战

1. 数字化转型成本高

对于以提供服务为主营业务的体育企业来讲,在其数字化转型中,数字化营销是重中之重,这一过程包含市场调研、业务再梳理、数字化营销人才的培养、软硬件的升级改造、市场拓展等营销成本,再加上企业日常管理成本繁重,因此数字化转型面临着较大的成本压力。例如,我国大型体育用品公司安踏,为数字化转型和技术升级创新投入预计超过10亿元资金(晋江新闻网,2021),面对高昂的转型成本,中小企业将束手无策。上海体育产业数字化转型过程中,传统体育产业部门同样面临着技术成本、人才成本、营销成本等高昂成本垫付的困境,并且营收回报的过程也是不可控的。

2. 数字化转型周期长

数字化转型从顶层设计到具体实施需要经过一系列商业流程的改造升级,其中针对客户端进行的数字化升级,侧重于对营销业务流程的改造,针对员工端进行的数字化升级,侧重于组织结构和管理模式的改造,其他还包括生产线、供应链、物流、财务等数字化改造。数字化转型周期较长不仅表现在技术改造、业务升级的漫长,而且还表现在数字经营理念、数字化管理模式、数字化领导方式等方面的变革,这些理念方面的转变更为艰难。

3. 体育产业供给体系不完善

我国体育产业供给体系存在基础薄弱,中、低端产品同质化严重,产能过剩,部分供给无效等诸多问题,这些较低质量的供给抵消了数字经济在体育产业中生产效率的提升作用,供给矛盾的直接后果就是数字体育产业中的新兴产品、新兴业态缺乏良性的生态发展环境,直接减缓体育产业数字化转型的步伐。同时,低端供给与需求侧的三角马车——体育投资、体育消费、体育出口的严重失衡错位,使得体育数字市场缺乏灵活性与适应性,进而就失去了体育产业数字化转型的现实意义(沈克印、吕万刚,2016)。即使数字化转型可以凭借技术要素供给助推体育服务型经济模式的发展,但供给结构矛盾突出、供给效率低下及新冠肺炎疫情对体育产业造成多维度打击等,这些影响因素叠加,也将极大地降低数字经济对体育行业的促进作用(李博,2016)。

4. 市场监管难度大

数字化转型使得不同领域的产品跨界组合的门槛降低,这为多方市场监管机构和政府部门的交叉管理带来困难(杨卓凡,2019)。市场发展一般都领先于制度规范的建立,在市场不断更新发展产生新变化、新问题的过程中,制度法规才能一步步总结规律,随之完善,适应新的发展要求(中国信息通信研究院,2019)。在数字经济与体育产业融合发展过程中,传统固化单一的监管模式早已无法应对体育产业数字化转型加快升级带来的新业态、新消费、新模式,而监管办法的更新进程,无论是监管水平还是监管能力,均还处于摸索与探寻的阶段,市场准入与负面清单还未理顺,体育产业数字化转型的监管制度和政策体系相对缺乏且不完善,如直播带货质量跟踪、线上培训管理规范等一些切实的问题亟待解决。

(三)上海体育产业数字化转型面临的技术挑战

由于我国体育产业在数字经济领域起步晚、涉入程度较低,再加上数字化信息技术在体育产业中应用有限,体育产业数字化转型的步伐仍较为缓慢。就目前来看,我国体育产业,尤其是体育用品制造业中,长期依赖低成本战略并延续至今,劳动密集型企业仍是主流。据统计,我国目前拥有17万家各种规模性质的体育企业组织,另有超过13万家中小企业,近600万名的体育产业从业人员。但其中充分利用数字化信息技术开展业务或者直接涉足数字科技的企业仅占22%(赵星,2016),大部分企业都处于"研发投入不足—产品科技含量低—竞争优势较弱—利润低迷—研发费用不足"的死循环中,导致体育产业数字化转型受阻。

(四)上海体育产业数字化转型面临的人才挑战

1. 体育产业领域缺少数字化人才

随着产业数字化转型发展,行业对数字化人才的需求与日俱增,企业的市场竞争充分表现于人才的市场竞争。据《中国产业数字化报告 2020》(中国产业数字化报,2020)显示,我国全部企业所有员工中仅有 1.0%～1.5% 为 ICT 员工,由此可见我国数字化人才严重不足。并且在产业转型中,人才结构的调整普遍落后于产业结构的调整(中国数字经济发展与就业白皮书,2019)。在目前体育产业数字化转型过程中,普遍存在数字化人才需求增加而人才供给不足的严重不匹配情况,究其原因,是体育产业数字化人才培养尚未受到重视、培养渠道不畅所致。

2. 体育产业领域工作稳定性较低

随着数字经济引入体育领域的程度日渐深入,新型数字技术应用更加广泛深入,体育产业中的生产组织方式发生了根本性变化,2020 年新冠肺炎疫情期间线下聚集的生产模式受阻,平台化与数字化加大了对人才数字化转型的要求,相比之下,传统体育人才缺乏相应的数字技术,短时间内很难适应现实需求,这在一定程度上增加了失业风险。由于我国体育用品制造业长期以来一直为劳动密集型企业(包括一些聚集于上海的体育用品制造企业),这些企业主要从事技术含量较低的加工工作,就业者的知识水平普遍偏低,其重复性劳动易被机器取代,存在较高的失业风险。同时数字化转型使得劳动分工更加紧密灵活,要求有限人员在有限时间内完成更多的工作,进而降低了劳动力需求,但对劳动力质量提出了更高要求。

(五)上海体育产业数字化转型面临的信息安全挑战

体育产业数字化转型在提供生产效率,提升供给质量的同时,也会产生个人隐私保护、专利所属权保护、网络安全、知识产权保护等问题(马化腾等,2019)。由于法律法规的滞后推进,数字化转型面对着一些信息安全保障趋势的风险。例如:在场馆数字化转型方面主要体现在票务服务上,在方便用户线上购票、线上选座的同时,面临用户个人信息泄露的风险;在体育培训数字化转型方面,会出现培训教学视频的版权保护问题。

(六)上海体育产业数字化转型面临的区域竞争挑战

如今,数字经济引领着体育产业高质量发展,中央层面多次下发政策性文件,全国各地都非常重视数字经济的发展,再加上上海处于我国数字经济市场最活跃、产业经济发展最成熟及开放程度最高的区域——长三角地区,这就必然导致区域竞争压力增加。上海虽然经济实力雄厚,区域数字化进程较快,但由于行业发展差距较大、行业壁垒尚未打通、行业渗透率较低等,体育产业数字化转型容易陷入同质化严重、行业排挤、后劲不足等尴尬境地。再加上周边江苏、浙江等长三角地区的体育企业凭借短距离的地理优势和便利的交通条件,不断涌进上海体育市场,与上海本土企业开展激烈的市场竞争,因此上海体育产业数字化转型还将面临区域竞争的挑战。

四、"双循环"新发展格局战略背景下上海体育产业数字化转型的对策

(一)"双循环"新发展格局战略背景下上海体育产业数字化转型的政策机制

在"双循环"新发展格局背景下,上海体育产业数字化转型应当运用政策机制给予正确引导和积极推进,构建运行管理机制、推进保障机制和协调共享机制。

1. 运行管理机制

体育产业运行管理机制,是在政府引导体育产业运行的过程中,能够协调过程中各个因素的相互关系和行为策略,使体育产业健康高效运行的规则和行为系统,良好的运行机制应该具备协调性、灵活性、高效性等特点(丰静,2010)。我国体育产业逐渐建立起了完整的产业框架,上海体育资源尤为丰富,在以国内大循环为主体,国内、国际"双循环"相互促进的新发展格局之下,产业结构和产业运行效率都还有待完善,数字化转型的进行需要构建运行管理机制模型,并精准落实到上海体育产业数字化转型的事前、事中、事后每一步。运行管理机制的形成可以使上海体育产业数字化转型形成一个有机整体,各要素与各环节和层次之间相互联系、相互作用、相互制约,起到系统规划的牵头作用。

2. 推进保障机制

上海体育产业应当在政府的推进下,催生数字化体育产业的新商业模式与新业态,推进上海体育产业资源高效分配,提升效率。一是法律法规建设。推进上海体育产业法律和政策建设,完善行政条例、管理规范等法规,鼓励传统的体育产业向数字化服务延伸。二是风险防控与监督机制。在"双循环"格局下,社会资本的参与使体育产业和市场充盈着活力,但无论是政府还是社会

在体育产业数字化转型中都存在一定的风险,风险的防控也是推进保障机制中的重要一环。通过构建事前、事中、事后的风险防控与监督机制,确保每一个环节形成闭环,各参与方能对环节中出现的问题及时做出快速反应,将风险降到最低,有效保障利益。

3. 协调共享机制

良好的协调共享机制能够有效解决上海体育产业数字化转型过程中,由于参与者自身利益要求、信息不对称等各种个人或集体原因引发的问题。体育产业数字化转型的协调共享机制是为了保障体育产业数字化转型中所涉及的人力、财力、物资和信息资源被合理运用和管理,使整个过程更加高效有序、信息畅通而采取的各种管理措施与制度的集合(成会君,2016)。一是沟通机制,实现体育产业数字化转型信息的及时发布和有效流通,有助于吸引社会资本进驻体育产业。政府主动成为数字化转型信息传播的首发者,推动信息公开、透明、及时传播。二是信息公开制度,借助数字技术打通信息传播和沟通渠道,搭建产业数字化跨界融合平台。体育产业数字化可以打破资源不均的尴尬局面和市场信息盲区,推进各参与方的价值共创,实现体育产业资源的高效分配和有效转型。数字经济中的数据要素与其他生产要素相比,具有更强的协调能力,可以为体育产业跨界整合提供便利。各利益群体在数字化平台上及时公开、共享上海体育产业数字化转型相关信息。通过完善信息公开制度,打通政府、社会等各参与方之间的沟通渠道,为后续常态化运行打下基础。三是多方协调机制。需要建立上海政府和市场、社会等参与方的协调机制,通过明确各方职责、各方义务与协作方式等,及时沟通处理体育产业数字化转型过程中出现的突发事件。

(二)"双循环"新发展格局战略背景下上海体育产业数字化转型的具体措施

1. 顶层设计引导,提供政策支持

顶层设计上引导数字化在上海体育产业的渗透和应用,通过政策支持,保障上海体育产业数字化转型的顺畅进行。常态化疫情防控之下,上海体育行业中较多中小企业生存能力较弱、市场份额较小,数字化程度较弱、数据资产积累单薄等问题,数字赋能与数字加持可以使体育产业与其他产业实现跨界融合发展,实现产业升级与利润突破。疫情条件倒逼体育产业转型创新,上海市体育管理部门对于已有的政策做出进一步灵活调整,建立科学的体育产业主体评估考核机制与适当的优惠政策,鼓励运用5G、大数据等数字化技术,为体育产业发展创造多种"数字化+体育"的应用场景,营造数字化在上海体育产业应用的良好环境。

2. 推进基础设施建设,突破转型瓶颈

云计算、第五代无线通信技术(5G)、区块链等作为体育产业数字化的基础设施,构建了大数据、虚拟现实、人工智能等体育产业的应用技术(PwC,2019)。上海在较为前沿技术和良好政策环境的基础上,体育产业供给侧持续发力,拉动体育需求注入更多活力。例如:基于大数据的体育资源分布、健康数据挖掘,改变传统营销模式,为用户画像;基于第五代无线通信技术的赛事直播,增强观赏型与用户体验感;基于人工智能技术的赛事与场馆商业运营,提升顾客互动感与参与度;通过区块链技术去中心化服务体育产业管理等。尤其是上海建设"全球电竞之都",作为国内电子竞技产业的领头羊,吸引多家电竞企业、俱乐部、战队和直播平台来沪发展,着眼于构建完整的电竞产业体系。提升数字化基础设施建设和资源供给,突破关键技术与应用瓶颈,智慧赋能体育产业,进而实现"双循环"格局下体育产业的数字化转型。

3. 重视人才培养,赋能数字化转型

人才是体育产业的核心要素。一是上海要探索政府、高校和企业协同的产学研结合人才培养机制与模式,搭建数字化体育产业人才培养平台。运用资金、制度相配套的吸引办法,在体育产业方面提供政策与资金支持,进而形成完备的体育产业人才体系。二是数字教育方面,要将数字科技理论和数字体育实践相结合,让从业人员熟悉和掌握数字技术和数字体育知识,培育体育数字化人才。三是要鼓励体育企业打造开放包容的创新创业平台,使建设体育数字化人才培养建设成为企业业务发展主体之一。企业是体育数字化人才的需求者,也是人才的培育者。企业开放平台能够提升数字化人才的实践能力,增加应用经验,进而为体育产业孵化、转型和发展壮大提供支持。

参考文献

[1] 任君,黄明理."双循环"新发展格局研究述评[J].经济问题,2021(4).
[2] 李锋,向明勋,陆丽萍,等.上海打造国内大循环中心节点和国内国际双循环战略链接的切入口和发力点[J].科学发展,2021(3).

[3] 中国共产党第十九届中央委员会第五次全体会议公报[N].人民日报,2020-10-29(001).
[4] 张永亮."双循环"新发展格局:事关全局的系统性深层次变革[J].价格理论与实践,2020(7).
[5] 高伟,陶柯,梁奕."双循环"新发展格局:深刻内涵、现实逻辑与实施路径[J].新疆师范大学学报(哲学社会科学版),2021(4).
[6] 陈佳.加快构建中国经济双循环新发展格局[J].思想政治课教学,2020(10).
[7] 蒲清平,杨聪林.构建"双循环"新发展格局的现实逻辑、实施路径与时代价值[J].重庆大学学报(社会科学版),2020(6).
[8] 钱学锋,裴婷.国内国际双循环新发展格局:理论逻辑与内生动力[J].重庆大学学报(社会科学版),2021(1).
[9] 董志勇,李成明.国内国际双循环新发展格局:历史溯源、逻辑阐释与政策导向[J].中共中央党校(国家行政学院)学报,2020(5).
[10] 国家信息中心.2020中国产业数字化报告[EB/OL].https://www.ndrc.gov.cn/fggz/gbzj/wsgz/202007/t20200707_1233237.html?code=&state=123.
[11] 肖旭,戚聿东.产业数字化转型的价值维度与理论逻辑[J].改革,2019(8).
[12] 祝合良,王春娟."双循环"新发展格局战略背景下产业数字化转型:理论与对策[J].财贸经济,2021(3).
[13] 王娟娟.基于推拉理论构建游牧人口定居的动力机制体系——以甘南牧区为例[J].经济经纬,2010(2).
[14] 孙丽文,杜娟.基于推拉理论的生态产业链形成机制研究[J].科技管理研究,2016(16).
[15] 王娟娟,史锦梅.基于推拉理论构建欠发达地区承接产业转移的动力系统模型[J].经济研究参考,2013(47).
[16] 国务院.关于促进全民健身和体育消费推动体育产业高质量发展的意见[EB/OL].http://www.gov.cn/xinwen/2019-09/17/content_5430600.htm.
[17] 国务院.关于加快发展体育竞赛表演产业的指导意见[EB/OL].http://www.gov.cn/xinwen/2018-12/21/content_5350753.htm.
[18] 国家体育总局.体育产业发展"十三五"规划[EB/OL].http://www.gov.cn/xinwen/2016-07/14/content_5091040.htm.
[19] 国务院.体育强国建设纲要[EB/OL].http://www.gov.cn/xinwen/2019-09/02/content_5426540.htm.
[20] 叶海波.新发展阶段数字经济驱动体育产业高质量发展研究[J].体育学研究,2021(5).
[21] 向晓梅,张拴虎,胡晓珍.海洋经济供给侧结构性改革的动力机制及实现路径——基

于海洋经济全要素生产率指数的研究[J].广东社会科学,2019(5).
[22] 郑芳,徐伟康.我国智能体育:兴起、发展与对策研究[J].体育科学,2019(12).
[23] 徐士韦,肖焕禹.基于大数据的上海全民健身智慧服务平台建设与应用[J].体育科研,2021(3).
[24] 罗宗毅.以智慧城市建设促进社会治理精准高效[N].人民政协报,2020-5-25(018).
[25] 雷红.体育公共服务平台协同治理下的体育行政职能转型[J].体育科学,2018(9).
[26] 李家杰.基于大数据决策支持的城市健康水系统平台构建及应用[D].重庆:重庆大学,2016.
[27] 徐珺.产业生态变革机遇下上海移动物联网产业发展对策[J].科学发展,2021(3).
[28] 杜梅.上海建设体育资源配置中心的功能定位与推进策略[J].体育科研,2021(1).
[29] 刘东锋.全球著名体育城市的演进、特征与路径——兼论上海的目标定位与发展策略[J].体育科研,2021(1).
[30] 宋娟.上海建设全球领先的体育科技创新中心的路径选择[J].体育科研,2021(1).
[31] 曾理,王跃,吴婷,等.基于数字技术的上海市体育市场事中事后全息型监管体系[J].体育科研,2021(4).
[32] 刘佳昊.网络与数字时代的体育产业[J].体育科学,2019(10).
[33] 曹正勇.数字经济背景下促进我国工业高质量发展的新制造模式研究[J].理论探讨,2018(2).
[34] 何伟,张伟东,王超贤.面向数字化转型的"互联网+"战略升级研究[J].中国工程科学,2020(4).
[35] 晋江新闻网.率先实现规模化应用 安踏开启设计数字化变革[EB/OL]. http://news.ijjnews.com/system/2020/10/12/030041047.shtml.
[36] 沈克印,吕万刚.体育产业供给侧结构性改革:学理逻辑、发展现实与推进思路[J].武汉体育学院学报,2016(11).
[37] 李博."供给侧改革"对我国体育产业发展的启示——基于新供给经济学视角[J].武汉体育学院学报,2016(2).
[38] 杨卓凡.数字化转型带来的经济社会变革与监管挑战[J].新经济导刊,2019(3).
[39] 中国信息通信研究院.中国数字经济发展与就业白皮书[EB/OL]. http://www.caict.ac.cn/kxyj/qwfb/bps/201904/t20190417_197904.htm.
[40] 赵星.数字经济发展现状与发展趋势分析[J].四川行政学院学报,2016(4).
[41] 马化腾,孟昭莉,闫德利,等.数字经济:中国创新增长新动能[M].北京:中信出版社,2019.
[42] 丰静.大型工程项目组织运行机制研究[D].长沙:中南大学,2010.
[43] 成会君.体育产业发展引导资金的功能定位、引导机理及运行机制[J].天津体育学

院学报,2016(1).

[44] PwC. Artificial Intelligence: Application to the Sports Industry[EB/OL]. (2019-02). https://www.pwc.com.au/industry/sports/artificial-intelligence-application-to-the-sports-industry.pdf.

促进上海体育产业发展立法研究

谭小勇　成　瑜　张程龙　周建军[*]

2014年10月,党的十八届四中全会第一次以专题的形式探讨了依法治国问题,自此依法治国在我国被提升到了一个前所未有的历史高度,法治也成为我党治国理政的重器,更是成为我国经济发展所需要倚重的重要力量。具体到体育产业领域,2014年,国务院首次就体育产业发展和体育消费促进事项颁布实施了相关的规范性文件,相关事实表明,这在一定程度上推动了我国体育产业以及体育消费的进一步增长。但显而易见的是,目前针对体育产业事项进行立法调整的法律规范仍处于高层次的立法缺位状态,即现有立法规范已然无法满足国家和地方体育产业的快速增长对体育法治的需求,由此为了促进上海体育产业的更高质量发展,在立足上海体育产业发展实践的基础上,探讨上海体育产业的立法现状及其高层次立法的必要性无疑具有高度的迫切性。

一、研究背景

截至目前,我国对体育产业的认知主要可划分为以下三种,分别是体育事业、体育服务业以及与体育运动有关的一切生产经营活动。事业性活动是指虽然拥有固定的办公场所但是没有经营性以及营利性收入,且一般不进行经济核算,所有开支大多来源于国家拨款的社会性、公益性的活动,具体如各级

---

[*] 本文作者简介:谭小勇,上海政法学院,体育部主任,教授,研究生导师,研究方向:体育法学;成瑜,上海政法学院,在读硕士研究生,研究方向:体育法学;张程龙,上海市闵行区人民法院,法官助理,研究方向:行政法学;周建军,上海政法学院,在读硕士研究生,研究方向:体育法学。

文化、教育、卫生等单位的活动。产业性活动是指生产非公用性产品并以此获得经济利润的活动。显而易见,目前体育产业作为我国国民经济的一个重要组成部分,第一种界定显然不妥,而第二种和第三种界定区别主要在于范围,第二种观点认为体育产业应当严格限定在体育劳务范畴之内,第三种则认为体育产业是指一切与体育以及体育运动有关的生产经营性活动部门的总计。根据相关体育消费数据统计,目前我国的体育消费主要表现为与体育有关的商品消费和劳务消费。综上简述,笔者认为,体育产业是指具有经济属性、以提供与体育相关(主要是与体育运动有关)的商品和服务(包括但不限于商品和服务)为基础,不同社会主体参与的社会性生产经营活动的总计。

2015年6月,为加快上海市体育产业的发展,上海市人民政府首次颁布实施了《关于加快发展体育产业促进体育消费的实施意见》(以下简称《意见》),不可否认的是,近年来上海体育产业经济的快速发展也得益于其保驾护航。然而尽管近年来上海体育产业发展总体较好,产业规模扩大,产业结构优化,赛事质量数量提升,产业效率提高,但仍然面临着许多困难和问题,且这些困境正在制约着体育产业的高质量发展,亟待破局。

二、上海体育产业现状和问题分析

(一)上海体育产业发展现状

1. 体育产业结构优化、规模扩大

在改革开放初期,上海借鉴国际体育产业发展经验,立足本地区的发展实情,率先开展了对于体育产业的探索之路。2019年,全市16个区体育产业发展指数的平均值达到了86.27,全市体育产业经济总规模首次迈过了1 500亿元大关,达到了1 780.88亿,由此提前完成了"十三五"时期1 500亿元发展目标。其中体育服务业经济总规模达1 414.66亿元,基本达到了发达国家或地区水平。截至2019年,上海主营体育类企业的数量已达到22 385家,总营业收入1 952.73亿元、利润总额219.49亿元;体育产业增加值达到558.96亿元,约占全市生产总值的1.5%。在就业方面,2018年,体育产业市场主体吸纳的就业人数达到33万人,由此也是提前完成了"十三五"时期体育产业吸纳30万人的目标。在体育市场方面,上海主要形成了以健身休闲、竞技表演、互联网传媒和运动用品为核心的体育市场矩阵。综上可知,目前上海体育产业整体发展势态良好。

2. 体育赛事种类广泛、数量上升

截至目前,上海已基本汇聚了网球大师杯赛(久事公司承办)、F1大奖赛(上海赛车场承办)、国际田径黄金大奖赛(上海国盛公司承办)、国际马拉松(上海体育总会承办)、斯诺克大师赛(东亚集团承办)、汇丰高尔夫大师赛(汇丰银行赞助)这六大品牌赛事。而且相关体育类企业的数量日益增多,涉及电子竞技、游艇、足球和篮球等俱乐部也正在积极运作或者筹备。据统计,2018—2019年上海共举办国际和全国级别体育赛事338次,平均每两天就有一场高水平赛事在上海举办,而且线下线上参与体育赛事活动的人数众多,体育赛事消费驱动其他产业消费的效应也非常显著,例如上海马拉松共带来4 943万元的直接经济效益,对相关产业拉动效应直接达到1.4亿元。第三届市民运动会全年共举办赛事活动约7 100场,共有1 093万人次参与,其中包括:线上赛事活动800场,参与者643万人次;线下赛事活动6 300场,参与者450万人次,由此可见,全市市民的健康观念也正在日益提升。

3. 体育产业服务平台建设趋于完善、丰富

据悉,为加快促进上海国内外重要的体育资源配置中心和全球著名体育城市建设,上海市体育局正与上海联合产权交易所合作建设文体旅资源交易平台,这主要是希望能在促进赛事举办权、场馆运营权、无形资产开发权等资源公开流转方面发挥积极作用。而且从2019年至今,中国银行上海支行、民生银行上海支行、上海银行浦西分行等多家金融机构与上海市体育局签订了战略合作协议,为体育企业提供相关金融服务产品,并依次有序地与有融资需求的体育企业进行了对接,积极破解体育类企业的融资难和融资贵等问题,特别是在抗击新冠肺炎疫情期间对体育类企业复工复产起到重要的推动作用。2020年初,上海市体育局通过上海联合产权交易所对市属场馆仙霞网球中心运营管理权进行公开招募并完成运营权有序转移,稳步推进市属公共体育场馆委托运营;文体旅资源交易平台也增设了长三角体育资源交易业务,进一步优化长三角体育资源配置、创新交易产品、推动产融结合、做好配套服务,助力长三角地区体育资源交易市场做大做强;上海联合产权交易所文体旅产权交易平台承接全国单项运动协会各类体育资源交易,成为全国体育资源交易重要平台之一;2020中国国际体育用品博览会(第38届体博会)在线下成功举办,展示了国内体育企业复工复产成效,提升了体育行业的发展信心,这也是上海市吸引体育资源"引进来"的代表平台之一。受疫情防控影响,2020中国

体育文化、体育旅游博览会首次线上办展,集中展示新时代上海体育发展成就,成为推介上海体育资源"走出去"的重要平台。2020年第三届中国国际进口博览会首次设立体育用品及赛事专区,还举办了"体育产业创新发展"主题论坛,助力全球体育产业核心资源汇聚上海,等等。

(二) 上海体育产业发展存在的问题

上海作为国际化大都市,以建设全球著名体育城市为目标,在体育产业的发展方面起到了很好的示范作用,也带动了全国体育产业的健康发展。但不可否认的是目前上海体育产业的发展仍存在着诸多困境。

1. 政府监管不足

市场存在失灵现象,往往由于外部性、垄断、信息不对称等原因而不能达到市场资源的最优配置,因此现代产业的健康、平稳发展往往不仅仅需要市场要素的集聚,更需要政府在其中发挥积极的监管作用。政府监管不是单纯地赋予相关政府机构以市场规制权力,更重要的是在代表公共利益解决市场失灵现象的同时通过法治化方式限制政府权力,合理划分政府与产业发展的边界,防止出现政府权力对产业发展的不适当干预。从调研情况来看,在体育产业的政府监管方面,主要存在以下三个问题:一是上海市体育产业发展过程中的规划、统计、安全、培训等多方面的政府监管与公共服务呈现出多头管理特征,且并未明确所涉多部门之间的主导与协调关系;二是相关体育产业监管部门的法定职能中并未确定相应的监管权力(如检查权、惩戒权等),也没有形成产业发展权责一致的要求,也导致产业监管目标实现障碍;三是基层政府普遍没有设立体育管理部门,也没有被赋予体育产业监管职能,导致体育产业促进的政策措施很难落到实处。

2. 体育产业发展保障条件不足

体育产业的高质量发展需要体育专业人才、体育产业用地、资金等完备的保障条件予以支持。从调研情况来看,目前上海在体育产业保障支持方面仍有欠缺,具体表现:一是体育用地供给不足。许多企业表示,因涉及供地指标等问题,社会力量投资兴办足球场地、体育场馆、体育综合体等体育产业基础设施困难重重,很多好项目难以落地。例如:上海海港足球俱乐部是中超16家俱乐部当中唯一一家不具有自有训练基地的俱乐部;嘉定汇龙足球俱乐部由于无法办理流转拿地,与区政府协调租用了一片场地。针对此类问题,有部分企业建议要合理利用废弃的工业用地、废弃的仓储用房以及过时的商业街等土地。同时大家还普遍反映,目前在规划布局和土地政策方面缺乏引导和鼓励社会力量投资兴建体育设施。二是体育人才供给远低于市场需求。众所周知,体育专业人才是体育产业发展的基础,特别是体育产业经营管理人才的培养对于上海体育产业的发展具有重要意义。据调研走访发现,上海体育产业各方面的专门人才都较为缺乏,如体育市场管理人才、体育经营人才、体育研发人才、体育经纪人才等。而且就人才培养现状来看,上海目前还未统一编制有关体育紧缺人才的目录,所以在人才引进和扶持方面略显疲软。除此之外,上海的体育培训机构、高校对于体育产业专门人才培养工作的重视程度也远远不够,往往只重视单一领域人才的培养,很少有兼具管理、经营、研发等多方面能力的复合型人才培养机制。三是部分体育企业已陷入融资难的困境。对于体育类企业的生存与发展而言,资金无疑是其至关重要的发展要素,这往往直接决定着企业发展的规模、速度乃至生存状况。而且就目前来看,上海部分体育类企业在融资方面还存在不少困难,较为缺乏助力企业发展的资本支持。虽然很多社会资本有进入体育产业的需求,但受制于现实,众多社会资本并没有付诸实际行动。

3. 体育产业法律规范缺乏、政策不完善

从目前立法来看,体育行业法规的立法理念依旧停留于体育事业以及侧重于体育行政审批、体育场地、运动员培养等管理性事务,明显对体育市场主体的权益保护与纠纷解决制度供给不足,而这已经严重滞后于体育产业发展实践:一是体育赛事转播一般适用于录像制作者权、广播组织权以及反不正当竞争法的兜底解决,不能作为作品予以保护,由此导致了盗播泛滥、侵权横行。如有企业反映,由于《著作权法》《专利法》《商标法》等相关法律对体育类作品的知识产权认定不足以及体育知识产权的权利主体归属界定模糊,由它们生产的赛事直播、新闻专题、微信推文等,已经严重遭受互联网新媒体的盗播,维权难度更是极高。二是自主 IP 赛事、商业赛事标志等体育无形资产尚未被纳入现行法律保护范围。大家提到,自主 IP 的创新赛事,其实并不为我国知识产权保护体系所接纳,在现有的法律体系下,只有商标、专利、版权及商业秘密能够得到法律的保护,而自主 IP 创新赛事一旦举办就不再有秘密可言,而法律又不认可体育赛事的版权。赛事冠名权、运动技术专利权等新兴权利更未曾有专有法律保护。体育产业是朝阳产业,具有准公益性的特征,现阶段盈利能力还不强,回报周期相对较长,尤其需要政府在政策上予以支持。据调研,目前上海体育类企业存在的主要问题:一是扶持政策存在不稳定。有企业反映,上海对F1赛事的定位及补贴有过反复;引进马术赛事时,为马产业链配套发展而规划的贸易等相关扶持政策也尚未落地。二是扶持政策不完善、难落地的问题突出。部分企业反映,有关水、电、气费用优惠和体育场馆税收优惠等方面的政策执行难度较大。三是伴随着体育产业快速发展,亟须出台一些新的扶持政策,尤其是需要让体育企业在体育赛事资源获取、体育场馆税费、场地免费或低收费开放补贴、体育项目落地等方面享受平等待遇。比如作为体育场馆运营者,同样尽到了公益服务的社会责任,却未能明确与体育场馆资产方一样免除房地产税负。

三、上海体育产业立法基本情况

就目前来看,上海体育产业发展正处于越来越好的发展环境,已然成为上海经济不可或缺的重要增长点。但是由于目前存在政策执行不到位、大众体育消费支出不足以及政府引导和促进不力等方面的原因,上海体育产业发展依旧会出现低于规划预期的情况。深究之,在法治已经成为当代中国社会主旋律以及社会治理的方方面面都需要法律引导、促进、规范或保障的宏观背景下,制约上海体育产业发展的诸多因素大多都可以归因于立法。也就是说,体育产业立法方面的不足是引发体育产业发展诸多问题的关键。

(一)体育立法普遍层级较低、地方体育立法体系亟待健全

近年来,无论是国家层面的体育立法,还是上海市地方性体育立法,总体上都呈现逐渐增多的趋势,立法步伐日益加快,但是也存在些许不足,例如在市人大颁布的法规上,上海市仅在市民健身方面已经颁布实施了相应的法规,即《上海市市民体育健身条例》(以下简称《条例》);在省级政府规章方面,上海市就体育设施管理和体育赛事管理调整事项已经颁布实施了相应的省级规章;其他的规范性文件,有关于体育健身的预付消费卡存量预收资金余额管理、游泳体育项目的经营许可、攀岩体育项目经营许可、社区体育健身、社会体育指导员、体育彩票销售网点管理等。由此不难看出,在目前上海市体育立法体系内,仅有市民体育健身领域这样一部立法效力层次相对较高的地方性法规,其他均为政府规章或规范性文件,立法的稳定性与立法层级并不高;也可见上海市地方性体育立法的体系还不够健全,现恐难以适应上海体育产业快

速发展的需求。如此,在加快推进上海市体育产业经济快速发展的要求下,上海亟须制定专门的地方性体育产业法律,从而保障本市体育产业又好又快的发展。

(二)体育立法缺乏针对性和可操作性

如若要发挥立法的引导和促进作用,就必须要在立法内容上体现其相应的针对性和可操作性;反之,如果立法内容缺乏实际的针对性和可操作性,则立法的引领、保障与促进作用将大打折扣。近些年来,上海正高度重视体育产业的立法引导和保障,也颁布实施了一些政府规章或规范性文件,而且很多都是对涉及上海体育产业发展的个别领域提出了要求,以期促进上海体育产业的快速发展。然而,这些政府规章或规范性文件又多为引导性的宏观指导文件,对于体育产业的整体发展缺乏具体指导和规范,甚至一些规定因为过于笼统而缺乏可操作性。例如《上海市体育设施管理办法》第十五条明确指出,在体育设施使用上,只要是学生、老年人或者残疾人等一律实行价格优惠,但其具体是如何优惠显然没有注明,所以有必要进一步明晰。在费用收取方面,也明确指出,经营者可以依据实际运营成本,依法适当向使用者收取合理的费用,但显然也需要对费用的标准予以细化,以制定具体的收费标准,用以防止相关体育设施管理人员利用概念的模糊谋取不当利益,影响人们参与体育健身的热情。

(三)体育立法对于体育产业的促进方面体现不足

上海体育产业的发展需要政府积极转变职能,以服务为导向,最大限度地落实惠民惠企的激励措施,如需要借助税收这一指挥棒对产业发展给予支持,也需要拓展更多的投资与融资渠道帮助体育企业度过生产经营的难关,更需要加强对体育企业尤其是中小型体育企业融资方面的支持力度等。概言之,上海体育产业的发展需要政府采取并且落实更多更好的激励措施。但是目前上海乃至国家现行的体育法律规范都还没有在上述方面采取有针对性的制度措施,也都没有针对体育产业的发展设置任何有效的激励制度。

(四)体育立法对于体育产业的保障不力

上海体育产业的发展要积极保护体育类企业特有的、独有的知识产权,也需要加大对体育消费者合法权益的保护力度,更需要加快体育人才的培养与引进。只有对体育产品与服务的知识产权加以严格保护,才能保障并进一步激发体育企业创新的热情,为上海体育产业的发展提供动力;也只有切实维护体育消费者的利益,确保其权利免受或至少是少受侵害,才能够保持人们对于体育消费的热情与信心,确保上海体育产业能够持续健康发展;也只有确保培养和引进足够数量的高素质体育人才,才能够使体育产业具备足够的人力资源支撑。但是由目前立法可知,上海乃至国家现行体育立法等都还没有真正重视并切实对体育企业知识产权、体育消费者合法权益以及体育人才培养采取适宜且有效的制度保障措施。

四、上海体育产业立法完善的必要性

(一) 促进体育产业发展的客观需要

在我国,体育产业可谓是发展迅猛,其社会影响力的广泛性、深刻性更是使得体育产业政策必须要提升到法律的层面上。2014年,全国体育产业总规模已超过1.35万亿元,实现增加值4041亿元,约占当年国内生产总值的0.64%,且呈逐年上升趋势。可见,体育产业经济已经是我国现代经济中的重要组成部分,也是社会主义社会发展中不可或缺的一部分,它不仅增加了社会就业的机会,还丰富了大众的日常生活。在上海,体育产业发展的势头则更为喜人,所占GDP的比例已经超过1.5%,居全国首位,其发展对于整个上海城市的发展具有重大影响。就我国体育产业的整体发展而言,若想加快体育产业创新发展的步伐,就须发挥经济发达地区在体育产业发展过程中的领头羊作用,通过试点实验、再全国推广的方式来推进我国体育产业发展进程,即通过以点带面的模式来迅速发展我国的体育产业。而上海作为我国体育产业的摇篮以及体育产业发展的重镇,有条件且有必要成为带动我国体育产业全面发展的点。上海是全国的经济中心,也是我国区域体育产业竞争力发展的强劲地区,是影响和带动全国体育产业发展必须倚赖的一个重要地区,其地方体育产业的发展必须得到应有的重视。就现实条件来说,上海拥有全国领先的体育产业规模和环境,具有法律化产业政策的客观需求。在竞技体育方面,上海拥有像姚明、刘翔这样的国际知名体育明星,拥有网球大师杯赛、F1大奖赛、国际田径黄金大奖赛、国际马拉松、斯诺克大师赛、汇丰高尔夫大师赛等群众关注度高、影响力大的品牌赛事;在全民健身方面,上海在健身场地及场馆的覆盖率、全民健身活动的数量、全民健身的推广等方面也均有优异的表现,这些都极大地推动了上海体育产业的发展与繁荣。但是若想进一步推动上海体育产业更高质量的发展,首要任务是在法律法规层面上积极开展并且完善上海市体育产业立法的保障和促进工作。从理论上来说,产业的发展取决于多重因素,但在法治已经成为当代社会主旋律的宏观背景下,产业的发展亟须法律全方位的保障与推动,而制定一部《上海市体育产业促进条例》,则是最大可能地集中地方资源、全力保障和推动上海体育产业实现快速发展的客观需要。法律作为治国理政之重器,既能够清除上海体育产业发展过程中的体制机制性障碍,也能够为上海体育产业的健康发展保驾护航。

(二)建立健全地方体育法治体系的客观需要

众所周知,现行有效的《体育法》是我国现今调整体育事项的唯一的一部法律。虽然国务院就奥林匹克标志保护事项、公共文化体育设施管理事项、彩票管理事项以及全民健身领域先后颁布实施了一系列行政法规,但是这些法规主要是针对体育各个具体领域作出的专门规定,并未直接用以调整体育产业事项。可以说目前有关体育产业的立法仍处于低层次状态,大多数有关体育产业促进的规定多散见于各类规范性文件中,例如国务院就加快发展体育产业和促进体育消费、加快发展健身休闲产业以及在促进全民健身和体育消费推动体育产业高质量发展等方面先后出台一系列规范性文件。上海市也在体育产业发展、体育消费促进和体育产业创新促进等方面先后颁布实施了一系列规范性文件或者实施方案,然而由于这些规范性文件层级较低、效力不高,其所能发挥的作用难免有限,所以期望相关立法机构在地方立法权限范围内,尽早地以地方法规的方式出台有关体育产业综合性促进、规范的相关规定,为上海体育产业发展提供法治保障。

(三)体育领域依法行政的客观需要

纵观我国在体育产业领域的依法行政,政府对于体育产业发展的重心更多放在管理层面,忽视对体育产业促进层面的依法行政。众所周知,依法行政的前提和基础,是要有"法"可依。但是在体育产业促进层面的依法行政,基本上是无"法"可依。因此,要使各级政府促进体育产业发展真正有法可依,就必须为体育产业立法。在国家层面尚未出台体育产业相关法律的情况下,上海有条件、更有必要领全国之先,制定地方性体育产业促进立法。

五、上海体育产业立法的原则

(一) 坚持依法立法原则

在十九大报告中,首次提出了依法立法原则,即所有的立法主体都必须在法律规定的权限内,严格按照法律规定的程序要求,完成立法活动。《立法法》第四条中也明确指出,我国各级立法必须完全依照法定的权限和程序去开展立法工作,所以说立法权的存在和运行都离不开法律的支撑。上海体育产业立法是整个国家体育法治体系乃至整个国家法治体系的一部分,因此必须在不与宪法、法律等上位法相抵触的前提下制定、修改以及废除。即使目前在国家层面尚未有促进体育产业发展的法律,以及目前正在审议的体育法修改草案(2021年)中,虽然未将体育产业设以专章,但是地方积极开展体育产业立法工作,用以规范体育市场秩序、鼓励扩大体育市场供给、拓宽体育产业投融资渠道、促进体育消费等是大有裨益的;国家规范和发展健身休闲、竞技表演、体育服务以及体育培训等产业,促进体育与健康、文化、旅游、养老、科技等同步发展。因此,上海在制定促进体育产业发展立法时应结合体育法的修改,在不与其相悖的范围内结合上海实际情况进行立改废。

(二) 坚持科学立法原则

《立法法》第六条明确指出,我国各级立法必须立足实际情况,在符合社会客观发展规律的基础上,科学合理地开展立法工作。因此,在促进上海体育产业发展立法时,必须做到从上海的实际情况出发,以建设全球著名体育城市和全球著名电竞城市为发展契机,搞好政策的落脚点,以积极引进各类体育赛事为发展点,坚持创新与实际相结合、坚持适应社会与体育产业发展相结合以及坚持社会效益与经济效益相统一。

1. 坚持创新与地方特色相结合

地方立法创新是推动地方治理法治化的重要手段。2019年,习近平总书记在推进地方立法工作中明确指出要积极鼓励和支持地方立法的创新发展工作。作为改革开放的排头兵,上海在地方立法创新方面一直起到了很好的模范带头作用,例如:在遗体捐献领域、因病支出型贫困家庭社会救助管理领域等的立法都是上海市本地立法的创新性典范。在体育立法方面,为了促进全民健身,经过多方考量,上海于2000年12月通过了《条例》,这也是全国首部以全民健身为主要内容的地方性法规,在该《条例》之后,山东省、江苏省、安徽省、浙江省、北京市也实施了本地化的有关全民体育健身地方性法规等,国务院就全民健身事项也于2009年颁布实施一部重要的行政法规,而以上这些法规也在一定程度激发了我国公民的健身热情,更是提升了我国公民的健康观念。因此,在当今社会快速发展的时期,上海在促进体育产业发展立法上一定要敢于创新,具有前瞻性地预判问题,结合本地体育特色,形成具有特色的上海体育产业立法,先行一步,为其他省市乃至国家体育产业的发展提供立法经验。

2. 坚持适应社会与体育产业发展的原则

改革开放以后,我国从计划经济转向市场经济,体育产业迅猛发展,仅仅用体育事业的方式管理体育活动、制定方针规划,已不能满足人民群众日益增加的对体育消费的需求。将体育产业作为经济部门来看,它需要与现阶段的政治、文化、社会的发展相适应,需要将体育产业的发展置于整个社会、文化的发展中去。因此,对于促进上海体育产业发展立法的完善工作来说,就必须要结合上海本地的体育产业发展特点。

(三)坚持民主立法原则

不容置疑的是,立法权最初是来源于人民。相关的宪法性法律以及《立法法》中都提到了立法应当要贯彻并履行人民的意志。体育产业与其他经济产业存在明显不同的是,体育产业发展在很大程度上是为了提高国民身体素质和健康水平、为人民服务。因此,上海在完善体育产业发展的立法时应当遵循民主立法原则,具体则体现在立法主体、立法内容以及立法程序中的公众参与机制和公众意愿程度,等等。

六、上海体育产业立法完善路径

与其他经济产业相比,体育产业经济有自身的发展特点,这也导致其发展规律与其他经济产业必然存在差异,这也决定了在体育产业立法方面要将促进性与强制性结合,从内容和形式等多元化角度进行完善。

(一) 形式上的完善路径

1. 配套立法,积极立法实施上海体育发展法律文件

当下,我国体育强国的建设目标依旧对体育法治提出了更高的要求。值得庆幸的是,在十三届全国人大常委会立法规划中,明确提出了由全国人大社会建设委员会牵头修改体育法,社建委在结合众多体育法专家、学者、体育实务工作者对体育法的修改进行的大量调研和研究的基础上,以及多次研讨的情况下提交了《体育法》的修订草案。虽然在本次体育法修改中未能将体育产业设以专章,但是在其总则中增设了"体育产业"条款,明确了体育产业的内容和发展方向。因此,作为体育产业发展水平在全国领先的上海更应该抓住此次体育法修改的契机,配合全国人大完成《体育法》修改工作的同时,积极配合上海市人大,结合上海体育产业特点做好体育法律政策文件的立改废工作。

2. 研制促进上海体育产业发展的省级政府规章或者地方性法规

近些年来,上海高度重视体育产业的立法引导和保障,颁布实施了一些地方性法规、政府规章或规范性文件。但无论是国家层面的体育法律,还是地方性法律规范,它们更多的是从体育事业角度予以规制,并没有针对体育产业的发展设计任何有效的促进和激励制度。同时,虽有相关政策性文件对体育产业进行规定,但由于缺乏法律强制性,也存在政策难以落地的困境。因此,从重构体育产业产品架构以及推动区域性体育产业与相关行业同步发展来看,还需要加强体育产业发展的地方立法,充分发挥法规的规范作用,完善体育产业的法治体系,以进一步保持市场主体的活跃性,加快体育产业发展。至于立法层级问题,基于惠及全市体育产业和全体市民以及旨在推动本市体育产业的高质量发展,建议由拥有更高立法权限的市人大组织实施相应的地方性体育产业法规,以较高层级的法规促进本市体育产业更高质量地发展,如《上海市体育产业促进条例》,争做全国体育产业立法的领头羊。假如目前大多数人认为对研制该条例还缺乏立法必要性,那么可以考虑退而求其次,由上海市人民政府在省级行政规章层面为上海市体育产业进行专属性的行政立法,例如以目前上海市人民政府相关规范性文件的政策内容为基础,通过修正或者补充的方式,制定省级体育产业政府规章,从而以较高层面的立法来规范调整全市的体育产业。

（二）内容上的完善路径

1. 依法细化在体育产业发展过程中各级政府的职责

体育产业的发展涉及多部门事权,将其统一到一个政府部门开展集中监管并不现实,但为了防止出现多部门"各行其是"的监管冲突现象,课题组认为有必要在产业促进立法中明确产业监管部门间的关系或者职责。一是应当明确市体育部门是本市体育产业的监管部门,它们应当主要负责体育产业发展政策制定、引导规划和服务保障等工作。二是上海市各区体育行政部门依法行使行政职权和承担相应的行政职责,它们应当主要负责落实好本行政区域内相应的体育产业相关政策工作和行政措施工作。三是由于现有土地、厂房等产业发展的存量要素较多掌握在街道等基层政府手中,为了使相关产业发展措施落到实处,有必要在基层政府内设立相应的体育行政部门,赋予街道等基层政府以相应的体育产业监管权力与职责。

2. 构建多部门协调工作机制

上海市人民政府应当建立体育产业发展工作协调机制,统筹推进体育产业发展重大政策制定,协调体育产业发展中的重大事项,协调重大赛事活动服务保障工作。为保证工作协调机制的常态化及有效运行,可以成立体育产业发展工作办公室,由分管体育的副市长担任领导,具体日常运行可设在市体育局内部,并定期召开会议协调体育产业发展相关事项。上海市各区人民政府必须立足于本行政区域内实际的社会经济发展情况,积极采取相应的体育产业措施,支持和引导本行政区域内体育产业发展。同时,建立跨部门的体育赛事活动综合服务机制,由体育赛事举办地的区体育主管部门主动会同公安、市场监管、卫生健康、城管执法、外事等部门加强工作协同,对体育赛事活动实施现场监管与服务以及加强该地区的体育赛事活动的秩序维护工作。

3. 完善体育产业知识产权保护机制

随着体育产业的高速发展,产业内如运动员形象、赛事活动名称、标志及体育赛事网络转播等成为推动产业发展的无形资产显得愈发重要,而目前《体育法》《著作权法》等相关法律并没有对此进行明确规定,也促使与体育产业相关的知识产权纠纷案件越来越多。在上位法尚未完善的背景下,有必要通过相关权利保护机制完善来加强知识产权保护工作。体育行政部门应与知识产权保护部门、数据平台等加强信息共享、协作执法机制,利用大数据、人工智能、区块链等互联网技术对侵犯知识产权的行为进行数据查处、物流及数据追踪、电子取证等执法行为;在相关无形资产尚未被私法赋权的前提下,有必要通过公法规制手段构建相关无形资产使用、交易规则,以此来维护相关市场主体的合法利益及市场正常竞争秩序,具体而言可以由体育行政部门制定体育产业相关无形资产的行政管理办法,并在实践中加强执法效能。

4. 重构和完善体育产业用地的制度设计

从体育产业发展所必需的体育场地需求来考量,目前上海体育场地数量和种类难以满足上海体育产业发展的要求。因此,在完善体育产业立法中可以加强空间规划,保障用地指标。将体育设施用地纳入土地利用总体规划,并落实全民健身设施配置标准,纳入年度用地计划予以优先供应,对符合规划、符合用地集约要求的项目用地在用地计划指标分配予以倾斜。明确体育产业用地标准。具体的体育行政部门要积极推动相关土地管理法律法规对体育产业用地及其审批明确定义和操作步骤,并尽快建立独立的基准地价体系。要灵活供应城市体育用地,充分利用城市的"金边银角"建设社区体育文化公园,同时在用地方面特事特办,多部门协同,允许企业在土地或建筑物产权性质不变的情况下,进行体育类基础设施和商业配套建设。

5. 人才引进配套机制构建

在国家内部的地域性产业竞争,本质上是相关产业人才的竞争,换言之,某地区拥有的产业人才的数量和质量决定着该地区产业发展水平的高与低、快与慢,由此可知在体育产业的发展过程中,人才供给的问题亟须解决。具体在促进体育产业发展立法中可以做到如下几点:一是加大体育人才引进力度。明确由体育行政部门编制和发布体育产业重点领域内重点人才引进目录,制定引进高层次体育人才的配套规定,加强各类体育人才引进。积极推进海内外高层次体育专业人才的引进政策工作以及相关措施工作,如建立海内外高层次体育人才电子申请机制、简化电子审批步骤,以及加强建设各级政府甚至各级行政部之间的信息共享机制,等等。二是鼓励与支持本土体育人才培养。鼓励本地甚至是外省的高等院校、职业院校申报设置体育产业相关专业以及扩充体育产业专业门类,如体育市场管理专业、体育创意设计专业、体育中介专业,等等;同时加大培养与扶持力度,如增加专业实习、见习的机会,组织技能大赛,设置专业能力证书考核,等等。体育行政部门要推动体育企业和高校建立体育产业教学、科研和培训基地,加大对体育相关产业科研项目经费配套支持,以促进和扶持体育产业发展中的人才培养工作。对符合条件的未成年体育人才,体育行政部门应会同教育行政部门制定符合其自身发展规律的教育方案并实现其义务教育不间断。三是积极帮扶体育人才就业和创业。将体育产业型专业人才依法归入相关进沪就业的重点专业和紧缺专业名册,以便他们能够切实享受居住证积分加分等优惠政策,真正的留住人才。要加大租赁住房、经济适用房、廉租房和公租房的建设力度,定点定人租住,以破局性措施有效地解决来沪就业创业的体育人才的住房问题。对符合条件的体育产业类的创业人才,上海市以及各区相关行政部门可以在户籍方面予以切实保障。

参考文献

[1] 鲍明晓.体育产业:新的经济增长点[M].北京:人民体育出版社,2000.

[2] 黄海燕,徐开娟,陈雯雯,等.全球城市视角下上海体育产业发展研究[J].体育学研究,2019(2).

[3] 黄海燕.推动体育产业成为国民经济支柱性产业的战略思考[J].体育科学,2020(12).

[4] 曹可强,王才兴.上海体育服务产业的定位、发展方式及实现机制[J].体育科研,2011(3).

[5] 马宏俊.试论我国体育法律体系的建立与完善——以《中华人民共和国体育法》修改为视角[J].体育科学,2021(1).

[6] 鲍明晓.体育产业基本理论问题研究[J].体育科研,2005(4).

[7] 姜彩楼.我国体育产业发展中的基本理论问题研究[J].生产力研究,2008(1).

[8] 李先燕,于善旭,韩宝.天津市体育产业立法发展状况与完善进路的探讨[J].河北体育学院学报,2020(3).

[9] 谭小勇,成瑜,张程龙.上海建设全球著名体育城市语境下体育法治建设的探索[J].体育科研,2021(1).

[10] 罗嘉司.体育行政立法管窥[J].武汉体育学院学报,2005(3).

[11] 罗嘉司.我国体育行政立法完善的思忖[J].沈阳体育学院学报,2015(1).

[12] 周丽珍.上海体育产业发展的现状与策略研究[J].商业现代化,2009(1).

[13] 刘长秋,李静.推进我国体育产业发展的立法保障研究[J].成都理工大学学报(社会科学版),2014(2).

[14] 康建敏,陈伟.发展我国体育产业的立法对策研究[J].产业与科技论坛,2011(12).

[15] 王文筱.我国体育产业促进立法研究[D].北京:北京交通大学,2011.

[16] 章道润.我国体育产业发展的法律制度、实践问题及对策研究[J].铜陵学院学报,

2018(3).

[17] 肖乐乐.2008年北京奥运会后中国体育产业政策变迁研究——基于政策文本的量化分析[D].上海:华东政法大学,2018.

[18] 吴香芝,魏亚楠,王中柱,等.我国体育产业政策研究回顾——基于知网学术期刊研究成果的分析[J].体育成人教育学刊,2018(3).

[19] 姜世波,王睿康.论我国体育产业政策的法律化——以国务院"46号文"为例[J].武汉体育学院学报,2019(10).

体育资源商品化交易研究

晏 慧 周 珊 汪嘉琦 黄笑炎 刘 畅[*]

一、研究背景

(一) 政策背景

2014年10月,国务院颁发了《关于加快体育产业 促进体育消费的若干意见》(以下简称国发46号文),要求加快转变政府职能,提出:一是加强规划、政策引导,营造良好的市场环境;二是遵循产业发展规律,完善市场机制。且在七大政策举措中,要求:一是提升体育组织、体育场馆等的开发、管理与保护水平;二是创新市场运行机制,推动体育资源的公开、公正、公平流转。2019年9月,国务院办公厅印发了《关于促进全民健身和体育消费 推动体育产业高质量发展的意见》,其中提出应推动体育赛事转播权的市场化运营,建立体育无形资产评估标准、完善评估制度,支持各类体育协会采用冠名、赞助、特许经营等方式开发无形资产。梳理这两项国家颁布的促进体育产业发展的意见,可以发现:无形资产的开发与保护一直是体育产业发展中的重要任务。因此在国家政策的指导下,促进体育无形资产的开发与运营,推动体育要素的有效流转,成为我国体育产业高质量发展中的重要举措。

---

[*] 本文作者简介:晏慧,上海体育科学研究所(上海市反兴奋剂中心)助理研究员,博士研究生,研究方向:体育管理;周珊,上海体育学院,博士,研究方向:体育管理;汪嘉琦,上海体育科学研究所(上海市反兴奋剂中心)研究实习员,硕士,研究方向:体育管理;黄笑炎,上海体育科学研究所(上海市反兴奋剂中心)研究实习员,硕士,研究方向:体育传播;刘畅,上海体育科学研究所(上海市反兴奋剂中心)助理研究员,硕士,研究方向:运动人体科学。

（二）理论需求

基于商品二因素理论、不完全契约理论、新制度经济学相关理论以及我国知识产权法体系，面对市场失灵时，政府应对体育资源价值的流转与保护，尤其在资源的有效配置上发挥引导者与监督者的作用。在当前我国体育产业高质量发展的进程下，体育资源的商品化涉及经济学与公共管理两个学科领域，面对体育市场本身不完善时以及在信息不对称和外部性的影响下，探讨体育资源商品化流转，协调市场配置和政府治理，是在深度上对现有研究的有利补充。

（三）现实需求

2014—2016年，我国各地陆续出现了体育产业资源交易平台的建设热潮，2015年，国内首家体育产权交易中心在上海成立。体育产业资源交易平台的建立，对挖掘、盘活体育资源，促进体育产权的流通，起到举足轻重的作用，但尚存在优质体育资源进场交易少、合理交易标的估值方法缺乏、平台整体影响力有待加强、产权交易市场有待规范等发展困境。因此，深入分析体育资源交易背后面临的困境，提出针对性的解决方案，不仅对提升我国体育的治理水平，而且在促进体育产业的高质量发展等方面具有重要的现实意义。

二、基础理论

（一）概念的界定

马克思最初提出商品化的两种类型，即产品商品化与劳动商品化。在市场经济条件下，微观经济主体商品化成为一种生产要素，在市场上流通，这一过程使产品或劳动的使用价值向商品价值转化。在转化过程中，产品、劳动力不仅被生产者使用，而且为了实现交换目的的流通行为，既体现了产品和劳动力的使用价值，又实现了其商品价值的转换。市场是实现商品化的关键，搭起了产品流通、分配和消费的桥梁。在市场环境中实现了生产要素的合理流动和优化配置，同时产品的组合和投入使用在很大程度上受市场力量控制。但不容忽视的是，市场有效率的结论以及市场运行机制的分析均是在完全竞争的研究假设上得出的。在现实情况下，仅依靠市场力量达成资源有效流转的目标是难以实现的。巴泽尔认为,个人对资产的产权由消费这些资产、从这些资产中取得收入和让渡这些资产的权利或权利构成。产权经济学家将产权视为一种行为型权利,换言之,某一种物品上附有的权利量及其强度是该物品商品价值的决定因素。具言之,产权主体享有对客体的使用权、收益权和让渡权,其中让渡权是双方以协议价格完成所有或部分权利转让的权利,实现了客体的商品价值。因此协议约定与营商环境在资源让渡过程中起到了约束行为的作用,其中包括协议双方以及协议外第三方的行为。基于此,本研究认为体育资源商品化的行为实质是在市场机制的作用下,由产权转移实现了资源的商品价值转换,且这一体育资源流通的过程是由资源出让人、资源受让人、交易方式和技术手段等要素所达成的,而在这一目标顺利达成的过程中,政府治理、协议约定以及营商环境发挥着积极的促进与规制作用。

(二)体育资源商品化中的市场失灵

体育赛事属于混合产品,不同类型的体育赛事在不同地区、不同阶段,其公共产品属性的程度不同,而体育赛事的核心为信息服务,因信息的承载物或表达方式往往是私人产品,所以体育赛事核心产品的衍生产品绝大多数是权利型的私人产品(李南筑等,2005)。虽然科斯定理说明私人经济主体可以解决主体间的外部性问题,即无论最初的权利是如何被分配的,各方均可达成一种协议,即在协议的规范下,每一主体权益被损害的情况都可以实现好转,且该行为是有效率的。但有时各方不能解决外部性问题的主要原因在于交易成本,当用私人方法无法解决外部性问题时,往往需要政府的介入。虽然有了政府的干预,也不应该完全放弃市场的力量。在我国体育产业高质量发展的进程中,体育产业存在市场机制作用未充分发挥、体育治理体系尚需完善等发展瓶颈(黄海燕,2020),因此在我国,体育市场不能任由市场发挥作用以实现体育赛事或体育产业资源的合理配置,政府对市场的监管与治理的完善对我国体育市场的规范发展具有重要的作用。因此政府要引导与规范体育资源的配置与流通,而这一过程不能照搬以私人产品为主的行业经验,必须针对我国体育产业的发展要求与体育发展现状设计相应的制度(李南筑等,2005)。

(三)体育资源商品化中的政府职能

就确权角度而言。市场无法有效配置资源的主要原因是没有很好地确权,换言之,一些有价值的物品未能在法律上认定有权控制它的所有者。政府可以解决这种因产权缺失而引发的市场失灵,即政府帮助确定产权,从而释放市场的力量。体育资源商品化的过程不应当被认为是一个无"摩擦"的过程,在这一过程中,至少在短期到中期,特别是在不适当的政策被执行后,可能会造成重大的有失公平和环境后果,适当的政府政策可以帮助缓和许多可能存在的不利的过渡后果。职业体育市场交易往往通过契约协助交易完成,而契约的实现需要一整套的保障制度,包括激励制度、监督体系、调解和仲裁体系以及担保制度(郑志强,2009)。因此,体育市场中资源的有效流转,需要政府在监管体系上给予市场主体行为保障。

就交易效率而言。商业性体育赛事作为我国体育产业的重要内容,在现代产权制度流转顺畅的要求下,存在交易内容复杂、交易过程烦琐的情况并逐渐呈现交易主体多、信息需求量大、交易品种杂的特征,并且是在一系列互补合同组成的商业信用交易下实现举办的(李南筑等,2006)。另外,在我国体育产权交易规模扩大、品种增多、交易方式推陈出新的背景下,更加需要由政府主导而建立交易费用低、有效的集中交易平台(黄海燕、张林,2007)。因此,为了实现体育资源的有效流转,政府除了主导有效平台的建设工作,更应该督促产权交易市场围绕交易产品的自身特点,设计交易成本低的交易机制。

就市场环境而言。从经济学角度出发,体育产权可以分为体育有形产权、体育无形产权、体育人力资本产权三类(黄海燕、张林,2007)。随着市场的发展,体育与科技的融合深入,在国家政策的引导下,创意产业与体育产业的融合,已经成为赛事创新发展的重要举措(晏慧等,2020),但目前仅在我国现有的知识产权法体系下对创意及商业化权进行保护,显然力度是不足的(晏慧等,2020;胡卫萍等,2019)。因技术创新而形成的商业模式,可能会降低某些交易成本,所以需要政府围绕体育资源商品化交易过程,合理设计市场框架并给予适当的管制,打造符合产业发展的市场环境,这对推动我国体育产业的高质量发展具有重要的现实意义。

三、体育资源商品化的现状与问题

(一)我国体育资源商品化的发展特征

我国体育资源商品化的发展,总体呈现出由计划调节向市场配置转变、由分散交易向集中交易转变、由单一简单交易向多种权利混合复杂交易转变的特点,具体如下。

1. 由计划调节向市场配置转变

在计划经济体制下,体育资源是由国家垄断行为而提供的公共产品,具有公共产品属性,因此在该时期,体育被当作一种福利性事业,其产业功能未得到认可,体育资源的商品价值也未能发挥。体育资源的配置及其商品价值的实现仅能由国家或政府进行,该时期体育资源商品化表现出的公共产品属性、交易费用高的特点,易造成市场推广动力不足、效率低下的问题,使得体育中介市场中可交易资源少,同时也制约了体育企业在资源流转过程中的谈判能力。因此在该时期,体育资源商品化过程具有明显的政府主导的特征,主要的交易形式包括:政府"拉郎配",如一些大型体育赛事的承办权、冠名权等由政府分配;国家体育总局和地方体育局管理的部分赛事项目采用招投标或拍卖方式等;一些小型体育赛事的资源由体育经纪公司采用分散的交易方式(黄海燕、陈宣东,2006)。而随着体育产业属性的凸显,现时期在政府大力引导社会力量、发展我国体育事业的背景下,行政力量与市场机制的共同作用使我国体育资源的产权属性发生了变化,由国有产权向共有产权和私有产权转变,即逐渐打破了政府对体育资源的垄断行为,这为通过制度创新降低体育资源的交易费用以及市场配置体育资源流转顺畅夯实了基础。

2. 由分散交易向集中交易转变

我国体育资源交易包括分散交易与集中交易两种方式。在体育产权交易平台搭建之前,在行政与市场力量的共同作用下,体育资源逐步向市场转移。在科斯看来,有效率的产权制度,应能实现将权利从低效的人转移到高效的人手中。而实现这一高效的产权制度,交易方式显得尤为重要。集中交易相较于分散交易,具有效率高以及公开、公平、公正和易监管的优势。在我国,早期体育资源的交易方式存在政府主导、体育经纪公司牵线搭桥的招投标、拍卖式、名人牵线型以及网络征集式几类,虽然效率不同,但这几种交易方式均促进了我国体育资源的配置。而在计划经济调控阶段时,一般以分散及私下交易方式为主,这种方式因其交易不公开的缺陷,无法解决信息不对称的问题,同时也容易产生公共权利寻租行为。在 2014 年后,北京、上海等地纷纷建设体育资源交易平台,将体育资源纳为产权交易的产品,使体育资源的集中交易成为可能,能较为有效地降低信息成本、监督成本和决策成本。在交易方式转变的过程中,集中交易体育资源的另一优势逐渐显现,即产权交易机构多年累积的交易经验与服务理念,会逐渐规范非标准化属性突出的体育资源的交易规则与管理制度,以实现公开、公平、公正地有效配置体育资源。

3. 由简单交易向复杂交易转变

随着体育产业规模的扩大和市场环境的优化,各种体育资源纷纷进行市场配置,伴随而来的是我国体育产权交易市场从初建到发展壮大。2005年,上海市体育局、上海体育学院、上海联合产权交易所三方开展了合作,初步尝试实现体育产权交易。中邦足球俱乐部于2005年9月将其2006年赛季中超联赛的广告权(球队冠名权、队服广告权、场地广告权等)在上海联合产权交易所意向挂牌,成为在我国产权交易所首批挂牌的体育产权。2005年11月在第六届上海国际工业博览会上,首次设立的产权交易馆展示了商业性赛事(包括上海网球大师杯赛、F1大奖赛上海站、上海国际田径黄金大奖赛)的产权。自2014年10月国务院颁发《关于发展体育产业 促进体育消费的若干意见》后,北京、上海、山东、河北、天津和广州等地陆续成立体育产业资源交易平台,挂牌的产权中除了与一般行业相同产权交易,如体育企业的股权、债权、收藏品之外,还包括体育行业所特有的资源产权,如赛事冠名权、电视转播权、特许经营权、体育人力资本产权。赛事类型也由最初的商业性赛事扩展到群众赛事,如2016年1月底上海市体育局委托上海联合产权交易所,开展上海市第二届市民运动会的总冠名招商,最终与绿地集团正式签约。随着体育与科技的融合发展、创业产业的发展壮大,一些科技产品以及创意产品或将成为体育产权交易的主流产品。

(二)我国体育资源商品化的现实困境

1. 产品困境:吸引力不足

通过对我国目前产权交易机构入场的体育资源梳理后发现,体育资源主要包括体育公司股权与融资、体育设备设施的出售、体育场馆的租赁、赛事的招商与转播权等。其中与其他行业产权类型相似的是股权与融资、设备出售、场地租赁,而体育所特有的资源包括体育赛事招商与转播的权益交易。以北京体育产权交易所为例,在官方网站上检索"综合招商"——"体育资源"板块(检索时间为2021年8月28日)发现,除一些房屋出租项目和文化项目等非体育资源外,目前该板块挂牌中近八成的交易项目是赛事招商,如"激情金秋 国际浪速 水舞成都"2021秋季赛事招商、2021北京通州运河半程马拉松权益交易项目、环中国自驾游集结赛招商项目等,涉及较为常见的诸如冠名权、广告权、赛事直播权等赛事权益。在搜索中发现一些项目背景与权益内容以及与交易相关其他条件信息表述不清的项目,另外七项产权挂牌交易项目中除一项外,其余项目的挂牌价格为面议。点击量最高的项目是于2021年7月12日挂牌的中国百城社区健身跑(5.18 km黄金大奖赛、5.18 km×10黄金大奖赛接力赛)总冠名权益交易项目,共有242次点击,而基本上同一时段于2021年8月17日披露的马来西亚关丹市度假酒店转让协议项目的点击量已达522次,整体而言市场主体对体育资源的交易关注度较小。造成关注度低的原因或许包括如下两个:一是体育资源产品交易存在权益表述不清,使买方对购买资源不了解;二是我国体育产权交易市场自2014年发展至今,其产品类型仍拘泥于体育场地的租赁与赛事招商项目,缺乏诸如体育科技类以及结合数字化发展的新颖性较高产品的入驻。

2. 平台困境:服务功能缺失

产权交易平台最典型的入场交易对象——产权,包括股权、物权、债权、林权、著作权、特许经营权等以及上述所有权中包含的能够单独交易的使用权、收益权等权利,这些权利具有明显的特征之一是在我国相关法律的规定下,具有明晰的产权归属。产权交易的目的在于实现产品的资本化,即实现资产的有效流转;而在这一过程中,根据制度经济学的观点,产权交易过程中创造出的一种市场导向的制度,可以降低产权的交易费用,实现有价值权益的有效配置。各地产权交易平台在引入体育资源权益交易时,将线下一对一的传统交易方式转变为多维立体的服务方式,围绕市场对体育资源的需求:一是发挥产权交易中心的推广能力(包括多媒体的宣传方式、线下推介活动)以提高体育资源的市场知晓度;二是通过交易制度与风控体系的设计,规范体育资源交易,从而提升体育要素流通的效率与效益。产权交易所在体育资源挂牌与交易的过程中,作为产品宣传与信用机制的第三方机构,应承担降低双方信息费用、交易过程费用的责任。然而在一些体育资源的挂牌交易信息中,产权交易中心表示项目信息由交易方提供,仅转发信息,对信息的真实性、完整性、有效性不承担任何法律责任,这种类似"友情提醒"的备注信息似乎起到减轻平台应承担的信用机制的责任,但作为一个信息发布的平台,仅实现了产品平台展示的功能,未能体现出其制度设计与为交易双方提供综合服务平台的功能,也丧失了在体育产权交易过程中应发挥的风险控制作用。

国发46号文颁布之后,政府积极鼓励社会力量办体育,以促进体育产业的发展,而产权交易中心作为连接体育资源所有者与需求者的重要桥梁,应围绕市场需求,积极吸引社会力量参与体育资源配置的过程,承担起在体育产业发展过程中体育资源资本化的责任。随着经济的发展和社会进步,集中交易与复杂交易的比重逐渐加大,交易方式与交易产品创新才能促进体育资源的有效配置。体育产权交易中心作为一种强制变迁的创新性交易平台,应积极应对体育资源复杂交易带来的信息不对称与交易不确定性的问题,将阻碍体育资源交易的"摩擦"降至最低,积极发挥信用机制与风险防控的作用。

3. 环境困境:创新制度缺失

体育资源非标准化属性凸显,按照马克思对商品化二分类的界定来看,体育资源商品化包括物的商品化和人的商品化;也有学者将体育产权分为有形产权、无形产权和人力资本产权三类,而这三类中既有体育行业与其他行业所共有的股权与物权,如体育企业的股权、体育场地的租赁权、体育领域专利等,也有体育行业所独有的赛事举办权、转播权、运动员或俱乐部整体的广告权等。在这些体育资源中,体育行业所独有的产权的非标准化属性更为突出,与其他行业共同所有的资源交易具有一定的普遍性,可借鉴其他行业的成功经验。因此,随着新技术的发展,体育资源的类型将愈加丰富,在探讨体育资源商品化的问题时,分析体育行业所独有的资源类型显得尤为重要,并围绕体育资源的流转过程,采用适当的交易机制,使其顺畅流转,实现经济价值。

2019年4月26日第19届世界知识产权日将产权保护聚焦在体育领域,是世界知识产权机构首次将知识产权与全球体育产业的生态系统两者融合,以实现体育产业规模的扩大与保持良好的发展态势。早在2014年,国务院在颁发的《国务院关于推进文化创意和设计服务与相关产业融合发展的若干意见》中明确提出:文化创意与体育赛事融合,促进自主产权赛事的开发工作。而产权明晰是一切资源商品化的重要前提,我国体育资源在流转过程中存在环境障碍:一是大部分优质体育资源产权的所有者是政府,而政府或其代理人在处理国有体育资源时往往存在积极性不足的问题,因而此类体育资源难以实现流转顺畅;二是存在一些具有市场价值,但通过现有法律制度未能有效保护产权所有者的体育资源,如创意产权。创意产业与体育产业的融合,将是促进我国体育产业创新发展的重要手段。创意保护对自主品牌赛事的价值提升具有重要意义,创意是创新体育赛事的商业开发的核心驱动力,加强对创意产权的保护,将能有效改善目前入场的体育资源仍为冠名权等传统的体育赛事权益,缺乏吸引力的产品入场的困境。虽然我国知识产权法体系在一定程度上能保护发明、外观设计、商标等客体,但创意作为一种具有相对新颖性和具体性的想法,存有"艾若信息悖论",且往往难以被物化,因此在目前我国现有的知识产权法体系下,难以得到及时、全面、有效的保护。两方面的环境困境均对我国体育资源商品化的流转带来了不利影响,如何通过制度创新,为我国体育资源顺畅流转建立良好的环境,成为亟待解决的问题。

四、对策与建议

(一)针对不同产权形式,通过政策设计优化体育资源配置

1. 设计交易办法,提高国有产权或共有产权的配置效率

由新制度经济学的观点来看,不同产权形式对于资源配置的效率产生不同的影响。从交易费用的视角出发,国有产权的资源一般由国家委派代理者进行产权交易,而代理者对该产权的使用、转让以及转让产生的收益分配不具有充分的支配权,所以在一定程度上因激励缺失而造成代理者对经济效益的获得以及对其他成员监督的意愿降低。同理,共有产权形式的资源在配置过程中,共同体中所有成员因持有一定比例的产权而享有一定比例的收益,所以在资源配置的过程中,较难达成一个让所有成员满意的最优方案,换言之,达成最优方案的谈判成本可能非常高。而私有产权下能内化国有产权和共有产权下产生的许多外部效应,从而更加有效地配置体育资源。鉴于我国运动员培养机制等现实,我国一些优质的体育赛事资源的产权所有者为国家,如国家队优秀运动员及运动队代言的商业权。由上述制度经济学对产权形式在资源配置上的不同影响而言,这部分国有优质的体育资源存在由国家或其代理人通过产权交易获取收益的积极性不足的问题。因此,政府层面通过政策设计,在避免暗箱操作造成国有资产流失的前提下,使这部分国有体育资源遵循市场规则运作。在体育资源产权交易的初期,这部分优质的国有体育资源的进场交易或许可以借鉴国有企业产权的进场交易经验,如出台类似《企业国有产权转让管理暂行办法》《中华人民共和国企业国有资产法》以及后续的一系列政策,以市场化的形式运作,规范国有产权转让的监督管理与批准程序。

2. 通过事前事后政策,完善私有产权的权益保障

根据不完全契约理论,产权界定或契约安排是市场化交易的前提,任何资源在产权明晰或契约条款下才能顺利交易,市场的价格机制才能发挥作用,资源才能得到有效的配置,体育资源的商品化过程同样如此。在有限理性、信息

不对称和资产专用性的作用下,体育资源交易的契约是不完全契约,即因契约当事人或仲裁者无法约定合约的一切事项而使合约具有不完整性,所以需要设计机制以应对不完全契约。而不完全契约理论的两个分支分别给出对应的解决方案,以奥利弗·威廉姆森(Oliver Williamson)为代表的交易费用学派和以奥利弗·哈特(Oliver Hart)为代表的新产权学派,双方基于各自不同关注的重点,分别提出了事后适应性的治理机制和事前保护投资的机制,实践证明这两种方式可以互补,保护不完全契约的交易,因而体育资源的商品化过程中,可以通过设计事前事后机制,完善我国体育资源交易中的权益保障。

经调研发现,不少体育企业家提到体育赛事运营中存在较多类型的侵权行为,如:随着互联网技术的发展,网络平台的兴起扩大了体育赛事传播范围,但随之而来的赛事传播侵权行为未能得到有效的制裁;体育赛事的Logo经常被一些商家违法使用,而取证过程较为艰难;体育赛事的一些创新性竞赛模式因存在"艾若信息悖论",即推广虽能产生经济效益但也易被竞争者模仿。这些侵权行为在现有知识产权法体系下难以维权,主要因体育赛事的如下特殊性:一是在事前设计保护投资的机制,体育与创意的结合往往能在短期内产生较好的经济收益,而一旦被模仿,创意所有者的经济收益将受到侵犯,并且该资源在现有知识产权的保护下难以确权,虽然可以通过合同制约,但在现有法律的保护下难以达到规制第三方的作用,因而有必要设计一套事前鼓励体育经营方在创新方面的投资、且能维护其由该投资获取经济收益的机制;二是在事后建立适应性的治理机制以实现提高对维权行为的处理效率、确定维权取证的原则、加大对侵权者的处罚力度的功能,以维护良好的体育营商环境。

(二)围绕交易阶段,完善体育产权交易中心的服务功能

2005年,上海市体育局、上海体育学院开展科研合作,基于新制度经济学的理论,认为随着社会与经济的发展,体育资源的集中交易将成为未来的发展趋势,并在对体育产权特征与交易费用的分析的基础上,论证了借助已有平台以建立体育产权交易板块的方案更具可行性,随后两方联合上海联合产权交易所创新性地尝试在国内成立"体育产权交易中心"。自2014年以来,我国陆续成立了北京产权交易所体育产业资源交易平台、上海联合产权交易所体育产权交易中心、山东体育产业资源交易平台、天津股权交易所天津体育产业板块、广州体育产业资源交易平台、江苏省体育产业资源交易平台、厦门产权交

易中心,上述中心或者将在原有产权交易所的基础上设置体育交易板块,或直接成立体育产权交易平台。陆陆续续建立起来的体育产权交易中心可以为体育资源流转起到推广作用,然而随着体育交易的复杂程度以及风险程度的提升,体育产权中心应围绕体育资源的交易阶段,逐步优化自身的服务功能,充分发挥综合服务平台的作用。

1. 借助大数据技术,优化平台服务功能

随着互联网、大数据技术的发展,体育赛事评估体系逐渐成熟,体育资源的价值评估体系和企业信用评价体系的实现,将因电子政务系统间的互联互通而成为可能。在权益估价方面,赛事权益的评估可借助大数据技术形成的科学合理的赛事权益价值预估模型,进而为买卖双方提供一个可供参考的公允价值;在信用机制方面,一是通过系统间的互联互通,借助国家企业信用信息查询公示系统查询买卖双方的信用评价,二是通过交易机制中设置必备的交易条件,诸如双方营业执照、验资报告、产权归属报告或确认书等相关资料,以降低在签约阶段和履约阶段因信息不完全带来的交易风险。因此在大数据技术发展的背景下,产权交易中心应结合技术发展,在权益估价与信用机制等方面,充分优化平台服务功能。

2. 围绕契约形成阶段,创新资源交易机制

就契约形成的过程而言,体育产权的交易流程分为搜索和征询阶段、签约阶段、履约阶段以及总结阶段。在这四个阶段过程中,体育产权交易中心应起到信息服务与预防风险的中介服务作用。一是在搜索和征询阶段,体育产权交易中心需要降低体育资源的买卖双方的信息搜寻成本,为双方在信息较为充足的情况下,初步形成合作意向;二是应在产权交易的全过程中提供专业的风险防控的服务(如资产评估、信用评级、增信体系、投资咨询等),围绕体育资源交易中存在的短期决策、权益集合体、信用交易、局部市场失灵等特征设计符合其特征的交易机制;三是产权交易中心应在交易第四阶段,即在总结阶段,及时归纳交易中存在的问题,为后期类似交易提供机制设计的经验。

3. 针对体育企业所需,强化对企业的融资服务

目前我国体育产权交易中心入场的主要体育资源仍为体育企业股权、体育赛事举办权、冠名权、电视转播权、广告权、特许经营权、体育人力资本产权等。除了传统的体育资源入场外,应重点考虑解决体育企业的融资痛点,创新融资方式。若要鼓励社会资本进入体育市场,就需要让社会资本了解目前体育市场的发展状况、主流的体育产品。因此需要产权交易平台体育板块时刻

关注体育市场的发展现状,为一些中小体育科技企业提供融资建议与服务。同时在推广宣传过程中,使一些职业金融家能够及时了解体育市场中新兴的、有巨大发展潜力的产品与服务,以投资的方式,获取向这些产品或服务的公司未来经营收益和影响力的权利。目前我国体育风险投资的发展不尽如人意,受资本不足的制约,大部分体育创业企业尚处于发展初期,加之投资者在融资时保持更加谨慎的态度,企业发展资金受限的困境尤为明显。因此体育产权交易中心可以为体育创业企业开发多种融资渠道,同时结合政策,如政府倡导的社会力量支持竞技体育后备人才培养等,适时推出产品,为风险投资者推荐更具发展潜力的投资领域。

(三)注重技术创新,打造符合市场所需的体育资源产品

1. 创新产品,实现资源买卖双方共赢

目前我国体育产权交易市场上挂牌的体育产权主要为赛事广告权,而体育营销作为企业提升品牌形象、扩大产品销售、提高品牌竞争力的营销方式之一,越来越受到企业的关注。企业往往采用实物与金钱的方式,赞助与自身品牌形象一致、具有相同目标客户群体的赛事。随着我国竞赛表演业的发展,供企业选择的体育赛事种类与数量增多,加之注意力经济的稀缺性,赛事赞助回报若仅局限于户外广告牌、媒体宣传等传统方式,已不能满足企业通过赞助体育赛事而实现宣传的目的。熊彼特在其撰写的《经济发展理论》中梳理了创新理论为主的动态发展理论,提出了创新的五个方面:新产品或产品的新功能,新的生产方法、工艺流程或商业方式,新的市场,新材料或新的材料源,新的组织方式。傅家骥认为技术创新是企业以商业利益为目的而抓住市场的潜在盈利机会,重新组织自身生产条件和相关要素,建立效能更强、效率更高和费用更低的生产经营系统,从而推出新的产品、生产方法、新的市场、新的材料等,包括科技、组织、商业和金融的一系列活动的综合过程。因此如何创新体育营销的方式,解决买卖双方的需求,成为促进体育赛事权益交易的重要问题。在体育市场内,科技创新、产品创新能为体育企业发展提供新趋势、新效能、新动力,衍生出一些新的体育资源交易产品,例如在体育营销中引入资产证券化,这种融资形式能使赞助企业真正参与赛事赞助,将自身品牌与赛事品牌融合,满足产权的买方难题。另外,在一定程度上解决赛事组织方办赛的经济压力,真正实现共赢。并且这种融资赞助的方式可以延长体育经济的产业链,改善体育产业发展的大环境。

2. 与数字融合,挖掘体育事业的数字富矿

新一代网络技术的革命已广泛渗透于世界经济、社会等领域中,使社会进入了以数字化生产为特征的新发展阶段(杨佩卿,2020)。数字经济产业化为体育产业发展催生了新业态、新模式、新应用,解决产业发展中存在的固有问题,促进传统产业和传统商业的转型,进而提升企业的经济效益。数字化不仅是产业转型发展的重要引擎,而且在政府治理与公共服务领域是治理创新的应用实践。2019年10月,国务院颁发的《体育强国建设纲要》为我国体育事业的发展提供了指导性方向,并要求体育在社会主义现代化建设过程中发挥重要作用。在加快体育强国建设的进程中,数字体育变革在全民健身、竞技体育、体育产业和体育文化各领域中均具有全局性的战略意义(鲍明晓,2021)。数字经济不仅可以为体育产业的发展提供新的发展模式,而且数字化技术能有效地促进体育生产要素的合理流动与优化组合(任波、黄海燕,2020)。而产业数字化中的要素数字化、产品数字化、过程数字化均为体育事业发展的数字富矿,数字融合不仅为体育资源的商品化发展提供了新产品,同时也为商品化发展的营商环境治理提供了新手段。因此,挖掘体育事业的数字富矿,不仅可以创新体育资源产品,同时在维护产权流转机制、体育营商环境上带来新手段。

体育资源由计划调控向市场配置转变,体现出从计划经济物权控制思维向市场经济产权思维的过渡,是改革的新思路。无论是从中央文件,还是体育产业政策来看,自国发46号文颁布以来,政府大力鼓励社会资本进入体育产业,逐步向体育资源资本化发展。正如亚当·斯密(Adam Smith)所言,政府不应被视为从棋盘外部进入的主体,而应该作为在棋盘上行动的参与人,因而在制度分析的过程中,政府应当作为博弈参与人。体育资源的商品化看似是市场作用机制下的结果,然而政府在体育资源商品化的过程中需发挥引导者与监管者的作用,尤其在确权与维权上弥补市场失灵。体育资源商品化的本质应将体育资产向体育资本转化,即将原本固化的资产向流动的资本转化,通过各种资本运营手段或技巧,使资源的流动性更强,为体育产业中的科技创新、产业结构的调整和升级提供有力的支持,从而推动我国体育产业的高质量发展。"十四五"期间作为我国数字经济发展的重要时期,人工智能、虚拟现实、增强现实等技术不仅催生了体育产业的新产品与新服务,而这些新产品与新服务均可成为体育资源的新载体。在体育强国建设的进程中,体育资源的

有效流转不仅可以为体育产业提质增效,同时也为全民健身发展、竞技体育提升提供新动力。因此,在新的数字技术的引导下,通过政策设计,优化体育资源的配置效率,围绕交易阶段,完善体育产权交易中心的服务功能,注重技术创新,打造符合市场所需的体育资源产品,是体育产业高质量发展的应有之义。

参考文献

[1] 晏慧,王英丽,曲怡.比较研究视角下中国自主品牌体育赛事创意保护路径[J].体育科研,2020(6).

[2] 杨骐宇,晏慧.我国马拉松赛事的高质量发展初探[J].体育科研,2019(6).

[3] 李南筑,黄海燕,曲怡,等.论体育赛事的公共产品性质[J].上海体育学院学报,2006(4).

[4] 黄海燕,陈宣东.利用产权交易所实现体育产权的集中交易[J].西安体育学院学报,2006(4).

[5] 李南筑,曲怡,黄海燕.商业性体育赛事的产权交易特征和交易费用分析[J].上海体育学院学报,2005(3).

[6] 黄海燕,张林.我国体育产权的分类及其交易研究[J].成都体育学院学报,2007(1).

[7] 黄海燕.推动体育产业成为国民经济支柱性产业的战略思考[J].体育科学,2020(12).

[8] 张程锋,张林.体育产业资源交易平台建设研究:基本情况、发展审视、推进策略[J].山东体育学院学报,2018(1).

[9] 胡卫萍,王学军,赵志刚.文化资源商品化权设权的理论构想[J].南昌大学学报(人文社会科学版),2019(3).

[10] 郑志强.职业体育市场交易契约及其治理[J].武汉体育学院学报,2009(12).

[11] 黄晓春,黄晓华.论体育人力资本的经营及其特点等问题[J].上海体育学院学报,2002(3).

[12] 杨佩卿.数字经济的价值、发展重点及政策供给[J].西安交通大学学报(社会科学版),2020(2).

[13] 鲍明晓.数字体育:体育高质量发展的关键引擎[J].体育科研,2021(5).

[14] 任波,黄海燕.中国数字经济与体育产业融合的动力、机制与模式[J].体育学研究,2020(5).

[15] 卢现祥.新制度经济学 第2版[M].武汉:武汉大学出版社,2011.

第4篇

体育治理

上海体育标准化建设实施路径研究

林章林　刘元梦　张思帆[*]

一、体育标准化发展背景

（一）高质量发展成为新时代的主旋律

从2011年提出的质量强国战略再到2017年中国共产党第十九次全国代表大会首次提出"高质量发展"新表述，这表明现阶段中国经济已经由高速增长阶段转向高质量发展阶段。站在"两个一百年"的历史交汇点上，推动高质量发展，既是遵循经济发展规律、保持经济持续健康发展的必然要求，更是适应我国社会主要矛盾变化以及全面建成小康社会、全面建设社会主义现代化国家的必然要求。高质量发展已然成为新时代的主特征和主旋律（表1）。

表1　中共中央、国务院关于"质量"的表述

时　间	事　件	观　点
2014年末	中央经济工作会议	全面阐述中国经济新常态，11次提到"质量"
2015年末	中央财经领导小组第十一次会议	习近平指出"加强供给侧结构性改革，着力提高供给体系质量和效率"
2016年末	中央经济工作会议	供给侧结构性改革主攻方向是提高供给质量

---

[*] 本文作者简介：林章林，上海体育学院副教授，博士研究生；刘元梦，上海体育学院硕士研究生；张思帆，上海体育学院硕士研究生。

续　表

时　间	事　件	观　点
2017 年	中央财经领导小组第十五次会议	习近平提出"让提高供给质量的理念深入到每个行业、每个企业心目中,使重视质量、创造质量成为社会风尚"
2017 年	"两会"	李克强提出要推动中国经济社会发展进入"质量时代"
2017 年 9 月	习近平给中国质量大会的贺信	质量体现着人类的劳动创造和智慧结晶,体现着人们对美好生活的向往
2017 年 10 月	十九大报告	必须坚持质量第一、效率优先,以供给侧结构性改革为主线,推动经济发展质量变革、效率变革、动力变革,提高全要素生产率
2017 年 12 月	中央经济工作会议	高质量发展是我国经济发展新时代的基本特征和根本要求
2018 年	政府工作报告	深入推进改革开放　创新奋力开创高质量发展新局面
2018 年	中央经济工作会议	要努力满足最终需求,提升产品质量,加快教育、育幼、养老、医疗、文化、旅游等服务业发展,改善消费环境,落实好个人所得税专项附加扣除政策,增强消费能力,让老百姓吃得放心、穿得称心、用得舒心
2019 年	政府工作报告	强化质量基础支撑,推动标准与国际先进水平对接,提升产品和服务品质,让更多国内外用户选择中国制造、中国服务
2020 年 3 月	十九届五中全会	"十四五"时期经济社会发展要以推动高质量发展为主题,这是根据我国发展阶段、发展环境、发展条件变化作出的科学判断。我们要以习近平新时代中国特色社会主义思想为指导,坚定不移贯彻新发展理念,以深化供给侧结构性改革为主线,坚持质量第一、效益优先,切实转变发展方式,推动质量变革、效率变革、动力变革,使发展成果更好惠及全体人民,不断实现人民对美好生活的向往

续　表

时　间	事　件	观　点
2021年3月	政府工作报告	"十四五"时期是开启全面建设社会主义现代化国家新征程的第一个五年。我国发展仍然处于重要战略机遇期,但机遇和挑战都有新的发展变化。要准确把握新发展阶段,深入贯彻新发展理念,加快构建新发展格局,推动高质量发展,为全面建设社会主义现代化国家开好局起好步
2021年4月	国务院关于新时代推动中部地区高质量发展的意见	中部地区发展不平衡不充分问题依然突出,内陆开放水平有待提高,制造业创新能力有待增强,生态绿色发展格局有待巩固,公共服务保障特别是应对公共卫生等重大突发事件能力有待提升。受新冠肺炎疫情等影响,中部地区特别是湖北省经济高质量发展和民生改善需要作出更大努力
2021年9月	国务院关于推进资源型地区高质量发展"十四五"实施方案的批复(国函〔2021〕93号)	推进资源型地区高质量发展,着力激发创新活力,着力完善体制机制,着力夯实转型基础,着力补齐民生短板,加快形成内生动力强劲、人民生活幸福、生态环境优美的高质量发展新局面

中国特色社会主义进入新时代,我国社会主要矛盾已经转化为人民日益增长的美好生活需要和不平衡不充分的发展之间的矛盾,其中不平衡不充分的发展就是发展质量不高、潜力不足的直接表现。高质量发展的根本是经济的活力、创新力和竞争力,因此必须坚定不移地推动高质量发展的供给侧结构性改革。破除无效供给,着力培育新动能,促进新旧动能加快接续转换,以更高质量、更加绿色的产品和服务供给来满足需要,解决矛盾。体育产业的供给侧改革和高品质发展是质量强国战略的重要组成部门,是社会发展、民生改善、文明提高的重要体现。

(二)《国家标准化发展纲要》为体育标准化发展奠定坚实基础

2021年10月10日,党中央、国务院印发《国家标准化发展纲要》(以下简称《纲要》),为统筹推进标准化发展提供了政策保障。其中提出要将标准化全域发展、数字化程度不断提高、国际合作深入拓展并建成一批专业化标准研究机构、实验室、创新基地,从而形成标准、计量、认证认可、检验检测一体化运行的国家质量基础设施体系,使标准化发展基础更加牢固。

标准是社会进步的技术支撑,也是国家基础性制度的重要方面,标准化则在推进国家治理体系和治理能力现代化中发挥着基础性和引领性作用。新时代要推动高质量发展、全面建设社会主义现代化国家,就需要进一步加强标准化工作。这是党中央立足国情、放眼全球、面向未来作出的重大决策,在我国标准化事业发展史上具有重大里程碑意义。

随着全民健身国家战略和健康中国战略的推进以及备战奥运、服务冬奥会和满足3亿人上冰雪的要求,需充分发挥体育标准化工作的基础性、保障性和战略性作用,从而推动形成体育高质量发展的产品和服务保障体系,以标准引领体育工作提质增效。

(三)"放管服"改革是优化营商环境的重要手段

党中央、国务院高度重视深化"放管服"改革优化营商环境工作,从2018年起,每年都会发布"放管服"改革重点任务分工方案。"放管服"改革是党的十八大以来提出的简政放权的延续和升级,也是新时代转变政府职能、建设服务型政府的重要部署。自2015年以来,以简政放权、放管结合、优化服务为核心要义的"放管服"改革在全国各级政府广泛推进,形成上下联动、协同推进的新局面。"放"即权力下放与跨部门授权,激发市场活力;"管"为加强事中事后监管,确保良好竞争力;而"服"意味着政府服务的创新与优化,不断加强创新力。深化"放管服"改革是优化我国营商环境的重要内容,不仅要逐渐放宽市场准入标准、降低准入门槛和成本,又同时鼓励市场主体遵循市场竞争法则,积极参与市场竞争,激发市场主体活力,引导和督促市场主体合规经营。同时改善和提高政府服务意识及服务质量,建立科学的政府服务体系,加强与市场的联系,切实帮助市场主体解决现实问题,从而最终达到优化营商环境的目的。

以马拉松赛事为例,国家体育总局于2015年取消了对马拉松赛事举办的审批权,广泛激发了地方政府和社会办赛积极性,国内马拉松开始了爆发性增长。2019年全国举办马拉松1 828场。2020年受新冠肺炎疫情影响,大部分马拉松赛事延期或停办。2020年底,疫情防控进入常态化阶段,大多赛事恢复办赛,到2021年5月,马拉松赛事的数量已基本达到2019年同期水平。虽然马拉松办赛变得更加便捷,但由此引发的事故风险也在增加。2021年5月22日,甘肃白银马拉松赛事夺走了21个人的生命,这可能是自举行国内马拉松比赛以来最严重的事故，也有可能是历史上单项体育赛事选手死亡人数最多的一次。这样的悲剧值得反思，这表明马拉松的赛事运作还存在着较多问题，在"管"和"服"上还有所欠缺，需要对赛事的组织管理、服务流程、安全保障等进行标准的制定。

在国家体育"十四五"规划中，国家进一步简政放权促进体育的标准化发展，通过放开体育运动水平等级称号授予权限，放开对一定范围等级评定的测试主体、测试组织、测试规模等条件限制，充分调动社会力量参与体育活动，打造体育运动水平等级评定工程。

此外，还提出要加强体育市场监管，不断完善公共体育设施、体育赛事活动、运动技能培训、体育中介服务等重点领域的监管制度体系，进一步强化山地户外越野等重点项目和高危险性体育项目监管，健全完善体育运动项目管理办法和行业标准。

（四）体育及标准化受到空前的重视

党的十八大以来，以习近平同志为核心的党中央高度重视体育工作，从全局和战略高度谋划、推动体育事业改革发展，将全民健身上升为国家战略，推动全民健身和全民健康深度融合，加快推进体育强国建设。习总书记指出体育强国的建设就是要推动群众体育、竞技体育、体育产业协调发展，深化体育改革创新，不断增强体育强国建设的新动能。体育标准化的认知也随着体育的发展在不断发生变化。

随着2014年国务院《关于加快发展体育产业促进体育消费的若干意见》的印发，体育产业的发展成为国家经济转型升级和持续发展的重要力量。促进群众体育与竞技体育全面发展，加快体育强国建设，不断满足人民群众日益增长的体育需求成为新时期体育发展的重要内容。2015年12月《国家标准化体系建设发展规划（2016—2020年）》发布，将标准化工作划分为五个重要领域，第四部分"加强文化建设标准化，促进文化繁荣"中明确提出"重点推动体育产业标准化工作的开展"，将体育作为其重要组成部分，2016年修订的《全民健身条例》从体育的产业属性、从社会化体育产品供给的角度明确提出了标准化建设的要求。而在《中华人民共和国体育法》中没有明确规定体育产业中产品标准要求，但为群众体育以及体育产业的进一步发展作出了技术准备和制度准备。

2017年10月23日国家体育总局颁布《体育标准化管理办法》（以下简称

《办法》,系统规定了体育标准化建设工作的组织管理、范围、类型、等级,标准的制定、宣传贯彻、实施、监督以及保障机制等内容(图1)。《办法》明确了体育标准化工作以坚持依法行政、协同治理、需求引领、创新驱动、统筹推进、服务社会、适合国情和国际接轨为原则,并指出体育标准的制定应当公开、透明,制定过程中应广泛征求意见。强调体育标准化工作要发挥在体育事业和体育产业中的协调作用,以标准化的手段助推体育事业改革、为推动体育各项工作提供基础保障。鼓励各级体育行政主管部门运用标准化手段提供公共服务,建立健全体育标准的实施监督机制,加强体育标准化人才培养。《体育标准制修订工作实施细则》(以下简称《细则》)则是《办法》的有效补充,明确了体育领域行业标准制定、修订实行年度立项制度。体育标准化《办法》及《细则》的发布是规范体育标准化活动的行为指南,是加速体育标准供给的重要体现,是推动标准化助力体育强国建设的重要抓手。

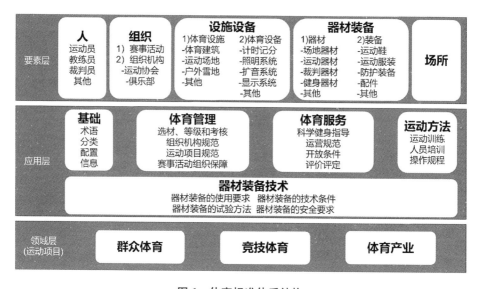

图1 体育标准体系结构

在我国体育标准化工作的顶层设计下,体育标准化工作进入了新的篇章。《体育标准体系建设指南(2018—2020年)》中提到要充分发挥标准化工作对体育事业发展的基础性和引导性作用,在助力体育改革的同时,推动群众体育、竞技体育和体育产业协调发展,构建兼容并蓄、协调开放的体育标准体系,推进体育强国战略的实施。

随着经济社会的发展,全民健身已经成为越来越多人的"刚需",无论是标准制定还是服务保障都需要与时俱进,让更多人享受到体育的红利。《体育强国建设纲要》为体育强国建设提供了理论支持和决策参考。《2021年体育标准立项指南》将体育的领域细分为群众体育、竞技体育、青少年体育和体育产业,并对各领域需制定的相关标准提出了详细要求,其中不乏增加了较多对社会组织、体育运动项目以及数字化体育的标准内容。《国家基本公共服务标准(2021年版)》中甚至专门对残疾人的体育服务内容和体育服务标准提出了相关要求。《2021年体育标准化工作要点》也提到了要开展全民健身、体教融合、体医融合和体育产业等基础标准化研究,打造标准化样板工程等内容。这充分表明如今的体育发展已然从相对粗放的发展阶段进入了高质量发展的新阶段。

《纲要》中明确提出标准是经济活动和社会发展的技术支撑,新时代要推动高质量发展就迫切地需要进一步加强标准化建设工作。体育工作尤其在群众健身需求愈加多元、愈加丰富的当下,建立针对不同层次、不同人群的全民健身标准势在必行。如此次《纲要》中特别提到了要制定线上和智能赛事等标准。在新冠肺炎疫情影响下,这一全新的全民健身赛事活动的组织模式不但在疫情防控期间强健了人们的体魄、培养了大家的运动习惯,也在当下受到了更多人的青睐。但在制定线上智能赛事标准过程中,往往要面对高科技软硬件更新换代极快的情况,或许标准制定完成推出后,高科技软硬件已经完成了更新换代,这无疑会给相关标准制定带来挑战。

2021年是"十四五"开篇布局之年,也是北京冬奥会备战冲刺的关键之年,国家体育"十四五"规划中处处体现着标准,并表明了要开展"体育运动水平等级评定工程"和"体育项目标准化建设工程",支持高等院校、科研院所、体育企业参与制定体育运动项目相关标准,调动社会各界参与体育标准化建设的积极性。

2021年体育标准化工作以服务体育强国为核心,坚持创新发展,提升体育服务和产品的有效供给水平。围绕国家体育总局2021年工作部署,开展体育标准化制度设计、协会实体化改革、国家重大政策文件的标准化配套研究、重点领域标准制修订、组织体系和人才队伍建设、国内和国际标准对接等六个方面工作,努力实现体育标准化建设工作在新发展阶段再上新台阶。"十四五"期间统筹推进体育标准化工作,发布《体育标准体系建设指南(2021—2025年)》《关于进一步加强体育标准化工作的实施意见(2021—2025年)》;修订《体育标准化管理办法》和《体育标准制修订工作实施细则》;编制《体育团体标准化工作指导意见》;推动《公共体育场馆建设标准》批准发布;推进《足球场建设标准》《滑冰馆建设标准》《体育建筑项目规范》等标准制定。

表2为2015年12月至2021年10月相关法律、法规、规划等文件中有关"体育标准化"的内容概述。

表2 相关文件中有关"体育标准化"的内容

时　　间	文件名称	有关"体育标准化"的内容
2015年12月	国家标准化体系建设发展规划（2016—2020年）	加强公共体育服务、体育竞赛、全民健身、体育场馆设施以及国民体质监测等标准的研制与应用，重点推动体育产业标准化工作的开展，加快体育项目经营活动、竞赛表演业、健身娱乐业、中介活动、体育用品、信息产业等标准的制修订工作，促进体育事业又好又快发展。
2016年2月	全民健身条例	第三十二条："企业、个体工商户经营高危险性体育项目的，相关体育设施应当符合国家标准。"
2016年11月	中华人民共和国体育法	第十一条："国家推行全民健身计划，实施体育锻炼标准，进行体质监测。国家实行社会体育指导员技术等级制度。" 第十九条："学校必须实施国家体育锻炼标准，对学生在校期间每天用于体育活动的时间给予保证。" 第二十二条："学校应当按照国务院教育行政部门规定的标准配置体育场地、设施和器材。"
2017年10月	体育标准化管理办法	第五条："（一）贯彻国家标准化法律法规、方针政策，制定体育标准化规章制度；（二）组织编制体育标准化工作发展规划和体系纲要；（三）组织制定体育国家标准和行业标准；（四）组织归口管理体育国家标准、行业标准，加强标准实施监督；（五）指导地方体育标准化工作和全国性体育社会团体标准化工作；（六）协调处理体育标准化有关问题；（七）组建、管理和指导体育专业标准化技术委员会；（八）统一管理体育认证工作；（九）组织参与体育国际标准化活动。" 第九条："体育标准包括赛事、产业、装备、等级等内容，按照标准适用范围分类，分为国家标准、行业标准、地方标准、团体标准和企业标准。按照标准的法律约束力分类，体育国家标准分为强制性标准和推荐性标准。其他标准均为推荐性标准。"

续 表

时间	文件名称	有关"体育标准化"的内容
2017年10月	体育标准制修订工作实施细则	对标准的立项、起草、审查和报批、审批和发布、复审和修订进行了详细阐述。
2018年10月	体育标准体系建设指南（2018—2020年）	提出了体育标准工作架构、体育标准体系结构、体育标准服务要素框架、体育标准体系框架等内容。明确了要素层、应用层、领域层等各层级间的关系。基于综合体系结构中不同层级的类别和范畴，包括了6个子体系和28个子类。目前根据我国体育改革发展的现状和趋势，将五大工程标准作为体育标准研究制定的重点内容。
2019年8月	体育强国建设纲要	全面推进体育标准化建设，重点推进基本公共体育服务建设以及运动水平、赛事活动、教育培训等体育服务领域的规范和标准制修订，加强体育基础理论研究，为体育强国建设提供理论支持和决策参考。
2021年3月	国家基本公共服务标准（2021年版）	对残疾人文化体育服务活动场所和残疾人综合服务设施配置，以及公共体育设施开放和全民健身服务都提出了相关服务内容和要求。
2021年6月	2021年体育标准立项指南	群众体育领域：推进运动项目赛事活动办赛指南和参赛指引等相关标准研制；推进运动干预中心、运动促进健康技术平台建设、运动营养师和运动康复师培训等相关标准研制；推进运动处方制定服务、健身指导服务、健身培训机构评价等相关标准研制；推进公共体育场馆对外开放与服务质量评价、智慧体育场馆服务与管理等标准的研制。 竞技体育领域：推进国家队训练器材和科研仪器、体能测试场地和器材使用要求等相关标准研制；推进竞技训练器材、专业运动装备等相关标准研制。 青少年体育领域：推进幼儿体育活动管理、青少年体育活动（冬夏令营、表演等）组织等相关标准研制；推进青少年体育俱乐部星级划分与评定等相关标准的研制；推进青少年运动方法等相关标准的研制。

续 表

时间	文件名称	有关"体育标准化"的内容
		体育产业领域：推进体育信息化和智能体育设备等相关标准研制；推进大型赛事组织与运行管理、体育综合体基础分类等标准制定。推进冰雪、三大球、水上、拳跆、体操、航空定向、棋牌、汽摩、社会体育等运动项目在人员、俱乐部、场所等级评定、赛事活动管理、场地和器材装备使用要求等方面制定相关标准。
2021年6月	2021年体育标准化工作要点	10. 推动全民健身、冰雪运动和"三大球"打造标准化样板，总结成功经验，进行宣传推广。 11. 组织开展2021年体育国家、行业标准立项申报和重点标准制修订工作。完成全民健身、冰雪运动、体育场地设施等国家标准制修订工作。推进体育彩票、绿色体育场馆、赛事信息化、运动营养品等行业标准制定工作。 12. 开展公共体育设施建设有关建设标准、技术指南等研究工作。继续推动《公共体育场馆建设标准》批准发布，推进《足球场建设标准》《滑冰馆建设标准》《体育建筑项目规范》等标准制定。
2021年10月	国家标准化发展纲要	制定公共体育设施、全民健身、训练竞赛、健身指导、线上和智能赛事等标准，建立科学完备、门类齐全的体育标准。
2021年10月	"十四五"体育发展规划	体育运动水平等级评定工程、体育项目标准化建设工程、冰雪运动规范化发展急需的技术标准和规范、智库管理考核评价机制； 编制智慧场馆、智能体育设备以及体育赛事信息化、数字运动项目等关键性标准规范和管理制度，健全体育信息化标准体系。

（五）长三角一体化引领全国高质量发展

当今世界正面临百年未有之大变局，全球治理体系和国际秩序变革加速推进，世界新一轮科技革命和产业变革同我国经济优化升级交汇融合，为长三角一体化发展提供了良好的外部环境。中国特色社会主义进入新时代，我国经济已转向高质量发展阶段，长三角区域一体化作为重要的国家战略，对其发展提出了更高要求。"一带一路"建设和长江经济带发展战略深入实施,"十四五"规划的进一步推动,为长三角一体化发展注入了新动力。

2018年11月5日,习近平总书记在首届中国国际进口博览会上明确提出支持长江三角洲区域一体化发展并上升为国家战略,该决策为长三角一体化发展带来新机遇。长三角地区是我国经济发展最活跃、开放程度最高、创新能力最强的区域之一,在国家现代化建设大局和全方位开放格局中具有举足轻重的战略地位。推动长三角一体化发展,增强长三角地区创新能力和竞争能力,打造成为全国高质量发展的样板区,对引领全国高质量发展、建设现代化经济体系意义重大。

2020年7月,中共中央、国务院印发了《长江三角洲区域一体化发展规划纲要》,指导长三角地区当前和今后一个时期一体化发展(规划2025年,展望2035年)。其中对科创产业、基础设施、生态环境、公共服务等领域纷纷作了规划,以期引领全国高质量发展、完善区域空间布局、打造我国发展强劲活跃增长极。纲要将建立和完善基本公共服务标准体系和一体化制度体系作为发展目标中的一部分,这充分表明制度标准的建设对于长三角一体化发展的重要性。

2020年9月,《长三角地区体育一体化高质量发展的若干意见》颁布,推进落实全民健身国家战略,促进区域竞技体育联动发展,打造体育产业协同发展典范,形成体育赛事协调发展新格局。预计到2025年,推动三省一市(上海市、江苏省、浙江省、安徽省)在群众体育、竞技体育、体育产业、体育赛事等领域形成一批具有重大影响和示范作用的高水平合作成果,力争成为全国体育高质量发展样板区,带动长三角城市群协同发展,助力加快推进体育强国建设。

2021年10月,国家体育总局发布的《"十四五"体育规划》中明确表明支持长三角体育赛事一体化发展,推动以上海为龙头的长三角体育赛事协同发展机制,促进长三角体育赛事资源要素的融合发展,培育具有国际知名度与影响力的长三角体育赛事活动品牌,形成体育跨资源的跨区域流动和合作。

二、标准化是体育高质量发展的内外驱动力(图2)

(一)体育与标准化相伴相生

体育起源于人们最初的生产劳动,随着我国社会的不断发展,逐步衍生出军事体育活动如射、角力,学校、娱乐性、竞技性体育活动等。由于越来越多的人参与其中,从而形成了各个体育项目,产生了休闲娱乐项目和竞技项目两大类。因为竞技需要分胜负,所以竞技项目率先通过经验形成了初期简单的规则,在项目的不断发展下,规则逐步完善,使经验成为普适性的竞技规范,这时已经有了标准化的"雏形"。随着人们对标准化认知的不断深化,体育事业的不断发展,"标准化"这一说法从工业领域运用到国家的各个行业中,体育标准也逐步发展起来。

新中国成立初期,为满足竞技体育、体育产业的发展需求,相关部门制定了以体育器材运动装备、运动用品为主要类别的国家标准,为我国体育标准事业的初步发展奠定了基础。1979年《体育场馆(池)场地工人业务技术等级标准(草案)》的颁布和实施,标志着我国体育标准化帷幕正式在全国范围拉开。进入新世纪后,我国经济总量快速增长、综合国力不断提升,中国体育蓬勃发展的同时也伴随着各式各样的矛盾与问题,而标准作为生产生活中基本科学、方法论,成为解决问题的有效手段。

(二)标准化是体育高质量发展的内驱动力

体育标准化的四大基本原理分别是统一原理、简化原理、协调原理和最优化原理。统一是为了确定一组对象的一致规范,保证事物所必需的秩序和效率,而竞技体育最重要的就是公平公正,标准化正与体育规则相吻合;简化的原则是从全面满足需要出发,保持整体构成精简合理,使之功能效率最高,国家2019年发布的《体育产业统计分类(2019)》便是在体育产业发展繁荣时对体育产业作出的统计分类,更为科学简明地界定了体育产业的类别;协调和最优化的目的则在于使标准系统的整体功能达到最佳并产生实际效果,在群众体育中体育设施、场地的布局,"15分钟体育生活圈"的提出等都是协调和最优化原理的最佳证明。

(三)标准化是体育高质量发展的外驱动力

从宏观层面思考,标准化的建设是尤为重要的。党的十九大报告中明确提出要加快建设体育强国,那么要落实这个目标,就需要细化一个体育强国建设的方案。体育强国的具体标准,也需要一套理论体系来支撑。体育天生就与标准化的思想相契合,体育的特性也使其需要标准化的支撑,但事实上体育行业很多领域都是没有标准的,管理也存在滞后、落后等多个问题。现在随着中国进入高质量发展的阶段,体育标准化对体育强国建设的支撑和推动作用日趋明显。因此要加强对体育标准化的研究,尽快提升体育标准化的作用,使其服务于全民健身、竞技体育、体育产业、体育对外交流以及体育改革,进而服务于体育强国建设。

正如冰雪运动在北京冬奥会举办的契机下成为当下的热门项目和产业,但我们国家本身冰雪运动基础比较薄弱,水平非常有限,发展很不平衡。因此在大力普及冰雪运动时,急需从标准领域聚焦冬奥会备战的工作,从而服务于冰雪全民健身和冰雪产业的发展。主要可以从这几个方面来进行具体工作:加强体育标准化服务于冰雪运动和冰雪产业发展的宣传;鼓励引进国外高水平培训体系、冰雪装备制造业的制造标准体系;服务于冰雪运动普及,从冰雪场地、冰雪装备、冰雪运动的安全管理等方面陆续立项;加强对冰雪装备制造产业方面的标准研制,可以充分利用高校、科研院所、检测认证机构的力量加快标准基础研究和标准研制工作,提升体育标准的科技创新能力。

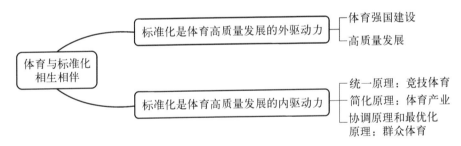

图 2　体育与标准化的关系

三、国家及外省市体育标准化现状

(一)体育标准化机构

1. 国家体育标准化机构——全国体育用品标准化技术委员会

自全国体育用品标准化技术委员会成立以来,始终本着适应经济社会发展、服务体育事业发展、与科技创新紧密结合的宗旨,不断加强标准化队伍建设、拓宽工作领域,深入落实新时代的体育改革,为体育用品标准化的发展做出了巨大贡献(表3)。

表3 全国体育用品标准化技术委员会相关国家标准制定情况

序号	计划号	项目名称	制修订	计划下达日期	项目状态
1	20204966-T-469	《中小学体育器材和场地 第1部分：体育器材的通用要求和试验方法》	修订	2020-12-28	正在起草
2	20204043-T-608	专业运动服装 滑雪服	制定	2020-11-23	正在起草
3	20193104-T-608	专业运动服装 田径服	制定	2019-10-24	正在起草
4	20190739-T-608	运动防护用品 针织类基本技术要求	修订	2019-03-28	已发布
5	20190940-T-469	仿真冰场 通用技术要求和试验方法	制定	2019-03-28	正在批准
6	20172300-T-469	体育用人造草	修订	2017-12-15	已发布
7	20150575-T-469	滑雪用具 通用词汇	修订	2015-05-12	已发布
8	20150574-T-469	笼式足球场围网设施安全 通用要求	制定	2015-05-12	已发布
9	20150519-T-469	体育用品标准编写要求	修订	2015-05-12	已发布
10	20141431-T-469	体育用品的分类	修订	2014-11-20	已发布

全国体育用品标准化技术委员会围绕普及健康生活、建设健康环境、发展健康产业等方面，协助政府部门解决工作中发现的行业难点，以制定标准等技术手段规范市场，为大众化创造健康有序的体育环境；与各单项运动协会深度合作，提供团体标准修订等技术支持帮助协会尽快构建适应市场需求的各类标准化体系；以下属各专业委员会为抓手，倾听各领域、各层面企业的不同需求，以标准促行业规范，带动市场有序竞争。

2020—2021年，标委会秘书处立足于用好各方平台，通过线下线上互动的方式，不断拓展宣传途径，在常规宣传和创新途径两方面不断突破，发布了原创信息21篇，包括团体标准立项、国家标准起草工作、标准工作组、智能健身器材评选等。未来将进一步加强以数字体育领域为主的体育用品标准的制修订工作,助推体育数字化转型。

全国体育标准化技术委员会是我国体育领域内从事全国性体育标准化工作的技术工作组织,主要负责我国体育技术领域的标准化技术工作,对体育标准化工作实行统一计划、统一审定、统一管理。

2020年体育标委会各项工作取得了阶段性成果,加强了标准化顶层设计,推进体育标准体系的建设;提升了标准制修订质量,巩固体育高质量发展技术保障;应用标准化手段,助力了运动项目协会实体化改革;广泛参与国际标准化活动,提升了中国体育标准国际影响力;加强了标准化人才队伍建设,夯实体育标准化发展基础;创新了体育标准化宣贯方式,提高全社会的标准化意识。

2021年4月28日,全国体育标准化技术委员会着眼于冬奥会的历史机遇及体育强国战略的发展需要,成立了冰雪运动标准化工作组,旨在引导冰雪运动向规范化、标准化方向发展。作为冰雪体育领域唯一的国标和行标的归属机构,冰雪运动标准化工作组将发挥体育标准化的引领作用,在推动企业技术创新、规范市场秩序、更好地服务社会等方面起到重要作用,为冰雪产业健康发展夯实基础。

2. 省级体育标准化机构

省(市)体育标准化技术委员会主要负责全省体育用品标准化相关技术工作,包括相关的标准化交流研讨、推广实施等,积极开展体育行业标准化方面的研究以及地方标准的制修订工作,并参与体育标准宣贯和技术支撑等工作(表4)。

表4 各省市体育标准化技术机构

机 构 名 称	成立时间	备 注
北京市体育标准化技术委员会	2009年11月3日	第二届于2016年4月18日成立
广东省体育用品标准化技术委员会	2012年6月15日	
浙江省体育标准化技术委员会	2012年11月2日	
山东省体育及体育用品标准化技术委员会	2018年4月26日	

续 表

机 构 名 称	成立时间	备 注
山西省体育标准化技术委员会	2020年2月	
河北省体育标准化技术委员会	2020年10月10日	

省级体育标准化机构的建立是质量强省和体育标准化战略推进的现实需要,是实施体育强国、体育强省战略的重要内容,是促进体育事业、体育产业发展的重要支撑。

(二)国家标准、行业标准立项与制定

从国家标准化管理委员会的相关权威数据库中,以"体育"和"运动"为关键词进行关联搜索,可以查询到现行有效或即将实施的国家标准、行业标准共270项,呈现出以下特点。

1. 体育相关标准的团标和地标越来越多

与体育相关的标准制定工作最早可以追溯到1987年,分别是GB7902-1987《乒乓球台》、GB7903-1987《乒乓球网》和GB7904-1987《乒乓球网架》。以往的体育相关标准绝大多数是国家标准,行业标准、地方标准等其他标准几乎很少,但在2019—2021年的73项标准中,其中团体标准34项、地方标准31项,国家标准仅有4项。这种现象主要是随着各省市体育产业的不断发展和全民健身需求的旺盛,各地越来越开始注重体育相关的标准化工作,同时涉及的体育领域也越来越广泛。

2. 体育相关标准涉及部门逐渐趋同

以往由于体育相关产业面比较广,相关管理部门多,管理权限划分变更等因素,相关的标准化专业技术部门也很多。从标准的提出部门和归口部门的统计可以看到,涉及部门达33个以上(部分标准信息不完整)。其中行业主管部门包括国家体育总局、民政部、住房和城乡建设部、教育部、工业和信息化部、国家测绘局、轻工业部、卫生部、国家发改委及中国轻工业联合会等,涉及标准化技术专业机构20个。

但根据2019年以来体育相关标准提出的单位来看,大多为各地的市场监督管理局和相关协会。区别于以往的众多提出部门,标准化工作的管理机构越来越集中和明确。

3. 体育相关标准的建立越来越紧跟时事

近三年的体育相关标准大多为政策引导、现实需求和赛事驱动所形成的标准。如陕西省市场监督管理局在2020年颁布的《体育赛事信息化建设技术规范》系列标准既是国家和市场强调数字化、智慧化发展的产物，同时也是为了迎接全运会所作的充分准备。

（三）各省市地方标准的立项与制定

目前上海市、北京市、广东省、山东省、河南省、浙江省、湖北省、吉林省、陕西省、山西省、安徽省、江西省等省市制定颁布了自己的体育地方标准。从表5可以看出，近几年的地方标准主要围绕场地设施、赛事管理等方面展开，最为突出的就是相关信息化、智慧化的标准越来越多，且"体育公园""冰雪运动"等热潮项目也开始出现标准化体系。

表5　各省市体育相关地方标准

省　市	名　　称
上海市	DB31/T755-2018 体育旅游休闲基地服务质量要求及等级划分 DB31/T 1195-2019 攀岩场所服务规范 DB31/T 1300-2021 跆拳道场所运营服务规范
北京市	DB11/T1756-2020 体育场所安全运营管理规范　滑冰场所 DB11/T334.4-2020 公共场所中文标识英文译写规范　第4部分：体育 DB/T1296-2021 体育场馆能源消耗定额
天津市	DB/T29-257-2018 绿色雪上运动场馆评价标准
广东省	DBJ/T225-2021 社区体育公园建设标准
山东省	DB37/T3725-2019 星级体育健身俱乐部培育创建评定规范 DB37/T3910-2020 体育场地分类与代码 DT37/T3911-2020 标牌体育赛事活动评定规范 DB37/T3933-2020 农村新型社区体育设施建设基本要求 DB37/T4226-2020 体育技能培训机构评定规范 DB37/T4227-2020 体育赛事活动运营机构评定规范
河南省	DBJ41/T241-2021 屋顶健身场地建设技术标准

续 表

省 市	名 称
浙江省	DB3307/T98－2019 "体育＋"特色村(居)管理与评价规范 DB33/T2188.6－2019 大型赛会志愿服务岗位规范 第6部分:体育比赛志愿服务 DB33/T20193－2019 体育现代化乡镇(街道)建设规范 DB33/T2305－2021 大中型体育场馆智慧化建设和管理规范
湖北省	DB42/T1535－2019 文化体育综合场馆运行服务规范 DB42/T1693－2021 羽毛球场馆等级划分及评定
吉林省	DB22/T3188－2020 冰雪旅游服务规范
陕西省	DB61/T1346－2020 体育赛事信息化建设技术规范 总则 DB61/T1347－2020 体育赛事信息化建设技术规范 信息系统测试 DB61/T1348－2020 体育赛事信息化建设技术规范 场馆信息化工程建设 DB61/T1349－2020 体育赛事信息化建设技术规范 信息系统建设 DB61/T1350－2020 体育赛事信息化建设技术规范 网络与信息安全 DB61/T1351－2020 体育赛事信息化建设技术规范 信息系统运行维护
山西省	DB14/T1543.4－2020 体育场所管理规范 第4部分:滑冰场所 DB14/T1543.5－2020 体育场所管理规范 第5部分:电子竞技场所
安徽省	DB34/T3594－2020 体育场馆服务 基本要求 DB3401/T234－2021 体育拓展培训服务规范 DB3401/T233－2021 体育赛事 项目管理规范 DB3401/T234－2021 体育拓展培训服务规范
江西省	DB36/T1082－2018 体育场馆运营管理规范 DB36/T1220－2019 生态体育公园建设规范
江苏省	DB32/T3373－2018 体育赛事信息化系统软件检测基本要求
云南省	DB3311/T123－2019 马拉松赛事组织管理规范

(四) 标准推广评定工作

2006年,国家体育总局批准建设了首个国家体育产业基地,成为国家体育总局在全国范围内推动体育产业工作的重要抓手。国家体育产业基地包含国家体育产业示范基地、国家体育产业示范单位、国家体育产业示范项目三种类型。

1. 国家体育产业示范基地

以县、市、区或县域集群为单位，以政府为主体，重视体育产业发展，将体育产业作为重点扶持产业列入经济社会发展整体规划并制定相应配套政策。近年来，国家体育产业示范基地呈现出政策体系愈加完善、产业规模快速增长、产业集聚效应初步显现的发展特征（表6）。

表6　2020年国家体育产业示范基地

序号	省市区、县	名　　称
1	浙江省台州市三门县	三门国家体育产业示范基地
2	安徽省合肥市高新技术产业开发区	合肥高新区国家体育产业示范基地
3	河南省商丘市睢县	睢县国家体育产业示范基地
4	浙江省湖州市安吉县	安吉国家体育产业示范基地
5	山东省滨州市惠民县	惠民国家体育产业示范基地
6	山东省临沂市兰山区	兰山国家体育产业示范基地
7	河北省保定市涞源县	涞源国家体育产业示范基地
8	四川省成都市双流区	双流国家体育产业示范基地
9	河北省定州市	定州国家体育产业示范基地
10	湖北省神农架林区	神农架国家体育产业示范基地
11	山东省青岛市城阳区	城阳国家体育产业示范基地
12	云南省玉溪市红塔区	红塔国家体育产业示范基地
13	湖北省荆门市京山县	京山国家体育产业示范基地

2. 国家体育产业示范单位

以体育产业重点领域的知名企业或组织机构为单位，近年来国家体育产业示范单位整体经济效益保持稳中有升，社会贡献保持较强拉动，创新驱动保持较强活力（表7）。

表7 2020年国家体育产业示范单位

序号	类别	名称
1	体育用品制造与销售类	万丰航空工业有限公司
2		安徽华米信息科技有限公司
3		探路者控股集团股份有限公司
4		山东一诺威聚氨酯股份有限公司
5		湖南优冠体育材料有限公司
6		晋江市远祥服装织造有限公司
7		绍兴上虞大康体育健身设施制造有限公司
8		河北启帆教学设备制造有限公司
9		常州市钱璟康复股份有限公司
10		湖北绿城体育产业有限公司
11		安庆永大体育用品有限公司
12		天津市春华体育设施有限公司
13		牧高笛户外用品股份有限公司
14		鲁普耐特集团有限公司
15		洛阳富隆特体育用品有限公司
16	场馆运营类	南京体育产业集团有限责任公司
17		浙江省黄龙体育中心
18		九江白鹿奥体健身有限公司
19		福州天翔经济发展有限公司
20		佛山中奥广场管理有限公司

续　表

序号	类　别	名　称
21	体育旅游类	吉林省松花湖国际度假区开发有限公司
22		海南趣玩水运动有限公司
23		新疆喀拉峻投资股份有限公司
24		齐鲁酒地文化发展股份有限公司
25		福建鹭凯生态农庄股份有限公司
26	竞赛表演、健身休闲、体育培训及其他类	上海巅峰健康科技股份有限公司
27		杭州乐刻网络技术有限公司
28		威赢赛事运营有限公司
29		北京泛华新兴体育产业股份有限公司
30		厦门文广体育有限公司
31		每步科技(上海)有限公司
32		杭州孚德品牌管理有限公司
33		贵州顺和骏驰汽车运动有限公司

3. 国家体育产业示范项目

以持续运营的优秀体育产业活动或项目为单位,作为国家体育产业基地序列中最年轻的类型,示范项目的经济社会效益已初步显现,在拉动投资、促进产业融合及拉动体育消费等方面都发挥了越来越重要的影响力(表8)。

表8　2020年国家体育产业示范项目

序　号	名　称
1	健盛之家功能性运动面料研发
2	海绵校园绿色运动场系统

续 表

序　号	名　　称
3	马仁奇峰森林高空体育旅游
4	西部钓都
5	随州西游记户外漂流暨极限运动乐园
6	盐城大纵湖体育旅游
7	莱州中华武校武术创意表演项目
8	莫干山郡安里体旅综合体
9	中国(上海)国际健身、康体休闲展览会
10	厦门三圈模型科技体验基地
11	广元曾家山滑雪场
12	"奔跑贵州"山地跑系列赛
13	李小双生态智慧运动城
14	兰州国际马拉松赛
15	黑龙江雪地自行车赛
16	先锋创客小镇电子竞技基地
17	北戴河新区蔚蓝海岸帆船航海项目
18	上海"我要运动"学校体育场地托管服务
19	奕客围棋
20	马鞍山郑蒲港启迪乔波冰雪世界
21	抚顺清原红河峡谷漂流景区
22	玄奘之路戈壁徒步文化体验活动
23	西安国际马拉松赛

续 表

序 号	名 称
24	"午间一小时"运动健康巡回赛
25	湖北金卉全民运动综合体
26	鄂尔多斯成吉思汗大赛车
27	深圳坪山区弘金地体育休闲项目
28	A·曼健身连锁健身项目
29	襄阳银河运动公园
30	漳州泰里斯可穿戴智能运动装备项目
31	南昌八一体育综合体
32	西宁市体育公园
33	台州柴古唐斯·括苍越野赛

四、上海体育标准化发展现状

(一)已有的地方标准与评定工作

2017年1月12日,上海市政府办公厅颁布《上海市体育产业发展实施方案(2016—2020年)》,将"标准引导"写入促进上海体育产业发展的基本原则,将"行业规范与标准体系加快建设"作为产业环境建设的内容。2021年,上海市体育局印发《2021年上海市体育产业工作要点》,明确提出"加快推进体育标准化建设"。目前与体育产业相关的上海市地方标准有以下8项:

DB31/T 457.5 - 2009《公共场所英文译写规范 第5部分:文化体育》;
DB31/890 - 2015《公共游泳场所卫生管理规范》;
DB31/T 951 - 2015《足球场运动草坪建植与养护管理技术规范》;
DB31/T 989 - 2016《大中型体育场馆建筑合理用能指南》;
DB31/T 680.3 - 2017《城市公共用水定个及其计算方法 第3部分:游

泳池》;

DB31/T 680.4-2017《城市公共用水定额及其计算方法 第4部分:体育场馆》;

DB31/T 755-2018《体育旅游休闲基地服务质量要求及等级划分》;

DB31/T 1195-2019《攀岩场所服务规范》;

DB31/T 1300-2021《跆拳道场所运营服务规范》。

另外还有一类运动技能标准属于体育教学领域,并非体育产业基于产品逻辑的标准,在形式上也没有纳入标准化主管部门的范畴。

目前上海市体育产业标准化工作已经从以理论研究为主转到以行业推进落实为主的阶段,已有的地方标准主要以产品标准为导向,聚焦体育公共服务、场馆运营、体育治理等重点领域,着力优化体育产业发展环境。在统计分析上海市已有地方标准的过程中,可以看到体育相关标准涉及多个行业和部门。由于体育相关产业面比较广,相关管理部门多,管理权限划分变更等因素,相关的标准化专业技术部门也很多。因此,应结合行业发展加强体育产业标准的制修订工作,增加安全性能和使用特性等技术指标,推动体育产业相关标准从单一的"产品标准"走向整体的"服务标准"。

(二)《上海市标准化条例》

2019年10月1日修订施行的《上海市标准化条例》是上海市标准化建设工作的重要法规,其中规定"为适应本市经济社会高质量发展,对需要在农业、工业、服务业、社会事业等领域满足本市自然条件、风俗习惯等特殊技术要求的,市标准化行政主管部门可以制定地方标准"。这为具有上海本地特色的体育项目、体育活动、体育服务,以及体育场馆、设施设备等制定地方标准提供了依据。

该条例立足上海城市定位,明确推行"上海标准"标识制度,着力构建先进的上海标准化体系,助力上海现代化的国际大都市建设。"上海标准"标识就是为了提高上海制定的辨识度,真正让上海制定的地标、团标、企标带着上海的符号走向全国、走向世界,从而助力提升城市竞争力,带动相关行业乃至整个城市的高质量发展。同时,该条例规定"地方标准、团体标准、企业标准以及地方标准化指导性技术文件的技术要求不得低于强制性标准的相关技术要求",这也是《标准化法》的基本要求之一,是以标准化促进市场化竞争发展,有利于发挥市场调配资源作用,发挥企业和协会在市场中的作用。

（三）各区的探索实践，现实需求对标准化的意识增强

由上海市体育局牵头，在上海城市业余联赛的大品牌下，上海16个区相继实施"一区一品"战略，开展了区域化的全民健身品牌赛事建设。徐汇区开展"徐汇市民体育节"，打造了95场全民健身活动，吸引7.05万人次参与；黄浦区打造"黄浦我来赛"全民健身赛事品牌，通过文体结合的方式，打造具有黄浦地域特点的体育运动品牌；普陀区在上海城市业余联赛总体框架下，创新打造"约战普陀"全民健身项目系列赛品牌，以普陀区为赛场、面向全上海市民，开展了3 044场次赛事；杨浦区开展"助力双创 一起上赛场"品牌赛事活动。可以看到，越来越多的区体育部门开始整合区域赛事资源，打造区域全民健身品牌，市场活力越来越强，这也是各区对全民健身的积极探索。

在这样的背景下，打造标准化、专业化、规范化的赛事运营模式已经成为各区开展体育赛事的目标和任务。随着标准化在经济社会发展各领域得到广泛开展，标准化效益充分显现，全社会的标准化意识大幅提高。标准化建设对提升赛事服务质量和水平，提升赛事运营服务水平，科学管控赛事运行质量，推动赛事行稳致远具有重要的现实意义。《上海市地方标准化指导性技术文件管理办法》中明确提出各区可以将本区具有特色的体育项目制定地方标准化指导性技术文件，在全市范围内推广成熟之后，再申请制定地方标准。

（四）各级协会的办赛指南

目前上海有市级体育社会团体（协会）94家、体育社会服务机构（民非）63家，区级主体更多，同时还有大量各种性质类型的体育赛事公司，承担着上海市级、区级、街道（镇）级和社区（村）级四级各类体育赛事的举办工作。2020年上海市人民政府发布了《上海市体育赛事管理办法》，明确指出"市级体育社会团体可以制定公布体育赛事办赛指南、参赛指引等规范要求，提高体育赛事的规范化水平"。体育协会应立足于推广好项目、服务好行业，致力于制定行业标准和规则，实施行业自律，进一步夯实标准化建设的工作基础，发挥体育标准化工作在推动体育事业和体育产业协调发展中的示范性和引领性作用。

（五）长三角已有的联合办赛机制

2019年，中共中央、国务院印发了《长江三角洲区域一体化发展规划纲要》，体育产业协作被纳入规划纲要，标志着体育产业正式成为长三角一体化

发展中的重要命题。针对长三角体育产业更高质量一体化发展提出了建设具有全球影响力的世界级城市群为目标,从联动共享到均衡发展,从赛事引领"核心竞争力"到以上海为龙头做好顶层设计的实施路径。2020年,长三角三省一市体育部门联合印发《长三角地区体育一体化高质量发展的若干意见》,明确将探索区域体育一体化发展的制度体系和路径模式,发挥长三角地区运作大型体育赛事的区域优势,提升联合申办、承办重大赛事的能力,打造具有长三角地域特色的原创品牌赛事,带动长三角城市群协同发展。

作为体育产业和现代服务业的重要组成部分,体育赛事既是城市软实力和综合竞争力的重要体现,也将成为长三角地区城市群能级和核心竞争力的重要载体。目前,以赛事引领"核心竞争力",长三角开启体育赛事一体化新征程,跨区域联动办赛工作已经常态化,实现赛事资源共享互补。2019年,浙江省出台《户外运动发展纲要》,以互联网为体育赛事赋能,提出打造"全域户外运动信息平台"并在长三角地区率先探索户外品牌培育模式。安徽省连续多年开展长三角区域体育旅游相关评选,推出和发布长三角地区最佳体育旅游目的地等名单,促进长三角体育与旅游的深度融合。上海体育学院以体育产业名录库、体育彩票公益金、体育消费调查、体育赛事评估等数据为基础,建立了长三角体育产业大数据库服务平台,全方位为体育产业发展提供信息服务。江苏省着力推进长三角体育产业标准化工作,促进长三角地区体育行业测试服务发展及质量管控体系建立。

标准化是实现长三角体育一体化发展的重要途径。2021年沪苏浙皖四省(市)讨论通过的《长三角一体化标准化工作轮值制度》和《长江三角洲区域统一地方标准管理办法》,确定了长江三角洲区域一体化标准体系框架,共同提升区域标准化水平。长三角一体化发展有两个关键词——"一体化"和"高质量",体育产业一体化的目标定位很重要,要确定重点领域,明确项目分工、保证机制和平台建设,在吸收国内外先进经验的基础上,建立长三角三省一市的体育标准化协同机制,结合长三角地区经济特点和资源优势,制定一批跨区域体育标准,逐步搭建可持续发展的跨区域体育标准化体系,推进长三角区域的体育竞技水平、产业能级、全民健身的发展。

五、上海体育工作的现实困境

体育发展是上海建设"五个中心"和具有世界影响力的社会主义现代化国

际大都市的重要助力,同时也是建设"上海全球著名体育城市""国际体育赛事之都",做强做优"上海服务"质量,聚焦服务功能、服务经济、服务民生的七项专项行动之一。

从上海市和各区的"十四五"规划中可以看出,体育发展的现实困境主要体现在全民健身公共服务、竞技体育、体育产业、人才建设四个方面。

(一)全民健身公共服务

整体呈现体育设施供给不足、分布不均、结构失衡、管理不善等问题,全民健身公共服务还无法有效满足市民需求。具体体现:一是体育设施总量不足、各区分布不均、功能配置不够完善,综合性体育设施能级不高。二是体育社会组织管理体制有待完善。自我造血功能不足,资金、人才匮乏,服务能力不强,组织活力不够。三是从体制机制上看,仍然存在不同程度的管办不分、权责不清等障碍,普遍存在内部治理结构不健全、运行机制不完善的现象。四是科学健身指导服务供不应求。社会体育指导员等基础健身指导力量作用发挥不充分,公益体育配送面临项目与需求匹配度不高、热门配送课程僧多粥少的问题。

(二)竞技体育

竞技体育项目发展不均衡现象依然存在,奥运基础大项高精尖运动员缺乏,部分传统优势项目有所弱化,潜优项目缺乏后发优势。青少年竞技体育尚有提升空间。不少学校布点的体育项目缺少高水平教练员,社会力量办训水平参差不齐,难以满足青少年训练需求。反映出高水平教练员和专业教练员、高水平运动员等各类体育人才供给不足,业训布点项目普遍存在带训能力与经验不足的现象。学训矛盾未能彻底解决,"一条龙"布局尚未真正形成共识。

(三)体育产业

新冠肺炎疫情对竞赛表演业、健身休闲业、体育培训业、体育场馆服务业等造成较大影响。体育管理体制与体育治理现代化的要求尚不能完全匹配,体育社会组织改革、体育市场监管方式改革、"三大球"改革等需要进一步深入推进,体育产业发展集聚效应有待加强,体育设施智慧化改造转型比较缓慢,赛事分类组织体系有待完善。

(四) 人才建设

教练员队伍梯队建设、年轻教练员培养亟须加强;体教融合机制需进一步优化,后备人才培养体系面临新的困难和冲击。如何完善对教练员的选聘、管理和考核以及加强对优秀教练员人才的引进的相关制度建设还有诸多不足。此外青少年体育训练设施的改善仍处"瓶颈期"。在青少年体育训练和竞赛管理工作中,长期面临场地资源匮乏、训练设施保障紧张的艰苦局面,场地设施保障的长效机制并未建立起来。特别是新冠肺炎疫情防控期间,校园管理限制明显增强,青少年竞赛训练的场地设施短板更加凸显。

(五) 各区的体育工作困境

除上述共性问题外,各区也有各自的体育发展困境。长宁区需积极举办、承办高水平的体育赛事,扩大长宁在国内、国际的影响力。静安区在体育文化、场馆设施、体育产业 经济贡献度等方面存在较大差距:一是区体育规划用地不足,未来增量空间不大;二是竞技体育综合实力不强,区域特色核心体育项目不多,体教融合潜能还要进一步挖掘;三是区域体育赛事活动品牌化培育不足,体育产业产值不高,消费潜力尚未充分释放;四是公共体育服务的智慧化程度,数字化应用有待进一步突破。普陀区的三大标志性品牌赛事参赛人员众多,虽然初步树立了品牌地位和影响力,但赛事的商业化运营能力和市场拓展空间还有待进一步提高。宝山区需积极引进培育一批具有较强市场竞争力的骨干体育企业,形成联动集群的体育产业发展布局,力争创建一批市级及以上体育产业示范基地、示范单位和示范项目;需积极做好全市体育赛事贡献度、关注度、专业度等赛事影响力评估。金山区的体育消费尚不活跃,体育消费市场规模偏小,尚未形成社会资本介入的多元化、多渠道体育投融资体系。"体育+"产业链尚待发育。从事体育产业的企业和单位大多是注册型企业,真正落户金山的实体型体育企业不多,经济规模不大。奉贤区存在体育设施总量不足、产业项目布局不尽合理等问题,需借力临港新区资源优势、产业基础,融合发展"体育+"概念,因地制宜、因势利导,通过建造第二体育中心的契机,打造南上海体育产业集聚区,探索构建以体育产业集聚区为核心的体育产业空间体系,加快聚集体育资源和城市配套功能。崇明区则需立足"生态+体育"发展战略,做大体育产业、做优体育招商,培植体育经济新的增长点。立足打造长三角户外运动天堂的目标,实施"一带两镇"的总体布局,围绕环岛景观运动带,重点发展足球、自行车、路跑、水上等十大户外运动项目;培育品牌赛事,制定完善世巡赛筹备方案,制定合理赛道路线,确保赛道安全畅通;按照国际自盟要求,从兴奋剂检验、赛事裁判、赛事直播、安全保障等方面对接国际标准,确保办赛质量安全,提升体育赛事的影响力和市场竞争力;以"田林水路"为脉络,"春夏秋冬"为主线,融入花博元素,链接乡村振兴,办好崇明第四届休闲体育大会。

六、上海体育标准化建设的具体实施路径

根据上海市"十四五"规划的目标,到 2025 年,上海体育要实现全领域、全方位高质量发展,体育发展水平稳居全国前列,市民参与体育的获得感、幸福感大幅提升,体育综合实力和国际影响力明显增强,基本建成全球著名体育城市。具体表现在全民健身普及率有效扩大、竞技体育竞争力持续增强、体育产业贡献度明显提升、体育资源配置能力不断优化、体育文化软实力稳步提高五方面。

以下就上海市和各区的体育发展困境以及体育标准化的着力点提出具体实施路径。

(一)上海市整体体育标准化实施路径

在全面健身公共服务方面,一是可以通过建立完善体育场地设施建设管理标准,促使体育场地设施的建立不再"见缝插针",而是合理地"选址",并且通过对不同类型的场地设施进行规范,最终达到体育场地设施合理分布、功能完善、符合场地能级的效果。二是可以完善体育社会组织管理规范,通过对体育社会组织的建立、运营管理、服务等方面进行标准化管理,使体育社会组织更规范化发展。三是可以建立健身指导服务标准,将社会体育指导员的资质、体育配送服务的管理要求明确后,健身指导服务的质量将会有较大提高,大众对健身指导服务的满意度也会随之提升。

在竞技体育方面,一是体育培训亟须规范化发展。体育培训机构的办训水平参差不齐,需要对体育培训机构的资质认证、经营许可、教练员认证等方面进行规范,从而促使社会力量办训水平的提高和精细化发展。二是竞技体育相关项目的发展规范也需建立,从而更好地开展体育项目。三是对职业体育俱乐部的运营进行标准化管理,建立运动员、教练员、俱乐部权益保护制度及激励机制,鼓励更多优秀运动队与企业合资组建职业俱乐部。

在体育产业方面,一是需要完善赛事分类组织管理体系,对不同等级、不

同类别的赛事进行分别组织、全面管理。二是进行智慧化设施建设规范的建立,从而推动设施智慧化改造转型速度加快。三是继续进行体育产业示范基地、示范单位和示范项目的评选工作。四是可以打造赛事影响力评估体系、体育赛事品牌认证标准,使体育赛事的品牌认证有据可依。

在人才建设方面,一是做好教练员的管理办法,包括教练员人才的引进机制、管理、考核和激励机制等,促使教练员队伍梯队更好的建设。二是需建立青少年体育赛事体系、青少年体育社会组织管理标准等,强化后备人才的培养选拔,引导体育社会组织为学校体育活动提供专业支持,在青少年体育技能培训中融入项目文化宣传,在青少年体育赛事活动中强化仪式教育,从而促进青少年健全人格,锤炼意志。

(二)各区体育特色标准化实施路径(基于现有公开资料完成部分区)

针对各区体育发展阶段的不同,形成如下标准化路径:

1. 黄浦区(表9)

黄浦区体育发展以争创"体育强区"、争当上海体育排头兵为要求,在"十三五"期间基本形成与黄浦区经济社会发展相适应的体育发展体系。但黄浦区作为上海面向世界的"心脏、窗口、名片",在长三角一体化发展战略和中央对上海发展新部署下,势必要发挥上海中心城区核心区的辐射带动作用。黄浦体育将坚持以打造标杆、走在前列为追求,勇立潮头,奋勇搏击,在"十四五"发展基础上,再奋斗十年,迈向更高水平的现代化体育强区,并且成为具有国际影响力的中西体育文化交融区、国际体育商贸展示区、国际体育消费中心区、时尚体育赛事集聚区,为上海迈向更高水平全球著名体育城市作出突出贡献。

表9 黄浦区体育发展困境与标准化路径

类型	困境	标准化路径
全民健身公共服务	公益社会体育指导员队伍结构有待优化	加强社会体育指导员的管理规范
竞技体育	竞技体育项目发展不均衡现象依然存在; 奥运基础大项高精尖运动员缺乏; 部分传统优势项目有所弱化,潜优项目缺乏后发优势	加快推动训练工作标准化; 完善运动员教练员选拔机制; 完善职业运动员管理制度; 建立体育运动水平等级称号体系、等级标准体系

续 表

类 型	困 境	标准化路径
体育产业	体育产业受载体空间与商务成本制约,创新活力略有不足	体育信息化和智能体育设备等相关标准; 完善健身服务及体育培训行业规范与标准体系; 覆盖所有重点项目、分层分类的竞赛体系
人才建设	教练员队伍梯队建设、年轻教练员培养亟须加强	完善教练员培训与认证体系

2. 徐汇区(表10)

在"十三五"期间,徐汇区围绕上海全球著名体育城市的奋斗目标,致力于打造徐汇公共体育服务示范区、体育产业先行区、体育文化标杆区、青少年体育引领区,各项工作取得显著成效,"十三五"主要指标全面完成,体育发展整体水平走在全市前列。"十四五"时期为徐汇区体育带来的机遇除政策红利和市场红利外,最重要的是项目红利。借助徐家汇体育公园升级改造,西岸金融城、鑫侨高国际邻里中心体育配套设施等重大项目的实施推进,带动周边社区体育健身设施布局建设和能级提升,徐汇区体育公共空间将得以优化拓展;依托轨交23号线、轨交19号线规划建设,串联上海体育场至华泾一线,公共交通更加便利,区域体育功能也将全面提升;依托西岸传媒港、上海国际文旅中心优质资源,传播体育精神和体育文化,为拓展体育朋友圈营造良好发展环境。以上因素将共同推动徐汇体育发展站上新的起点,开启高质量发展的新征程。

表10 徐汇区体育发展困境与标准化路径

类 型	困 境	标准化路径
全民健身公共服务	体育场地设施总量不足、结构不尽合理	健全全民健身场地设施、器材装备等标准体系
体育产业	体育领域数字化转型、创新性发展还需深入推进; 产业集聚效应尚未得到充分发挥; 体育消费需要新的增长点和"引爆点"	统筹产品管理体系; 构建自主品牌体育赛事活动体系; 完善体育市场监管体制; 建设市场化程度较高的运动项目职业联赛管理机构

续　表

类　型	困　境	标准化路径
人才建设	青少年身体素质和运动素养迫切需要提高； 体育后备人才培养的方式方法需要转型创新	建立多级教练员培养和评价体系； 打造体校—学校—社会复合型青训体系； 健全运动成绩评定与奖励机制

到2025年,将基本建成全球著名体育城市标杆区。加快形成"一核一带三片区"空间布局,体育公共服务提质增效,争创全民运动健身模范区;打造青少年体育先锋区、体育文化风尚区,体现徐汇区体教融合特色,体育将成为弘扬社会主义核心价值观和城市精神的重要名片;国家体育消费试点城市深化推进,徐家汇国家体育产业示范基地和徐家汇体育公园体育产业集聚区不断夯实,体育产业对城区经济贡献度明显提高,体育事业与体育产业能够基本实现高质量融合发展。到2035年,建成更高水平全球著名体育城市标杆区,加快迈向具有世界影响力的社会主义现代化国际大都市体育典范区。

3. 长宁区(表11)

"十三五"期间,长宁体育局加大对体育公共服务的投入,在改造存量和做足增量上下功夫,逐步实现了长宁公共体育设施的增量提质,人均体育场地面积从2018年的0.86平方米/人增长到2020年的1.14平方米/人。"十四五"期间,长宁体育也将围绕"实现一个目标、采取三大举措",积极打造"举步可就"的健身圈,营造全民健身的城市环境。

表11　长宁区体育发展困境与标准化路径

类　型	困　境	标准化路径
全民健身公共服务	大型公共体育设施布局不均衡	健全全民健身场地设施、器材装备等标准体系
竞技体育	高水平体育后备人才少	完善青少年各级各类体育竞赛活动制度
体育产业	高水平的体育赛事举办较少	建设赛事活动体系

一个目标是实现长宁公共体育服务"优质＋均衡"的发展目标。三大举措

分别为:加快推荐重大体育设施建设,实现"三环并举"的发展态势;大力推进社区公共体育设施建设;着力提升体育公共服务水平。如加快长宁体育公共服务智慧化进程、不断完善青少年体育公共服务体系等。

4. 静安区(表12)

"十四五"时期是静安服务上海大局,全面建设"国际静安、卓越城区",努力实现新作为、开创新局面的五年。静安区优异的区位条件和雄厚的综合实力以及"一轴三带"发展战略深入实施,为静安体育全方位高质量发展奠定良好的基础条件,使其在服务功能提升、产业创新发展、人文魅力彰显、城区智慧治理、品质生活创造等方面发挥重要作用。

表12 静安区体育发展困境与标准化路径

类 型	困 境	标准化路径
全民健身公共服务	公共体育服务的智慧化程度、数字化应用有待进一步突破;市民体育健身组织活力不够	健全全民健身场地设施、器材装备等标准体系;全民健身体育组织评估体系建设;运动促进健康效能评估;市民运动健康素养评估
竞技体育	综合实力不强,区域特色核心体育项目不多	建立推广运动项目规范,构建具有静安特色的项目体系;制定青少年体育训练体系
体育产业	体育赛事活动品牌化培育不足;消费潜力尚未充分释放;电竞产业影响力还不大	构建自主品牌体育赛事活动体系;构建各层级赛事组织管理标准;规范电竞职业俱乐部运营管理机制;建立健全区域电竞产业机构联盟管理体系
人才建设	业训规模与后备人才输出质量不高	完善教练员的管理、考核和激励机制;规范体育培训机构管理运营机制;开展青少年运动技能等级评定和体育素养评价;推动配送服务标准化建设;构建高水平、业余性、普及性的多层次青少年体育竞赛活动体系

到 2025 年,静安区体育将实现全领域、全方位的高质量发展,发展水平保持全市前列,体育综合实力和国际影响力明显增强,努力建设"优质、精细、创新、互联"的全球著名体育城市典范区,形成"体育服务智信高效、体育文化气息浓厚、体育价值地位彰显"的战略新优势,静安体育成为国际静安的重要软实力和具有品牌影响力的城区符号。

5. 普陀区(表 13)

"十三五"时期,普陀区在公共体育服务体系建设、重大体育活动举行、体育场馆设施改造和青少年体育发展等领域取得了显著成效。面向"十四五",普陀区将以创新为驱动,充分发挥体育的多元功能、带动区域经济发展、增强综合竞争力与文化软实力等方面的独特作用,为普陀实现"转型蝶变、崛起赶超"的跨越式发展提供有力支撑与持续动力。

表 13　普陀区体育发展困境与标准化路径

类　　型	困　　境	标准化路径
全民健身公共服务	人均体育场地面积偏少; 综合性体育设施能级不高; 体育设施类型不多; 体育社会组织管理体制有待完善; 科学健身指导服务供不应求	健全全民健身场地设施、器材装备等标准体系; 加强体育社会组织管理体制; 深化社会体育指导员管理制度改革
体育产业	产业总体规模有待提高,产业潜力有待挖掘; 体育产业发展不均衡,缺乏优质龙头体育企业; 赛事规模及效能有待提升	构建自主品牌体育赛事活动体系
人才建设	"体教结合"模式发展进入"阵痛期"	完善教练员的管理、考核和激励机制; 研究制定青少年体育训练中心建设指南

以竞技体育彰显价值引领,以全民健身共筑健康普陀,以体育产业带动经济发展,以品牌赛事塑造区域形象,到 2025 年,全民健身公共服务更趋完善,全民健身与全民健康深度融合,体育产业经济贡献显著提高,基础设施

发展瓶颈有效突破,全民健身普及率有效扩大,人均体育场地面积进一步提高,市民参与体育的获得感、幸福感大幅提升,推动实现普陀体育的全领域、全方位高质量发展,努力将普陀打造成上海全球著名体育城市建设的先行示范区。

6. 闵行区(表14)

"十三五"期间,闵行体育改革发展各项工作取得明显成效。围绕"搭建交流发展平台、打造全民健身声势、借助社会各方力量"的总体思路,推动群众体育、青少年体育、体育产业协调发展,加快体育事业和体育产业转型发展。全民健身发展指数上升至全市前三,闵行区连续多年被市体育局评为创建体育强区(县)先进单位。闵行区体育局被国家体育总局评为2013—2016年度全国群众体育先进单位。

表14 闵行区体育发展困境与标准化路径

类　型	困　境	标准化路径
全民健身公共服务	全民健身品牌效应不强; 体育活动设施总量和布局仍有短板	健全全民健身场地设施、器材装备等标准体系; 加强赛事活动组织等体育服务领域标准
体育产业	集聚效应有待加强; 设施智慧化改造转型比较缓慢; 赛事分类组织体系有待完善	建设赛事活动体系
人才建设	体教融合机制有待深化; 青少年体育活动参与度有待提升	打造体校—学校—社会复合型青训体系; 完善青少年各级各类体育竞赛活动制度; 建立政府牵头、家校社联动的儿童青少年体育活动体系

"十四五"期间,闵行区作为长三角桥头堡和国内外门户,体育将在助力闵行建设创新开放、生态人文的现代化主城区等方面发挥重要作用。到2025年,闵行体育发展水平全方位提升,形成以健康活力城区、体赛事集聚发展区、体育产业智能创新区、体育消费目的地为支撑的"三区一地"

发展格局,促使体育成为闵行建设创新开放、生态人文的现代化主城区的重要力量,将闵行打造成"活力、智慧、创新、融合"的全球著名体育城市战略支撑区。

7. 宝山区(表15)

"十四五"期间,宝山体育改革发展的主线是"一、二、三、四",即"聚焦一个主战略"(上海科创中心主阵地)、"彰显两个力"(活力与魅力)、"助力三个高"(高质量发展、高品质生活、高效能治理),"实现四个新"(推动全民健身)、青少年体育和体育产业的新融合,建设"人人运动、人人健康"的新平台,构建体育交流与城市创新的新桥梁,打造展示宝山活力与体育魅力的新名片。

表15 宝山区体育发展困境与标准化路径

类型	困境	标准化路径
全民健身公共服务	体育公共服务不够均等化;综合性体育健身功能设施和各类社区公共体育设施建设仍不够完善;社会体育指导员队伍、全民健身组织建设差	健全全民健身场地设施、器材装备等标准体系;加强体育社会组织管理体制;深化社会体育指导员管理制度改革
竞技体育	青少年体育组织较少;相关赛事保障制度还不够完善	建立赛事监测评价机制和评估制度;完善青少年体育科研服务机制
体育产业	优秀体育企业较少;体育俱乐部发展较差;赛事影响力评估未建立	建立和完善国家体育产业基地动态管理机制

8. 嘉定区(表16)

"十四五"期间,嘉定区认为要抓准发展定位,通过"三大任务、一大平台",做好体育服务;仍需完善青少年后备人才培养体系,加强制度和管理办法建设,深化体教融合;进一步提升嘉定区场地设施质量,优化社会组织,打造龙头型社会组织,培育品牌赛事,倡导科学健身,打造全市的体育强区,提升嘉定综合实力,擦亮"健康嘉定"这张名片。

表 16　嘉定区体育发展困境与标准化路径

类　型	困　境	标准化路径
全民健身公共服务	场地设施质量差； 缺乏龙头型社会组织	健全全民健身场地设施、器材装备等标准体系； 加强体育社会组织管理体制
竞技体育	缺乏品牌赛事	构建自主品牌体育赛事活动体系
人才建设	青少年后备人才培养体系不够完善	打造体校—学校—社会复合型青训体系； 建立完善青少年体育俱乐部标准体系； 建立政府牵头、家校社联动的儿童青少年体育活动体系； 研究制定青少年体育训练体系

9. 金山区（表 17）

"十四五"时期是金山深入实施"两区一堡"战略、打响"上海湾区"城市品牌、推进"南北转型"空间新格局建设、奋力创造新时代新奇迹的关键五年。金山体育要为上海率先实现体育治理体系和能力现代化、建设全球著名体育城市，贡献金山智慧、金山品牌、金山优势。把金山体育强力打造成为上海市特色体育郊区、"长三角"区域具有广泛声誉的"体育强区"，为创造"健康金山"高品质生活发挥基础性作用。但是目前仍面临较大挑战，如体制机制尚需协同、公共体育设施建设存有短板、体育健身指导服务有较大发挥空间、青少年竞技体育瓶颈有待突破、体育产业集聚和规模效应偏小等。

表 17　金山区体育发展困境与标准化路径

类　型	困　境	标准化路径
全民健身公共服务	区镇两级普遍缺少市民体育健身中心，村（居）级体育设施相对不足； 部分农民体育健身设施利用率不高； 现有场馆设施简陋、功能单一，功能配置不够完善； 体育指导服务配送内容不够丰富； 相关社会组织力量未充分体现	健全全民健身场地设施、器材装备等标准体系； 加强体育运动技能培训、赛事活动组织等体育服务领域标准； 建立健全社会体育服务配送体系； 规范体育协会、俱乐部的相关机制

续 表

类型	困境	标准化路径
竞技体育	青少年竞技体育尚有提升空间	完善教练员培训与认证体系
体育产业	体育消费尚不活跃,体育消费市场规模偏小; 尚未形成社会资本介入的多元化、多渠道体育投融资体系; "体育+"产业链尚待发育	统筹产品管理体系; 构建自主品牌体育赛事活动体系; 完善体育市场监管体制; 建设市场化程度较高的运动项目职业联赛管理机构
人才建设	高水平教练员和专业教练员、高水平运动员等各类体育人才相对不足; 业训布点项目普遍存在带训能力与经验不足。学训矛盾未能彻底解决,"一条龙"布局尚未真正形成共识	完善教练员培训与认证体系; 打造体校—学校—社会复合型青训体系

10. 奉贤区(表18)

奉贤区体育从打造"体育强区"的高度出发,不断提升体育发展的质量和效益,推动全民健身与全民健康深度融合,发挥体育产业与市场机制相结合的重要作用,在满足市民群众的体育需求的同时,提升竞技体育综合发展水平。立足新片区建设,结合"体育+"发展,在公共体育设施建设及体育场馆运营方面,更要注重发挥场馆综合服务功能,加快完善公共体育服务体系,让体育事业真正做到便民利民惠民,让体育设施可触及、体育服务有温度。重点围绕体育产业集聚区建设、公共体育设施网络构建、赛事体系建设、竞技体育多元化发展等内容。

表18 奉贤区体育发展困境与标准化路径

类型	困境	标准化路径
全民健身公共服务	体育设施的综合服务功能较差; 社会力量参与少	健全全民健身场地设施、器材装备等标准体系; 加强体育社会组织管理体制

续 表

类　型	困　境	标准化路径
竞技体育	体育运动项目布局能力弱； 竞技后备人才培养效果差	借力冰雪运动"南展西扩东进"战略，让冰雪成为新的生活方式； 紧急建立一系列冰雪场地设施标准、参赛指南等
体育产业	体育产业定位不鲜明； 产业项目布局不尽合理	建设市场化程度较高的运动项目职业联赛管理机构； 构建自主品牌体育赛事活动体系

11. 崇明区（表19）

"十四五"期间，崇明区将大力推动全民健身与全民健康深度融合，推进便民惠民体育设施建设，为世界级生态岛建设作出新的贡献。在群众体育方面主要围绕改善市民健身设施环境、提高全民健身活动质量、夯实全民健身人才队伍、持续推进足球区建设展开；在竞技体育方面主要围绕与国家训练基地项目合作、推进高水平基地建设、加强体教融合工作展开；在体育产业方面主要围绕积极谋划体育产业发展、大力推进体育小镇建设、全力办好重大体育赛事展开。

表19　崇明区体育发展困境与标准化路径

类　型	困　境	标准化路径
全民健身公共服务	市民健身设施环境差、不均衡不规范； 体育活动质量较差	健全全民健身场地设施、器材装备等标准体系； 建立健全赛事活动体系
竞技体育	青少年柔道项目布局不够完善	完善教练员培训与认证体系
体育产业	品牌赛事缺乏； 运动项目布局不好； 体育小镇建设仍需进步	构建自主品牌体育赛事活动体系； 制定体育运动项目相关标准； 完善体育小镇评定体系
人才建设	体教融合不够深入； 教练员考核办法缺少	完善教练员培训与认证体系； 打造体校—学校—社会复合型青训体系

七、上海体育标准化工作的十大工作要点

（一）出台《上海市促进体育标准化工作发展的指导意见》和《上海市体育标准化管理办法》

尽快出台《上海市促进体育标准化工作发展的指导意见》和《上海市体育标准化管理办法》，落实国家标准化战略，规范体育标准化活动，加速体育标准供给，完善体育标准化体系，推动标准化助力体育强国建设。突出政府、市场两个主体的标准协同发展，推进重点领域标准制定工作，以标准化的手段助推上海体育事业改革，为推动上海体育各项工作提供基础保障。

（二）成立上海市体育标准化技术委员会

筹备成立上海市体育标准化技术委员会，作为上海体育标准化建设工作的技术归口和指导机构，充分发挥跨部门、跨行业平台作用。从战略的高度强化体育标准的作用和意义，明确今后体育标准化的努力方向。加强体育标准化的工作规划，加大体育标准化的宣传力度，为体育事业发展发挥保障作用。先期成立"上海市体育标准化专家工作组"，邀请来自相关行政管理部门、院校、行业企业的专家共同组成，建立工作机制，指导上海体育标准化工作有序推进。

（三）成立上海市体育标准化研究中心

筹建上海市体育标准化研究中心，全面开展对上海市体育技术法规、政策、规则、标准体系等前瞻性、战略性研究，发挥在全省（市）体育标准化建设中的指导与引领作用。积极开展体育行业标准化方面的研究以及地方标准的制修订工作，通过对标准的宣传、培训、实施和监测工作，促进政府行政作为和市场运作的规范。打造制定标准、贯彻实施、监督评估、完善修订等良性工作循环，提升体育标准质量水平。

（四）召开上海市体育标准化工作会议

召开上海市体育标准化工作会议，加快推进上海市体育系统全面标准化建设工作。明确提出要加强对上海市体育标准化工作统筹协调和组织领导，将标准化建设纳入上海市体育发展规划和年度重点工作计划。以体育事业发

展需求为导向,结合上海体育发展实际和目标,拓展体育标准制定的领域和范围。定期对标准实施应用情况进行监督检查,收集并分析标准实施意见和建议,及时修订重要工作环节中缺失和不适用的标准,形成科学合理有效的监督指标和评估办法。

(五)编制上海市体育标准体系

加快上海市体育标准体系建设,编制上海体育标准化建设规划和行动计划。依据《上海全球著名体育城市建设纲要》所提出的五大任务,进行目标分解,编制上海体育标准化建设规划。结合上海体育发展实际和目标,拓展体育标准体系的领域和范围,强化标准与重大政策规划、重点任务目标、重点工程实施的深度融合,制修订一批适合本市经济发展、内容科学、结构合理、开放兼容、衔接有序的上海体育标准体系。

(六)指导各类协会制定团体标准

促进团体标准的制定和实施。各单项体育协会、民办非企业等体育社会组织积极发挥行业优势,培育制定团体标准,促进团体标准与国家标准、行业标准、地方标准相互衔接、配套互补。通过增加团体标准的有效供给,推动团体标准实施应用,形成以国家标准为引领,行业标准、团体标准为支柱的标准体系。开展体育团体标准的实施认证试点工作,制定团体标准发展指导意见和标准化良好行为规范,提高标准实施的质量和效益。

(七)鼓励体育企业制定企业标准

鼓励企业把握市场需求,激发提升标准和质量的内生动力,引导企业根据需要自主制定高于国家、行业和地方标准的具有竞争力的企业标准。立足优质服务,创新产品,开展企业标准的研制和制定适应市场竞争需要的企业标准化工作机制,创建市场品牌,提升体育服务质量。鼓励企业积极参与国际标准化活动,深化国际交流合作,提高企业标准水平和国际化水平,提升上海国际化大都市的影响力。

(八)开展长三角体育标准一体化工作,建立工作机制,提出并制定长三角体育标准

鼓励各区域积极参与长三角区域体育标准一体化活动,推进长三角区域

体育标准协同工作,共同制定区域体育标准。结合长三角地区经济特点和资源优势,制定一批有地域特色的跨区域、跨部门体育标准。发挥区域合作优势,建立常态化沟通机制,创建互利模式,共同推动体育标准的制修订、颁布实施、推广应用、监督评估等工作的开展。吸收国内外先进经验,积极参与体育国际标准的制定工作,提升体育标准化对外开放水平。开展长三角、国内外体育标准化的对比研究工作,促进上海体育标准高质量发展。

(九)根据市场需求迅速研制转化一批办赛指南和参赛指引

结合上海各类体育赛事特点和市场需要,进一步对办赛者和参赛者予以规范,制定一批特色化的办赛指南和参赛指引。厘清体育赛事举办流程,细化办赛的基本条件、标准、规则和程序,强调其合法性、安全性和规范性。在制定各类体育赛事办赛指南和参赛指引的基础上,推进体育赛事举办的系列标准制修订。探索"国际体育赛事之都""全球著名体育城市"的设立、管理、运行、评估的标准应用,做到有标可循、依标实施。

(十)组织参加由上海市标准化协会组织的标准化工程师学习考试,建立体育标准化专业人才队伍

加快打造体育标准化人才高地,培养体育标准化人才队伍。组织开展上海市标准化工程师资格考试,丰富标准化专业理论水平,优化标准化知识结构。组织对市、区体育主管部门、街镇体育干部、体育企业经营管理、服务等相关人员进行标准化业务多层次、多形式的培训,增强标准化意识、丰富标准化知识,着重提高体育标准化人员业务能力和管理服务水平。引导和培育一批专业优势明显、知识结构合理、创新能力突出、实践经验丰富的体育标准化从业人员。

新冠肺炎疫情对上海体育产业发展的影响及对策研究

梁　鑫　马梁云超　宋燕飞　吴春香
赵世坤　卫诗语　崔晓瑞*

一、研究背景

新冠肺炎疫情对基于线下场景的体育产业影响巨大。体育健身培训、体育场馆服务、体育消费行为、体育竞技训练、学校体育等都受到了不同程度的影响。从目前来看,疫情还会在较长一段时间内对上海市民的生活产生影响。本研究通过文献研究、问卷调查以及实地调查等方法,结合上海体育产业发展的现实情况,分析疫情对体育竞赛表演、场馆服务、健身培训领域产生的影响,探寻疫情之下体育产业发展的新路径,最后提出针对体育竞赛表演、场馆服务和健身培训领域在后疫情时代的发展思路和对策建议。

由于新冠肺炎疫情的全球暴发,200多项大中型赛事取消、暂停或延期;疫情初期教练与运动员居家隔离,运动员竞技训练无法正常进行、竞技表演无法正常举办,观众也无法到场参与;与体育竞赛表演相关的文创衍生品及餐饮、娱乐、住宿甚至媒体业、博彩业也受到波及。新冠肺炎疫情对上海体育产业的发展造成了难以估量的损失。从图1中可以看出,疫情后体育行业估值排名靠后,远远低于大多数行业。但危机中也蕴藏着机遇,疫情让人们认识到体育健身的重要性,健身需求大量增加;云马拉松等一系列线上体育赛事也在逐步发展;体育健身培训也正在加速线上线下相互融合。因此,深入研究疫情对体育产业造成的影响,分析疫情后体育产业可能出现的新模式和新形式,更好地

---

* 本文作者简介:梁鑫,上海工程技术大学副教授,硕导,研究方向:企业管理和企业金融。

把握后疫情时代体育产业的发展趋势并据此提出相应的对策建议,对推动体育产业在后疫情时代的快速复苏具有一定的现实意义。

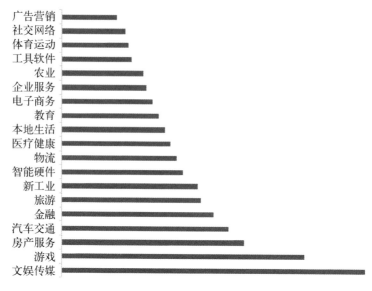

图1 疫情后上海各行业估值对比

二、新冠肺炎疫情对上海体育产业发展的影响分析

(一)新冠肺炎疫情对体育赛事的影响分析

体育赛事高度依赖外部环境,新冠肺炎疫情暴发以来,体育赛事深受其影响。体育竞赛表演是体育产业的重要组成部分,我国体育竞赛表演产业在2015—2019年的年均增长率为25.1%,体育竞赛表演规模在2020年预计会达到456.8亿元。

然而,由于全球新冠肺炎疫情暴发,近200项大中型赛事已被取消、暂停或推迟,其中不仅包括将在中国举行的跳水世界杯和拳击奥运资格赛等大型国际赛事,还包括中国职业篮球联赛(CBA)、冬季奥运会等,多项赛事的暂停和调整,使得体育运营公司遭受了巨大损失。

1. 体育表演业遭受较大影响

体育竞赛表演产业是体育产业的重要支撑,受到疫情影响发展严重受阻。

在上海,因疫情影响,一系列体育赛事被推迟,如原定于在2020年4月19日举办的世界一级方程式喜力中国大奖赛(F1)、原定于2020年2月9日开幕的守望先锋春季赛和2021年长三角马术联赛(上海嘉定全进站)、2020年英雄联盟春季赛、2020年绝地求生春季联赛等,上海的体育竞赛表演业因疫情的冲击而受困。

2. 衍生行业消费大幅下滑

作为体育产业的重要组成部分,体育竞赛表演受到极大的影响,职业队、赞助商、观众、文化创意衍生品、餐饮和住宿等产业在短时间内受到了严重的冲击,相关媒体产业、博彩业和居民个体消费也颇受影响,而由于比赛取消或地点的变动,更是直接造成了观赏性体育零消费。体育赛事的广告赞助商遭受严重损失,赛事的延迟或取消使得赞助商及供应商的广告效益无法实现,因曝光度缺失致使赞助商无法实现其预期收益,由此也带来许多合同纠纷。

作为体育赛事版权核心资源的赛事转播权,由于体育赛事的基本停滞和转播核心资源的严重不足,导致媒体转播量大大减少,对广告商预期产生的品牌效应造成不利影响。表1为新冠肺炎疫情前后中央电视台体育频道收视情况。

表1 疫情前后中央电视台体育频道收视情况

时期	关注度及市场份额	平均值(%)	最大值(%)	最小值(%)
疫情前	直播关注度	0.46	0.94	0.28
	市场份额	5.84	8.68	4.97
疫情中	直播关注度	0.29	0.41	0.08
	市场份额	1.02	2.51	0.26
疫情后	直播关注度	0.88	1.79	0.69
	市场份额	33.35	45.44	25.69

数据来源:https://eye.kuyun.com/。

剔除个别赛事的吸引程度对总体赛事研究造成的偏差,本文对疫情前的2019年8月31日、疫情中的2020年1月31日、疫情后的2021年6月30日和奥运期间央视体育频道的电视转播率以及市场占有率数据进行分析,从图2、图3中可以看出,疫情前,中央电视台体育赛事频道直播关注度为0.66%左右,市场占有率为7.44%;在疫情期间,体育赛事的直播关注度下降了50%,只有0.34%,市场占有率只有2%;疫情之后,体育赛事的直播关注度和市场份额逐渐好转,甚至超过了疫情之前的水平,关注度达到了1%,市场份额占到了40%,比疫情之前增长了4倍多。

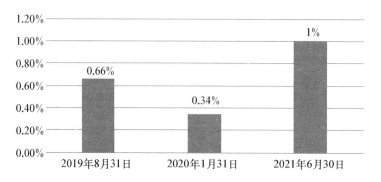

图 2　央视体育赛事直播关注度

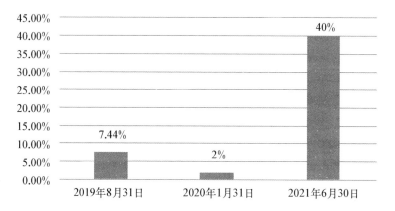

图 3　央视体育赛事直播市场占有率

从表2可以看出,上海体育新闻赛事直播稳占直播关注度和市场占有率的第一名,分别为0.98%和13.13%。可见疫情过后,人们对体育赛事的关注度已经超过了疫情之前,市场份额也有大幅提升,疫情后的反弹作用比较明显。

表 2 上海电视台 2021 年 9 月 22 日直播排行

排行	频道	直播关注度(%)	市场占有率(%)
1	上海五星体育	0.985 0	13.131 82
2	上海新闻频道	0.763 6	10.184 4
3	东方影视频道	0.594 2	7.925 7
4	东方卫视	0.501 0	6.682 7
5	上海都市频道	0.282 6	3.769 0
6	上海第一财经	0.214 4	2.860 2
7	上海纪实人文频道	0.077 2	1.029 1
8	上海外语频道	0.045 1	0.601 4
9	上海教育电视台	0.032 1	0.427 7
10	上海东方购物频道	0.028 1	0.374 2

（二）新冠肺炎疫情对体育场馆服务的影响分析

作为上海体育产业发展的物质基础，上海的体育场馆在促进全民健身运

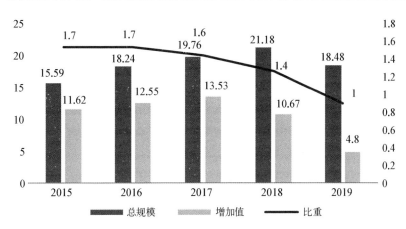

图 4 上海市体育场馆服务业总规模和增加值及其占比（单位：亿元，亿元，%）

数据来源：上海市体育产业统计公告。

动、构建公共体育服务体系等方面发挥着重要作用。《2019年度上海市体育产业统计公告》数据显示,近五年来,上海体育场馆服务产业总体规模总体呈上升趋势,但比重逐渐减少,行业发展速度放缓。体育场馆服务业的总规模在2019年为18.48亿元,增加值为4.8亿元。

新冠肺炎疫情期间,体育场馆充分发挥了应急避难功能,为战"疫"提供了坚实的后勤保障。但是受疫情影响,体育场馆运营陷入困境。

1. 场馆创收能力减弱

新冠肺炎疫情暴发以来,上海网球大师赛等多项体育赛事和演出展览相继延期或取消,使得以场地租赁作为重要收入来源的体育场馆营业收入大幅下降。再加上疫情防控工作要求严控人群密度,消费者对场馆卫生安全要求更高,因而场馆客流量持续低迷,闲置率上升,经营收入难以恢复至往年同期水平。企业经营的体育场馆由于缺乏政府资金兜底,现金流没有保障,在营业收入明显下降的情况下,资金压力不断增大,场馆经营困难。

2. 业务合作伙伴退出

由于大量体育赛事、演出展览等活动延期或取消举办,已谈好初步合作意向的赞助商大都暂停签约,而与体育场馆保持长期合作的赞助商由于未达到预期的收益和品牌曝光度,加之其自身需承受疫情带来的巨大经营压力,为降低营销成本而选择撤资。

3. 场馆工作人员短缺

近年来,体育产业领域从业人员的发展越来越趋向年轻化、专业知识化,工作方式自由度高,弹性较大。场馆暂停开放期间,各类业务转为线上办公,职工绩效工资减少,部分员工主动选择离职。另外由于疫情影响,个别场馆为降低运营成本不得不裁减员工。疫情的反复使得企业员工越来越缺乏安全感,工作人员流失比较严重。

4. 法律纠纷和投诉增加

体育赛事、健身培训等产业的停摆导致体育场馆未能按时履约、赞助商解除合同,由此产生众多法律纠纷。如:上海张慕实业公司与上海溥冠体育发展有限公司因疫情期间场地租金缴纳产生纠纷;巨石达阵和动因体育因疫情导致指定场馆无法复课,部分国内教练离职、外教无法入境,使得学员不满课程安排愤而投诉的情况愈演愈烈。此外,消费者从疫情防控大局考虑选择减少出行,一些场馆的预付卡因无法进行消费而过期,广大消费者提出预付卡退费、延期等要求等问题也亟待解决。

(三) 新冠肺炎疫情对健身培训的影响分析

根据《2020年中国健身行业数据报告》，我国2020年健身普及率为5.02%，一线城市的健身会员平均普及率为10.85%，全国主要城市健身会员平均普及率为7.41%。其中上海市健身普及率居全国第二位。

近年来，为提高国民健康素质，国家和上海市都出台了涉及健身房数量、健身器材的市场规模、健身人口等各方面的政策(表3)，如为了对标国际公认的体育城市，2019年4月上海就开始着手研究以及编制体育"十四五"规划和《上海全球著名体育城市建设纲要》，为"十四五"规划的实施夯实基础。一系列相关政策的发布，一方面不仅有利于提高全民健身的普及率，另一方面有利于进一步提高上海市竞技体育的竞争力。

表3 2014—2021年体育产业政策梳理

年 份	主 要 政 策
2017年	《上海市体育产业发展实施方案(2016—2020年)》《全民健身指南》等
2018年	《关于加快本市体育产业创新发展的若干意见》《建设国际体育赛事之都三年行动计划(2018—2020年)》《上海市体育设施管理办法》《关于加快发展体育竞技表演产业的指导意见》等
2019年	《关于构建本市竞技体育发展新体系的实施意见》《关于实施健康中国行动的意见》《进一步促进体育消费的行动计划(2019—2020)》《关于促进全民健身和体育消费推动体育产业高质量发展的意见》等
2020年	《上海全球著名体育城市建设纲要》《长三角地区体育一体化高质量发展的若干意见》《上海市体育赛事管理办法》《关于大力推广居家科学健身方法的通知》《常态化疫情防控期间体育赛事举办指引》等
2021年	《上海市体育发展"十四五"规划》《上海市运动促进健康三年行动计划(2021—2023)》等

但是突如其来的新冠肺炎疫情使得健身培训业(如健身房)在疫情期间不得不主动采取闭店的措施，以防止疫情在密闭空间的传播，这对上海健身培训行业造成了巨大冲击。

1. 体育健身企业现金流不足

在冬日里倒下的健身房,现金流缺失无疑是最致命的原因。以户内的健身房为例,其运营成本极高,需要大量的现金流来维持,疫情期间很多健身房因顾客大量减少,入不敷出,经营难以为继。据统计,在全国范围内有3 000多家健身房因疫情而倒闭,在上海,Keepland、金吉鸟等也纷纷关店。除企业融资遭遇巨大困难外,受疫情影响,体育健身企业错失了资金回收的旺季,客观上加速了健身培训业的洗牌。

2. 体育健身培训人才流失

由于健身房关停,众多健身从业人员为了维持生计不得不转行,由于健身房没有顾客熟悉的陪练人员,致使客户的满意度也在一定程度上有所下降,造成健身房老会员的活跃度和黏性减弱。

3. 依靠线上直播收入模式转型难

受疫情影响,上海很多健身房被动地加快了线上课程的开发和运用,健身行业开始关注线上课程直播和互联网数字营销。通过线上课程的研发及在各大短视频平台上线,一定程度上缓解了疫情给行业带来的压力,但是另一方面,这种通过知识付费方法去改变收入模式的情况并不顺利。短期来看,线上直播教学更多的是蓄客、获客和维护老客户,暂时还无法做到拓展客户群并盈利。

三、研究对策

(一)体育赛事发展的对策

1. 引导体育消费

疫情过后,合理引导体育消费行为,各地区的体育局应及时做好工作部署。上海市体育局在2020年2月发布了《关于全力支持本市体育企业抗疫情稳发展的通知》,以推动上海的体育产业尽快复工复产,给予体育赛事补贴,加强金融信贷支持,鼓励新消费。2020年7月1日,上海体育局发布《常态化疫情防控期间体育赛事举办指引》,提出强化体育赛事办赛者主体责任、建立风险评估机制、严格落实"一赛一策"要求、加强全员防疫培训、发挥属地监管作用等五方面要求。在此指导思想下,截至2021年5月,上海各地已经陆续恢复各种类型职业联赛项目、品牌赛事活动、系列赛项目,各比赛日赛程已经排满,线下活动也陆续大规模展开。具体情况统计如表4所示。

表 4 体育培训机构 2021 年 5 月部分体育赛事恢复情况

项　目	赛　事　名　称	比赛时间	比赛地点
排　球	2021年上海城市业余联赛排球联赛"天山杯"气排球公开赛	5月29—30日	上海市延安中学
乒乓球	2021年上海城市业余联赛乒乓球联赛	5月23日	静安区体育馆
网　球	2021年上海业余网球大师赛——中外友人网球赛	5月1日	旗忠网球中心
网　球	2021年上海"我要上全运"群众网球赛选拔	5月20日	上海德国中心网球场
网　球	2021年上海马上网球趣味赛	5月29日	新业坊
跆拳道	2021年上海跆拳道联赛"青枫杯"长三角跆拳道邀请赛选拔赛	5月1日	上海市延安中学
跆拳道	上海跆拳道联赛"爱尚杯"嘉定区跆拳道精英赛	5月9日	国金体育中心
跆拳道	上海跆拳道联赛"先驱杯"闵行区跆拳道邀请赛	5月22日	莲花国际广场
橄榄球	2021年上海城市业余联赛橄榄球联赛触式橄榄球青少年组常规赛	5月1—4日	浦东新区
橄榄球	2021年上海城市业余联赛橄榄球联赛触式橄榄球青少年组大区赛	5月5日	普陀体育中心
橄榄球	2021年上海城市业余联赛橄榄球联赛美式橄榄球青少年组常规赛	5月9—16日	赛末点美式橄榄球场

2. 加快体育赛事转型和升级

体育赛事的转型和升级,应更加关注极致体验感服务、极致性价比、线上线下赛事相结合等方面的投入,同时建立各类体育赛事公共危机预防、预警和应急预案,以便在危机爆发后按照事先预定好的各种方法进行处理。

在体育赛事转型方面,传统赛事运营公司由销售引导向服务导向转变,提升参赛指导、运动分析、交流与互动、医疗保障、赛事参与等综合服务水平,提升体育赛事参与者的极致体验感,并使体育赛事参与者感受到极致的性价比。

实现体育赛事的升级,引入"互联网体育培训机构+体育培训机构"元素,线上赛事与线下赛事相结合的办赛特点,将会是未来体育赛事发展的必然趋势。疫情期间,许多专业的线上比赛APP做得非常成功,健身运动类APP的人均使用时长增幅较大(图5)。如咕咚、悦跑圈等APP,针对马拉松爱好者推出了线上马拉松赛,完赛可获得奖牌,并且有丰富的礼品。除此之外,VR技术的出现,使体育赛事在线上进行的体验感得到更充分的发挥,电子竞技也能加入身体活动的元素。由此看来,疫情给体育赛事带来巨大冲击的同时,也给线上体育赛事带来了机遇。只有把握机遇,实现体育赛事的转型和升级,体育赛事相关产业才能迎来新一轮的发展。

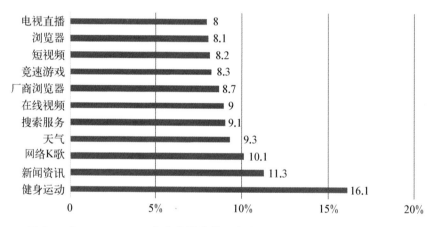

图 5　mUserTracke 2020 年春节及节前日人均使用时长增长行业(增幅：%)

3. 完善体育赛事应急管理体系

目前,上海已经建立了政府主导的大型体育赛事公共安全应急管理体系,作为一个多元应急社会参与体系,包括青年志愿者、保安队伍、企事业单位的安全应急力量以及群众团体、民间组织、基层自治组织。根据上海体育赛事的指导方针,赛事举办单位需要严格按照《上海市体育赛事管理办法》和其他相关文件,进一步明确安全工作职责,确保责任到人、措施到位。推动赛事活动"熔断机制"的建立,坚决防止各种体育赛事成为疫情传播的渠道,确保在紧急情况下可以采取有效的措施。

4. 加强公共新媒体宣传

本文运用调查问卷对体育赛事观赛模式进行了研究。调查对象年龄为

20~50岁人群。调查发现,对于观看体育赛事的方式,在条件允许的情况下,大部分人还是喜欢体会现场观赛的激烈氛围(图6)。

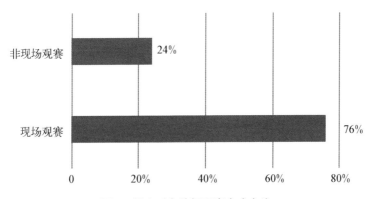

图6 调查对象选择观赛方式占比

如图7所示,如果没有现场观赛条件,选择电视观看直播的人比选择网络直播的人略多,很少有人会直接选择观看短视频赛事集锦。此外,在被调查的人中,有67%的人会选择回看比赛,对于回看方式,75%的受访者会选择不同形式的短视频集锦。这是因为当下的快节奏生活模式,短视频集锦的形式,既能重新体会一下比赛的快感,也能节省时间。

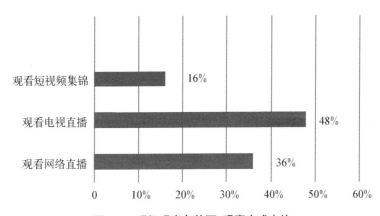

图7 无现场观赛条件下,观赛方式占比

(1) 网络媒体赋予体育产业很大发展空间。传统体育媒体具有一定的局限性,难以满足广大受众的需求。网络媒体拥有海量的体育信息资源,其中各体育组织的官方网站有包罗万象的赛事资讯和体育信息的最新动态;运动员、体育专家和相关体育从业人员的博客与论坛也是提供信息资源的重要方式。同时网络媒体还涉足体育用品、体育博彩资讯、国内外体育媒体前沿论文等。如流行的短视频形式,有些人没有时间去观看长达两三个小时的全程体育赛事,几秒钟的赛事集锦、赛事精彩瞬间对他们来说效率更高,针对这一细分市场,体育产业有很大的发展空间。

(2) 推进网络媒体与体育产业融合发展。网络体育媒体作为一种新的大众传播媒介,它既具有传统体育传播媒介的表现形态和特征,又具有数字媒体技术和计算机网络技术的基本功能和特征。近年来,互联网、电信和广播电视三网技术逐步出现融合并朝着更优化的方向发展,使得我国体育信息传播进入了全媒体时代,真正实现了信息传播时效性、多样性、互动性和个性化。网络媒体重点承担体育赛事信息的传播,传统媒体则重点关注体育赛事信息的内容,两者的对接与合作有效地实现网络媒体与体育产业的融合发展。

(二) 体育场馆发展的对策

在常态化疫情防控阶段,为助力受到严重冲击的体育产业转危为机,上海迅速推出体育场馆建设相关政策,号召广大群众积极参与全民健身活动,推动体育场馆服务业快速复苏。

1. 对于事业经营的体育场馆

(1) 线上线下高效融合。改变以场地开放收费、运动器材租赁销售为主的经营方式,增加健康餐饮、健身咨询、康复按摩等业态,以体育为主题带动周边产业发展,构建体育服务综合体,延伸场馆服务链,提高消费者运动参与体验。同时有效利用大数据、互联网、云计算,建设智慧化场馆,将线上场馆预约与线下客户引导高效融合,提高运营水平和效率。

(2) 扩大开放程度。适度降低入场门槛,加强与相关企业业务联系,通过构建线上合作平台进行信息共享。例如在各类赛事停摆期间,根据场馆位置及配备设施就近为运动员提供恢复性训练项目;承办企业团建、博览会、展销会等商业活动;与周边学校合作举办运动会等体育活动,加强青少年体育锻炼,不断扩大场馆的开放程度。

(3) 部门合作纵深发展。随着旅游、文化和体育的持续深入融合,消费者的叠加需求持续增长,体育旅游已逐渐成为旅游经济新的增长点,如世界斯诺克上海大师赛、F1中国大奖赛等国内外体育赛事吸引着大量游客前来现场观赛。场馆应与旅游、社保等部门合作,利用体彩等公益金设置体育旅游专项基金,制定以赛事场地为重要节点的城市旅游路线,进而带动体育消费。

(4) 加强消费端刺激。后疫情时代防控阶段,人们更加注重自身健康,对体育健身的需求十分强烈,应借此激活被疫情抑制的体育消费欲望,培育新的消费增长点,加快恢复场馆经营秩序。政府可增加体育公共消费,增加体育扶持专项资金,多按区域向居民发放场馆的消费券或优惠卡,加强全民健康健身的教育宣传,助力场馆与社区达成合作关系,就近满足人们的体育消费需求。

2. 对于企业经营的体育场馆

(1) 政府加强指导和扶持。政府应根据受疫情影响程度对场馆进行分类指导、精准扶持。对于诸如游泳馆、健身馆等资产集中化场馆,采取降低能耗标准、缓交税费、减免租金和社保等措施;对于员工流失情况较为严重的场馆,通过提供岗位补贴稳定行业人才,保障用工需求;对于资金周转困难的场馆,助其与银行等金融机构达成合作,加大信贷支持力度;对在疫情中做出突出贡献、积极承担社会责任的场馆给予适当的奖励。

(2) 引导社会力量服务场馆企业。通过资源优化整合成立龙头企业,打造企业、产业、事业一体化发展的新模式,提升场馆企业的风险管理能力。为增加体育消费提供直接保障;搭建线上合作平台,实现信息共享;为场馆企业提供法律公益服务,帮助其及时解决因疫情产生的合同履约和劳资纠纷。

(3) 利用高新技术深度融合。场馆应积极引入大数据、云计算、区块链等新技术,通过互联网+模式实现科学高效管理,降低能耗,全面提高运营与服务供给能力。在现有场馆的基础上培育数字体育、线上技术培训、线上健身等新业态,扩展服务领域,延伸配套服务,加强数据化、信息化、智能化建设,促进线上线下有机融合。

(三) 健身培训发展的对策建议

1. 疫情后健身培训的发展趋势

(1) 家庭健身成为新趋势。一方面,疫情使上海市民对体育运动的兴趣大大提高,增强了他们的健身管理意识。另一方面,由于疫情期间行动受限,居民的运动场景和条件由室外被动地更换为室内,从而形成了家庭健身的热潮。从微观角度来看,新冠肺炎疫情逐步改变了人们的日常生活方式和生活轨迹。但是这种现状也恰恰体现了体育健身行业业务模式的危机,迫使很多健身企业进行业务转型。

(2) 居民健身需求多样化。经过调查,随着时间的推移,居民居家健身的习惯逐步定型,同时民众也认识到,健身不应该是单一的某一项运动,而应该成为生活的一部分,不应该为了健身而健身,而应将健身融入生活中,因此上海出现了许多居家健身、家庭体育赛事、线上健身交流、社区体育活动等新型健身模式,居民健身越来越关注功能性。

(3) 健身课程内容成为核心竞争力。在疫情期间,线上健身的形式加速普及,可以预见的是,未来的健身受众群体将会不断裂变。疫情过后,用户会更加关注线上平台课程内容的专业化程度。但是现阶段健身课程的内容深度和课程体系并不丰富,已无法满足挑剔用户对质与量的需求,健身用户的增多考验着健身培训行业多元化内容建设的能力。

2. 后疫情时代健身培训发展策略

(1) 加强卫生管理,提升服务质量。疫情过后,健身俱乐部应加强卫生管理,通过服务质量的提升,塑造更加优质、高档、安全的健身品牌。受疫情冲击,一些小、乱、差的企业将会被淘汰。消费者对健身场所的健身环境、卫生状况及疫情防控举措会更加关心和敏感。因此要注意做好健身场所每日消毒工作,提供各种消毒用品和用具以供会员使用,对所有到岗的教练和其他工作人员进行严格的体温检测等,为会员营造一个安全健康的健身环境。

(2) 优化资本结构,提升运营实力。由于二手房屋租赁成本上升和疫情后期健身培训行业竞争加大导致的场馆内有效用户人数的持续减少,健身培训企业必须重视内部改革。由于健身培训企业的运营成本很大一部分来自房屋租赁、水电、物业、教练工资、人员提成等方面,因此健身培训企业应从降低运营成本增强健身服务水平方面入手,以为客户提供更好、更优质的服务为目标导向,利用新技术、新模式对经营方式、服务模式、业务水平进行相应的创新、改进和规划,提升企业整体运营能力。

(3) 构建健身平台,融合运营方式。新形势下,必须大力发展线上健身服务。同时疫情的到来也推动企业较快转变的步伐。疫情期间,消费者基本居家隔离,线上体育健身APP下载量持续上升,社会公众广泛关注体育服务培训的线上直播,很多的线上直播课程的开展也选择采用APP的方式。同时,疫情加速了健身领域"线上+线下"新兴业态的发展,随着科技进步,人工智能、5G技术等也逐步深入到健身领域,推动"云健身"迈向新的发展阶段。健身培训业可以加速线上线下融合,通过互联网,构建线上线下融合平台,从健身课程、服务预约、会员权益办理等各个方面,实现客户、教练、健身培训企业博弈三方的平衡,按照顾客需求科学优化运营,帮助用户实现健身无时空限制。

(4) 调动多方力量,倡导非价格竞争。疫情防控常态化下,体育健身迎来新的发展趋势,对很多本身资金雄厚且实力相对较强的健身企业来说,无疑是一个兼并收购的好时机,通过花费合理的资金进行收购,为自身进一步发展打下坚实的基础。健身市场的同质化会造成激烈的价格战,因此政府应统一提价或者规定价格,尽量规避价格竞争。健身企业应统筹规划,形成联盟,抱团取暖,不打价格战,转移经营重心,把重心放在提升服务和开展一系列创新形式的健身产品及课程上。全民健身的健康发展,不能仅仅依靠政府的"一己之力",需要调动多部门的力量,要形成"以市政府为牵头主导、卫生部门疫情防控、体育部门活动监管"的多部门联合联动的格局。通过各个部门"各司其职",协调配合,一方面能够合理应对疫情后的各种偶发情况,另一方面能够确保疫情后各项活动走上正轨。因此,各部门要认真做好自己负责的事情,共同推动上海市健身培训业的健康发展和全民健身运动的有序开展。

(5) 加强"大数据+体育"联动发展。科技改变生活,也影响和改变着上海市民的健身生活。通过借助科技的力量,实现更加"智慧"的健身。在疫情防控常态化下,要推动体育产业大数据产业模式的转型,应充分借助互联网、大数据等手段,了解居民的健身需求,整合用户的健身数据,一方面为居民开发功能齐全、形式多样的健身器械和设备,提升居民健身的趣味性、专业性和可操作性,努力使健身器材的设计更能迎合大众的需求。另一方面,通过开发与居民健康更加匹配的软件和穿戴设备,同时加强互联网与健身体育的深度融合,充分发挥其在身体监控中的作用,从而合理地把控身体锻炼的程度,制定出适合居民的体育健身计划,推动全民健康。

参考文献

[1] 朱嫚子,王昊鹏.体育产业受新冠病情影响及体育产业发展趋势研究[J].浙江体育科学,2021(1).

[2] 钟秉枢,黄志剑,王凯,等.困境与应对:聚焦新型冠状病毒肺炎疫情对体育事业的影响[J].体育学研究,2020(2).

[3] 王雅伦,刘洋,吴珏.新型冠状病毒肺炎疫情对体育产业影响的预测研究[J].成都体

育学院学报,2020(2).
[4] 吴香芝,张继民,侯喆,等.我国体育服务产业"新冠"疫情影响和恢复策略研究[J].体育与科学,2020(3).
[5] 蒋金鑫.新冠肺炎疫情下我国体育产业发展的影响、机遇及策略[J].哈尔滨体育学院学报,2020(6).
[6] 胡俊英,于明智.后疫情时代体育产业发展的困境、机遇及对策研究[J].辽宁体育科技,2020(6).
[8] 钟杨."互联网+"时代体育场馆服务转型升级的发展路径研究[J].体育风尚,2021(5).
[9] 夏正清,韩雪.新冠肺炎疫情对我国体育产业的影响及应对建议[J].体育科技文献通报,2021(5).

新冠肺炎疫情对体育发展的影响及其应对

顾琼娜　杜伟民　杨晓婷　胡竹君
张玥琳　高　澈　董文琦[*]

体育是人类社会发展的产物,是以身体练习为基本手段,以增强体质、促进人的全面发展、丰富社会文化生活和促进精神文明建设为目的的一种有意识、有计划的社会文化活动。体育发展作为人类社会发展的重要组成部分,广义而言是体育从小到大、从弱到强、由简单到复杂、由低级到高级的发展过程,狭义而言则是在国家政治、经济、社会、文化等客观背景下的自主发展过程。

从体育救国、体育兴国、体育报国到体育强国,在中国的历史上,没有哪一个时代像今天这样重视体育,体育发展迎来时代机遇。党的十八大以来,习近平总书记坚持全面推进群众体育、竞技体育、体育产业、体育文化等各方面的发展。各个组成部分的系统运动促成了中国体育的不断发展。2019年8月,国务院印发的《体育强国建设纲要》,明确了体育强国建设的三大阶段战略目标、五大战略任务、九大工程项目、六大政策保障,要求"坚持以人为本、改革创新、依法治体、协同联动,持续提升体育发展的质量和效益,大力推动全民健身与全民健康深度融合,更好发挥举国体制与市场机制相结合的重要作用,不断满足人民对美好生活的需要,努力将体育建设成为中华民族伟大复兴的标志

---

[*] 本文作者简介:顾琼娜,上海市体育发展服务中心交流合作部项目主管,助理研究员,硕士,研究方向:体育外交;杜伟民,上海市体育发展服务中心交流合作部部长,大专,研究方向:疫情防控;杨晓婷,上海市体育发展服务中心交流合作部专员,本科,研究方向:疫情防控;胡竹君,上海市体育发展服务中心交流合作部专员,本科,研究方向:疫情防控;张玥琳,上海市体育发展服务中心交流合作部外事翻译,硕士,研究方向:体育外交;高澈,上海市体育发展服务中心交流合作部外事翻译,硕士,研究方向:体育外交;董文琦,上海市体育发展服务中心交流合作部外事管理,硕士,研究方向:体育外交。

性事业"。

体育发展有其自身内驱力,但外部环境变化对体育发展亦产生影响。2019年年末新冠肺炎疫情暴发并在全球蔓延,呈现传播能力强、传染范围广、无特定人群免疫等特征,引发全球健康安全风险。在疫情影响下,在体育强国战略目标、战略任务不变的情况下,体育发展本身面临适应防疫生活的趋向性选择。鉴于两年来人类对新冠肺炎病毒性质、传播方式等的认知逐渐清晰,疫情生活症候也逐渐明朗,建立在疫情防控常态化基础上的体育发展也有了某种预知和方向性。

新冠肺炎疫情对体育发展的影响研究,是对疫情下体育政策以及体育各种形态的自我调节趋势和运行规律的研究,是对体育在疫情社会中的地位变化和价值取向的研究,是体育和社会其他组成部分间的关系的研究。其现实意义在于为体育高质量发展寻找适合的发展平台和优先发展事项,规避和应对发展风险,谋求更多发展红利。

一、新冠肺炎疫情对体育发展的影响

新冠肺炎疫情从短期和长期两个时间维度、从国内和国际两大空间维度对体育发展产生深刻影响,它对体育发展的影响及影响程度和人们对病毒传染性认知水平、疫情防控措施的严厉程度、社会开放和人的自觉程度、社会科技发达程度及其应用等均有莫大关系。

(一)新冠肺炎疫情对体育发展的短期影响

人类应对 SARS、MARS 等大规模传染病疫情的历史可证,疫情对社会政治经济发展的冲击以短期为主。

研究疫情对体育发展的短期影响涉及两个阶段:一是疫情初期体育发展的突发阶段,二是疫情防控常态化下体育发展的一般面貌和趋势研究。

1. 疫情暴发初期

新冠肺炎疫情暴发不久,就被判断存在人际传播,传播途径主要是飞沫传播、接触污染物、空气传播等。香港中文大学公共卫生与初级保健学院的研究人员分析得出,新冠肺炎病毒初期的基本繁殖数(R0)平均估计值在 2.24~3.58 之间,后经不断变异演化,又产生了具有高传染性的诸如德尔塔毒株等变异病毒,R0 值可达到 5~9.5。

在疫情防控期间，人们生活互动空间缩小，活动地域受限，形成了分散化、阻隔化的特征，以个人、家庭为基础的生活"小场域"替代大型公共空间成为这一时期的主要活动场所，群众体育、竞技体育、体育产业、体育文化等体育各方面的发展均遭受系统性、全局性冲击。

(1) 群众体育。受隔离政策等影响，群众体育在疫情初期的主要表现：一是体育运动方式发生改变，呈现活动人群分散化、项目开展两极化、活动空间小型化和网络化的特征。国内外大批线下群聚性体育活动停滞。2020年1—3月，中国群众体育项目几乎全部取消、延期，体育场馆、健身房关闭，个人被要求居家隔离，体育参与受到极大制约。人们在相对狭窄的空间中生活、工作、娱乐，为维持日常身心健康，采取居家体育和线上体育方式弥补运动不足，跳绳、踢毽子、瑜伽等线下个体性运动和电竞、网络围棋等线上体育运动成为主要方式，带动小型器械和 KEEP、ClassPass、Whoop、Zwift 等线上体育 APP 客户数量暴增，传统意义上的场域断层被打破，"体育＋互联网"发展模式获得热捧，催生多家体育互联网公司进入十亿俱乐部名单。二是大众健康危机意识和体育运动自驱力增强，体育参与意愿提升。新冠肺炎病毒的危害性使运动促进健康的理念深入人心，体育全民意识加速养成。各大平台公布的数据显示，春节期间，京东平台哑铃成交额同比增长 60%、拉力器同比增长 109%、跳绳同比增长 56%、划船器同比增长 134%、瑜伽垫同比增长 150%。全民健身与全民健康深度融合获得进一步支撑。

(2) 竞技体育。自新冠肺炎疫情暴发以来，竞技体育深受趋势性负面影响，高质量发展受阻，呈现单一训练、赛事停止、竞技体育价值无法体现的窘境。主要表现：一是竞技体育主体深受其害。竞技体育上层建筑即建立在跨国层面上的体育国际组织对体育事务的掌控能力让位于主权国家，东京奥运会、欧洲杯、美洲杯、F1 等国际重大赛事以及顶级单项体育赛事被迫取消和延迟，国际组织生存压力倍增；职业运动员正常比赛训练计划遭受影响。原定于 2020 年 7 月底举行的东京奥运会和残奥会延期举办更是直接影响参赛的 11 000 名奥运选手和 4 400 名残奥选手，部分运动员甚至被迫结束运动生涯；疫情危害职业运动员、教练员身心健康，长期封闭式训练导致调节身心方式单一，压力剧增。二是竞技体育秩序遭受破坏性打击。赛事延期和取消使赛事运营商成本增加，办赛主体承受经济压力，运动员参赛数量降低，曝光量下降，个人收入和价值都有所降低。截至 2020 年 3 月 31 日，国内体育行业收入受疫情影响大约减少 70%～80%。

（3）体育产业。体育产业主要包括体育竞赛表演业、体育健身娱乐业、体育旅游业、体育用品制造业等。新冠肺炎疫情初期体育产业全面沉寂，主要表现：一是体育竞赛表演业严重受挫，赛事赞助违约或停滞，赛事周边消费骤降。数据显示，原定于2020年第一季度举办的全球5 584项体育赛事中已有3 714项被取消，取消率高达67%，全年全球体育赞助也将从2019年的461亿美元下降至289亿美元。根据疫情防控需要，中国第一季度体育赛事活动以取消、延期、转移至国外举办告终。江苏省的一份调查结果显示，全省赛事运营企业平均停业三个月以上。二是健身娱乐业危机重重。中国2020年第一季度健身门店收入几乎为零，健身娱乐业经营状况恶化，生存堪忧，不少健身企业被迫裁员甚至关闭。与此同时，不少门店采取自救措施，将线下活动搬至线上，主推网络健身，提高线上营销能力。国外健身企业也加入线上阵营，Lululemon公司通过微信在中国增加了成千上万的新用户。三是旅游消费断崖式下跌。疫情初期正值中国春节体育旅游黄金期，受出行限制和景点关闭影响，2020年第一季度全国旅行社入境旅游人数同比减少87.15%，国内旅游人数同比减少84.08%。体育旅游也无法独善其身，损失惨重。如北京室内冰雪场馆直至4月29日陆续开放，错过最佳收益时间。四是体育制造业产业链受阻。不少体育制造业产品积压，需求降低，流动性受损，安踏体育在2020第一季度遭遇多年来的首次负增长。

（4）体育文化。体育文化泛指人类在体育历史发展过程中所创造的物质和精神财富的总和。新冠肺炎疫情初期，体育文化事业有所收缩，但体育文化呈扩大之势。主要表现：一是体育的社会价值被重新认识。体育除了强身健体之外，也被作为疫情期间排解压抑、提高幸福感的重要手段。二是罕见的体育对外交流为弘扬体育道德风尚助力，日本乒乓球协会邀请中国乒乓球队赴日集训引起广泛关注，成为疫情初期中日体育界的一段佳话。三是体育软实力成为展现大国文化自信的平台。武汉方舱医院内患者集体做广播操、练太极拳、跳广场舞的画面广泛传播，成为显示中国疫情防控有序的典型事件。

2. 疫情防控常态化阶段

2020年3月，疫情总体态势得以控制，但中国社会进入疫情防控常态化阶段，妥善处理好疫情防控和保持社会经济正常运行之间的矛盾成为显性矛盾。

根据《国务院应对新型冠状病毒感染肺炎疫情联防联控机制关于做好新型肺炎疫情常态化防控工作的指导意见》（国发明电〔2020〕14号）指导精神以及国家体育总局《统筹推进新冠肺炎疫情防控与体育工作领导小组关于有序

恢复体育赛事活动的指导意见》,结合各地行政部门相关指南,体育事业和体育行业开始复训复赛、复工复产。但局部性、阶段性、反复性出现的疫情使这一阶段的体育发展呈现出分层性发展、自驱性发展、公益性发展、创新性发展的特征(表1)。

表1 疫情防控常态化下对体育活动开展产生影响的相关文件整理

时 间	文 件	部 门	具体措施	相关影响
2020年4月	《关于进一步做好重点场所重点单位重点人群新冠肺炎疫情防控相关工作的通知》	国务院	大型聚集性体育活动如马拉松长跑等暂不开展	大型群聚性体育活动暂停
2020年6月	《关于有序开展体育赛事活动的意见》	国家体育总局	提出了属地管理和"谁主办、谁负责"的原则,要求体育赛事活动"采用预约、限流等方式","审慎举办非身体接触类全国性单项体育赛事活动",国际性、全国综合性体育赛事暂不恢复等	活动减少,身体接触类全国性单项赛事活动等暂停,国际性、全国综合性体育赛事暂停
2021年1月	《国务院应对新型冠状病毒感染肺炎疫情联防联控机制关于进一步做好当前新冠肺炎疫情防控工作的通知》	国务院	加强集贸市场、村民活动室、棋牌室等场所疫情防控管理	棋牌室等活动场所受限
2021年8月	《重点场所重点单位重点人群新冠肺炎疫情常态化防控相关防护指南(2021年8月版)》	国务院	棋牌室(麻将馆)、体育场馆等10类场所和单位加强防护	棋牌室等活动场所受限

(1)群众体育。疫情防控常态化下的群众体育无法恢复到疫情前,回到了类似于近代以前"分散、自发、小规模"存在的"小体育"状态。主要原因:一是政策因素。疫情防控常态化下,国家和各省市对群聚性活动以及相关场所

防控措施采取了诸多限制,提出了"谁组织、谁负责""应减尽减""非必要不举办"等原则,群众赛事活动数量减少,规模受限,场地受限,多样性受阻,赛事影响力降低。二是成本因素。口罩、消毒液、随身码、健康码以及核酸检测成为开展群体性活动的必需,不确定性和风险性也导致各种难以预测的损失,如体育用品退单、赛事活动取消等。考虑到成本和责任压力,很多群众体育组织方在权衡利弊后选择减少参赛人数、缩小比赛规模或放弃承办。三是心理原因。鉴于对疫情的前期经验、疫情零星暴发的可能以及他国感染人数不断上升的宣传引导,人们的公共卫生安全信心削弱,参与群体性运动的意愿降低。2019年上海夏季游泳馆开放802家,共接待泳客超过890万人次,而2021年上海夏季游泳馆开放数量为860家,但接待人次下降至763万人次。

与此同时,疫情体育管理实践应急能力有所提升,各省市举办的体育群众赛事都安全有序推进。主要原因:一是抵抗全球性公共安全事件的体育管理机制在实践中逐渐成形,精细化程度和快速反应程度显著提高。例如:2020年3月5日广东省体育局发布《关于做好新型冠状病毒肺炎疫情期间公共体育场馆开放和体育赛事活动举行工作的通知》,要求高风险地区暂停公共体育场馆开放和赛事活动,中风险地区根据属地防控工作安排,做好有序恢复开放公共体育场馆和赛事活动的相关准备等,做到了精细预案、分级防控,有效平衡了疫情防控和体育发展之间的关系。2021年11月,北京出现零星疫情,北京市体育局印发《关于从严从紧做好体育健身场所和体育赛事活动疫情防控工作的通知》,对青少年体育培训和体育赛事活动等做出快速反应。二是疫情体育协同工作机制不断完善。以2020年上海马拉松赛为例,卫生、公安、体育、交通等各部门精诚合作,对赛事全程精确部署、精准防控,采取了赛前严格筛查选手健康状态,赛中精选路线、分枪出发、增加云上路跑,赛后快速分散人流等方式顺利完赛。一定程度上,要求政府跨部门共管共责群众体育赛事,完善符合疫情防控常态化下的群众体育监管体系。

(2)竞技体育。竞技体育重启艰难。竞技体育的参与者主要是运动员、教练员、竞技活动组织者、投资者、媒体以及观众等。过去两年受入境限制措施、群聚限制措施等影响,国际国内大型体育赛事、各国职业联赛纷纷取消、延期或缩小规模。原定2020—2021年在我国举办的大型国际赛事如跳水世界杯、亚洲室内田径锦标赛、东京奥运会项目资格选拔赛、北京冬奥会测试赛、世界游艇锦标赛、世俱杯、F1上海站、ATP网球大师赛等纷纷取消,而在国外如西甲、英超、日本甲子园、亚冠、伦敦马拉松、NBA、美洲杯等职业联赛和大型赛事也都以延期或停赛告终。国际赛事大幅减少普遍影响运动员成绩,2020年我国运动员参加国际赛事机会骤减,获得世界冠军数和创世界纪录数也同比下降。赛期变更也打乱选手参赛安排,不少比赛由于赛事安排冲突或时间费用成本高涨而无法成行。赛事举办的不确定性以及普遍采用的气泡式管理、无观众比赛等措施使各国际体育单项组织、体育协会等竞技体育组织者面对赞助费缩水、票房收入减少等压力,越来越多的以竞技体育为生的职业俱乐部面临破产,职业运动员面临降薪或转行。2020年东京奥运会在疫情防控常态化下举办,参赛国减少,部分运动员弃赛,国内民众反对举办,比赛期间国内感染人数成倍递增,国外参赛选手染疫,运动员违反防疫规定引起民愤,首相放弃下届选举,赞助商放弃参加开幕式,竞技体育饱受疫情防控常态化下的发展之痛。

疫情防控常态化下,我国也在探索建立以国内大循环为主体的疫情体育发展之路。2021年陕西全运会成为疫情下举办竞技体育重大赛事的一次成功试水。主要措施是事前预案设计、事中赛管分离、事发应急预案、事后恢复常态(表2)。

表2 全运会疫情防控相关措施整理

实施阶段	具 体 内 容
事前	推迟举办第十四届全运会群众赛事活动
	开发"陕西全运通平台"
	涉赛人员开赛前提供48小时、72小时内核酸检测证明,连续14天健康监测正常并提交健康承诺书,通过"陕西全运通"小程序提交审核
	代表团、运动队至少在赴陕前14天实行集中封闭训练,由所在省(自治区、直辖市)的疫情防控指挥部评估无风险后向组委会致函方可赴陕参赛
	涉赛工作人员及家属、志愿者、开闭幕式演职人员及服务保障人员等减少不必要聚集,非不要不外出,确需出省者履行报备手续,经审批后方可出省
	相关省市观赛人员完成新冠疫苗全程接种
	各市区执委会、各项目竞委会根据本赛区和比赛项目特点完善细化疫情防控专项方案

续 表

实施阶段	具 体 内 容
事中	落实消毒工作,加强办公区域、会议室、空调通风系统、员工餐厅、车辆等的消毒,建立消毒台账,开展定期巡查
	涉赛人员每天登录微信小程序"陕西全运通平台"进行"健康打卡",上报体温
	抵离站点扫码,全运码显示绿码方可进入全运村、接待酒店及各比赛场馆
	接待酒店封闭式管理,明确管理要求和责任
	团进团出,在指定地点乘坐专用车辆进入比赛场馆
事发	设立人工通道,由信息技术人员和防疫人员共同办公,妥善处理观众扫码异常情况
	超过规定核酸检测时间人员由各疫情防控联络员通知问题人员所属管理部门督促其及时进行核酸检测,如有不配合人员可由安保部门收回证件,暂停比赛
	中高风险地区旅居史、密接、次密接、核酸检测阳性人员由疫情防控人员根据要求及时上报,妥善处理
事后	团进团出

资料来源:根据《关于推迟举办第十四届全运会群众赛事活动的通知》《十四运会和残特奥会新冠肺炎疫情防控工作方案》《关于进一步做好十四运会和残特奥会新冠肺炎疫情防控工作的通知》等文件整理而成。

(3)体育产业。我国体育产业处于趋势性高速发展时期,2015—2018年,中国体育产业总规模年均增长达到18.41%,成为增速最快的产业类别之一。自复工复产以来,体育产业恢复快、发展快,产业需求导向明显。究其原因:一是体育产业有其自身发展特点和潜力,"无论是在全球性的经济危机时期,还是在区域性的经济萧条时期,在经济大气候恶化、不景气的情况下,体育产业仍能逆势而上,创造不凡的业绩"。二是疫情封锁结束,政府部门、行业协会纷纷出台各类扶持政策。这些政策包括减免企业房租、给予赛事承办企业补贴和金融信贷支持、给予冰雪场所用水用电补贴、延缓缴纳社会保险费等(表3)。

表3 相关省市体育企业扶持政策一览

支 持 文 件	支 持 内 容
上海市体育局《关于全力支持本市体育企业抗疫情稳发展的通知》	减免企业房屋租金、给予赛事承办企业补贴、给予金融信贷支持、推广公益配送服务、减免佣金支持体育彩票销售
北京市体育局《北京市体育局关于申请受疫情影响滑冰滑雪场所水电补贴的征集公告》	给予冰雪场所相关适当额度用水、用电补贴
北京市人民政府办公厅《北京市人民政府办公厅关于应对新型冠状病毒感染的肺炎疫情影响促进中小微企业持续健康发展的若干措施》	支持落实中小企业"延迟缴纳社会保险费""对受疫情影响的滑冰滑雪场所给予适当额度用水用电补贴"等政策
浙江省体育局《关于深化"三服务"活动 建立驻企服务员机制的通知》	为体育企业、亚运重点工程、备战奥运全运竞技体育训练单位选派驻企服务员定点服务
浙江省体育局《致全省体育企业的公开信》	提供资金补贴、给予企业房屋租金减免、宣传推荐优秀体育产品项目提振体育消费市场
浙江省体育局、中国银行浙江省分行《关于提供"普惠金融助力体育企业抗疫情稳发展"服务的告知书》	重点保障体育产业信贷规模、精准帮扶体育企业及时纾解、竭力维护体育企业征信记录、加大普惠体育企业降费减负、及时响应体育企业诉求、绿色通道保障融资畅通

具体表现：一是体育制造业强烈反弹,国产品牌迎来机遇。在国外疫情暴发、制造业无法正常开工而中国经济秩序恢复的情况下,全球订单逐渐转移至国内。以安踏为代表的国内体育用品制造龙头出现爆发式增长。二是体育竞赛表演业和体育旅游业在恢复和协调间艰难前行,以线下场景为依托的体育竞赛表演业恢复艰难,小微型赛事运营企业面临破产风险,但依托互联网举办的网络观赏性赛事、网络参与性赛事又呈现欣欣向荣之势。三是健身娱乐业喜忧参半。疫情防控对健身娱乐业的影响具有两面性。一方面,由于群聚性活动受限,线下消费活动减少,健身娱乐业面临重新洗牌,《2020中国健身行业数据报告》显示,2020年全国健身场馆数量同比减少13.31%。另一方面,疫情防控改变大众健身认知,截至2020年11月,在健身俱乐部门店数量因疫情下跌11.1%的情况下,国内健身人群逆市增长数百万至7 029万人,环比增

长 3.19%。同时健身需求也催生了大量应对疫情防控常态化的新兴产品和解决方案,健身场馆精细化经营、数据化经营加速,体育消费者的线上消费习惯逐步养成。总体而言,体育产业在疫情防控常态化下回暖迹象明显,但总体发展趋势没有改变,在某些领域甚至催生了新业态的发展。

(4) 体育文化。疫情防控常态化下,体育文化在线上体育传播链的推动下呈进一步扩大之势。主要表现:一是体育文化纵深发展加速,社会体育文化氛围明显热络。疫情防控使得人们急剧渴望娱乐活动,中国体育正在经历从竞技体育向群众体育、再到娱乐体育发展的阶段。二是体育文化横向宣传扩大,受众群体年轻化、多元化。线上体育运动相比线下体育,参赛范围更广、观赛人数更多,有利于体育文化的传播和实践。三是体育文化作用更加突出。东京奥运会、第十四届全运会上运动员顽强拼搏、团队合作、公平竞争的体育精神广泛传播,使得体育文化在培育社会主义核心价值观中的作用更加凸显。

(二) 新冠肺炎疫情对体育发展的长期影响

新冠肺炎疫情对体育发展的长期影响除了取决于疫情持续时间以及人类科技力量外,还与因体育政策、法规等在此期间的调整引发的对未来发展的指引性变化、人们因疫情防控产生的参与体育运动和体育活动的心理变化有关,涉及人们对体育高质量发展的逻辑矫正和质化问题。

2020—2021 年,我国相继出台了《全民健身计划(2021—2025 年)》《"十四五"体育发展规划》等文件,为体育后续发展指明了方向。根据文件内容和实际情况看,疫情防控对体育发展的长期影响可概括为:

1. 国内体育大循环受重视程度加大

《"十四五"体育发展规划》中明确表示要"构建以国内大循环为主体、国内国际双循环相互促进的新发展格局"。这将促使体育优质资源下沉,社区体育、学校体育迎来发展"窗口",但需警惕国内体育与国际体育的差异性加大。

2. 安全因子和数字内容权重加大

新冠肺炎疫情的不确定性和风险性使得人们在自我隔离和正常生活间始终徘徊反复,在"坚持发展与安全并重"的原则下,安全办赛、精细化办赛影响因子超出规模办赛、高竞技办赛,体育赛事的办赛方式有所改变。数字体育也迎来发展"窗口",体育产业大数据中心、国家队大数据库等的建设工作被提上议程。

但总体而言,新冠肺炎疫情并没有对体育发展产生根本性改变。这是由于从从事体育的主体出发,没有任何体育主体会由于疫情而"退圈",短期内出现的企业倒闭、资金链断裂仅仅是行业内部的新陈代谢,赛事延期、推迟举办等也仅仅是权宜之计。各主体间地位结构可能会在体育安全视角下发生变更,国家对体育事务的掌控能力有所提升,但疫情结束后国家在全球体育发展主体中的地位结构是否能够维系有待考证。从客体需求而言,在国内政治环境、经济环境以及政府组织管理能力日益向好和完善的情况下,因疫情防控改变的安全环境对体育发展的影响主要是人员往来的限制和由此引发的群聚性活动的减少,但这并不影响人们对体育的内在需求,赛事活动的延期仅为需求延期,赛事活动也会随着疫情的结束而重启。

二、后疫情时代与体育发展

中国体育的发展有其一般性也有其独特性,在协调疫情防控和体育发展之间的关系时,需兼顾长远、放眼国际、透视全局、系统思考。后疫情时代,随着疫苗的推陈出新以及治疗药的面市,体育发展将迎来两种可能:第一种是治疗药效果显著,国际社会全面重启,体育发展逐渐回归疫情前的发展轨道。第二种则是治疗药效果不佳,全球体育继续在自我隔离和正常生活间徘徊前行,在这样背景下提出以下政策建议:

(一)在国内体育大循环状态下,借势培养大体育意识

体育高质量发展建立在广泛的大众体育意识之上。中国人均GDP已进入10 000美元阶段,根据国际上有迹可循的发展规律,到了可以通过体育生产增量式拉动社会生产的阶段,到了可以通过体育生产加速促进社会繁荣稳定的阶段。后疫情时代,大众的体育需求将有增无减。长期以来,我国大众体育意识较为薄弱,甚至出现将体育水平与文化知识水平对立、体育与文化对立的观念偏差。

新冠肺炎疫情防控给了体育重新出发的机会。疫情防控期间,基于体育能强身健体的观念和动机,人们更愿意参与体育运动,尽管这一观念和动机未能全方位诠释、理解体育即生活的深层次含义,却可"借势发挥",成为培养大众体育意识的助推器。对此,可先行先试青少年体育,改变体育的学科观念,培养下一代逐渐认识体育是一个无法独立于科技、经济、医学、心理等之外的超学科的综合性知识体系。当前,随着教育系统"双减"政策的落地,体育作为

应试教育的替代物之一,成为素质教育的代表。但这种观点依然是片面的,一项体育技能的获得和精进,少不了"应试"成分,也需要科技、经济、医学、心理等跨领域的配合与支持,体育的社会网络是庞大的。以青少年体育为落脚点,合理规划体育教学和运动,将体育学科和语、数、外等传统大学科融合,借鉴北欧教学经验,增加体育育人的教学比重,培养体育塑造社会生活的大体育意识,以青少年体育赛事为媒,建立健全青少年体育赛事活动体系,帮助青少年了解体育与社会的关系,了解体育和其他行业的关联性,培养下一代全方位的正确的体育观。

(二)对外有效拓展中国体育在世界体育中的生存空间

中国目前秉持以感染率为标准的疫情防控动态清零政策,而国外则逐步采取以死亡率为标准的共存政策。国内外体育发展的差异恐怕会越来越突出,中国体育发展不得不做好双轨模式运行的准备:一种是以群众体育为核心的国内体育发展模式,一种是以竞技体育为核心的国际体育赛事参与模式,两者之间既有互补也需协调。这要求我们一要形成一套疫情防控常态化下中国举办大型国际赛事的可行性方案,进行实践并向海外宣介;二要有效维护和拓展职业运动员参与国际赛事的渠道,创造取得优异成绩的外部条件;三要在条件允许的情况下,开辟国外运动员来华进行体育比赛或交流的特殊通道和区域。对此,可以 2022 年北京冬奥会为平台,借鉴东京奥运会的相关经验并在陕西全运会安全保障措施的基础上完善制定办赛方案。北京冬奥会实行较为严格的安全措施,如执行严格的疫苗接种制度、实施闭环管理政策、仅面向境内符合疫情防控相关要求的观众售票等,北京冬奥组委也积极地对外说明这些防疫要求,争取获得参赛国和参赛运动员的理解、支持和认可。北京冬奥会是一次检验中国疫情常态化下以中国标准举办国际赛事的试金石。

(三)在国际国内双循环的背景下,增加中国体育的社会化、商业化、全球化程度,打造中国特色的体育产业网络

进一步融合体育+社交的功能,以社区体育为依托,积极打造"15 分钟体育生活圈",联合社区、街道周边体育俱乐部、文化企业、餐饮企业,在疫情防控常态化下组织小规模体育活动满足民众的线下社交需求,丰富业余生活,缓解心理压力,加大社区凝聚力。

进一步融合体育＋互联网的功能，以建设线上体育专业平台、开发线上体育赛事为依托，带动科技企业利用VR技术、数字技术设计制作体育应用类产品，弥补线下场景式体育活动在疫情防控常态化下的不足，增加世界体育产业链中的中国产品和中国元素。

进一步融合体育＋媒体的功能，以"一带一路"沿线国家和友好城市为突破对象，加大中华传统体育项目在国际体育市场的宣传力度，大力推广太极拳、围棋、龙舟等中华传统体育项目，创新性地设计一些赛事项目和IP，线上线下传播体育健身、体育修身的文化理念，提升体育软实力。

进一步建设体育人才体系和平台体系，提高体育教师、社区体育指导员、体育经纪人、体育经理人的地位和待遇，提供各类人才参与体育活动、体育赛事、体育文化建设的契机，建设国内国际体育连通必不可少的人才和平台配置。

参考文献

[1] 马德浩.人口结构转变下的中国体育发展策略研究[M].上海：上海交通大学出版社,2016.

[2] 马保生.中国体育发展学概论[M].西安：西北大学出版社,2009.

[3] 建设体育强国 重温习近平的全民健身寄语[EB/OL].http：//cpc.people.com.cn/n1/2021/0807/c164113-32184869.html.

[4] 国务院办公厅.国务院办公厅关于印发体育强国建设纲要的通知[EB/OL].http：//www.gov.cn/zhengce/content/2019-09/02/content_5426485.html.

[5] 新冠肺炎疫情最受关注的十一篇英文核心期刊论文全解析[EB/OL].http：//zl.hxyjw.com/arc_34862.

[6] 阻击"德尔塔"，个人防护指南来啦！山东疾控专家如是说[EB/OL].https：//new.qq.com/rain/a/20210808A01OER00.

[7] 2020全球体育科技VC报告解读[EB/OL].https：//cn.sportshow.com.cn/zxdt/hyxw/11478.html.

[8] 疫情催生"宅经济" 成都互联网企业抢抓新机遇[EB/OL].http：//www.chinanews.com/cj/2020/03-10/9120681.shtml.

[9] 廖理,李鹏飞,袁伟,等.疫情下的中小微经济恢复状况——基于百万量级中小微企业经营数据的分析[EB/OL].https：//baijiahao.baidu.com/s?id=

1668619268191148595.

[10] CUTLER M. Covid – 19 set to halve 2020 sports calendar[EB/OL]. https://twocircles.com/gb-en/articles/covid-to-halve-2020-sports-calendar/.

[11] 张佳曦.2020全球体育赞助缩水172亿美元 这10大行业预算几何？[EB/OL]. https://www.sohu.com/a/396586656_138481?_trans_=000014_bdss_dklzxbpcgP3p；CP=.

[12] 复盘2020,疫情影响下体育产业的苦辣酸甜[EB/OL]. http://www.xinhuanet.com/2021-06/18/c_1127574491.html.

[13] 当健身房因疫情关闭,美国人上演了"最后的疯狂"[EB/OL]. https://www.thepaper.cn/newsDetail_forward_6799693.

[14] 文化和旅游部:2020年第一季度全国旅行社统计调查报告[EB/OL]. http://www.199it.com/archives/1129390.html.

[15] 中国群众体育现状调查课题组.中国群众体育现状调查与研究[M].北京:北京体育大学出版社,2005.

[16] 2020中国健身行业数据报告[EB/OL]. https://www.sohu.com/a/469283620_121094725.

[17] 国家体育总局."十四五"体育发展规划[EB/OL]. http://www.sport.gov.cn/zfs/n4977/c23655706/part/23656158.pdf.

[18] 张建辉.国际体育产业发展报告[M].北京:社会科学文献出版社.2017

[19] 国务院.国务院关于印发全民健身计划(2021—2025年)的通知[EB/OL]. http://www.gov.cn/zhengce/content/2021-08/03/content_5629218.html.

[20] 曹卫东,李崟,徐雁冰,等."建党百年与中国特色社会主义体育发展道路"笔谈[J].上海体育学院学报,2021(6).

[21] 刘亚女,王琳.新型冠状病毒肺炎疫情下体育的未来发展格局探讨[J].上海体育学院学报,2021(8).

[22] Covid – 19, networks and sport[EB/OL]. https://doi.org/10.1080/23750472.2020.1750100.

[23] Covid – 19 and inequality: are we all in this together?[EB/OL]. https://doi.org/10.17269/s41997-020-00351-0.

[24] The impact of Covid – 19 on sport[EB/OL]. https://doi.org/10.1080/19406940.2020.1851285.

体育培训市场监管模式研究

马成国　吕晓皓　郑欣怡　曹可强　范本浩*

随着上海经济的快速发展,人民对运动的需求不断提升,大家越来越意识到健康的重要性,这就为体育培训市场提供了良好的发展契机。近年来,体育培训产业发展成一个崭新的平台,体育培训机构纷纷注册,但由于其发展速度过快,而在体育培训市场方面的监管模式、法律法规等跟不上其步伐,导致目前体育培训市场出现了很多由于监管不到位而产生的问题,为了维护体育培训市场的良好秩序,有必要厘清健全的体育培训市场的监督管理体系。

健康是促进人全面发展的必然要求,也是经济社会发展的基础条件。实现国民健康长寿是国家富强、民族振兴的重要标志,也是全国各族人民的共同愿望。体育是实现人民对幸福生活追求的重要生活方式,我国体育发展要着眼提高全体人民的健康质量和生活品质。"体育强国梦"是中华民族伟大复兴"中国梦"重要组成部分,同时"体育强"也是一个国家全面发展和综合国力的标志。"体育强则中国强"和"没有全民健身,就没有全面小康"高度体现未来我国体育全面深入发展具有多重战略价值。体育培训是实施青少年体育活动促进计划、培育青少年体育爱好的重要基础。体育培训市场监管是体育部门落实体育强国建设的基本内容,也是推进全民健身计划和发展体育产业的重要抓手。

---

* 本文作者简介:马成国,华东师范大学,副教授,硕士生导师,研究方向:体育产业管理;吕晓皓,上海武术院(健身气功管理中心),副科长,本科,研究方向:体育行政管理;郑欣怡,华东师范大学,在读研究生,研究方向:体育产业管理;曹可强,上海体育学院,教授,博士生导师,研究方向:体育经济管理;范本浩,上海市科技体育管理中心,副主任,硕士,研究方向:体育行政管理。

一、研究背景

目前对于体育培训市场监管模式的研究,基本上是从政府的角度出发,缺少具体的解决措施,对于体育培训市场的发展,仍存在一些监管失效的问题。体育培训监管模式构建,首先要分析目前关于市场监管方面的问题(包括准入退出机制不够完善,相关法律法规不够系统,实践监管不到位等);提出相应的解决办法(完善相关法律法规,制定相关监管细则,增加监管主体的多样性等);构建合适的监管体系或模式。

随着新时代的发展,"多元主体共同监管"的理念渐渐形成共识。本课题将在以往研究的基础上,更注重将"管理"和"治理"相结合,致力于提出能够应用到实践中的具体监管模式,并与时俱进,创新监管工具,填补以往研究中所没有涉及的关于在互联网和大数据时代背景下,合理运用相关技术进行市场监管的空白。本文将借鉴国内外对体育培训市场的研究,进一步研究体育培训市场的监管模式,通过文献的研究,把范围缩小至"双减"政策发布的背景下,找寻完善上海体育培训市场的监管策略,提出体育培训市场监管模式和政策支持建议。

(一)体育培训产业发展趋势分析

1. 体育产业总值上升,对 GDP 贡献度低

中国的体育产业化起步较晚,与欧美等发达国家存在较大差距。根据《2012—2019 年我国体育产业规模及增加值数据统计结果》(表 1)可见:2019 年体育产业总规模为 29 483 亿元,增加值为 11 248 亿元,增加值占 GDP 的 1.14%,体育产业总值占 GDP2.98%。自 2012—2019 年体育产业总值和增加值占 GDP 比重都呈上升趋势,但体育产业的贡献度依然很低。因此体育产业中的培训业还要加大力度加快发展。

表 1 2012—2019 年我国体育产业规模和增加值的数据统计结果

年 份	2012 年	2013 年	2014 年	2015 年	2016 年	2017 年	2018 年	2019 年
GDP(亿元)	519 470.1	568 845	636 463	689 052	744 127	827 122	900 309	990 865
体育产业总量(亿元)	9 500	11 000	13 574.71	17 107	19 011.3	22 000	26 579	29 483

续　表

年　　份	2012年	2013年	2014年	2015年	2016年	2017年	2018年	2019年
体育产业增加值（亿元）	3 135.95	3 563	4 040.98	5 494	6 474.8	7 811	10 078	11 248
体育产业增加值/GDP(%)	0.60	0.63	0.63	0.80	0.87	0.94	1.12	1.14
体育产业总值/DGP(%)	1.83	1.93	2.13	2.48	2.55	2.66	2.95	2.98

2. 体育结构产值差距大，发展不平衡

由我国体育产业分类数据统计生成的2015—2019年我国体育产业分类产值变化趋势图（图1）可见，2015—2018年中，"体育用品及相关产品制造"产业最高；2019年，"体育服务业"增速显著，首次排名第一。从表2可见"体育服务业"中的9个子项产值不均衡。

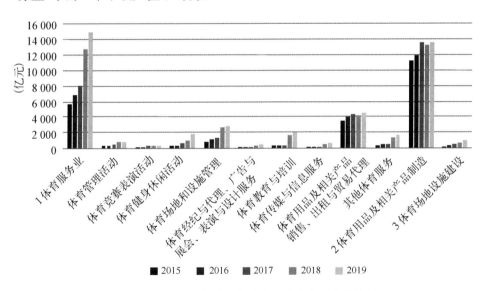

图1　2015—2019年我国体育产业分类产值变化趋势

从2019年体育产业分类统计与比重（表2）可见，体育制造业占46.17%，再加上体育用品及产品销售贸易占15.27%，两者共占61.44%；而其余体育服务业只有35.37%，说明来自"体育教育与培训服务"和其他体育服务的产值贡献还是相对薄弱。体育产业结构发展还是不均衡,体育服务业还是相对缺少企业和人才的投入,政府还需大力支持和引导,鼓励社会各方资源和资本投资体育培训行业。针对目前体育产业结构不合理和不均衡问题,要加大支持和培育体育培训的力度,促进体育培训业及相关支持产业发展,实施体育培训行业的精品工程建设,上海各区要加快打造一大批金牌社区体育俱乐部、金牌体育培训场馆和明星体育培训员等优秀体育培训先进典型机构和教师。

表2 2019年体育产业分类统计

2019年体育产业分类统计	产值(亿元)	占比(%)
1 体育服务业	14 929.4	50.64
1.1 体育用品及产品销售、出租与贸易代理	4 501.2	15.27
1.2 体育场地和设施管理	2 748.9	9.32
1.3 体育教育与培训	1 909.4	6.48
1.4 体育健身休闲活动	1 796.6	6.09
1.5 其他体育服务	1 700.2	5.77
1.6 体育管理活动	866.1	2.94
1.7 体育传媒与信息服务	705.6	2.39
1.8 体育经纪代理、广告展会、表演设计服务	392.9	1.33
1.9 体育竞赛表演活动	308.5	1.05
2 体育用品及相关产品制造	13 614.1	46.17
3 体育场地设施建设	939.8	3.19
体育产业总值	29 483.4	100

3. 体育培训产值呈上升趋势,产值规模不足

根据对2015—2019年我国体育教培产业值、增加值、占体育产业总值比重统计(表3),2019年体育培训产值1 909.4亿元,增加值1 524.9亿元,体育培训增加比79.86%。五年均值为903.28亿元,但体育教培总值规模不足2 000亿。

表 3 2015—2019 年我国体育教培产业值和增加值统计

年 份	体育产业总值(亿元)	体育教培总产值(亿元)	占体育产业比(%)	增加值(亿元)	增加比(%)
2015 年	17 107	247.6	1.45	191.8	77.46
2016 年	19 011.3	296.2	1.56	230.6	77.85
2017 年	21 987.7	341.2	1.55	266.5	78.11
2018 年	26 579	1 722	6.48	1 425	82.75
2019 年	29 483.4	1 909.4	6.48	1 524.9	79.86
5 年均值	22 833.68	903.28	3.50	727.76	79.21

从 2015—2019 年体育教培产值、增加值和占体育产业总值的趋势图(图 2)可见,"体育教育培训"规模呈总体上升趋势,尤其是 2018 年和 2019 年总值快速上升,说明体育教育培训进入快速增长期。

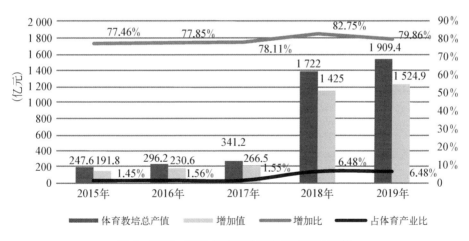

图 2 2015—2019 年我国体育教育产值的趋势

(二)促进体育培训发展的政策分析

1. 全民健身政策法规是体育培训的根本保障

国家高度重视全民健身工作,从 1995—2021 年,国家连续颁布了 14 项关于全民健身政策法规(图3)。国家体育总局拟在"十四五"期间,结合贯彻落实《全民健身计划(2021—2025年)》,统筹推进国家社区体育活动管理服务系统和国家全民健身信息服务平台建设,全民健身信息服务平台,可以及时方便了解公共健身设施布局、科学健身知识、社会体育培训情况等内容,实现健身设施查询预订和体育培训报名等。

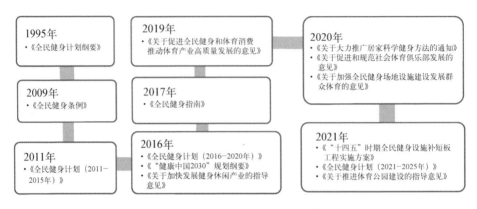

图3 国家关于发展全民健身的政策文件

2. 体育消费政策法规是体育培训的基本目标

自2010年3月国务院发布《关于加快发展体育产业的指导意见》和2014年《国务院关于加快发展体育产业促进体育消费的若干意见》以来,已经颁布了18项政策法规促进了体育产业与教育、健康、文化、旅游等多产业融合发展的新局面,体育产业已经成为服务业增长的新动力。

伴随着政策春风,巨头企业与资本入场,体育产业竞争格局也在发生重构,产业结构持续优化:一方面围绕优质IP构建产业生态的公司逐步呈现,另一方面以细分领域为切口的创新企业逐步扩展,中国体育产业正在专业化、规范化、产业化的道路上快速发展。

随着我国社会经济的快速发展,百姓的健康、休闲、娱乐需求快速提升,以马拉松、自行车、水上运动、山地户外运动、航空运动、冰雪运动等为主要内容的运动产业持续发展,对促进体育产业发展发挥了重要作用。体育总局联合教育部、旅游局等多部委印发11项运动项目产业的国家文件(图4),推动运动产业规范化、市场化、国际化运作与发展,实现全民健身和全民健康深度融合,为经济发展新常态下培育经济发展新动能、拓展经济发展新空间提供有力支撑和持续动力。

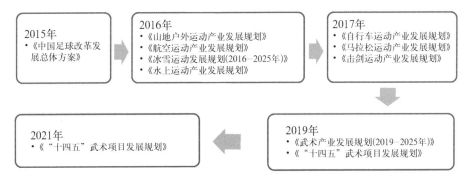

图4　国家关于发展运动产业的政策文件

3. 青少年体育政策法规是体育培训的重点对象

青少年是实现民族伟大复兴的重要力量，是一个民族旺盛生命力的体现，是社会文明进步的标志，是国家综合实力的重要方面。国家非常关注青少年体育发展，颁发了8项促进青少年体育的政策。

2007年的《关于加强青少年体育增强青少年体质的意见》，2011年的《青少年体育"十二五"规划》，2012年的《关于进一步加强学校体育工作若干意见》，2013年的《教育部关于推进中小学教育质量综合评价改革的意见(2013—6)》《关于加强和改进普通高中学生综合素质评价的意见(2014—12)》，2016年国务院《关于强化学校体育促进学生身心健康全面发展的意见》、国家体育总局《青少年体育"十三五"规划》以及《加快推进教育现代化实施方案(2018—2022年)》《中国教育现代化2035(2019—2)》，2020年颁发的《关于深化体教融合促进青少年健康发展的意见》《关于全面加强和改进新时代学校体育工作的意见》等政策的出台进一步表明了我国高度重视对青少年体育素质的培养。在2021年9月颁发的《关于做好课外体育培训行业服务监管工作》，则明确要求加强青少年体育培训工作。

（三）国家对体育培训的监管任务要求分析

消费是经济增长的持久动力。市场监督要发挥消费基础性作用，改善消费环境，完善促进消费体制机制，适应消费升级趋势，助力形成强大国内市场。2019年8月10日，国务院办公厅印发《体育强国建设纲要》，要求完善体育市场监管体制，提高体育市场监督管理法治化水平。2020年2月28日，国家发改委联合包括国家体育总局等23个部委颁布了《关于促进消费扩容提质加快形成强大国内市场的实施意见》,要求全面提升服务竞争力,积极推进质量提升行动,引导企业加强全面质量管理,尽快完善服务业标准体系,推动体育领域服务标准制修订。

2021年10月8日,国家体育总局印发了《"十四五"体育发展规划》,要求深挖体育消费潜力,引导体育培训企业创新"互联网+培训"模式,持续提高人民群众体育运动技能和水平;完善体育法律规范体系,提升依法治体水平;完善全民健身、青少年体育、体育产业等领域制度规范体系;重点建立健全体育培训、体育市场监管和体育风险防控等方面的制度规范;开展全国性单项体育协会制度建设评估。鼓励和支持地方根据实际需要,制定体育发展地方性法规、规章和规范性文件。

《"十四五"体育发展规划》提出加强体育行业作风建设,营造风清气正的发展环境,要求强化监督和检查,严肃整治体育领域行业乱象。积极与相关部门建立协同机制,规范社会体育培训行为,严格资质审查。开展"体育助力乡村振兴工程",推动体育元素融入乡村振兴战略,鼓励各地依托可利用的水域、空域、森林、草原等特色自然资源,鼓励统筹规划建设体育培训基地、训练基地等,打造具有田园乡土风情的体育特色村庄。

(四)体育培训行业发展特征分析

1. 儿童为体育培训市场的消费人群

按照我国有关法律中的规定,不满14周岁的未成年人为儿童。根据对2010—2020年我国儿童人口数量与比重统计(图5),2010—2020年我国儿童人口数量一直维持在2.2亿人以上。近十年来我国儿童人口数量呈现缓慢上升的态势,2020年我国儿童人口数量为2.53亿人,人口比重为17.95%,为历史新高。庞大的儿童人口数量是中国儿童体育培训行业发展的基础。根据2010年与2020年上海常住人口各年龄段数据的比重统计(图6),上海2020年儿童人口数量243.63万人,占总人口比重9.8%,而2010年儿童人口占总人口比重8.6%。

2021年10月,国家体育总局正式发布《"十四五"体育发展规划》,在青少年体育方面,要求体教融合取得实质性进展,青少年普遍掌握1~2项运动技能,基本建成适应需要、主体多元的体育后备人才培养体系。规划对青少年体育培训机构具有指导意义,青少年体育技能培训存在的逻辑是弥补学校体育的不足。规划里提到"大力发展体育运动技能培训",也特别强调了青少年体

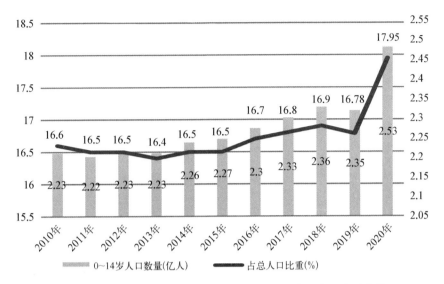

图5 2010—2020年我国0~14岁人口数量及占总人口比重变化

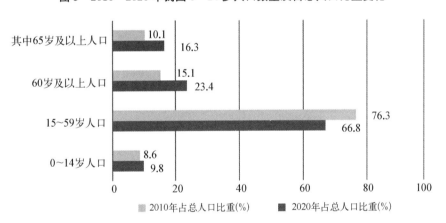

图6 上海常住人口年龄结构比重变化（2010年与2020年比较）

育培训行业的从严监管，监管是为了行业更好地发展。目前体育培训行业存在专业教练紧缺、缺相对公正的标准、缺规范场所安全等问题，这些需要我们去解决。因此体育培训机构一定要提档升级，融入更多的教育因素，深度挖掘体育培训的价值，企业才能在行业里发展。国家的大形势倒逼体育培训机构转型升级，在满足监管规范的前提下，要把体育培训的价值发挥到更大。

2. 品牌教育培训机构介入体育培训市场

过去体育培训从业者和经营者都是有体育背景的人员。从2017年开始，体育培训从业者开始有非体育背景经营者,有部分经营者是传统的生意人,他们运用商业运营思维,带来商业化操作。因为商业资源的渐入,同质化竞争变得激烈。如2018年东方启明星开设了幼儿体育培训课程,优肯、动因以及东方启明星的体育培训招收4岁的儿童,Upro公司篮球、棒球和橄榄球培训招生学员是3~8岁。从2018年大型教育集团介入体育培训行业起,体育培训行业逐渐形成品牌连锁优势。如华蒙星培训机构培训3~8岁幼儿篮球,2018年初完成了A轮融资。投资方是卓越教育、威创集团和众辉体育。昂立慧动是依托昂立教育集团的场地和资源方面优势,把更多精力放在课程设计、团队建设等方面。体育培训行业消费者呈现儿童化和经营者身份多元化的特征。

3. 体育培训课程"体育+教育"融合

体育培训市场回归产品、内容,开始真正聚焦在课程研发和业务模式的梳理。毕竟作为体育教育,其核心竞争力就是产品本身。通过调查发现,兰博文体育、华蒙星在2018年的课程体系里增加了"星宝贝"主题课程,在体育游戏过程中融入NBA、CBA的文化,把飞行棋做成篮球场,还制作了将篮球的规则融入其中的动画片《篮球侠》。由此看来,体育培训课程过去更看重技能类培训,现在则同时关注文化、礼仪等方面。

4. 体育培训教师人才不稳定

体育培训行业最大的痛点就是人员流失率,而稳定的团队会是行业复制扩张的基础。华蒙星幼儿篮球把"人员流失率"视为重要的考核标准,2018年达到了2%,同时其与兰博文体育也都感受到了标准化课件系统建立的紧迫感。标准化的建立能够解决人才复制难的痛点,进而带来更顺畅的扩张,这对于规模扩大、甚至开设加盟都是必要的一条道路。同时,体育中考的应试教育功能的凸显必定会有更多的入局者。对于培训机构来说,打磨好自己的产品,形成特色以及增值服务,才是未来发展的重点。

5. 运动项目培训细分市场融资冷热不均

从体育培训行业的细分领域来看,市场较为成熟的球类培训机构占据了融资市场首位,据对2015—2019年体育培训融资事件和细分领域统计(图7、图8),截至2019年,全国共有36起球类培训的相关融资,多家主营篮球、足球培训的培训机构获得多轮融资。此外少儿体适能等提高身体综合素质的体育教育也深受资本青睐。体育培训市场也有冷门小众的培训项目,如冰球、壁球、速滑、击剑、马术、冰雪类运动等。体育培训作为素质教育领域成长较快的一个细分市场,吸引了不少企业投资。2018年上半年,体育培训领域共发生

12起融资事件,在体育行业融资量占比为12.9%;而融资金额仅为1.31亿元人民币,在体育行业融资额中仅占1.5%。可见在体育产业链上,未来体育培训行业是尚待开发的新蓝海。

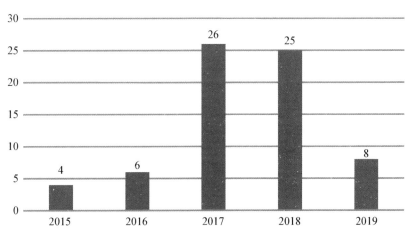

图7 体育培训融资事件(单位:起)

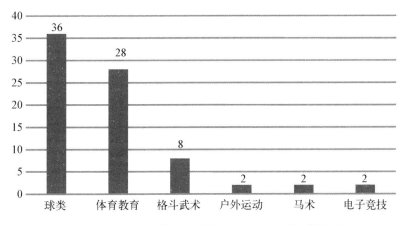

图8 2015—2019年体育培训产业细分领域融资(单位:起)

二、体育培训市场监管面临的主要问题

2021年8月,国家出台"双减"政策,随后又出台了"双增"文件,把体育和艺术按非学科管理,这对体育培训市场来讲,无疑是政策红利。学生将有更多

的课外时间可以参加体育运动技术的培训。"双减"政策对体育类培训机构要求区分体育培训类别,明确相应主管部门要分类制定标准、严格审批。由于上海市体育培训市场方面的监管法规不完善,体育培训市场暴露出很多基础性问题:一是体育培训行业准入和退出机制监管不清晰;二是缺乏对体育培训机构的资格认证步骤和信用评价体系;三是体育培训项目资质审核和培训质量监管不到位;四是培训机构内体育培训教师和教练员任职资格和执业资质监督管理缺失;五是体育培训场地器材安全监管缺失。

(一)体育培训的法规监管缺位

上海市应尽快加强体育培训机构管理,厘清各职能部门在培训机构监督管理中的职责分工,本文结合我国现行的关于民办教育相关法律法规和政策对体育培训行业的监管现状进行梳理,探讨未来体育培训行业监管方向。根据《中华人民共和国行政许可法》《中华人民共和国行政处罚法》《中华人民共和国民办教育促进法》等相关法律法规规定,关于教育培训监管的法律法规及相关规范性文件已经发布共14项,但对体育培训机构的监管政策尚不明确。

《中华人民共和国民办教育促进法》(以下简称《民促法》)第三条指出:"民办教育事业属于公益性事业,是社会主义教育事业的组成部分。国家对民办教育实行积极鼓励、大力支持、正确引导、依法管理的方针。各级人民政府应当将民办教育事业纳入国民经济和社会发展规划。"《民促法》第十二条指出:"举办实施学历教育、学前教育自学考试助学及其他文化教育的民办学校,由县级以上人民政府教育行政部门按照国家规定的权限审批;举办实施以职业技能为主的职业资格培训、职业技能培训的民办学校,由县级以上人民政府人力资源社会保障行政部门按照国家规定的权限审批,并抄送同级教育行政部门备案。"民办学校如果从事体育培训,那么民办学校也是体育培训机构。

卫生部于2010年11月发布的《托儿所幼儿园卫生保健管理办法》和2012年3月发布的《托儿所幼儿园卫生保健工作规范》,是幼托机构卫生领域的主要监管法规,适用于"招收0~6岁儿童的各类各级托儿所、幼儿园",其中明确了托儿所幼儿园的卫生方面详细监管要求。托儿所卫生保健领域的监管法规最为健全,侧面反映了幼托这一行业卫生保健属性较强的性质。民办托儿所幼儿园,不能排斥体育部门的监管权限,托儿所的主管机关仍应该有体育部门。目前法律、行政法规和部委规章层面,暂无针对早教民办体育培训业务的专门规定。

《民促法》和《民促法》实施条例中皆未定义"体育培训",体育行政部门对"体育培训"的具体法规也未明确。如果体育培训机构被认定属于教育领域的民办教育机构,则体育培训机构均需取得教育行政部门审批。2021年8月30日教育部颁发了"双减"政策,指导各地做好校外培训(包括线上培训和线下培训)治理工作。2021年7月28日《教育部办公厅关于进一步明确义务教育阶段校外培训学科类和非学科类范围的通知》明确在开展校外培训时,体育(或体育与健康)按照非学科类进行管理,要严格按照国家课程方案和课程标准进行审核把关,加强日常监管和监督检查。从目前法律、行政法规和部委规章层面,都是教育局牵头暂无体育局对体育培训市场监管的现行专门规定。

(二)体育培训的监管模糊

上海市政府高度重视学习型社会建设和终身教育工作,为贯彻中央关于"形成全民学习、终身学习的学习型社会,促进人的全面发展"的精神,在2006年印发《关于推进学习型社会建设的指导意见》,明确提出要加快制定本市促进终身教育的地方性法规。2011年5月1日《上海市终身教育促进条例》正式实施。上海推进终身教育和学习型社会建设,是提高全体国民综合素质的重要途径,是经济社会发展对教育提出的客观要求,也是世界教育发展的基本趋势。《上海市终身教育促进条例》的制定,对于落实党和国家建设学习型社会的战略部署具有重要意义。

自2010—2021年,上海相继发布了8个教育和培训类监管的法律及行政法规(图9)。2017年12月18日,上海市颁布营利性和非营利性民办培训机构管理办法,同时也制定了民办培训机构设置标准,并在民办培训机构设置标准中首次明确定义了"民办培训机构"。它是指在本市行政区域内,由教育部门或人力资源社会保障部门许可,在民政部门或工商(市场监督管理)部门登记,由国家机构以外的法人或自然人,利用非国家财政性经费,面向社会举办的专门从事文化教育或职业技能培训的非学历教育机构。但并没有对"民办体育培训机构"进行界定。

2020年1月13日制定的《上海市培训机构监督管理办法》,明确定义了"培训机构"是指国家机构以外的组织或者个人,利用非国家财政性经费,面向社会举办实施文化教育培训、职业技能培训、文化艺术辅导、体育指导、科技培训、婴幼儿照护服务和婴幼儿早期发展指导服务等培训服务的机构的活动。其中"体育指导"与"体育培训"是否等同,没有表述明确。

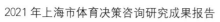

```
2010年
・《上海市终身教育促进条例》

2017年
・《上海市非营利性民办培训机构管理办法》
・《上海市营利性民办培训机构管理办法》
・《上海市民办培训机构设置标准》

2018年
・《关于规范校外培训机构发展的意见（国办发〔2018〕80号）》

2021年
・《上海市出台校外培训服务类别鉴定指标》

2020年
・《上海市培训机构监督管理办法》

2019年
・《关于加强上海市培训机构管理促进培训市场健康发展的意见（沪府规〔2019〕43号）》
```

图9 上海关于教育培训类监管的法律及行政法规

课外体育培训机构如何设立以及由哪个部门进行主管，各省、自治区、直辖市的监管政策相互差别较大。对课外体育培训机构尚无成文规定。少数省市规定教育行政部门是课外培训机构主管部门，而更多省市则在未指明主管部门的情况下规定体育行政部门主管课外体育培训机构的体育培训，教育行政部门协助管理；因体育培训对象有0~3岁孩子而涉及早教和幼儿园，部分省市还赋予了妇联等机构对于体育培训机构的监管权限。上海是教育资源较集中的一线城市，上海对体育培训机构的运作规范及监管安排，必将引起社会及监管部门的广泛关注。

综上所述，对体育培训机构的监管口径并不统一，且经常出现各行政部门之间监管规则不一致的规定，这给民间资本在早期体育教育领域的投资带来了一定程度上的混乱和不利影响。在对近期主办的多项体育培训机构收购项目的调查中发现，为了应对国家种种复杂且难以预测的监管要求，行业中的体育培训机构通常以经营范围为咨询类的有限公司申请工商注册，其中体育教育咨询服务的对象为0~3岁儿童的家长，因此可以不在经营范围中提及针对0~3岁儿童进行早期幼儿体育教育的经营实质，也就不用向教育行政部门申领办学许可。这一做法在一定程度上回避了相关教育行政部门的监管，并不利于早教体育培训行业的长期发展需要。

（三）体育培训的监管部门错位

《中华人民共和国民办教育促进法实施条例》（以下简称《民促条例》）并没

有划分民办教育主体。但依据教学内容将民办教育主体划分为民办学校、文化教育类培训机构和素质提升类培训机构。体育培训机构可以被归入素质提升类培训机构。目前教育培训机构分为两种性质：一种为营利性机构，即教育培训公司，公司性质的培训机构向市场监管局咨询。另一种为非营利性机构，即民办非学历教育机构就是属于学校性质，此类机构由教育局负责审批管理。

根据2017年12月8日发布的《上海市培训机构监督管理办法》（以下简称《沪培训监督》）第四条（职责分工）规定：教育部门依照有关规定，负责牵头协调和组织同级各有关职能部门，做好"体育指导"培训活动的管理工作，并对经许可的文化教育培训机构牵头做好监督管理工作；人力资源社会保障部门负责牵头协调和组织同级各有关职能部门，做好职业技能培训活动的管理工作，并对经许可的职业技能培训机构牵头做好监督管理工作；民政部门负责牵头实施非营利性培训机构的依法登记和相关监督管理工作；市场监管部门负责牵头相关部门实施营利性培训机构的依法登记和无须许可的相关营利性培训机构监督管理工作；各区部门应当落实属地管理职责，强化网格化管理，统筹协调相关职能部门和街镇，完善巡查发现、监督检查、违法查处等各环节分工合作机制。《沪培训监督》第六条（培训内容监管）规定：培训内容监督管理，包括培训机构从业人员资质、线上或者线下培训课程的设置、教材使用、难度进度、培训时间等的监督管理。其中从事"体育指导"的机构，由所属区体育部门依法实施；培训机构使用的出版物或者线上培训内容，由新闻出版部门实施监督管理。

综上所述，我国对体育培训机构的现行监管法规整体比较笼统。从监管方向的角度，《民促法》并没有对民办教育分类管理，对公办体育机构的幼儿承担体育培训没有监管规定，对民办体育培训教育机构也缺少监管。基于体育培训机构的性质，仍需要体育主管部门及市场监督管理部门加强运动安全的监管。

国家对校外培训行业的监管力度显著加强，根据对相关培训业政策的梳理以及培训行业的现状研究，可以发现：一是从教育公平与社会公平的角度来看，校外培训政策的影响将长期存在。结合"减负"和"三胎放开"政策来看，政策监管的方向是教育公平与社会公平，并且是一个长期的过程；二是短期来看"双减"政策细则纷纷落地，政策效果明显。但"影子教育"需求难以在短期内大幅削弱，若过度地打压校外培训机构，则可能会产生教育的不公平和加重阶层固化。国家整治的目的是促进培训行业回归理性与健康发展。体育培训应该针对营销方式、培训资质、培训内容、培训时间、收费模式和培训质量等领域加强监管。

三、对策与建议

（一）加快出台体育培训行业的政策，强化体育培训行业监管

在国家大力管控校外培训机构的大背景下，2020年1月13日上海已经出台了《上海市培训机构监督管理办法》，2021年9月30日体育总局办公厅下发了《关于做好课外体育培训行业服务监管工作的通知》，但上海目前还没出台规范促进体育培训行业监督的相关政策，应加快制定专门的《上海市体育培训机构监督管理办法》《体育培训机构从业人员管理办法》《体育场馆设施安全管理办法》《中小学生校外体育培训课程教学质量管理办法》，加强体育培训行业监管，促进行业规范有序发展。上海市体育局要开展各区的青少年体育培训机构、体育俱乐部、学校体育社团体校等体育培训主体开展规范化自查行动，要与市教育局共同评选办学规范的青少年体育俱乐部，为中小学校提供课外体育培训服务。上海市体育局同时要配合市场监管等部门加强全市对体育培训招生、教师资质、课程质量和支付方式的监管，坚决打击虚假宣传和虚假折扣等行为，依法依规查处行业垄断行为。

（二）支持体育培训行业的主体健康发展，加强体育培训行业服务

体育培训是运动产业的基础。推进体育培训机构数量增加，有利于促进上海全民健身和体育产业的发展。各区体育要结合体教融合工作，支持少体校教练员参与提供课外体育培训服务，积极推动"兼职取薪"政策落实。根据体育培训行业发展需要，上海市体育局各运动项目管理中心和各单项体育协会要加快建立健全体育教练员和各运动项目培训服务等方面标准。畅通上海业余教练员参加培训渠道，加大培训力度和执业资格考试，将体育教师教育和体育教练职业道德教育等纳入培训内容。

（三）开展体育培训机构精准核查，建立体育培训机构核查机制

全面加强体育培训综合治理的精准化和科学化水平，尽快建立体育培训

机构底数核查机制,全面实施市场准入负面清单制度。上海市体育局会同有关部门,对全市体育培训机构进行拉网式巡查,建立上海体育培训机构信息的核查登记库。上海市体育局应尽快调查全市体育培训主体的数量和机构信息,调查内容包括公司名称、经营状态、法人代表、注册资本、成立时间、经营范围等 26 项调查信息内容(表 4),确保对全市体育培训机构进行底数审核登记。同时也要尽快建立上海体育培训机构培训运营信息的核查登记库,调查全市体育培训主体经营培训的运动项目、培训内容和大纲、培训时间、培训学员和人数、培训教师和资质、培训场地器材等,确保对全市体育培训机构进行经营底数审核登记。组织各区认真开展巡查,对体育培训机构进行彻底摸排、分类建档、应纳尽纳。

表 4 上海体育培训机构信息的核查登记表

序号	项目	序号	项目
1	公司名称	14	注册号
2	经营状态	15	组织机构代码
3	法定代表人	16	参保人数
4	注册资本	17	公司类型
5	实缴资本	18	所属行业
6	成立日期	19	注册地址
7	核准日期	20	最新年报地址
8	营业期限	21	网址
9	所属省份	22	电话
10	所属城市	23	其他电话
11	所属区县	24	邮箱
12	统一社会信用代码	25	其他邮箱
13	纳税人识别号	26	经营范围

(四)建立体育培训综合治理网络平台,提升智能化监管

全面提升体育培训综合治理的数据化和智能化水平,通过"互联网+监管"的方式,对"线上线下"体育培训开展常态化、信息化和智能化监管。尽快建设上海体育培训监管与服务综合平台,通过平台形成体育培训机构底数登录、体育培训机构证照监管。开展培训服务依法必须取得的许可证件与法人登记证件(含营业执照、民办非企业单位法人登记证),包括证照的取得情况、有效性、规范使用情况及规范公示情况。同时体育培训机构也通过平台完善机构、培训人员、培训器材设施和培训资金等信息并实时更新。

(五)强化安全监督机制,树立正确体育培训理念

安全监管要按照"管行业必须管安全,管业务必须管安全,管经营必须管安全"的要求,各区体育局要联合有关部门组织开展体育培训行业的运动场地设施安全、食品安全和网络信息安全的督导与检查。全市以体育场地设施为切入点建立登记注册制度,建立体育场馆安全监督负责机制,投保有关责任保险,提供场地保险和意外伤害保险购买业务。严格落实高危体育项目安全要求,对疫情防控要求不落实、安全生产有重大隐患不整改、群众投诉集中的体育培训主体要及时取缔并依法依规予以处理。各区要利用多种媒体平台,宣传体育对青少年全面发展和健康成长的综合价值,树立"健康第一"的体育培训理念的舆论导向,抵制"应试体育"思维,引导广大青少年学生和家长形成正确的体育与健康观念,加强对体育培训机构围绕"应试体育"等广告的宣传监管。

(六)构建适合体育培训行业的"四位一体"监管主体模式

监管是监督管理的简称,不能实行仅有"管理"而无"治理"的治理理念。体育培训不仅仅是项产业,更是一项事业,在产业和事业两方面全面发掘体育培训的价值,才会助推体育产业的兴盛。体育培训市场的监管,既需要政府的管理,也需要体育协会、体育企业、社会等多方利益相关者共同参与治理。监管主体要充分利用大众媒体、体育协会、体育团体和体育消费者的多方力量共同参与,设立"扁平化、专业化"的治理共同体、"上下互通、政社协同"的管理联合体。本文提出能够促进上海体育培训市场监管工作健康发展的政府—行业—企业—社会"四位一体"新型体育市场监管主体模式(图10)。各区体育局要加强领导、明确分工,尽快建立服务监管工作机制。

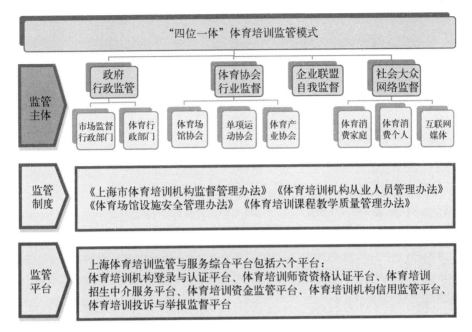

图10 "四位一体"体育培训监管模式

1. 政府的行政监管

目前上海体育培训市场监管主体不明确,多头治理的状况突出,应该设立"上海体育市场监督管理委员会"机构,直接隶属于市政府。明确由市体育局牵头协调上海体育培训市场负责,同时联合市场监督管理局、人力资源社会保障局、民政局、教育局、卫健委、文旅局等部门进行联合管理,在完善相关法律法规后,各相关政府部门应当制定相关监管细则,明确各个部门应担负的监管职责,确保监督职责分工清晰,从源头杜绝互相推诿的情况。由市级—区级—街镇级部门分别制定所需要的相关规则(图11)。确定体育培训机构审批途径,建立信用评价体系等。

体育主管部门通过"体育培训服务认证"的方式监管体育培训市场,同时联合各单项运动协会建立各运动项目的年龄层次的监管体系标准。各区体育局要加强领导、明确分工,尽快建立服务监管工作机制。各职能部门依据管理职责,通过定期检查、"双随机"检查、专项检查等,获取培训机构可能存在违法违规或者其他问题的线索。培训机构监督管理工作纳入市、区和街镇网格化综合治理体系。开展所在区域培训机构的巡查工作,一旦发现具有典型特征

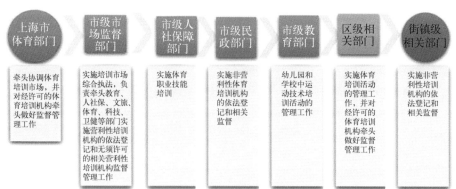

图 11　政府监督机构监督职责分工

的违法违规线索,应当及时告知相关职能部门。各职能部门应当畅通投诉、举报渠道,及时分析处理相关线索。

2. 体育协会的行业监管

目前市场主体多元,组织性质混杂,规范性较差,收费、师资和考核标准缺乏。在"四位一体"体育培训监管主体中,要大力发挥体育协会的行业监督作用,不同运动的单项体育协会能指导不同的单项体育培训的培训内容、培训师资、培训质量的监督。单项协会的公益性体育技能培训要发挥引领示范作用;体育产业协会具有调动行业内体育企业积极性的能力,同时也具有规范行业市场的职责,要能推动体育培训市场监管;全市不同等级的运动场馆是体育培训市场的运动空间保障,不同运动场馆设施标准和安全维护是运动培训的物质保障,要充分发挥体育场馆协会的安全保障作用。

3. 体育企业联盟的自我监督

目前体育行业自律失序,行业准入宽松,培训性质模糊,逐利性质明显,服务质量不高,存在运动安全隐患,因此必须加强体育企业联盟的自律监管,行业内应当自觉遵守相关准入、退出机制以及上级部门制定的相关法规。同时各机构应当自觉聘用高资质教练员和工作人员,诚信经营,应当制定适用于本机构的相关规章细则,确保切实有效,杜绝形式主义,并定期组织内部工作人员进行职业培训等。

4. 社会大众的网络监管

社会大众监督主要指的是互联网背景下的网络监督。互联网对信息的传递具有传播速度快的特点,在大众传媒高速发展的时代,传统的监管模式应当进行革新,体育消费者和体育消费家庭能充分运用互联网进行监管,有助于快速了解市场状况和决策。上海市应建立连接体育部门、体育市场主体和其他相关监督部门的"互联网信息监管平台",监督平台可利用大数据技术,建立市场监管"黑名单",有效提升监管信息流转效率,促进协同监管机制的形成。同时将每次监督检查的结果在网上公布,供大众查询,这有利于为社会大众在自主选择时提供参考。社会大众还可以通过在监督平台网络上反映机构的真实状况,积极检举揭发不合格体育培训机构,起到社会监督的作用,与政府、行业共同努力促进体育培训市场的良好发展。

参考文献

[1] 赵文胜.我国体育市场监督管理体制探讨[J].体育与科学,2005(5).
[2] 张凤.我国青少年体育培训市场发展的现状、问题及对策[J].天津中德应用技术大学学报,2020(2).
[3] 于涛.体教融合视角下中国体育培训市场机遇与路径选择[J].产业科技创新,2020(21).
[4] 吴昕歌,鹿云昭,付倩,等.新冠肺炎疫情影响下青少年体育培训业发展现状及对策研究[J].辽宁体育科技,2021(4).
[5] 王学文,杨玲.社会转型视野下少儿体育培训市场的发展及对策研究[J].科技视界,2016(25).
[6] 王锡彪.关于体育商品及体育市场内涵的界定[J].北京体育大学学报,2003(5).
[7] 沈静波.国家治理背景下体育服务认证与体育市场监管研究[J].山东农业工程学院学报,2019(6).
[8] 马英娟.监管的概念:国际视野与中国话语[J].浙江学刊,2018(4).
[9] 卢三妹.少儿体育培训市场规范探讨[J].山西师大体育学院学报,2010(4).
[10] 刘强.海外:校外培训市场监管各不同[J].检察风云,2020(1).
[11] 李郁.试论体育培训市场的定义与构成[J].四川体育科学,2019(5).
[12] 李瑛,郇昌店,刘远祥.我国青少年体育技能培训市场现存问题、致因与治理对策[J].山东体育学院学报,2020(1).
[13] 李平.建立我国体育产业市场监督管理体制模式的研究[J].西安体育学院学报,2005(6).
[14] 李灵珠,刘继秀.体育培训行业的市场发展情况及应对措施[J].致富时代,2019(9).
[15] 李刚,张林.中国现代体育市场体系发展的历史溯源、现实审视与路径选择[J].体育

科学,2020(9).

[16] 黄海燕,刘蔚宇.论体育市场监管工具创新——基于深度访谈的质性研究[J].体育文化导刊,2020(5).

[17] 郭歌,张萍萍.我国体育培训市场的现存问题及应对策略[J].体育大视野,2019(9).

[18] 陈优良,宋玉梅,张斌.体育产业资本市场监管模式选择探析[J].北京体育大学学报,2007(11).

[19] 陈洪平,周峰利.体育市场监管的黑名单管理:制度机理、核心环节与建设推进[J].体育学刊,2020(3).

[20] 陈洪平,刘晓丽.信用工具在体育市场治理中的应用研究[J].天津体育学院学报,2021(4).

[21] Theberge N. Studying gender and injuries: a comparative analysis of the literatures on women's injuries in sport and work[J]. Ergonomics: The official publication of the Ergonomics Research Society, 2012.

持续深化"放管服"改革：构建体育经营活动管理的"上海模式"

高　瑜　徐龙顺　丁鹏翔　蒋硕亮　宋娜娜[*]

一、研究背景

当前，全球正处于百年未有之大变局，新冠肺炎疫情全球蔓延，世界经济全面低迷，在我国构建以国内大循环为主体、国内国际双循环相互促进新发展格局战略构想及上海浦东开发开放30周年的时代契机下，持续推进上海体育经营活动管理的"放管服"改革，构建体育经营活动管理的"上海模式"，是体育部门面向市场化、寻求社会化、走向产业化发展道路的重要举措。在持续深化"放管服"改革的时代背景下，构建体育经营活动管理的"上海模式"是俯瞰全国、立足上海的先行先试创新性实践，与浦东新区打造社会主义现代化建设引领区相辅相成。

体育经营活动管理的"放管服"改革并非一蹴而就，而是持续推进和优化的过程。我国体育经营活动管理的市场化和社会化改革历程始于1992年的"中山会议"和1993年全国体委主任会议制定的《关于培育体育市场，加快体育产业化进程的意见》，并提出体育事业要"面向市场、走向市场、以产业化为方向"。我国及至上海体育经营活动管理"放管服"改革经历了起步期（1992—2008年）、推进期（2008—2016年）和深化期（2016年以来）。起步期（1992—

---

[*] 本文作者简介：高瑜，上海财经大学，副教授，硕导，研究方向：公共经济与管理、体育经营管理；徐龙顺，上海财经大学公共经济与管理学院博士生，研究方向：行政改革；丁鹏翔，上海财经大学公共经济与管理学院博士生，研究方向：产业政策；蒋硕亮，上海财经大学公共经济与管理学院教授，博导，研究方向："放管服"改革；宋娜娜，上海财经大学公共经济与管理学院博士生，研究方向：公共政策。

2008年)主要围绕"如何抓好竞技体育,展现国家形象"目标推进"政事分开""政办分离"、体育事业组织等改革;推进期(2008—2016年)主要围绕"行政审批制度改革、权责清单和市场准入"目标推进行政审批制度和权责清单制度、体育产业"宽准入严监管"推进体育公共服务体系、体育职业资格证书制度等改革;深化期(2016年以来)主要围绕"如何完善配套措施,增强改革实效"目标推进体育公共服务体系、体育职业资格证书制度等改革,《全民健身计划(2016—2020年)》有效实施,全民健身公共服务体系日趋完善,群众健身意识和身体素质普遍提高,到2020年,经常参加锻炼的人数达到4.35亿人,人均体育场地面积达到1.8平方米。在国家宏观政策背景下,上海体育经营活动管理的"放管服"改革始终走在全国全列。《上海市体育改革发展"十三五"规划》要求转变政府体育职能,创新体育治理新机制,发挥市场配置体育资源的决定性作用,培育体育社会组织,形成多元发展新格局。《上海市体育赛事管理办法》指出,市级体育社会团体可以制定公布体育赛事办赛指南、参赛指引等规范要求,提高体育赛事的规范化水平。《2021年上海城市业余联赛工作指南》指出,上海城市业余联赛的工作遵循"政府支持、市场运作、社会赞助"的原则,将符合条件的赛事交由市场主体承办,积极引进社会力量支持,吸纳社会资金,扩大办赛的社会化程度,扩大市民参与度,做到筹管有度,达到"合作共赢"的目的。

改革开放40多年来,我国体育经营活动管理体系逐步完善,体育经营活动管理的"有为政府、有效市场和有机社会"三轮驱动体系逐步形成。而上海始终是改革开放的开路先锋、社会主义现代化建设的排头兵,在体育经营活动管理"放管服"改革中处于全国领先地位。《上海全球著名体育城市建设纲要》指出,到2050年,上海全面建成全球著名体育城市,形成"一城一都四中心"发展格局,市民身体素养和健康水平、体育综合实力和国际影响力世界领先。《上海市国民经济和社会发展"十四五"规划和二〇三五年远景目标》指出,深入实施文化体育惠民工程,促进体育产业高质量发展的远景目标。但是上海体育经营活动管理中仍存在诸多问题,如:管办不分、政社不分、事社不分的体制机制障碍,行政化色彩浓厚,"国家退不出、市场进不去、社会长不成",政府的错位、缺位、失位时有发生;体育社会化水平不高,体育社会组织规范体系和指导标准不完善,基层体育社会组织发展滞后;体育产业总体规模不大与结构不完善并存;体育文化在社会主义核心价值体系建设中的作用未能有效发挥;体育人才队伍建设缓慢等。因此,持续深化"放管服"改革,构建体育经营活动管理的"上海模式"意义重大而又任重道远。

二、上海体育经营活动管理的"放管服"改革现状与问题分析

(一) 改革现状

关于体育经营活动,各地政府出台的官方文件以及学术界并无明确的定义。本文结合国家体育总局令以及其他省市(河北省、四川省)发布的体育经营活动管理办法,将上海的体育经营活动定义为"以营利为导向的体育活动,包括健身、赛事、演出、中介等"。"放管服"改革即是政府为了激发市场和社会各主体的活力,重新认识政府、市场的定位,推进政府在体育经营活动管理的职能转变,主要包括简政放权、放管结合、优化服务三方面。本部分将从以下三方面梳理上海体育经营活动管理的现状。

1. 上海体育经营活动管理的简政放权现状

简政放权的主要任务着眼于政府职能的再定位,并且重新划定政府、市场、社会三者的最优边界。主要聚焦上海市体育赛事审批、体育行业培训、体育俱乐部运营等方面。

(1) 体育赛事审批权力下放。2014年,《国家体育总局加快体育产业发展促进体育消费若干意见》出台,提出体育总局将商业赛事及群众性体育赛事活动审批取消,这就在国家层面将赛事审批权力下放提上了日程。2020年,《上海市体育赛事管理办法》中对赛事审批做出明确规定,国家规定审批的赛事需要审批,并明确鼓励各类组织、个人举办赛事。

(2) 办赛权力主体更加多元。上海推进"政府、社会、市场"多元主体驱动,鼓励吸引社会力量安全快乐办赛,具有代表性的是城市业余联赛。联赛项目含三大板块:项目联赛板块,包括10项,分别是八人制足球、五人制篮球、乒乓球、羽毛球、网球、轮滑、排球、橄榄球、跆拳道、围棋;特色赛事板块有"26+X"项,尤其值得注意的是,区级板块的设置鼓励各区打造自己的群众体育赛事品牌活动,特色品牌赛事活动更加丰富多彩;疫情防控背景下更是新增了线上赛事,包括线上综合运动会和10项单项线上赛事,另外在单项线上赛事中并不设置固定项目,变为通过招投标的方式,让市场办赛主体按照标书要求公平竞标,通过竞争的方式择优选取赛事。据统计,2019年上海城市业余联赛的参

与者包括 300 多家企业、协会,仅推介会就吸引 500 多人参加,创造了纪录。

(3)培训行业逐渐放开。从时间上看,"社会办训"经历了动态发展的过程。相较过去,上海社会力量办训的主体以及项目上都表现出了多元参与的特点。一些退役的优秀运动员如孙吉、优秀教练如徐根宝等都创办了自己的俱乐部。从项目上来看也是如此,过去,足球、乒乓球的群众喜爱度、参与度相对较高,而如今社会办训的项目增长较快,已将近 30 个,涵盖了帆船、攀岩、马术等新兴的奥运会项目。

2. 上海体育经营活动管理的放管结合现状

放管结合,管的核心是政府转型,建设现代政府,主要包括监管对象、监管方式、监管专业化水平以及监管标准等方面的转变。

(1)赛事监管重点向事中事后转变。2018 年,国家体育总局印发《关于进一步加强体育赛事活动监督管理的意见》,要求各项目管理中心、协会建立相应的行业标准,出台相应的培训办法,其中特别提出要求各级部门对赛事活动由过去的着重事前监管转变为加强事中事后监管。上海随后出台的《建设国际体育赛事之都计划》应国家体育总局要求,明确了审批取消之后的新服务方式,主动建立赛事分级制度,逐渐减少需要提前审批的赛事数量,向事中事后监管的方向转变。

(2)对标国际规则,加强监管专业化。2021 年 8 月上海市政府印发了《体育发展"十四五"规划》,进一步强调了"管办分离",推进社会共同治理,明晰体育局与协会之间的职责定位,让更多的专业人士担任管理职务,保证赛事监管的公平性。体育市场监管上主动与国际规则接轨。《建设国际体育赛事之都计划》明确要求进一步提升体育赛事品质,向国际赛事组织标准看齐。

(3)提升行业监管标准。近年来健身行业的过度营销,导致消费者冲动消费而无法退卡的现象较为普遍。《上海市体育健身行业会员服务合同示范文本(2021 版)》的制定发布,为治理健身卡消费乱象提供了规范标准,并依法依规对体育健身市场进行监管。为了加强体育培训市场监管,上海市体育局成立了培训市场治理工作小组,对市级和区级体育部门的职责范围进行了明确分工。

3. 上海体育经营活动管理的优化服务现状

优化服务,必须要与简政放权、放管结合两部分共同推进,以打造服务型政府为主要目标。上海体育局使用"互联网+政务"的新模式,精准服务有需求的办赛主体。

（1）使用"互联网＋政务"的模式优化上海体育经营活动公共服务。"一网通办"体育赛事公示查询系统的开放正是优化服务的重要举措,组织或者个人举办赛事的信息服务以及关于政府补助项目办法都可以通过"一网通办"进行查询。另外,"一网通办"将体育部门与政府其他职能部门进行连接,各方协调起来更加高效,办赛主体将获得更加方便、快捷、规范的"一站式"办理服务。同时,上海市体育局提出建设"一平台"加"一机制",以解决办赛主体的痛点,即在"一网通办"的基础之上,再搭建一个新的网络平台,吸引办赛主体主动注册登录信息,在平台上完成赛事申请的填报。而且体育、公安、交通以及工商等职能部门在这个平台共享赛事信息,在平台上报道赛事的举办状况新闻,打造一个体育赛事综合服务平台,能够为管理部门的事中事后监管提供便利,进一步突出了体育赛事的服务保障与监督管理相结合、"寓管理于服务"的理念。

（2）精准服务,形成新的服务模式。通过"三员一团"(联络员、观察员、指导员和明星志愿服务团)每月发布赛事举办的目录信息。民间办赛主体积极参与,民间体育组织逐渐成长起来,参与办赛的主体越来越多,市场活力被激发出来。搭建平台网络,使得政府、社会组织和市场企业的责任更加清晰,更紧密地合作办赛,办赛的效率更高。以城市业余联赛为例,市级体育部门的"公转",一方面能够整合区级的平台资源,另一方面16个区的体育局主动"自转",市场活力充分释放,每个区都初步形成了自己的品牌赛事。

（二）问题分析

与此同时,在赛事管理活动中的市场环境、政务服务、市场监管、法治环境、设施供给等方面的问题仍然凸显。这些问题不加以规范和治理,将会影响体育赛事活动的营商环境、拉低体育赛事活动的品牌效应,不利于体育产业的健康发展。以下从简政放权、放管结合、优化服务三方面分别阐述。

1. 简政放权方面

受制于"事业化办体育"惯性,现阶段尤其是体育行政部门的放权力度不足,市场化资源配置机制并不充分,存在"挤牙膏"、放权不到位的现象。

（1）"事业化办体育"惯性导致政府自身的职能还没有完全转变。政府对体育市场资源配置的干预时常发生,如上海有2 400多万名常住人口,消费受众足够庞大,然而长期事业化办体育,为国家或城市争光仍是主要定位。政府财政成本大,而且无法与市民需求完全对接。尽管近年来上海体育消费保持两位数的年增长,但事业化体育发展惯性仍是体育消费结构化转变和质量提升的瓶颈。

(2) 无形的行政性门槛阻挡了体育市场和社会多元主体充分进入。体育经营活动管理上仍表现出一些"大政府"和"小社会"的特点,各类组织在参与治理中上还有一些政策门槛。要素资源市场化开放有限,一些要素资源不能自由流动,存在行政性垄断风险。上海城市业余联赛是实践"管办分离"、社会化办体的重要典型,然而民营企业对一些产生国际影响力、有较高社会价值的赛事活动承办不多。

2. 放管结合方面

(1) 市场监管主体单一,融合度不足。通过明确政府在体育市场监管的责任和标准,一方面激活了民间组织办赛的积极性,另一方面维护了市场秩序,治理了危害公共安全的赛事乱象。市场新业态的发展需要配套新的监管工具,市场主体对专业化提出了更高的标准,尤其是体育行业的高专业化,政策工具与市场供需不匹配问题突出。一是体育市场行政部门监管主体单一。以实施社会化治理模式的典型——美国体育市场为例,联邦政府层面没有设置单独的体育行政监管部门,完全依赖于发挥市场竞争的作用,利用其自动调节机制,只有在极为必要时适度进行宏观调控。与之类似的是日本的多元共治监管模式,而上海仍将政府视为唯一监督机构,这样就无法促进市场中各项主体间要素的自由流动和有效配置。二是监管的专业化与市场融合度不足。如国家鼓励将区块链技术应用于体育健身产业,上海仍然缺乏相关的帮扶政策,导致监管不到位。

(2) 法治环境建设滞后,产权保护有待提高。上海在体育法治方面已经有了长足发展,很多方面引领全国,但建设全球著名体育城市要求有更严格的法治建设标准。目前在法制建设、知识产权、产业主体权力保护方面仍存在问题:

一是体育法治建设远滞于其他行业。2000 年颁布的《上海市民体育健身条例》,响应国家简政放权的要求,历经四次修改,做到了与时俱进。然而作为全国改革开放排头兵,法规仍显单薄,以体育市场管理法规为例,目前我国已有 7 个省级政府制定了各自的《体育市场管理条例》,上海在这方面的法规文件还不完善。

二是体育知识产权保护仍有待加强。上海联合产权交易所体育产权交易平台投入运营已经五年,但平台交易仍以赛事权益、场馆运营招商为主,其他类型的体育资源仍然较少。

三是主体由于在法律中未明确规定，其权利保护受限。关于社会组织的根本性质、在体育管理中的地位，在我国《体育法》等相关法律没有明确阐述，导致"身份模糊"，阻碍了其承担政府职能转移的能力范围。尽管上海目前已经发布了政府向社会组织购买服务的宏观指导性意见，但具体来看，包括购买服务的内容、签订合同的程序、如何进行价格评估、哪些职能可以转移等都未能进行明确。

3. 优化服务方面

(1) 政务服务滞后，协同程度低。随着各项审批事项的下放或者缩减完成，下阶段优化政务服务将成体育部门深化"放管服"改革的重点任务，问题主要体现在政务的专业水平难以满足企业的新需求：一是体育政务服务与新兴产业发展不匹配。近年来，新兴电竞产业在上海发展迅猛，据统计上海电竞产业市场份额占全国的70%，但与发展速度不匹配的是，目前电竞运动员劳动保障配套不足，由于技能相对单一，电竞选手没有比赛时，劳动权利如何更好地获得保障以及经纪人制度、转会制度等相关服务与制度建立都相对滞后。二是体育政务服务的部门间协同程度较低，监管标准碎片化。以上海体育市场事中事后监管为例，早期监管行政审批同质化，不同职能部门的监管数据没有统一标准，使得监管信息难以互认，造成事中事后的信息化震慑作用无法发挥。

(2) 设施场地供给不足。"健身无馆，运动无门"，大多数体育场馆都建造在市中心，只有在有大型重要比赛时使用，对于广大普通民众的健身需求难以满足。在数量方面，截至2019年底，上海已经建成17 235个市民益智健身苑点、2 694片市民球场、1 565条市民健身步道、98个社区市民健身中心等，然而体育场馆供给不足的现状仍未改变。法规中明确规定，保证公共体育场馆全年向本地市民开放，如若遇到法定节假日或者学校的寒暑假，根据市民需要应当延长时间。而实际上每逢节假日不少地方都会关门谢客。在管理方面，由于体育设施管理责任主体模糊，一些设施未按照相关条例进行定期维护检查，导致设施老化、功能降低，甚至出现安全隐患。部分体育设施老化损坏后，由于维护经费不足，得不到及时维修，设施利用效率较低，存在闲置浪费现象。

(3) 专业管理人才匮乏。随着经济的转型和老龄社会的到来，社会消费结构发生重大变革，大众对提高健康和生活质量的服务消费需求越来越重视，一方面是各领域体育人才数量上的不足，另一方面是质量的要求，并且对专业综合素养的要求也在不断提高。但在建设国际化体育都市背景下，缺乏专业的体育管理人才、具有国际比赛经验的教练员、建设社会体育指导员等体育人才队伍。在新常态下,上海体育产业中出现了很多新业态、新形态,亟需能够适应这些新变化的复合型体育人才。当前体育人才在专业知识、综合素养、年龄跨度等供给上存在断层。

三、"放管服"背景下构建体育经营活动管理的"上海模式"

本部分提出深化体育经营活动管理"放管服"的上海模式,即"有为政府＋有效市场＋有机社会"。一是作为体育经营活动管理的责任主体,为了深化放管服改革,"有为政府"应当为体育经营活动的发展提供基本的要素保障,也可以通过向第三方购买的方式来提供公共产品、市场监管。二是打造"有效市场"是根本目的,要破除体育市场的制度障碍,营造一个公平竞争、要素自由流动的市场环境,让市场在资源配置起决定作用。三是"有机社会",让民间社会组织充分参与,激发各个主体的积极性。"放管服"是体育经营活动管理改革的策略依据,要以"放"形成市场与社会协同治理,以"管"界定体育市场主体的活动范围,以"服"提升市场主体运营的能力。

(一)体育经营活动管理"上海模式"之"简政放权"战略

1. 转变"放"的理念

(1)开列体育部门负面清单是一种新兴的管理理念,只在管理过程中规定哪些不能做,政府将重心更多地放在监管上是转变职能的重要之举。要借鉴市场负面清单的形式,结合体育工作需要,出台体育赛事审批的负面清单,除重大国际体育赛事、高危险的体育活动外,其他项目应该逐步依法交给市场。

(2)建设体育要素交易市场,借助长三角一体化发展的重要契机,打造长三角体育资源一体化交易平台,当前交易产品大多数是公共体育资源,应该在平台中引入更加多元时尚、市场化程度高的产品。运用互联网技术、大数据,加强与相关交易平台、市场监管部门的互联互通。为建设国际体育都市,主动嵌入全球体育资源要素配置网络,吸引跨国性体育品牌和企业,提升体育产业的国际化水平。

(3)坚持多元办体,优化管理,转变过去的"政府办竞技体育"观念,构建政府、协会、俱乐部、家庭培养的多元机制。借鉴温州经验,一方面加强对体育社会组织的培育力度,盘活总量;另一方面,健全奖惩机制、督导规则,优化管理结构,提升社会组织的参与度。

2. 规范"放"的事项

(1) 审批、备案、监管权力下放。建立区县体育经营项目许可清单,将一般性体育项目经营许可下放给区县体育部门自行备案登记,激发下级部门的自我治理能力。推动社会治理重心向基层下移是十九大提出的重要方向,为响应这一要求,上海应该继续在街道、社区、农村设置相应的体育工作站,形成一个完整的上下级治理网络,通过与社区居委会或村民委员合作,共同治理群众体育,打造以人民为中心的"大体育"格局。

(2) 逐步取消一些不合理的行政审批,将专业的事交给专业的机构,如裁判员等级审批由本领域的协会进行,一些有关体育企业登记备案,运营监管、资质认定的烦琐行政事项应重点取消。

(3) 行政部门应落实信息公开制度,梳理权力与责任清单,详细公示各项事务的审批流程、所需手续、需要时间等。建立分级分类管理机制,商业性体育赛事以及民间群众举办的体育活动,以事中事后监管为主,而对于高危项目(如游泳、攀岩等)、大型国际赛事,继续完善事前审批。

3. 多元"放"的主体

(1) 制定体育部门权力清单,政事分离,健全体育经营活动监管体系,政府部门主要负责宏观管理,协会和社会组织负责经办的模式,采用多种形式,如代理委托、直接购买或者PPP模式,增加体育社会组织、体育企业参与群众体育治理的机会。

(2) 推进政社分开,体育部门可以将一些职能交给协会,发挥协会在专业运动领域中审批竞赛主体、裁判资质认定、运动员管理、赛事服务的作用,将项目协会等组织培育成具有监督、管理服务等功能的体育市场中介组织。

(3) 创新治理的结构;可以参照广东的经验,实践试点"一业多会"模式,成立适量的业务领域相近的行业协会或者商会,即一个行业内允许多个协会的竞争局面,打破协会的行政垄断。

(二) 体育经营活动管理"上海模式"之"放管结合"战略

1. 创新"管"的理念

坚持创新监管、理念先行的原则,强化体育经营活动的事中事后监管,改变传统行政监管模式,培育、优化和更新整个体育市场监管体系。上海市政府应着眼长期效益,通过事中事后这一监管工具,运用大数据、区块链、5G 等信息技术实现对体育市场的全方位、多层次动态化监管,避免监管模式的"一刀切",也避免对监管后处置方式的"一刀切",应提高监管的弹性化与灵活性,构建政府、市场和社会"三位一体"的新监管格局,因时而进、因事而举、因需而新地构建有为政府、有效市场和有机社会。因此,在创新上海体育经营活动监管体系中,一是要推进市场监管标准化和统一化改革,明确事中事后监管标准,引导市场对体育经营活动的监管行为,激发市场监管活力。二是要积极引导社会公众、社会组织和社会大众传播媒介对体育经营活动的监管,拓展社会监管渠道,宣传社会监管模式,提高社会监管能力,激发社会监管活力。三是要建立和明晰体育经营活动的事中事后监管范式,推进体育经营活动监管的规范化、流程化和痕迹化改革,保证监管的公开、公平和公正。四是要建立监管容错机制,改变传统监管的行政化以及对监管不力人员的简单"撤职"处理方式,采取先行先试、以点带面的监管举措,对于成熟的体育经营活动强化数字监管,对于新业态则采取"成熟一个、试点一个""一业一策"的原则逐步推进事中事后监管,最终形成"生态化监管""数字化监管"和"弹性化监管"的多样化监管理念。

2. 明确"管"的体系

目前,上海实行的市场监管法律体系中,对体育经营活动的监管更多的是针对事前的行政审批,主要包括企业的发起、设立、登记、合并、股权增发等。重事前审批、轻事中事后监管是上海更是全国其他地区对体育经营活动监管的主要表征。目前上海并没有形成对体育经营活动管理事中事后监管的权威法律体系,未来需要进一步构建"纵到底、横到边"的交叉式事中事后监管体系。其中"纵到底"是指对体育经营活动从准入到退出的全过程进行管理,主要包括体育竞赛、康复、健身、表演、娱乐和培训等行业市场主体的准入、业务、经营、服务和推出等,"横到边"是指体育经营活动监管机构的横向合作机制,需要坚持"横到边"的原则,加强政府监管机构之间、第三方监管机构之间以及政府与第三方监管机构之间的"信息互换、执法互助、监管互认"的协同监管体系。"纵到底、横到边"的交叉式事中事后监管体系有助于规范各行业体育经营活动管理的规范化、行为的合法化,可以进一步规范市场行为、优化营商环境。

3. 确定"管"的范围

上海体育经营活动的"放管结合",重要的是明确"管"的范围和"管"的对象。体育经营活动管理的"放管服"改革目标是构建有为政府、有效市场和有机社会,因此上海在体育经营活动管理的"放管结合"实践中需要管好"政府、市场和社会"三大主体。

(1) 管好政府,其中更具针对性的是管好被放权机关。一是进一步推进体育经营活动管理中体育行政自由裁量权的标准化改革,放松对体育行政自由裁量权的内部控制;二是完善体育行政审批标准制定以及事中事后监管标准制定的多主体参与机制,进一步完善标准制定的听证制度和公示制度,保证对被放权机关全过程的监督和管理;三是完善体育经营活动管理的责任制,保证权责匹配,明确"谁来问责""问谁的责""如何问责""问责的后果"等一系列问题。

(2) 管好体育市场。一是监管体育市场行为,激发体育市场活力,打击体育市场恶性竞争和垄断行为,营造良好的体育市场环境。二是进一步推进行政审批制度改革,充分发挥"先照后证",后置审批的市场优势,加强对体育市场中的中小微企业的扶持力度,开展"小微企业创业创新基地城市示范"工作,以城市创业创新基地为载体促进中小微企业发展。三是可以借鉴德国行政主体理论,借鉴我国《民用航空法》第四十六条授权机长行政执法权的规定,在体育经营活动中探索授予某些特殊身份的自然人以行政管理权,创新公众参与执法的模式。

(3) 管好体育社会组织。一是进一步推进"管办分离"改革,明确体育协会职责、规范体育协会行为;二是进一步推进"事社分离"改革,充分发挥体育协会的监管职能,同时加强对体育协会自身的监管以及体育协会之间相互监管。

4. 编织"管"的网络

实现上海体育经营活动管理的动态"网格化管理",编织政府、市场与社会协同监管"动态网络",实现政府多部门协同监管,政府与社会公众、社会组织、媒体网络协同监管,政府与市场协同监管。在构建监管网络、实现多元主体监管的同时构建政府、市场与社会自评以及互评体系,实现以"评"促"改"、以"评"促"建"。这种"监管"与"评价"相结合的多元主体网络不仅能够实现内外互动和上下联动,还能实现实时监管、协同监管、全覆盖监管的综合监管模式。编织"管"的网络具体可以划分为三个阶段:先登记、再备案、后检查。

(1) 信息化时代充分发挥互联网、大数据和区块链等新兴技术的作用,让信息多跑路、公众少跑腿,实现政府与社会、市场的信息化交流,提高信息交流效率以及市场、社会办事便捷性。

(2)积极引导社会组织和行业协会加入信息数据更新和核对等工作,强化对数据真实性的监管以及社会对政府数据的监管,统一监管的规范和标准。

(3)充分发挥私人企业数据挖掘和数据评估作用,利用自身优势及时对体育经营活动的各项数据进行综合研判,预防风险。

5. 制定"管"的清单

制定以信用为核心的监管清单,提高监管执政合法性、完善监管品质服务、提高监管的市场化口碑。上海体育经营活动的监管清单需要引入行业监管,在此过程中探索行业协会以及消费者等主体的协同监管。规范行业协会的公平、合理竞争,引导行业协会加强自身监管和建设。同时加强消费者或消费者的监护人、赡养人监管,发挥利益相关者对自身利益的监管,有利于激发多元相关者监管积极性,维护体育经营活动管理者和消费者的合法权益。制定上海体育经营活动的监管清单既需要包括体育市场主体的准入、经营、退出,同时需要包括经营主体行为与服务质量的跟踪、监督和管理,可以通过信息资源共享平台实现信息搜集、传递和共享,在此过程中各利益相关者能够及时获取相关信息,规避社会风险。因此,这套清单在标准设计时需要协调好简政放权和放管结合之间的协同和动态平衡,避免顾此失彼,实现多主体对体育经营活动的协同治理。

(三)体育经营活动管理"上海模式"之"优化服务"战略

1. 明确"服"的标准

上海体育经营活动管理的优化服务举措需要聚焦于构建行业、市场、从业人员的信用体系,以完善的标准制定与规则章程确定服务标准、信用能级,进而通过标准化和规范化管理实现体育经营活动"为人民服务"这一根本目标。要明确体育信息技术的使用标准,在信息日益发达的社会中,大数据等现代信息技术已经广泛应用于体育经营活动管理之中,对技术的规范管理至关重要,需要明确技术规范,制定技术统一使用标准。要从智慧体育建设的建设层、基础层、传播层及应用层,到设备功能支持层、运维控制层、智能管理层,建立覆盖全面的运维支持体系。要制定统一、高效、完善的信息标准化体系,实现各种信息端口的无缝隙对接,保证信息畅通、部门互通和政社、政市联通。可出台系列规定明确体育信息网络加速标准化,推进体育信息网络与智慧体育的协调改革和协同发展,实现体育经营活动各项目申办以及体育经营活动管理的标准化建设,以标准化建设提高服务的精准化。

2. 确定"服"的内容

上海体育经营活动的"优化服务"重要的是确定"服"的内容,具体来看,上海体育经营活动的优化服务对象主要包括政府、市场和社会三大主体。服务政府部门(主要是被放权机关)要协调好上下级政府之间的权责关系,处理好上下级政府之间财权与事权关系,上级体育行政主管部门可以授权或委托下级行政主管部门制定一般性的体育经营活动项目或者体育经营活动管理标准,上级体育行政主管部门需要引导好下级体育部门、体育市场和体育社会组织等的体育行政工作的良性运作;制定与事权相匹配的财政转移支付制度,对被放权机关的权责关系与人员关系做好配套改革和处理,服务好被放权机关和接受权力机关之间的权力过渡和沟通,完善行政信息协调法律机制,保证权力的平稳转移。服务体育市场的相关体育政府部门要进一步优化营商环境,为体育市场营造良好的内外部环境;制定《体育赛事和体育经营备案管理办法》,从行政确认和行政告知两大角度明确备案的事实行为属性,防止政府以"服务"的口号对体育市场的过度干预,充分给予市场良性竞争和自由发展的空间;制定和完善《公共体育设施特许经营管理办法》,将政府、投资方和公民的权利义务规则化和制度化。要制定《地方性体育社会团体管理暂行办法》,完善对体育社会组织的相关管理制度,从制度层面降低体育社会组织成立的法律门槛;进一步推进"事社分离"的服务改革,提高体育社会组织的自治空间和自治能力。

3. 开启"服"的数据

充分利用现代信息技术,开启"大数据之旅",实现体育经营活动以及体育经营活动管理的大数据应用,用数据推进营销,以数据实现精准化供给,进一步推进体育经营活动管理的现代化转型。一是构建大数据驱动的引擎系统和数字化信息平台,推进体育服务的供给侧改革,在数字政府建设的背景下积极推进政府体育部门的数字化和信息化,摸索出公共体育服务的智慧化供给模式;二是上海体育局体育信息中心牵头发布体育信息标准体系,明确体育信息标准化为人民服务的目的,建设体育信息制度、规范,以电子政府建设提高政府与市场和社会公众的联系,提高政府的回应性以及社会公众和企业办事的便捷性;三是加强数据之间的沟通和共享,推动上下级体育政府部门之间、政府与市场和社会之间的信息统一平台建设,统一编码规格规制,运用体育信息标准化模板,促进数据服务在体育经营活动管理中的可及性以及服务性,提高数据的利用率。

4. 完善"服"的平台

体育部门应该建设体育企业线上服务平台,提供企业日常举办赛事可能需要的场地、人员、活动信息、相应指导培训等。另外,将一些普适性的政务信息如政府采供、人员招聘、金融咨询、水电服务等纳入平台。体育赛事审批取消后,相应的服务模式需要转变,管理方式需要更新,例如赛事的举办需要各个职能部门的协调,做好后勤保障,因此需要建立一个由体育、交通、公安、应急管理等部门组成的综合服务平台,对将要举办的赛事进行公示,保证赛事的良好有序进行。

我国经济体制改革是全面深化改革的重点,核心问题是处理好政府与市场的关系,使市场在资源配置中起决定性作用和更好地发挥政府作用,改革关键在政府。我们不仅需要正确认识和把握市场规律的内涵,即市场通过价值规律、竞争规律、供求规律等实现资源的有效配置。当前我国仍然存在市场体系不完善、市场规则不统一、市场竞争不充分的问题,改革进入攻坚期和深水区,新老问题相互交织,国内外影响因素相互干扰,要处理的问题远比以往更困难和复杂,要完成的任务远比以往更繁重和艰巨。在此,政府更要毫不动摇地坚持社会主义市场经济改革方向,进一步健全社会主义市场经济体制。同时,政府要围绕建设法治政府和服务型政府,切实解决政府职能越位、缺位、错位问题,坚持有所为、有所不为,着力提高宏观调控和科学管理水平,让市场充分发挥资源配置的决定性作用,让社会充分参与到公共事务活动中来。

上海体育经营活动发展模式的探索始终是我国体育市场化改革"先行先试"的标杆,体育经营活动管理"放管服"改革也同样处于全国领先地位。例如,简政放权,政府职能转变,提高政务服务协同能力,提高要素资源市场化开放程度,明确市场监管主体,构建行业、市场、从业人员有机组合"生态化"信用体系,规范市场监管与服务评价体系,建立健全法治环境,加大体育设施供给力度,拓展专业管理人才培养路径等方面,上海体育在不断地探索与尝试,以深化上海体育经营活动管理"放管服"改革为视角,推进上海体育经营活动管理工作中"简政放权""放管结合"和"优化服务",构建体育经营活动管理的"上海模式",发挥上海先试先行和政策创新扩散作用。营造上海体育国际化、市场化、法治化的公平、统一、高效的营商环境,从而形成上海体育经营活动管理"有为政府+有效市场+有机社会"的"上海模式"。

参考文献

[1] 杜梅.上海建设体育资源配置中心的功能定位与推进策略[J].体育科研,2021(1).

[2] 多元办训,社会力量助上海体育"乘风破浪"[EB/OL]https://new.qq.com/omn/20210813/20210813A00C5700.html.

[3] 李克强:把"放管服"改革进一步推向深入 打造市场化法治化国际化营商环境[EB/OL]http://www.xinhuanet.com/politics/2019-06/25/c_1124670546.htm.

[4] 李鋆,李刚,黄海燕.全球体育城市视域下上海体育赛事体系构建战略[J].上海体育学院学报,2020(3).

[5] 马德浩.人口结构转变视域下的上海体育发展战略研究[J].体育科学,2019(4).

[6] 牟粼琳,孙笑,沈克印,等.区块链技术赋能体育健身产业的理论阐释、应用实例与推进策略——以上海角马私教APP为例[J].武汉体育学院学报,2021(7).

[7] 全面健身存在发展不平衡不充分问题——上海市委员建议进一步开放体育设施[EB/OL]. https://www.sohu.com/a/233072527_499971.

[8] 上海城市业余联赛[EB/OL]. http://sagsh.shsports.cn/index.jsp.

[9] 上海城市业余联赛组委会.2021上海城市业余联赛工作指南[R].2021-4.

[10] 上海市体育局,上海市体育学院.2019年上海全民健身发展报告[R].2020-9-30.

[11] 上海市体育局关于印发《建设国际体育赛事之都三年行动计划(2018—2020年)》的通知[EB/OL]. http://tyj.sh.gov.cn/ghjhxx/20190108/0027-131416.html.

[12] 上海市体育局主要职责及内设机构[EB/OL]. http://tyj.sh.gov.cn/jgcs/20191101/0027-130696.html.

[13] 谭小勇,成瑜,张程龙.上海建设全球著名体育城市语境下体育法治建设的探索[J].体育科研,2021(1).

[14] 王湘军.国家治理现代化视域下"放管服"改革研究——基于5省区6地的实地调研[J].行政法学研究,2018(4).

[15] 王志文,张瑞林,李凌.我国体育产业营商环境的学理构成、问题检视与构建思路[J].体育学研究,2021(5).

[16] 卫鑫."放管服"改革的现实问题与完善路径[J].中国行政管理,2021(2).

[17] 吴江."放管服"改革助推服务型政府建设[J].人民论坛,2019(7).

[18] 项颖倩.上海培育国际知名体育消费中心的瓶颈与策略[J].体育科研,2021(1).

[19] 徐峰.建设"国际体育赛事之都"背景下上海体育市场监管法制化研究[J].浙江体育科学,2020(2).

[20] 叶小瑜,李海,史芙英.地方政府培育发展体育社会组织的实践探索——基于沪、苏、粤三地的调查[J].武汉体育学院学报,2021(3).

[21] 殷冬军.都市发展视阈下上海构建国际型体育立体化城市探究[J].中国商论,2020(15).

[22] 曾理,王跃,吴婷,等.基于数字技术的上海市体育市场事中事后全息型监管体系[J].体育科研,2021(4).

编 后 语

2021年,是中国共产党成立100周年,是"十四五"开局之年,是体育领域决战决胜奥运会和全运会的特殊一年。"两个一百年"奋斗目标历史交汇,我们亲历了党和国家历史上具有里程碑意义的节点,在全面建设社会主义现代化国家新征程起点上,上海体育系统守正创新,科学施策,统筹推进疫情防控和体育事业发展,圆满完成了东京奥运会和陕西全运会等重大任务,取了历史性的突破,展现了体育人应有的战斗力和拼搏力,在全球著名体育城市建设道路上迈出坚实步伐。

2021年,上海体育决策咨询研究工作成效显著,共收到申报课题105项,经组织专家评审,给予立项18项(其中3个课题进行了平行研究)。研究成果更加侧重发挥决策咨询参考作用,立项课题均顺利结题,共评出优秀课题5项,合格课题13项,现将研究成果汇编出版。

本书的顺利出版离不开有关各方的参与和支持。我们对课题评审专家、体育决策咨询研究工作者以及上海大学出版社等各界人士对本书出版给予的支持,表示衷心感谢!

本书汇编课题有关文字内容、观点由作者负责。按照有关课题的规范化要求,我们对部分课题的内容和文字作了适当调整和编辑。

由于编辑水平有限,本书难免存在疏漏之处,敬请批评指正。

编 者

2022年6月